JN203229

中世後期 泉涌寺の研究

大谷由香

OTANI Yuka

法藏館

中世後期泉涌寺の研究／目次

序　論……3
第一章　智積院新文庫蔵『視覃雑記』と著者長典……9
はじめに……9
第一節　『視覃雑記』書誌事項……10
第二節　著者長典の活動……11
1　泉涌寺僧としての長典／2　「見蓮上人門徒」としての長典／
3　醍醐寺僧としての長典／4　複数の戒脈にわたる受円頓戒師としての長典
まとめ……21
第二章　五辻山長福寺と「見蓮上人門徒」……25
第一節　見蓮房如導の事蹟と「見蓮上人門徒」……25
1　見蓮房如導の生涯／2　「見蓮上人門徒」
第二節　本寺　五辻山長福寺……32
第三節　主要末寺概説……42
1　永円寺／2　安楽光院／3　寿命院／4　禅光院／
5　観音寺（付西松院）／6　金台寺／7　曼荼羅院／8　本願寺・荘厳院／
9　法明院／10　新善光寺／11　三時知恩院・大慈院

第四節　「見蓮上人門徒」の特異性……75
1　受戒／2　伝法灌頂と密教儀式／3　鎮西義／4　死穢の忌避／
5　香袈裟の着用
まとめ……94

第三章　寺宝・儀式の保持……103

第一節　清凉寺蔵「迎接曼荼羅図」の流転……103
1　如導の生涯と「迎接曼荼羅図」／2　京都での「迎接曼荼羅図」の移動／
まとめ
第二節　悲田院蔵「宝冠阿弥陀如来坐像」の流転……111
1　泉涌寺新方丈と「見蓮上人門徒」／
2　宝冠阿弥陀如来坐像の機能の変遷と移動／まとめ
第三節　泉涌寺仏牙舎利の勅封……117
1　泉涌寺仏牙舎利と将来者湛海に関する新出記事二点／
2　湛海による仏牙舎利将来／3　「泉涌寺仏牙舎利勅箴記」の存在とその内容／
まとめ
第四節　泉涌寺修正会金光明懺法の再興と変容……131
1　泉涌寺修正会金光明懺法の再興／2　泉涌寺修正会金光明懺法の次第／
3　「元日疏」儀礼の混入と変化／4　「甘露呪」にもとづく施餓鬼作法の混入

まとめ……146
第四章　本願寺八世蓮如周辺と「見蓮上人門徒」……153
はじめに……153
第一節　他称としての「浄土真宗」のはじめ……154
1　「浄土教の本流」としての泉涌寺／2　泉涌寺系浄土教を継承した法然門下／
3　「浄土真宗」としての鎮西流一条派
第二節　見蓮房如導と「見蓮上人門徒」……158
1　見蓮房如導の生涯／2　「見蓮上人門徒」の出現
第三節　蓮如時代の本願寺関係者と「見蓮上人門徒」……165
第四節　蓮如御文章「見玉尼章」発布の意図……167
まとめ……172
第五章　「見蓮上人門徒」による泉涌寺再興と違乱……177
第一節　「見蓮上人門徒」による泉涌寺再興……177
第二節　泉涌寺領の違乱と首謀者賢等……178
1　監寺賢等による押領事件／2　泉涌寺内での賢等の活躍
第三節　「見蓮上人門徒」としての賢等……184

1　仁甫善悌の泉涌寺長老就退任劇／2　泉涌寺内に跋扈する「見蓮上人門徒」
第四節　長福寺末寺の「泉涌寺末寺」化……188
1　長福寺末寺の「泉涌寺末寺」としてのイメージ／
2　「泉涌寺末寺」としての金台寺
まとめ……192
第六章　先白善叙と「見蓮上人門徒」の攻防……197
第一節　先白善叙の生涯と「見蓮上人門徒」……198
1　三条西実隆との出会い／2　雲龍院住持までの道のり／
3　御受戒の戒師／4　安楽光院の兼任／5　泉涌寺・悲田院の兼任／
6　寺領の保護／7　仏牙舎利の保護／8　後継者の保護／9　遺言
第二節　先白善叙の意志を継ぐ者……225
1　明叟聖鏡／2　喜渓長悦（順桂）／3　明甫聖讃（見昭）
まとめ……234
結　論……245
付録1　『視覃雑記』翻刻……251
付録2　『視覃雑記』人名・寺院名・年月日索引……339

使用テキストの略号と典拠

〈叢書略号〉

『大正』　高楠順次郎編『大正新修大蔵経』、大正新修大蔵経刊行会（普及版）。なお、「大正新修大蔵経テキストデータベース（http://21dzk.l.u-tokyo.ac.jp/SAT/）を使用した。

『仏全』　仏書刊行会編纂『大日本仏教全書』、仏書刊行会

『浄全』　『浄土宗全書』、浄土宗開宗八百年記念慶讃準備局。なお、浄土宗全書検索システム（http://www.jozensearch.jp/pc/index.php）を使用した。

『続真宗大系』　真宗典籍刊行会編『続真宗大系』、国書刊行会

『真宗史料集成』　『真宗史料集成』、同朋舎

『群書類従』　塙保己一編『群書類従』、続群書類従完成会

『続群書類従』　塙保己一編『続群書類従』、続群書類従完成会

『続群書類従』補遺　塙保己一編・太田藤四郎補『続群書類従』補遺、続群書類従完成会

『続々群書類従』　国書刊行会編『続々群書類従』、続群書類従完成会

『図書寮叢刊』　『図書寮叢刊』、宮内庁書陵部

『大日本古記録』　東京大学史料編纂所編『大日本古記録』、岩波書店

『大日本史料』　東京大学史料編纂所編纂『大日本史料』、東京大学出版会。なお、大日本史料総合データベース（http://wwwap.hi.u-tokyo.ac.jp/ships/shipscontroller）を使用した。

『増補史料大成』　増補史料大成刊行会編『増補史料大成』、臨川書店

『増補続史料大成』　竹内理三編『増補続史料大成』、臨川書店

『史料纂集』　金子拓・遠藤珠紀校訂『史料纂集』、八木書店

『国史大系』　黒板勝美・国史大系編修会編『新訂増補国史大系』、吉川弘文館

〈**使用テキスト**〉

○写本

『視覃雑記』　智積院蔵、本書付録

『葉室浄住寺仏牙舎利相伝次第』　西教寺蔵『正続院仏牙舎利略記』

『万年山正続院仏牙舎利略記』　西教寺蔵『正続院仏牙舎利略記』

『醍醐寺文書記録聖教目録』　東京大学史料編纂所蔵

『理性院血脈』　東向観音寺蔵

○活字本

【伝記】

『開山無人和尚行業記』　『続群書類従』九上

『泉涌寺不可棄法師伝』　『仏全』一一五

『新撰往生伝』　了吟撰。一七九三年序。『浄全』一七

【日記】

『実隆公記』　高橋隆三編『実隆公記』、続群書類従完成会

『お湯殿の上の日記』　『続群書類従』補遺三、お湯殿の上の日記

『大乗院日記目録』　『続々群書類従』四・史伝部三

『看聞日記』　『図書寮叢刊　看聞日記』

『晴富宿禰記』　『図書寮叢刊　晴富宿禰記』

『建内記』　『大日本古記録』、岩波書店

『親長卿記』　『増補史料大成』四一～四三、親長卿記

『兼見卿記』　『史料纂集』古記録編、兼見卿記

『洞院公定公記』　『増補続史料大成』八、洞院公定公記

『大乗院寺社雑事記』　『増補続史料大成』二六～三七、大乗院寺社雑事記

『明応凶事記』『続群書類従』三三下
『康親卿記』『大日本史料』九編二冊、永正七年六月六日条

【寺誌・文書・記録】
『国上寺文書』『大日本史料』九編二冊、永正七年七月十六日条
『正法山誌』浅田千雄・淺田守正『妙心寺誌』（東林院、一九三六年）
『北京東山泉涌寺本末帳』赤松俊秀編集『泉涌寺史』資料篇、法藏館
『泉涌寺文書』赤松俊秀編集『泉涌寺史』資料篇、法藏館
『雲龍院文書』赤松俊秀編集『泉涌寺史』資料篇、法藏館
『新善光寺文書』赤松俊秀編集『泉涌寺史』資料篇、法藏館
『清凉寺文書』水野恭一郎・中井真孝編『京都浄土宗寺院文書』（同朋舎出版、一九八〇年）
『清浄華院誌要』『浄全』二〇
『黒谷誌要』『浄全』二〇
『大谷本願寺通紀』『仏全』一三二
『安楽光院行事』『群書類従』二四
『京都御所東山御文庫記録』『大日本史料』九編二冊、永正七年四月二十日条
『伝通記糅鈔』聖冏撰、『浄全』三
『天正三年記』

【公家・武家の記録など】
『殿中申次記』『群書類従』一四、武家部
『徳大寺当知行目録』富山県編『富山県史』史料編2中世
『太平記』『太平記』、日本古典文学大系三四～三六、岩波書店、一九六〇年
『鎌倉九代後記』黒川眞道編『鎌倉公方九代記・鎌倉九代後記』（国史研究会、一九一四年）

【系譜】

『日野一流系図』『続真宗大系』一六
『吉水法流記』　牧哲義「『吉水法流記』『法水分流記』の翻刻とその研究」(『東洋学研究』三〇、一九九三年)
『法水分流記』　野村恒道・福田行慈編『法然教団系譜選』(青史出版、二〇〇四年)
『天龍宗派』(鹿王院本)『大日本史料』六編三七冊、応安六年六月十七日条、また、同六編四〇冊、応安七年正月五日条
『天龍宗派』(建仁寺両足院本)『大日本史料』六編四〇冊、応安六年正月二十日条
『尊卑分脈』『国史大系』五八〜六〇下、尊卑分脈
『浄土伝燈総系譜』　鸞宿図編。一七二七年刊。『浄全』一九

【法則・作法】
『泉涌寺維那私記』　赤松俊秀編集『泉涌寺史』資料篇、法藏館
『泉涌寺懺文』　泉涌寺蔵『金光明懺法』、佐藤哲英「俊芿律師将来の天台文献――宋音金光明懺法と宋音弥陀懺法を中心に――」(『石田充之編『鎌倉仏教成立の研究　俊芿律師』、法藏館、一九七二年)に影印掲載、林鳴宇「泉涌寺俊芿が将来した「金光明懺法」の研究」(『宋代天台教学の研究――『金光明経』の研究史を中心として――』、山喜房佛書林、二〇〇三年)に翻刻掲載。
『金光明懺法開白文』　泉涌寺蔵、佐藤哲英「俊芿律師将来の天台文献――宋音金光明懺法と宋音弥陀懺法を中心に――」(『石田充之編『鎌倉仏教成立の研究　俊芿律師』、法藏館、一九七二年)に影印掲載、林鳴宇「泉涌寺俊芿が将来した「金光明懺法」の研究」(『宋代天台教学の研究――『金光明経』の研究史を中心として――』、山喜房佛書林、二〇〇三年)に翻刻掲載。
象耳泉奘写『金光明懺法』　林鳴宇「泉涌寺俊芿が将来した「金光明懺法」の研究」(『宋代天台教学の研究――『金光明経』の研究史を中心として――』、山喜房佛書林、二〇〇三年)に翻刻掲載。
『金光明懺法補助儀』　宋・遵式集、『大正』四六
『泉涌寺諷誦類』『続群書類従』二八下

【経典・論疏・消息】
『梵網経』　後秦・鳩摩羅什訳『梵網経盧舎那仏説菩薩心地戒品第十巻』、『大正』二四

『金光明経』　北涼・曇無讖訳、『大正』一六
『甘露陀羅尼呪』　唐・實叉難陀訳、『大正』二一
『三国仏法伝通縁起』　凝然撰、『仏全』一〇一
『浄土法門源流章』　凝然撰、『大正』八四
『維摩経疏菴羅記』　凝然撰、『仏全』五
『見玉尼章』　蓮如述、『真宗史料集成』二「諸文集」

〈**地誌など・成立年順**〉
『北京東山泉涌寺本末帳』　一六三三年成立。赤松俊秀編集『泉涌寺史』資料篇、法藏館
『雍州府志』　黒川道祐撰。一六八二～一六八六年成立。野間光辰編・新修京都叢書刊行会編著『新修京都叢書』一〇、臨川書店
『京羽二重』　孤松子撰。一六八五年刊。野間光辰編・新修京都叢書刊行会編著『新修京都叢書』二、臨川書店
『京羽二重織留』　孤松子撰。一六八九年刊。野間光辰編・新修京都叢書刊行会編著『新修京都叢書』二、臨川書店
『元禄覚書』　元禄年間（一六八八～一七〇四）成立。新撰京都叢書刊行会編著『新撰京都叢書』一、臨川書店
『泉涌寺派寺院本末改帳写』　一六九二年成立。赤松俊秀編集『泉涌寺史』資料篇、法藏館
『山州名跡志』　白慧著。一七一一年刊。野間光辰編・新修京都叢書刊行会編著『新修京都叢書』一五・一六、臨川書店
『山城名跡巡行志』　浄慧撰。一七五四年跋。野間光辰編・新修京都叢書刊行会編著『新修京都叢書』二二、臨川書店
『拾遺都名所図会』　秋里籬島著。一七八七年刊。野間光辰編・新修京都叢書刊行会編著『新修京都叢書』七、臨川書店
『万民千代乃礎』　川口好和撰。一七八九年刊。新撰京都叢書刊行会編著『新撰京都叢書』一〇、臨川書店
『京都坊目誌』　碓井小三郎編。一九一五年成立。野間光辰編・新修京都叢書刊行会編著『新修京都叢書』一七～二一、臨川書店

中世後期 泉涌寺の研究

序論

京都東山に位置する泉涌寺は、入宋僧俊芿（一一六六～一二二七、入宋一一九九～一二一一）を開基とする。俊芿が入宋した当時の中国仏教界では、戒律をまもり、禅定を修し、その上で仏教教義を学ぶ、禅教律の三学が融合的に行われており、日本で行われていた経典解釈中心の仏教生活とは大いに異なりがあった。(1) 俊芿は十二年間の留学中に律院・禅院・教院それぞれに出入りし、宋の僧侶とともに中国の最先端の仏教学を学び、帰国後に宋代の「律院」と「教院」をモデルとして両者の性格を兼ねた泉涌寺を建立したという。(2) 建物、衣類、言語、儀礼、教学、日々の生活に至るまで中国のものをそのまま移植せんとして建てられた泉涌寺は、西に位置する東福寺と並んで、最新の中国仏教文化の紹介窓口として機能したと考えられる。

発展した海上流通に助けられ、泉涌寺は開山以来、多くの入宋僧を輩出して中国仏教の最先端を日本に紹介し続けることに成功した。日中間の往来が自由になったとはいえ、実際の中国留学のためには、費用や現地での手続きなどハードルは高く、誰も彼もが渡海できたわけではない。実際に入宋することができない僧侶にとって、最新の中国仏教を、日本にいながらにして体験できる泉涌寺の存在は羨望の的であり、そこには多くの参学者が訪れたものと推測される。

特に南都戒律復興運動の旗手貞慶（一一五五～一二一三）が俊芿の帰朝後、弟子戒如を俊芿の元へ走らせて、宋代の律典を入手したという逸話は有名で、[3]泉涌寺の「律院」としてのイメージを現在に伝えている。また浄土教学を学ぶ者にとっても、中国の動向は気になるところであったようで、法然門下が頻繁に宋代仏教典籍を引用したことは、多く指摘されるところである。[4]近年西谷功氏によって、法然門下がこぞって引用する戒度（?～一一八一～?）の著作物は、泉涌寺関係者以外には日本へ将来することが難しかったであろうことが指摘され、[5]泉涌寺僧がもたらした情報が、法然門下に甚大な影響を与えたことが明らかにされつつある。宋代仏教学の特色でもある禅教律三学の研究は、日本においては「禅」「律」に新来の禅宗と律宗、「教」に旧来の顕密仏教八宗が当てはめられ、浄土宗は「律」の枠内に組み入れられて研究された。[6]最新の浄土教学は泉涌寺において中国の持律生活とともに日本に紹介されたのである。

このように泉涌寺は開山以来、宋代の新しい仏教文化を日本に伝えることで、存在感を発揮しつづけた。さらに仁治三年（一二四二）、第三世長老の定舜のときに四条天皇の葬儀をとりしきって以降は、皇室からの帰依を得て「御寺」となり、手堅い経済基盤を得て安泰であったと考えられる。

『泉涌寺史』の言葉を借りれば、発刊当時の一九八四年頃には、泉涌寺は「応仁の乱以来のたび重なる「炎上」により多くの資料が失われ」、「全時代にわたって過不足なく叙述することが大変困難」[7]な状況にあった。しかし近年、対外交流研究の進捗とともに、入宋留学がさかんだった俊芿の開山から鎌倉末期くらいにかけての泉涌寺の姿は、上記のとおり、続々と新事実が明らかになってその全体像が把握されつつある。中でも泉涌寺宝物館「心照殿」学芸員西谷功氏は、当時の泉涌寺僧が日本にもたらした宋代仏教文化の在り様を明らかにする新しい成果を次々に報告しており、彼の研究によって、入宋僧を多く輩出した泉涌寺が日本仏教に多大な影響を与えたことが鮮明に周知されてきた。

　しかし一方で、そうした華やかな時代を経て、泉涌寺がどのような伝統を築いて命脈をたもち、現在にいたるのかということについては、いまだ不明な点が多い。

　よく知られているように、日中仏教界交流の蜜月は長くは続かない。一三六八年に建国した明は海禁政策をとり、民間人の海上交易（私貿易）を許さず、勘合と呼ばれる証票を与えて、政府の管理する朝貢貿易を行った。その後日本は遣明使を派遣して国交を繋いだが、明は一三七九年頃から遣明使の貢を退けるようになり、一三八六年以降は日本との国交が断絶してしまう。足利義満政権下で一四〇一～一一年の十年間には何度か遣明船の往来があったものの、義持が一四一一年に来た明からの使いを無理やり帰国させ、再び国交断絶、一四三二年に義教がこれを復活させたものの、以後は約十年に一度の国交となる。遣明使としてはもちろん僧侶も派遣されたが、彼らはあくまで外交使節として儀礼に参加するのみで、通常一～二年の滞在で帰国を余儀なくされた。それまでのように日本僧が中国の寺院に出入りして中国僧とともに修行や共同生活を行い、肌で中国仏教を知る経験を得る機会は失われたといってよい。さらに一五四九年を最後に勘合貿易も途絶えると、両国の国交は倭寇による密貿易だけとなり、日本僧は中国仏教の動向を知る機会すら失ってしまった[8]。

　明が海禁政策をとって以降、泉涌寺は「最新の中国仏教を紹介」するという最大の特色を失わざるを得なかったと考えられる。さらに京都で応仁の乱が勃発したとき、泉涌寺はその陣所とされたために、俊芿開山以来二百年以上守り続けてきた宋風の堂宇をことごとく失った。泉涌寺がこうした苦境をどのように乗り越え、また周囲が泉涌寺をどのように支えていって、現代に伝えたのかについては、史料が少なく詳しいことはわかっていないのが現状である。

本書では、近年智積院新文庫の調査を通じて新たに検出された『視覃雑記』（三〇二函一三〇号）の記事に多くを依りながら、最先端であり続けることができなくなった泉涌寺が現在にその命脈を保った努力奮闘の歴史の一端を明らかにしたい。

『視覃雑記』は一五一九〜三〇年くらいにかけて、書き足されながら作成されたものであり、本書が扱う「中世後期」の下限はこの頃までに限られる。また詳細は本論に譲るが、本書では『視覃雑記』で話題となる「見蓮上人門徒」と呼ばれる集団に特に着目したい関係上、「見蓮上人門徒」の開基とされる見蓮房如導（一二八四〜一三五七）の活躍期頃を上限としたい。

なお本書収載の論考の多くは、すでに学術雑誌等で発表した論文を増補改稿したものである。論文の初出は別に掲載するが、本書収載にあたって、内容を見直し、多くを書き直したので、今後引用参照する際は初出のものではなく、本書収載のものを使用していただきたく思う。

また智積院御当局の御高配を賜わり、本書には『視覃雑記』の翻刻を付録することができた。引用はそこから行ったので、全文は付録を見ていただきたい。事情により影印を再掲載することがかなわなかったが、平成二十四〜二十六年度日本学術振興会特別研究員奨励費研究報告書『中世後期戒律研究の展開』には影印をすべて掲載させていただいた。そちらをご覧いただきたい。

本書内容の研究遂行にあたって、平成二十四〜二十六年度日本学術振興会特別奨励費（「中世後期における戒律研究の展開」・一二J四〇一一六）、三島海雲記念財団第五十三回学術研究奨励金（「宋代戒律思想における日宋交流からの影響に関する研究」）、東京大学史料編纂所一般共同研究（平成二十七年度「醍醐寺聖教における泉涌寺関係史料の基礎的研究」、平成二十八年度「泉涌寺所蔵の中・近世史料に関する基礎的研究」）、平成二十八年度日本学術振興会科学研究費助成事業・若手研究(B)（「日本＝中国間における戒律思想交流の研究」・一六K二一四九七）などの助成を受けた。
また本書の刊行にあたっても、科学研究費助成事業（研究成果公開促進費・一六HP五〇一三）の交付を受けた。多くの研究費をいただいて研究を遂行でき、またその成果を公開して社会に還元できることに心から感謝している。

註

（1）高雄義堅『宋代仏教史の研究』（百華苑、一九七五年）。
（2）西谷功「泉涌寺開山への諸相」（上村貞郎編『御寺泉涌寺と開山月輪大師』、法藏館、二〇一一年、初出『寺社と民衆』第五特別号、二〇〇九年）。
（3）俊芿の伝記である『不可棄法師伝』（『仏全』一一五所収）は、南山三大部のうち『行事鈔』しか伝わっていないなか、持律の全体像をつかみかねていた貞慶が、俊芿に「年来の疑問」をぶつけて解決したエピソードを伝えており、元休『徹底鈔』（『日蔵』六九所収）は、俊芿のもとへ貞慶の弟子戒如が遣わされ、このとき、『行事鈔』の注釈書である『資持記』がはじめて南都に伝わったとするエピソードを伝えている。
（4）高雄義堅註（1）前掲書など。
（5）西谷功「「滄州」と入宋僧――南宋代における一律院の所在とその宗教的空間――」（『二〇一二年度早稲田大学総合研究機構プロジェクト研究』第八号、二〇一三年）。
（6）大塚紀弘『中世禅律仏教論』（山川出版社、二〇〇九年）。
（7）『泉涌寺史』本文篇（法藏館、一九八四年）、あとがき、七〇一頁。
（8）榎本渉『僧侶と海商たちの東シナ海』（講談社、二〇一〇年）。

第一章　智積院新文庫蔵『視覃雑記』と著者長典

はじめに

平成二十一年四月から平成二十三年三月にかけて行われた、宇都宮啓吾氏代表の科学研究費助成事業「智積院聖教における典籍・文書の基礎的研究」（基盤研究（B）、課題番号二一三二〇〇六七）では、多くの新出、あるいは、新知見を示す資料を包含する智積院新文庫の姿が明らかとなった。(1) 筆者はこの科研調査において、特に戒律関係聖教の調査研究を行い、現在まで存在が知られていなかった資料に触れる貴重な縁をいただくことができた。新文庫における戒律関係聖教類の概要については報告書で述べ、(2) そこから分析できる十五〜十六世紀の戒律研究のあり方については、別に報告したので、(3) それらをご覧いただければ幸甚である。

筆者は上記の研究成果として、新文庫調査によって新しく発見された資料である『視覃雑記』（三〇二函一三〇号）とその著者長典について「[資料紹介] 智積院新文庫所蔵『視覃雑記』について」（『智山学報』六〇、二〇一一年）で報告した。後に、西谷功氏が醍醐寺所蔵聖教の中に長典に関する史料群を発見され、(4) その報告を受けて平成二十七年度、東京大学史料編纂所共同研究「醍醐寺文書聖教における泉涌寺関係史料の基礎的研究」（代表：藤井雅子、共同研究員：高橋慎一朗、西谷功、大谷由香）が遂行された。本章はこれらの研究成果を踏まえて二〇一二年発行の拙稿を大幅に改訂するものである。

第一節　『視覃雑記』書誌事項

『視覃雑記』の名は表紙、および序に付されたタイトルより知られる。この史料は緒紙に墨書された写本で、料紙と共紙の表紙が付され、五ツ目袋綴装に装丁されている。本来の綴糸は切れており、近代以降に三点に糸が通されて綴られたようである。法量は縦二二・九cm×横一四・二cmで、表紙を含んで五十一丁である。表紙右上には「理流」と朱書[5]され、左上には「視覃雑記不出門戸」のタイトル、その下に「小比丘長典」と伝持者名が墨書されている。『視覃雑記』は内容から「小比丘長典」の自筆本であることがわかるから、表紙の伝持者名は『視覃雑記』が書き足されながら、しばらく作者長典の手元にあったことを示すものと考えられる。序タイトル下には朱方印が二つ捺されていて、一つは「智山常盤寮蔵本」（単郭陽刻朱方印）、もう一つは「隆宝蔵」（単郭陰刻朱方印）と読める。『視覃雑記』は「智山常盤寮蔵本」の印記が示すように、智積院の学寮である常盤寮に移され、最終的に新文庫に移されたと考えられる。

『視覃雑記』には、泉涌寺を中心とする律宗寺院での慣例や口伝などを中心として、全部で二五五条のさまざまのことが、箇条書きで「一、〇〇〇……」という形で記される。徐々に書き足されていったものであるようで、本文中にいくつか書写年紀が記されているが、序末に「永正十六紀年八月廿四時正二日星宿土曜乙酉日書之」とあるのが一番古く、〔第二五一条〕に「当享禄三庚寅年」とあるのが一番新しいようであるから、少なくとも一五一九～三〇年の間、作者の長典が知り得た情報が列記されているとみてよい。

序文には「然るに未だ二千五百歳に満せざるに、遺法廃滅するは、ただこの有十余年か。もし錯翁せしめば、この視覃雑記有ることを知り、すなわち必ず前作を悔いんものなり」とあることから、遺法廃滅を歎く長典が後世の人の錯誤を正すために記したものであることがわかる。

第二節　著者長典の活動

1　泉涌寺僧としての長典

著作者である「小比丘長典」は、西谷功氏によって、現存最古の『十巻抄』書写奥書をもつ醍醐寺本『十巻抄』の将来者「長典」と同一人物であることが指摘されている(6)。この『十巻抄』の一部には、建久年間奥書とは別紙別筆で以下のように記される。

或る人沽却せしむる間、法を久住せしめ、真言興行せしめんが為に、これを留めるものなり　永正七庚午年三月十九日、仏子長典生六六夏一七

或人令沽却之間、為令法久住、真言興行、留之者之　永正七庚午年三月十九日、仏子長典生六六夏一七(7)

この識語からは、長典が永正七年（一五一〇）時で、三十六歳、法臈十七年であったことが明らかであり、同時に文明七年（一四七五）生まれ、明応二年（一四九三）に十九歳で出家（受具足戒）したことが判明する。

藤井雅子氏は醍醐寺文書の記載から、長典が天文八年（一五三九）に六十五歳で釈迦院に於いて示寂したことを明らかにされている(8)。このとき、長典は大僧正であった。すなわち長典の生没年は一四七五～一五三九年である。

『視覃雑記』〔第一六五五条〕には「愚僧十三才十一月廿四日、落髪す」とあり、また〔第六五五条〕には「長典は、

沙弥戒、春嶽宗師に受く。悲田院に於いて、同受戒は長継・長荀（中略）。実名も、沙弥戒の時、これを賜うなり」とあることから、長典は十三歳時（上記から長享元年〈一四八七〉であったことが判明する）の十一月二十四日、泉涌寺第四十八世長老春嶽全長から、長継・長荀とともに悲田院で沙弥戒を受け、実名「長典」を得たことがわかる。〔第二〇七条〕には「春嶽宗師、四度加行明昌長典中間に、異例にして、終に遊去す。異例の中、等本房に教えられ、明昌房は胎蔵界、長典は両界護摩等、伝授せられて、無事に結願し畢んぬ」とある。すなわち長典は沙弥戒の戒師であった春嶽全長を指導僧として、明昌房とともに四度加行を受けたが、このときに「異例」のことながら全長は「終に遊去」したという。「遊去」はおそらく「逝去」の書き間違いであろう。全長は〔第二三六条〕によれば大永三年（一五二三）八月十六日が三十三回忌のようであるから、長典の四度加行の指導にあたったのは一四九一年である。こうした「異例」の中にあって、長典は引き続き「等本房」から教えを受け、四度加行を結願したようである。この「等本房」は後に述べるように、泉涌寺開山俊芿から伝わるとされる「山門穴流」「西流」の両流を長典に授けた禅光院の等本全源のことであろう。

明応二年（一四九三）、十九歳のときに長典は受具足戒するが、このときの戒師は〔第六五条〕に「具足戒は、長典、性堂宗師に受くるものなり」とあることから、泉涌寺第四十七世長老性堂教見であったことがわかる。

律制によれば、受具足戒が認められるのは二十歳からである。〔第一五一条〕には、十八歳の春に好相行を遂げて長典と同日に受戒した桂輪律師が早世したことが挙げられる。「年満十八才の受戒」が不吉であることを示唆するもので、律制よりも一年早い十九歳の春に好相行を行い、その年に受具した自分自身については「道理に叶わずと雖も、用来す」と、かろうじて支障がないとしている。

比丘受戒、好相を祈る事。十九才秋は、年満廿年の道理に叶うなり。十九才春は、道理に叶わずと雖も、用来する事。性堂宗師の資、桂輪律師は十八才春に好相を祈られ、愚僧と等しく同日に受戒するなり。年満十八才の受戒に相当するなり。此の故か、早世し畢んぬ。

比丘受戒、祈好相事、十九才秋ハ、年満廿年道理叶也、十九才春ハ、雖レ不レ叶二道理一、用来事、性堂宗師ノ資、桂輪律師十八才春被レ祈二好相一、愚僧等同日受戒也、年満十八才之受戒ニ相当也、此故歟、早世畢、

（〔第一五一条〕）

さらに〔第二四二条〕には、「雄峯宗師は、長典の道号、文光の文を賜う師匠なり。（中略）先伯宗師は、長典が依師と為す」とあって、長典は、泉涌寺第五十一世長老雄峯聖英から「文光」という道号を賜い、同第五十三世長老先白善叙(9)を依師としたことがわかる。また〔第一二四条〕には釈迦に始まる血脈諷の受戒系図を作成して、自分が釈迦から数えて第四十六代であるとも宣言している。

●―本師釈迦善逝―迦葉―阿難―末田地―商那和修―優婆毱多―曇無徳―曇摩訶羅―法聡律師―道覆々々―慧
光々々―道雲々々―道供々々―智首々々―●―南山澄照大師―周《シュ》律師―道恒々々―省躬々々―慧正々々―法
宝々々―元表々々―守言々々―景霄々々―無外々々―法栄々々―択悟々々―賛寧々々―処恒々々―允堪々々―
択其々々―●元照律師―智交々々―惟一々々―法政々々―了宏々々―●正法国師―定舜律師―月翁―无心―
相加寺松山―月航―竹巌―玉庵―泰巌―┬性堂具足戒―長典四十六代
　　　　　　　　　　　　　　　　　└春嶽沙弥戒

（〔第一二四条〕）

この系図では第三十六代にあたる「正法国師（泉涌寺開山俊芿）」からが日本の相伝であり、泉涌寺第三世長老定舜、第四世月翁智鏡、第七世無心覚阿、「相加寺松山」、第十四世月航全皎、第二十一世竹岩聖皐（「竹巌」）、第二十八世玉庵聖瑩、第三十一世泰嵓全安（「泰巌」）、第四十七世性堂教見、第四十八世春嶽全長(10)と連なって長典へ続い

たとする。「相加寺の松山」以外は、全員泉涌寺長老であり、これらの記事から、長典が自らを泉涌寺長老筋の伝承を瀉瓶した者であり、泉涌寺門流の律僧であることを自負していたことが知られる。

彼の泉涌寺門流としての自負は、自身のみが唯一泉涌寺開山俊芿が受けたとされる「山門穴流」と「西流」の両灌頂を受けていると主張していることからも把握できる。

泉涌寺開山一夜大事と云うは、山門穴流の灌頂内の大事なり。血脈これ在り。但し近代爰元の相残、伝受の面々は、等本全源和尚の伝なり。此の下、先伯宗師、報恩院西堂允翁聖叔和尚、寿命院芳林信英西堂、長典已上四人なり。聖叔西堂の下に、順桂山崎法花寺西堂、善恵安楽僧、教寅実、名、信英方は断絶なり。本願寺梅宿全心の下に、仁甫善拂宗師、全源等本和尚なり。此れ西流なり。長典これを受け訖んぬ。然りと雖も血脈は、開山の下四五人迄これ続くも、其の下断絶なり。存を歎きて泉涌妙厳院慈眼和尚に相い尋ね申す、悉く血脈一流は、長典の相続にこれ在り。其の外流の血脈、恐らくはこれ在るべからざるなり。これに依り、秘してこれを載せざる事。

泉涌寺開山一夜大事ト云ハ、山門穴《アナウ》流ノ灌頂内大事也、血脈在之、但近代、爰元相残伝受面々者、等本全源和尚伝也、此下、先伯宗師、報恩院西堂允翁聖叔和尚、寿命院芳林信英西堂、長典已上四人、聖叔西堂下ニ、順桂山崎法花寺、西堂、善恵安楽僧教寅実名、信英方断絶也、本願寺梅宿全心下ニ、仁甫善拂宗師、全源等本和尚也、此西流、長典受之訖、雖レ然血脈ハ、開山下四五人迄続之、其下断絶也、歎存泉涌妙厳院慈眼和尚仁相尋申、悉血脈一流ハ、長典之相続ニ在之、其外流血脈、恐ハ不可在之也、依之、秘而不載之事、

（第一二五条）

長典によれば、近年「泉涌寺開山一夜大事」とされる山門穴太流の灌頂方法を伝える者は、禅光院の等本全源(11)から受けた者ばかりで長典の師である先白善叔、報恩院西堂の允翁聖叔、寿命院西堂の芳林信英、そして長典の、合わせて四人のみに付属されたという(12)。

一方の「西流」は、血脈は「開山（俊芿）の下四五人迄はこれ続くも、其の下は断絶」していてよくわからなくなっており、とりあえず本願寺梅宿全心に伝わっていたものが、泉涌寺第五十二世長老である仁甫善挮と等本全源に付属され、長典にいたるとされる。この「西流」は西院流の略であろうか。

長典は「泉涌妙厳院慈眼和尚」から聞いたこととして、泉涌寺開山俊芿由来の両流を相続しているのはおそらく長典のみであり、他にはいないであろうと主張している。

長典は実際に泉涌寺衆僧からの期待も高かったものとみられ、「知客《しか》」の立場にあって、泉涌寺修正会金光明懺法では「元日疏」を読む「蔵主（蔵司）」の立場にあった。このときには、泉涌寺監寺で維那役であった賢等から、泉涌寺修正会で「元日疏」を読む作法についての「聖光律師の口伝」を密かに伝えられ（第一一二条）、泉涌寺で行われる施餓鬼供養についても「密施食作法」で行うのがよいと口伝されている（第一一三条）。さらに実光坊権大僧都能秀からも、法華懺法に関する口伝を伝えられて、それを西松院見増房へと伝える（第二〇六条）など、泉涌寺に伝わる行事の口伝を多く知り得た人物でもあったようである。

また永正十一年（一五一四）十二月十五日に泉涌寺今方丈で行われた灌頂儀式には、讃頭として出仕し（第二〇七条）、大永七年（一五二七）八月十五日には、八万四千基開眼供養の導師をつとめる（第二四九条）など、実際に行事において重要な役回りを担っていたことが知られる。

またすでに西谷氏が指摘しているところではあるが[13]、俊芿の辞世頌である「律師最後妙談辞世頌」には、応仁の乱によって散逸したが、監院（監寺）がこれを求め得て、泉涌寺に寄進したという旨の長典による元奥書が残されている[14]。このときの監寺は、長典に泉涌寺修正会に関する口伝を伝えた賢等であろう。また江戸中後期の考証学者、狩谷棭斎（一七七五～一八三五）『本朝度量権衡攷』の「泉涌寺尺」の典拠としてあげられる「泉涌寺長典の筆記[15]」

も、おそらく長典のものであり、長典が泉涌寺に関するさまざまの筆記類を残していたことを指摘できる。

2 「見蓮上人門徒」としての長典

以上のように泉涌寺長老からの受戒付法を強調し、泉涌寺開山俊芿より伝わる密教流派の相承に執着をみせ、実際に泉涌寺内部でも活躍していた長典であるが、彼が『視聴雑記』内のあちこちで「当寺」と表現しているのは、実は泉涌寺ではなく、泉涌寺末寺の「五辻山長福寺」である。彼はこの長福寺の住僧であったと考えられる。

〔第二五一条〕に「五辻山長福寺は、律宗の初開山、無人如導見蓮上人なり」とされ、さらに「当寺（長福寺）は中興開山見蓮上人、末寺卅五カ院の本寺と為す」、「見蓮上人門徒と号すは、長福寺を本寺と為す」と紹介されるように、五辻山長福寺は、「無人如導見蓮上人」によって中興され、その門徒集団の本寺とされていたようで、三十五カ院の末寺を抱えていたことが知られる。長福寺は泉涌寺の末寺に相当するが、長典は泉涌寺を「本寺」ではなく、「北京律の宗旨を総べる」という教義的意味合いから「惣寺」と呼ぶべきであり（〔第二二八条〕）、あくまで「見蓮上人門徒」の本寺は長福寺であると主張する。

「見蓮上人門徒」は、〔第一五一条〕に「比丘受戒には好相を祈る事」とあるように、受戒前に好相行を遂げる必要があるが、〔第一四八条〕には「見蓮上人門徒、好相本尊は、必ず阿弥陀仏と為すべき事、開山宗師の掟なり（中略）、自らの信仏に帰すべからざる事」とあって、好相行の本尊を阿弥陀仏に定める必要がある。

長典自身は、永円寺の本尊阿弥陀仏を対象として好相行に入り、本願寺の寺宝である「迎接曼荼羅図」に描かれるような上品上生来迎の願望を成就したという。

好相を祈るに心宛て有るべき事。熊谷直実、極悪の大俗、上品上生に生ぜんと欲し、来迎引接の体、これを祈るに、阿弥陀如来出現したもう。法然上人これを写す。今本願寺の迎接曼荼羅これなり。心指して祈らずんば、不可なり。愚僧は永円寺の本尊阿弥陀仏に対し、来迎の願望成就するなり。証人見栄律師立つなり。

祈二好相一可レ有二心一宛一事、熊谷ノ直実《ナヲサ子》極悪之大-俗、欲レシ生二ト上品上生一、来迎引接之体、祈レニ之、阿-弥-陀如-来出-現玉フ、写二之法-然上人一、今之本願寺迎接曼荼羅是也、不レ祈二心一指一者、不-可也、愚僧ハ対二永円寺ノ本尊阿-弥陀-仏一ニ、来迎之願-望成-就也、立二証人一見栄律師也、（第一五二条）

長福寺の三十五カ院の末寺は（第二五二条）にリスト化されているが、ここに挙げられる「永円寺」「本願寺」は、いずれも長福寺の末寺である。また本願寺の寺宝とされる「迎接曼荼羅」は、現在嵯峨清凉寺に伝わる熊谷直実ゆかりの「迎接曼荼羅図」であり（第一五二条）（第二一〇条）、これは如導が安芸国から京都へ持ち来たったものであることがわかっている（後述、第三章第一節）。長典は好相行を修すにあたって、この絵画の情景を「心指して祈らずんば、不可」であると主張しており、自身の成就の証人として、見栄律師を立てている。「見蓮上人門徒」は開祖「見蓮房如導」の「見」「蓮」を使用した名を使用することが多いことから、おそらくこの見栄律師も「見蓮上人門徒」であった可能性が高い。

以上のような事蹟から、長典は熱心な「見蓮上人門徒」であったとみてよいだろう。

3　醍醐寺僧としての長典

西谷功氏は、東京大学史料編纂所所蔵『醍醐寺文書記録聖教目録』（以下『目録』）から醍醐寺僧「長典」に関する奥書を有する史料を二十七点にわたって検出し、醍醐寺僧「長典」と、醍醐寺建久本『十巻抄』をもたらした「長典」、長福寺の住僧で『視覃雑記』を著した「長典」とが同一人物であることを明らかにしている。[16]

西谷氏の報告をもとに、『目録』などからわかる長典の活躍をまとめると、以下のようになる。
①明応二年（一四九三）、十九歳で受具足戒の後は、東寺や醍醐寺で真言を学ぶ。
②宗典を師として、理性院流・三宝院流を伝持されており、また宗典手沢本の書写も行っている。宗典は東向観音寺蔵『理性院血脈』（二九函五二、一五七〇年識語）に「宗済―宗典―良恩―良識―（後略）」とみえる理性院流伝持者である。[17] 長典への受法時には東寺五智院に住しており、[18] 永正十四年（一五一七）四月二十二日に九十二歳で示寂している。[19] 長典は以上の理性院流・三宝院流に加え、壬生寺前長老から「門徒流松橋方」も伝授されており、多様な法流を学んだ密教僧であったことが指摘されている。

なお『視聴雑記』（第一七九条）には、長典が病気の宗典に鹿丸薬を用いてもよいかどうか尋ねたならば、「是非もなく服用しなさい」と答えたという微笑ましい師弟間のエピソードが紹介されている。
③長典の活動範囲は拠点の醍醐寺を中心に、現在の滋賀県西部から京都府南部一帯を活動圏としており、山城「久世郡白河別墅本堂」、近江「高嶋郡松盍寺」、長福寺、観音寺、長泊寺（近江ヵ）、「堺南庄正法寺」、山城「綴喜郡田原南上三河守住持山寺」などが『目録』から挙げられる。

このように長典は、醍醐寺を中心として密教僧としても活躍しており、活躍の場も長福寺・醍醐寺に限られるものではなかったことが判明する。また『視聴雑記』においても、泉涌寺・長福寺と、醍醐寺や理性院流に関する記事はいくつか散見できるので、詳細はのちに、「見蓮上人門徒」について述べる箇所において論じたい（第二章第四節）。

4　複数の戒脈にわたる受円頓戒師としての長典

東京大学史料編纂所共同研究「醍醐寺文書聖教における泉涌寺関係史料の基礎的研究」によって、醍醐寺には百点を超える長典関係の文書類がおさめられていることが判明した。長典関係文書の内容は多岐にわたるが、多くの密教次第の中にあって、いくつか戒儀書が存在していることは興味深い。戒儀書は多くの場合、戒師となることが決まった者が、受戒の執行のために書写を許されるものであろうから、醍醐寺に伝わる長典書写の戒儀書は、長典がそれらの戒師の立場にあった証左とみてよい。

すでに翻刻紹介されている「別授菩薩戒略作法」（『大日本史料』醍醐寺文書之十四、三一二五）は、浄土宗西山派に伝わる戒儀で、「第一開導」の最後には、受戒相承の次第が添付されている。これによれば、この戒儀は多くの円頓戒の始原と同様に、①「盧舎那仏」が、②「妙海王」とその千の王子に授戒したときに、③「本師釈迦如来」が受誦したものであるという。釈迦から、④「与逸多菩薩」に授けられ、同様に二千の菩薩に次第相承されたものが、⑤「須梨耶蘊摩」から、⑥「羅什三蔵（鳩摩羅什）」に授けられ、中国に至る。その後は、⑦「南岳恵思」、⑧「天台智者（智顗）」、⑨「章安灌頂」、⑩「縉雲智威」、⑪「東陽恵威」、⑫「左渓玄朗」、⑬「荊溪湛然」、⑭「瑯琊道邃」と次第した。⑮「叡山伝教（最澄）」は、入唐して道邃からこれを受け、帰国後に、⑯「慈覚（円仁）」に授けた。これが、⑰「露地長意」、⑱「平等慈念（延昌）」、⑲「飯室慈忍（尋禅）」、⑳「西明源心」、㉑「宇治禅仁」、㉒「大原良忍」、㉓「黒谷叡空」、㉔「吉水源空（法然）」、㉕「西山証空（善恵）」、㉖「栖空（遊観）」、㉗「承空（示鏡）」、㉘「康恵（示導康空）」、㉙「仁空（実導）」、㉚「弁空（示鏡）」、㉛「弘導（臨空中統）」、㉜「円慈（善空恵篤）」、㉝「等空」、㉞「懐空」、㉟「真照」へと相承されたという。真照は「卅五代」である。

「別授菩薩戒略作法」には「享禄第四天辛卯八月十二時正結日、於堺南庄正法寺芸窓軒、同本写之訖、長典」の識語があり、長典五十七歳時の書写であったことがわかる。

この史料には、別に添付の残簡が二紙あり、うち一紙には西教寺流の戒脈が記される。前欠のため全容を知りがたいが、おそらくは先の①から⑤までのインドの相承を除き、第十九代を⑲「吉水源空」としたものと考えられ、源空から、⑳「信空（法蓮）」、㉑「湛空（正信）」、㉒「恵尋（求道）」、㉓「恵顗（素月）」、㉔「伝信（興円）」、㉕「慈威（恵鎮）」、㉖「慈伝（心空）」、㉗「慈眼（鎮増）」、㉘「慶秀」、㉙「真盛」、㉚「盛全」、㉛「長典」までで「卅一代」であるとされる。さらに長典はこれを「見定沙弥」に授けたことを記している。

また醍醐寺には、同じく長典書写の「自誓受戒〈大乗〉」（五三四函五号）がある。こちらの史料は自誓受戒の次第であるから、特に相承などは記されていないが、『梵網経』に説かれる十重戒の能持を誓う内容で、「天台大師撰」とされる「授仏性戒儀」が挟まれる、明らかに叡山に伝持されたものである。「別授菩薩戒略作法」と同様に、「享禄四辛卯年八月九時正中日、於堺南庄正法寺芸窓軒、同以御本両日書写之訖、長典」とあり、同年同月に、和泉国大鳥の「正法寺芸窓軒」で書写されたものであることがわかる。

これらからは、長典が少なくとも二流の黒谷の円頓戒儀の戒師となり、さらに別に叡山に伝わる自誓受戒儀をも知り得ていたということが明らかである。長典は泉涌寺僧として十九歳のときに具足戒を受けたことは以前に述べた。彼はさらにその上に複数の戒脈にわたる黒谷由来の円頓戒を受けており、晩年にはそれらの戒師として活躍した。つまりこのことは、長典活躍時の十五～十六世紀には、戒もまた密教の法流のように、多くの流派を受けることが可能であったことを示すものであろう。

まとめ

以上にみてきたように、『視覃雑記』著者の長典（一四七五～一五三九）は、十三歳のときに泉涌寺流の律家として春嶽全長から沙弥戒を受けた後、彼を指導僧として四度加行を受け、十九歳の春には永円寺で上品上生来迎の好相を得て、性堂教見から具足戒を受けた。泉涌寺に伝わる開山俊芿ゆかりの「山門穴流（穴太流）」と「西流（西院流ヵ）」を受け、後には泉涌寺の知客としても活躍する長典であるが、彼は同時に醍醐寺五智院の宗典にも師事して、理性院流を受け、醍醐寺僧として活躍し、最期を醍醐寺釈迦院で迎えている。複数の黒谷円頓戒を受け、晩年にはそれらの戒師としても活躍したようである。

長典は『視覃雑記』が記された十六世紀前半には長福寺を拠点としており、「見蓮上人門徒」としてまじめに仏道修行に励んでいたことを知ることができる。「見蓮上人門徒」は、次章に述べるように南北朝期に活躍した見蓮房如導を慕う門徒集団である。如導は泉涌寺僧として活躍しながら、密教の法流や禅の法流を受け、また法然門下の鎮西流に所属する熱心な浄土教信者でもあった。泉涌寺の法流に強いこだわりをみせながらも、長福寺の伝統を語り、一方で醍醐寺の密教僧としても活躍しながら、法然ゆかりの黒谷円頓戒を複数受ける長典のあり方は、「見蓮上人門徒」らしい生き方であったといえよう。

註

（1）報告書として、宇都宮啓吾研究主任『智積院聖教における典籍・文書の基礎的研究』。なお現在も智積院調査は継続されており、「根来寺聖教の基礎的研究――智積院聖教を中心として――」（課題番号二一三二〇〇九七、平成二十三～二十五年）、「多面的把握に基づく新義真言宗系聖教の解明と公開促進を果たす研究」（課題番号二六二八四〇六五、平成二十六～三十年）に引き継がれている。成果についてはそれぞれの報告書をご覧いただきたい。

（2）大谷由香「智積院新文庫所蔵の戒律関係聖教群について」（註（1）前掲科研報告書所収）。

（3）大谷由香「智積院新文庫聖教にみる十五～十六世紀の戒律研究について」（『印度学仏教学研究』六〇―二、二〇一二年）。

（4）西谷功「『視覃雑記』著者「長典」と醍醐寺建久本『十巻抄』所持者「長典」」（『智山学報』六四、二〇一五年）。

（5）『視覃雑記』の表紙部分右上の「理流」の朱書について、初めに本書を紹介した際（大谷由香「［資料紹介］智積院新文庫所蔵『視覃雑記』について」、『智山学報』六〇、二〇一一年）には、この箇所を聖教分類番号の一種かと解釈し、「理疏」と翻刻した。しかしこれは西谷氏が前掲論文内で指摘されるように、「理流」とするべきであり、長典が理性院流に属したことを物語るものであろう。

（6）西谷功註（4）前掲論文。

（7）田村隆照「図像抄――成立と内容に関する問題――」（『仏教芸術』七〇、一九七〇年）。すでに西谷氏が指摘されているところではあるが、田村氏は長典の生を「六十六」歳とする。『醍醐寺大観』二（岩波書店、二〇〇二年、図版八九）にて原本を確認すると、「六六」歳であることが明らかである。

（8）藤井雅子氏は、東京大学史料編纂所一般共同研究「醍醐寺文書聖教における泉涌寺関係史料の基礎的研究」の成果公表として行われた公開講座「醍醐寺と泉涌寺」の中で「醍醐寺理性院と長典」と題して報告された。同報告の内容は平成二十八年度『日本女子大学文学部紀要』にて発表予定である。詳細はこちらをご覧いただきたい。

（9）『視覃雑記』では、「先伯善叙」と記されるが、『泉涌寺史』には、第五十三世長老として「先白善叙」と記されている。成立時期的にみて『視覃雑記』の記述によるべきではあるが、その他史料との表記統一のため本稿本文の中では、『泉涌寺史』にしたがって「先白」を使用する。

（10）以上の長老の世数と人物は、『泉涌寺維那私記』（一八六一年成立、『泉涌寺史』資料篇に収載）によって比定した。

(11)〔第二〇九条〕に「等本房禅光院」とある。

(12)『泉涌寺不可棄法師伝』（以下『法師伝』と略）には、俊芿が十四歳のとき、「飯田山学頭真俊法師」の付属となって、「天台真言等の宗を修学」したことが記される。この真俊は『法師伝』中で、「此の師、延暦寺西塔院東陽座主の忠尋僧正に従い、天台宗を稟承す。また密教は、谷阿闍梨皇慶の法孫なり。しかるになお高野山に登り、心蓮大徳に従いて南院流を伝え、尋ねて俊覚検校に遇い、中院流を承け」た人物であると紹介される。

このように『法師伝』の中で、俊芿の師である真俊は「谷阿闍梨皇慶の法孫」とされるが、穴太流は、谷阿闍梨皇慶を流祖とする谷流を元祖とする流派であることから、俊芿が穴太流を承けたとする『視覃雑記』の記述は矛盾しない。俊芿は真俊から穴太流の灌頂を受け、それが「泉涌寺開山一夜大事」として、泉涌寺内に伝わったものと推測できる。

「穴太流血脈」

皇慶（谷流祖）―頼昭―┬行厳（仏頂流祖）
　　　　　　　　　　└覚範（智泉流祖）―院昭―行玄
（行厳・院昭・行玄）―聖昭（穴太流祖）―契中―忠快……

（『密教大辞典』より抜粋）

(13)西谷功註(4)前掲論文。

(14)石田充之編『鎌倉仏教成立の研究　俊芿律師』（法藏館、一九七二年）四〇四頁。

(15)冨谷至校注『本朝度量権衡攷』一（平凡社、一九九一年）三七頁。

(16)西谷功註(4)前掲論文。

(17)東向観音寺史料調査団「東向観音寺資料目録（四）」（『東京大学日本史学研究室紀要』一二、二〇〇八年）。西谷氏も指摘しているが、宗典伝持の『理性院血脈』を所蔵する東向観音寺は、長福寺末寺の一つに挙げられており、

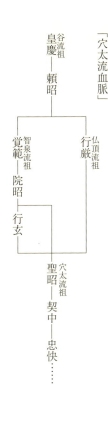

「見蓮上人門徒」であった長典との関係が示唆される。

(18) 宗典は東寺五智院に延徳二年（一四九〇）に任じられ、永正十二年（一五一五）に退任している（富田正弘「中世東寺の寺院組織と文書授受の構造」、『資料館紀要』八、一九八〇年）。

(19) 高橋慎一朗「『醍醐寺過去帳』の分析」（高橋敏子代表『東寺における寺院統括組織に関する史料の収集とその総合的研究』、二〇〇五年）。

第二章　五辻山長福寺と「見蓮上人門徒」

第一節　見蓮房如導の事蹟と「見蓮上人門徒」

1　見蓮房如導の生涯

見蓮房如導（一二八四～一三五七）の生涯については、東福寺僧である在先希譲（?～一四〇三）が『無人和尚行業記』[1]（以下『行業記』）を撰述してその伝記を作成し、これを中心として大塚紀弘氏がまとめられているので[2]、そちらを合わせて参照願いたい。

花山院某の子として生まれた如導は、十七歳のときに北野社で千日参りをした満願の日、松葉を盛った硯蓋を抱えた天童から「これを六十余州に植えよ」と告げられたのを機に、知恩院で得度、浄土宗鎮西義の僧侶となる。極楽浄土への強い思慕によって十九歳のときに大井川（大堰川）へ入水するも、死にきれずに父宅に戻った。その後太宰府に下向して安楽寺（太宰府天満宮）に三年間留まり、二十一歳のときに筑後国秋月の安養寺長老のもとで沙弥戒を受けている。如導が受戒したこの寺は南山道宣の戒学を研鑽する「北京泉涌寺一派」の道場であると同時に、中国浄土教の祖師である善導の遺風を伝える「浄土真宗持戒念仏の場」であったという。この縁を通じて二十七歳（一三一〇年）で京都に戻ったとき、如導は泉涌寺第八世長老兀兀知元から比丘戒を受け、以後泉涌寺僧として活躍

図1　無人如導像（悲田院蔵）

していくこととなる。

同時期に述作された凝然（一二四〇～一三二一）撰『三国仏法伝通縁起』（一三一一年成立）には、インドに始まる浄土教が中国で順次相伝されて元照（一〇四八～一一一六）に結実したと説かれるが、その伝統的教学を日本に伝えたのが、泉涌寺開基の俊芿（一一六六～一二二七）であり、また第二世長老となった智鏡（?～一二三六～四六～?）であったとされる。[3] ここでは「浄教の所伝は泉涌を本と為す」と主張されており、当時泉涌寺が、浄土教の相伝上無視できない存在であったことがわかる。こうした理解は、当時一定の影響力を持っていたものと考えられ、如導以前にも良海・延空といった泉涌寺僧が鎮西義を並修していたことが、大塚紀弘氏によってすでに指摘されている。[4] そもそも泉涌寺開山の俊芿の伝記をまとめた信瑞（?～一二七九）は、法然房源空（一一三三～一二一二）の弟子である隆寛（一一四八～一二二七）と信空（一一四六～一二二八）に学んだ浄土宗の僧であったし、また諸行本願義を主張する長西（一一八四～一二六六）の目録に俊芿の著作がみえ、[5] その他にも多くの法然門弟たちが、泉涌寺僧によってもたらされた宋代律疏を引用している。[6] これらのことは、当時の浄土宗の僧にとって、泉涌寺が一目置かれる存在であったことを物語っているように感じられる。

熱き浄土信奉者であった如導は、同様に信仰していた天神の膝元で、中国浄土教の正統を伝える泉涌寺一派に出逢い、泉涌寺で中国由来の正式な戒を受けることによって、インド以来の浄土教の正統を継ぐ一人としてみなされるようになったといえよう。

その後、如導は仁和寺西谷の法光明院長老の良智律師（生没年不詳）に師事して八年間浄土教を学び、円頓戒を受けた。このことは『視覃雑記』（第二五一条）では「浄土宗は、西谷法光明院の相承、鎮西歒流なり」と表現されている。浄土宗の法脈を記した『吉水法流記』[7]（一二七五年成立）によれば、良智は鎮西義の然空礼阿（?～一二九七）の弟子とされ、その礼阿の弟子思空（生没年不詳）の下に「見蓮法師」、すなわち如導を確認することができる（**図2**参照）。礼阿の門下は、向阿（一二六五～一三四五）によって法然門下中の正統であることが主張されて

図2　『吉水法流記』（一二七五年成立）より良智・如導にいたる系譜を抜粋

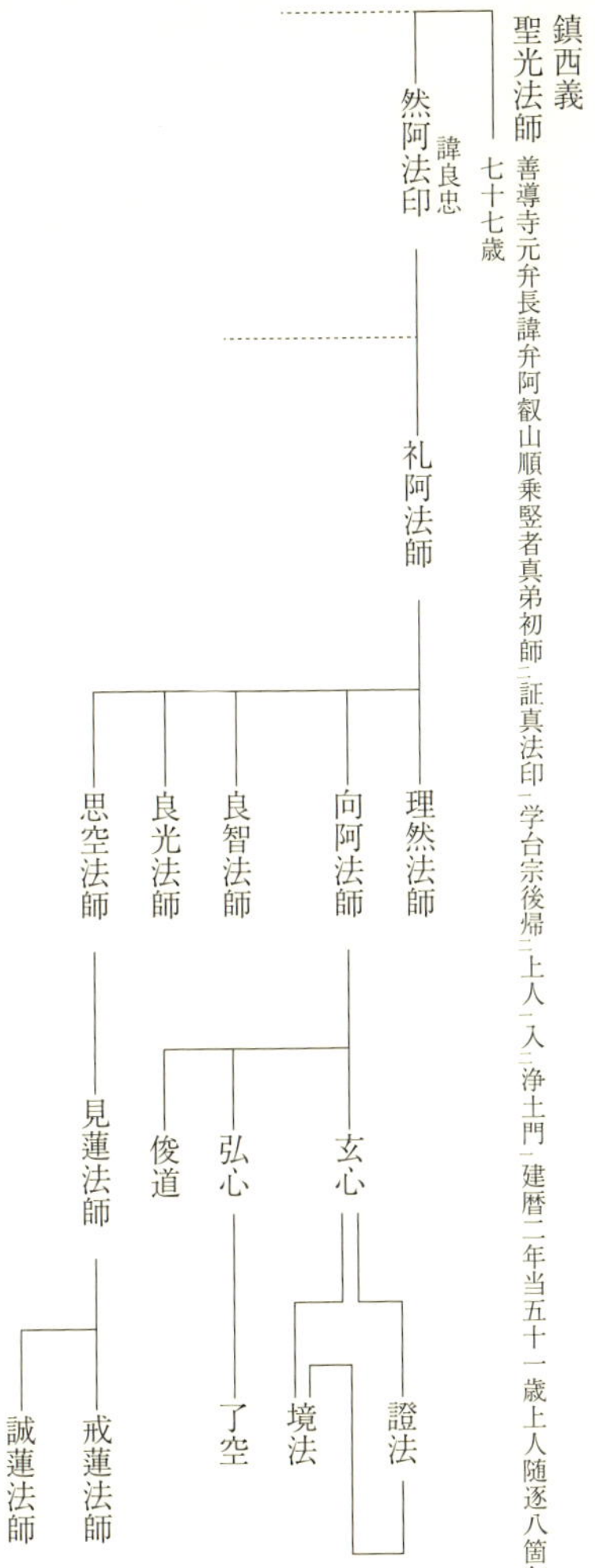

「一条派」と呼称されており、(8) 当時「浄土真宗」と称された（後に詳述、第四章第一節）。『視覃雑記』の記述もこれにともなうものであろう。

一方『吉水法流記』の三年後の成立とされる『法水分流記』(9)（一三七八年成立）では、礼阿は鎮西義の良忠の直接の門弟とされていて、「住仁和寺西谷法光明院」「律僧」の注記がある。すなわち法光明院が鎮西義と律学を修学する場として礼阿によって草創されたことを示すものであろう。また思空にも「住西谷」「律」の注記があるから、法光明院は礼阿―思空―良智へと相続されていったことが知られる(10)（**図3**参照）。ここに記される「律僧」「律」の表記は、おそらく円頓戒のことではなく、俊芿以来泉涌寺に伝わる南山律宗の系統を指すものであろうから、法光明院

図3　『法水分流記』（一三七八年成立）より良智にいたる系譜を抜粋

上人 字法然 諱源空 住叡山黒谷

弁長 聖光 弁阿
授手印奥　延応元己亥行年七十四云々、叡山順乗竪者真弟、初証真法印学台宗、後帰上人入浄土門ニ、上人随遂八ケ年也、後鎮西下向住光明寺、号筑紫上人、肥後善導寺本願上人往生ノ刻五十一、嘉種(禎)四戊戌壬二廿九未時往生、七十七歳、本ハ四イニ 筑前国加月庄ノ人也、台宗証真法印弟子也

良忠
然阿、住嵯峨、住鎌倉悟真寺、藤資頼宰相孫、弘安十丁亥七六往生、八十九歳

然空 礼阿
住仁和寺西谷法光明院　律僧　頼定大納言息

是心 向阿
住浄花院　本寺法師　七十二歳寂　六月二日午時

思空 良然
住西谷　律　慈心和尚弟子也

良智

専空 成空
住専修念仏院・浄花院　本号敬蓮社真弟

延空 理然
律　泉涌寺

もまた筑後国秋月の安養寺と同様に「北京泉涌寺一派」の「浄土真宗持戒念仏の場」であった可能性を指摘できる。
こうして法然浄土教とともに、法然ゆかりの円頓戒を受け、さらに泉涌寺に伝わった中国浄土教の正統とともに、泉涌寺が伝えた南山律を受けた如導は、日本に伝持されたすべてを相承した浄土教の正統伝持者としてみなされるようになったと考えられる。

その後、如導は悲田院の明玄長老（生没年不詳）から律と密教を学んで小野流の入壇灌頂を受けた。『視覃雑記』（第二五一条）には「真言は、三宝院流、悲田院明月《（玄カ）》上人の瓶水を掬う」とあり、これが三宝院流の灌頂であったことが伝わっている。醍醐寺三宝院は、室町幕府より「護持僧管領」を任じられており、光助以後には護持僧体制の中核として定着したとされる。さらにはこの頃三宝院は、護持僧祈禱とは別に行われた諸門跡祈禱にも関わって「祈禱方奉行」の立場にもあった[11]。幕府の祈禱体制下における三宝院の重視は、満済（一三七八～一四三五）以後も続いていたことが明らかにされつつあり[12]、このとき如導が数ある法流のうちでも、三宝院流を受けたことは、その後形成される「見蓮上人門徒」の繁栄に大いに寄与したものと考えられる。

また後には金台寺に隠遁し、善導の旧儀にしたがって、暗い部屋で昼夜を通じる苦行である「称名の観行」に励み、さらに信州善光寺に移って夏安居の説法を行い、聴衆の帰依を受けた。帰京の後には永円寺に移り、多くの廃院を復興し、天龍寺の夢窓疎石と法談して、禅の印可を受けた。『天龍宗派』には夢窓疎石の法嗣として「永園《（円）》如導」の名をみることができる[13]。

その後さらに諸国を遊歴した後、如導は安芸国に迎接院を草創し、そこに六年間留まった。六年間の安芸国迎接院止住から戻った如導は、自らが以前に建立していた本願寺において四十八日間の供養説法を行っている。これが浄土教にもとづくものであったことは、その日数が阿弥陀仏の四十八願にちなんでいることからも明白である。おそらくこのとき、如導は安芸国から持ち帰った熊谷直実ゆかりの「迎接曼荼羅図」を披露したと考えられるが、これについては後に詳述したい（第三章第一節）。『行業記』によれば、本願寺内には貴賤を問わず、肩が触れ踵が接するほどの多くの人が集まり、さらに遅れて来た者は門の外で如導の説法を聞いたという。

江戸期の史料ではあるが、『山城名勝志』によれば、如導は後伏見院皇女である進子内親王の出家得度の戒師をつとめたとされる。(14)『視覃雑記』〔第一九四条〕には「当寺開山の見蓮宗師、平僧なりと雖も、授受戒せられた直弟、七十余人の僧尼等、これ在り」とあり、〔第二五五条〕には「見蓮上人の直弟は、七十二人これ在り。比丘尼は百余人なり。直弟とは、剃髪染衣・得度の両受戒を授けるを直弟と云う」ともあって、如導が平僧でありながら、生涯に七十二人の僧と百余人の尼僧の沙弥戒・具足戒の両受戒の戒師をつとめたと伝わる。こうした活動が進子内親王の戒師に任命される名誉へと繋がったものと見受けられる。

延文二年（一三五七）五月二十七日申のとき、北野社内に自身が再興した観音寺〔現東向観音寺〕で、如導は息を引き取った。『視覃雑記』〔第二五一条〕によれば、小御堂と呼ばれる阿弥陀仏のある二間の部屋だったという。『園太暦目録』には「見蓮上人往生之瑞光事」といい、往生浄土の奇瑞があったという。(15)『視覃雑記』〔第二一四条〕〔第二五一条〕によれば、如導が息を引き取った観音寺は北野社の神宮寺であるから、ケガレを避けるために、亡骸は北山金台寺の本堂南面に運ばれて、荼毘に付されたという。このとき、両寺の葬列の跡には、松が植えられた。その後、如導の墓所は曼荼羅院に定められた。

2 「見蓮上人門徒」

如導は生涯に十余の寺院に住み、十五の寺院を創建あるいは復興し、この他に尼寺を数十建立したという。『泉涌寺派寺院本末改帳写』（一六九二年成立）によれば、延慶元年（一三〇八）に安居院大宮の悲田院を再興、応長元年（一三一一）に北野に観音寺を建立、同じ頃中保に寿命院を建立、正和元年（一三一二）に五辻に長福寺、普門庵を創建、同三年（一三一四）北辺に永円寺を再興し、北山に迎接庵（院）を建立、翌年仁和寺に本願寺、荘厳院を建立、嘉暦元年（一三二六）泉涌寺に法音院を建立したとする記事をみることができる。[16]

　こうした如導ゆかりの寺院に参集した、如導の事蹟を偲び慕う門弟の集団が「見蓮上人門徒」である。『視覃雑記』〔第二五一条〕には「見蓮上人門徒と号すは、長福寺を本寺と為す。凡そ諸末寺僧尼所、卅五ヶ院なり」とあり、また「永享元己酉年十二月七日、普広院殿（足利義教）御判『目録状』に云う「当寺（長福寺）中興開山見蓮上人、末寺卅五ヶ院の本寺と為す。互いに相い水魚と成り、毎事談合せしめて三宝紹隆・伽藍相続の沙汰を致すべしと思え」ともあることから、「見蓮上人門徒」は長福寺を本寺とし、如導ゆかりの三十五カ院の末寺を抱えることを永享元年（一四二九）に室町幕府から安堵された存在であったことがわかる。

　これら末寺の名は〔第二五二条〕に明らかで、①曼荼羅院と②永円寺が長福寺の「本末寺」とされ、③禅光院、④観音院（寺）（付西松院）、⑤遍照院、⑥本願寺（付尊福院）、⑦法明院（付満願寺）、⑧後仏光院、⑨善福寺、⑩金台寺、⑪楽邦院、⑫東南院（泉涌寺内）、⑬新善光寺、⑭寿覚院、⑮荘厳院、⑯心蓮寺、⑰勢至院、⑱九品寺、⑲善来堂、⑳清浄光院（尼寺）、㉑欣浄庵（尼寺）、㉒三時知恩院（尼寺）、㉓大慈院（尼寺）、㉔浄楽寺（尼寺）、㉕迎接院（尼寺）、㉖称名寺（□州秀）、㉗迎接院（安芸国、尼寺）、㉘霊山寺（丹波倉崎）、㉙春田寺（越前新□）、㉚保運寺（越前佐野）、㉛泉福寺（加州津波田）、㉜金剛宝寺（越中永養）、㉝円光寺（越中宮川）が長福寺の直接の末寺として挙がり、「本末寺」の永円寺の末寺である㉞安楽光院、㉟寿命院を合わせて、三十五カ院が長福寺の末寺とされている。

　このように「見蓮上人門徒」が単純に泉涌寺下に収まらず、集合して末寺を抱える組織を形成していった一因として、以下に紹介される如導の遺誡が関係しているものと考えられる。

『上人遺誡』に曰く、「吾が門葉の受戒は、当寺住持を戒師に請うべし。猥りに余流の戒師に依らず。伝法灌頂、鎮西教も等しく上に同じ但し吹挙《（推挙）》を除くと云々。門徒と為るは、事を左右に寄せ、真俗を共に、泉涌寺の一切を以て、其綺口入の儀有らん」と。

上人遺誡曰、吾門葉受戒者、可請当寺住持於戒師、猥不依余流戒師、伝法灌頂、鎮西教等、同上但除吹挙云々、為門徒、寄事於左右、真俗共、以泉涌寺一切、有其綺口入之儀矣、
（第二五一条）

この遺誡が真実如導に帰すものかどうか判断する手段はないが、少なくとも『視覃雑記』が著作された十六世紀前半には、遺された者たちである「見蓮上人門徒」の間ではそのように信じられ、その団結の源とされていたものと考えられる。記事によれば、如導は受戒・真言の伝法灌頂・浄土の鎮西義に至るまで、自身の門弟が、他流の者から教えを受けることを禁じていたという。また門徒となる者はいろいろと理由をつけて、僧侶も在家者も一致団結して、泉涌寺の一切に干渉するようにと如導が遺誡したという点は強烈で、「見蓮上人門徒」の性格を位置づけるものであろうと思う。

第二節　本寺　五辻山長福寺

「見蓮上人門徒」の本寺とされる長福寺[17]は、『泉涌寺派寺院本末改帳写』[18]によれば、正和元年（一三一二）に寺内の普門院とともに建立されたという。『山州名跡志』巻二〇[19]（一七一一年刊）に「宗旨四宗兼学泉涌寺に同じ」とされる。また山号は『視覃雑記』〔第二五一条〕には「五辻《シン》山」とされているものの、『山州名跡志』、『山城名跡巡行

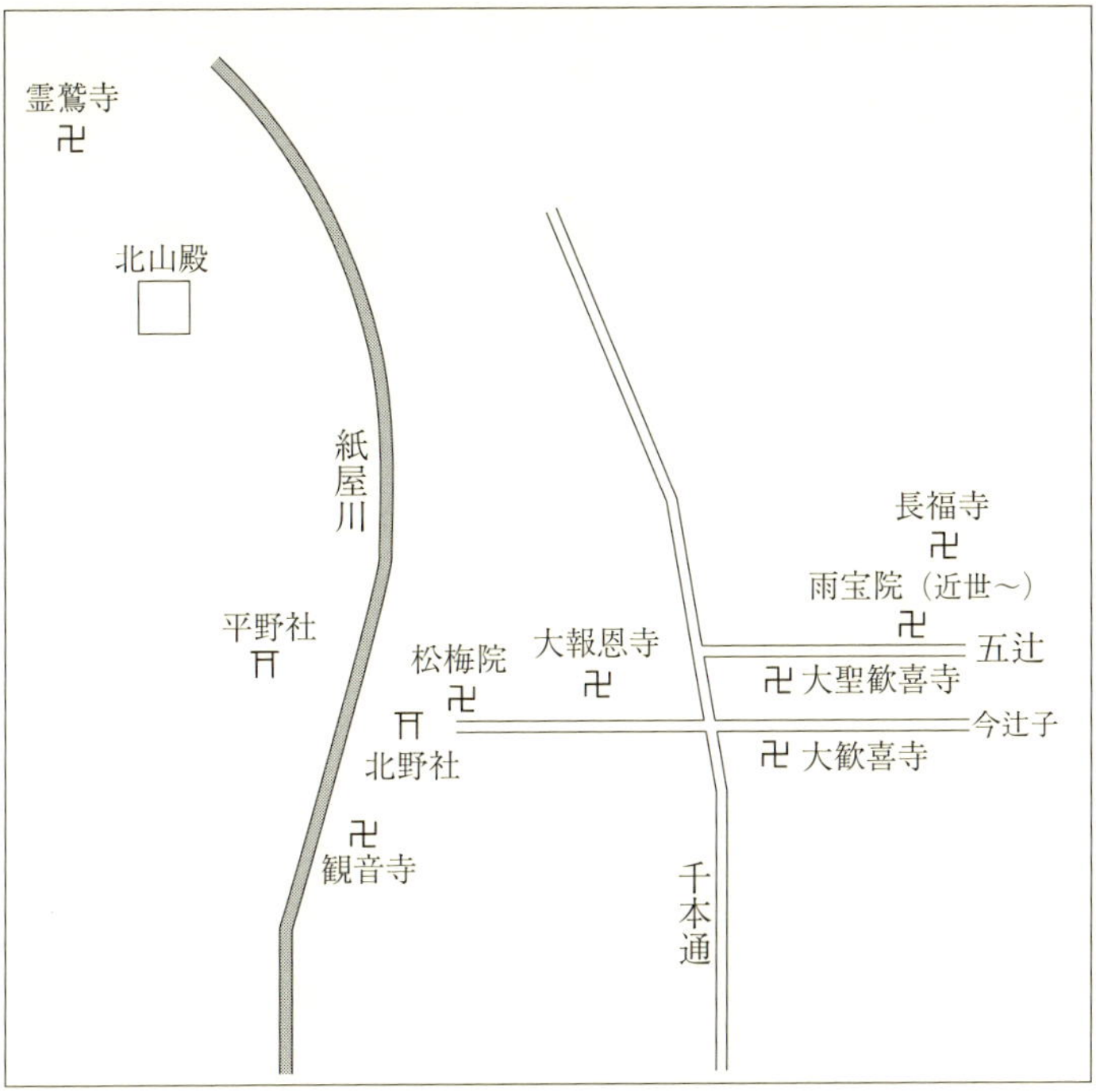

図4　北野・千本（細川武稔『京都の寺社と室町幕府』吉川弘文館、2010年より転載）

志[20]』巻一（一七五四年跋）、『拾遺都名所図会[21]』巻一（一七八七年刊）には「威王山」とあって、十八世紀頃には山号が変わっていたようである。

『雍州府志』巻四[22]（一六八二～八六年成立）には、北辺五辻千本の大聖歓喜寺の北東に所在したとされており、『山州名跡志』には京極通上御霊条北の西園寺の南とされ、また『拾遺都名所図会』には、京極通「条違橋の北」とされる。『京都坊目誌』（一九一五年成立）には、草創の地は不明で、応仁元年（一四六七）の兵火によって回禄した後に移動したとされ[23]、具体的には現在の上京区寺町通今出川上ル鶴山町北端一番戸の地とされる[24]。

『雍州府志』には、長福寺が菅原道真作製の甲冑観音像を有していたといい、『京羽二重織留』巻四[25]（一六八九年刊）では「霊像」として本像が列せられている。また『山州名跡志』には「本尊不動明王立像一尺九寸、脇士金伽羅・勢多伽立像一尺二三寸許」とされ、本尊不動明王は、足利尊氏（一三〇五～五八）が、元来洛北岩屋山奥院と長福寺の法脈が同じであることから、天正年中（一五七三～九二）、結縁のために奥院本尊を移したものであり、その旨を記した尊氏の御教書が長福寺にあったと伝える。この不動明王像は『京羽二重』[26]巻二（一六八五年刊）では「名不動」として列せられ、ここでは「天神作」とされていて、以後の地誌では軒並み菅原道真作とされている。この不動明王が有名だったようで、長福寺旧地には「不動前町」の名が残っている。

『山州名跡志』は、長福寺はこの他にも道真作とされる阿弥陀如来・観音菩薩・勢至菩薩の阿弥陀三尊像を安置していたとしており、これらは道真が梅の生木を使用して作ったとされることから「青梅の像」と呼ばれていたとする。『京都坊目誌』[27]にはこのうちの観音像は洛北三十三所の内の十二番であると紹介しており、不動明王像と観音像は不動前町の某が庫中に安置していて「今に存す」という。

『北京東山泉涌寺本末帳』[28]（一六三三年成立）には、泉涌寺末寺として長福寺の名がみえるが、朱印高は「三拾六石余、泉涌寺之内九石余」とされていて、また『泉涌寺派寺院本末改帳写』[29]には在所は「山城国愛宕郡上京極」とあるものの「寺領四十石余東西六十間南北二十八間　内別御朱印九石余、本山御朱印之内三十六石余」とされる。江戸時代には、寺町今出川上ルに存在しながら、一部は泉涌寺による直接支配を受けたということであろうか。元禄年間（一六八八～一七〇四）成立の『元禄覚書』[30]には、「御朱印寺　律宗」として、泉涌寺とその末寺が列記される中、「九石八斗　寺町長福寺」とされている。

なお『京都坊目誌』[31]には、延享四年（一七四七）に泉涌寺内に寺地を移動して塔頭となったというが、天明八年（一七八八）の大火のときも焼け残ったとする記事もあり[32]、長福寺の寺地はその後どうなったものかよくわからない。後に述べるように、長福寺末寺とされる永円寺、安楽光院、寿命院は、泉涌寺内に移った後にも旧地を支配し続けたことがわかるから、長福寺も同様に、泉涌寺内に移った後も、旧地寺町今出川上ルの地を支配し続けたということだろうか。また『京都坊目誌』には、明治五年（一八七二）に廃仏毀釈のために寺地を保持することが難しくなり、同二十七年十二月二十六日に讃岐国に移ったとする。すなわち現在高松市川部町に在する真言宗泉涌寺派の長福寺として現在に法脈を伝えている。

さてこの長福寺は、『視覃雑記』では以下のように縁起が語られている。

長福寺。弘法大師の住まわれると云う。五十五代嵯峨天皇、弘仁年中に御願しての御再興なり。上宮太子の草剏なり。寺号政事、初めは坊城の寺、二に三学寺、三に五辻の寺、四には長福寺なり。額書の筆主、口伝有り空海・菅丞相・道風。空海を以て正と為す。然りと雖も、近年道風の由、世に以てこれを称すの間も、諍わざるなり。天神毎日影向して以来、又松坊とも号す。大松これ在るが故に、神、松上に移ると云々。年数七百余載の間、伝教大師、弘法大師、慈覚大師、何を以てか居住の由、申し伝うるの段、異論の者无き事なり。五辻長福寺と号し、律宗と為す事、纔かに無人宗師以来二百卅余年の事なり。鎮守山王十禅師権現は、伝教大師の御勧請なり。

長福寺、被住弘法大師云、五十五代嵯峨天皇弘仁年中為御願、御再興也上宮太子。草剏也、寺号政事、初坊城之寺、二二三学寺、三五辻之寺、四者長福寺、額書筆主、有口伝空海、菅丞相、道風、以二空海一為正、雖レ然、近年道風之由、世以称レ之間不レ諍也、天神毎日影向以来、又号松坊一、大松在之故、神移松上云々、年数七百余載之間、伝教大師、弘法大師、慈覚大師、何以居住之由、申伝之段、无異論者事、号五辻長福寺、為二律宗一事、纔無人宗師以来二百卅余年之事、鎮守山王十禅師権現者、伝教大師之御勧請也、（第一四五条）

あくまで『視覃雑記』を撰述した当時（一五一九〜三〇年頃）の伝承であるが、五辻山長福寺は、聖徳太子が平安京に初めて建立した寺院であり、(33) 弘仁年中(八一〇~八二四)に嵯峨天皇の発願により再興されたという。寺号を「坊城の寺」「三学寺」「五辻の寺」と変遷させており、最終的には如導が入寺して、「長福寺」と改名し、このときから律宗寺院となったようである。すなわち『山州名跡志』などに紹介される一三一二年の如導開基説は、律院となったときを指していわれたものであろう。寺地の移動については特に言及されていないので、前に紹介した『京都坊目誌』に紹介される応仁の乱後の移動については確認できない。書きぶりからすれば、奈良時代から同所に位置していたように感じられる。境内には大松が植えられており、この上に毎日天神が来臨したことから「松坊」の別名があったことが知られる。長い歴史の間には、最澄・空海・円仁が居住したともいわれ、鎮守の「山王十禅師権現」は、最澄が勧請したものであると伝えられる。

長福寺には空海筆とも菅原道真筆とも小野道風筆ともいわれる額が掲げられているが、これは次の様にも説明されている。

長福寺の額に「名詮安性」と云い、古□には「慶賀□敬非一」と云う。茲に因り、住持は正月八日の早旦に参賀す。諸家一番の御対面なり。香色大衣を着用す。修正大般若経光明皇后の御一筆巻数直進の由、仰せ出られ訖んぬ。等持院殿(足利尊氏)以来御代々の御吉例なり。黒衣僧、正月八日の参賀は、当寺に限るものなり。参は今度沙汰申せしめられ、善福寺を召し具すなり。

長福寺額云名詮安性、云古□慶賀□敬非一矣、因茲、住持正月八日早旦参賀、諸家一番御対面、着用香色大衣矣、修正大般若経光明皇后御一筆巻数直進之由、被仰出訖、等持院殿以来御代々御吉例、黒衣僧、正月八日参賀、限当寺者也、参今度令申沙汰、召具善福寺矣、(〔第二五一条〕)

すなわち額には、名は体を表すという意の「名詮安性」とあり、また「古□慶賀□敬非一」とあったという。虫食いのため判別できないが、おおよそ慶事があれば敵味方も関係なく祝う、というような意味であろうか。この額字にちなんで、長福寺は武家政権であった室町幕府にも参賀したという。長福寺は足利尊氏（一三〇五～五八、在任一三三八～五八）以来、正月八日の早旦参賀が許された唯一の黒衣僧であって、長福寺住持は香色大衣を着用して出仕し、光明皇后の写本（五月一日経であろうか）を使用した修正大般若経巻数直進を担っていたとされる。[34]「参は今度沙汰申せしめられ、善福寺を召し具す」ともあり、十六世紀前半頃には善福寺が長福寺に同道していたことがわかる。この善福寺は長福寺の末寺の一つである。

また参賀のみならず、長福寺は毎月晦日に行われる「長日護摩供」、将軍の誕生日に行われる「長日大般若経」、また将軍からの申し出によって行う祈禱も担っていたことが、続く文章から明らかである。

長日護摩供。毎晦日、御撫物出せられ、巻数これを進献す。長日大般若経、御誕生日の御祈と為し、巻数進上す。所々の御成、御祈禱、仰せ出されるに随いて、巻数これを上進す。これに就いて、改所中方、中村と称し、法橋法眼を任じ致仕候。殿中、北京律宗、此の例は、当寺に限るの旨、勝定院殿（足利義持）の上意と為す。亀鏡としてこれを載せ訖んぬ。

長日護摩供、毎晦日、被出御撫物、巻数進献之、長日大般若経、為御誕生日御祈、巻数進上、所々御成、御祈禱、随被仰出、巻数上進之、就之、改所中方、称中村、任法橋法眼致仕候、殿中、北京律宗、此例、限当寺之旨、為勝定院殿上意、為亀鏡載之訖、

（〔第二五一条〕）

「長日護摩供」など殿中に入っての祈禱は、第四代将軍義持（一三八六～一四二八、在任一三九四～一四二三）の意向によって、泉涌寺一派（北京律宗）では長福寺のみに許されていたという。[35]〔第二五一条〕には「惣寺交衆の睚《よこめ》を抱えず、専ら当門一同にして御祈禱の由、勝定院殿（足利義持）の仰せ下される所なり」ともあり、惣寺である

泉涌寺の衆僧は交えずに、「見蓮上人門徒」だけで幕府の祈禱にあたっていたことがわかる。

以上のようなことに関係してか、長福寺の行者《あんじゃ》は(36)「中村」という名字を持ち、法橋から法眼の僧位を得ていたという。悲田院の行者が名字を持ちながら法橋にも任ぜられることなく、泉涌寺行者が三位に准ぜられながら名字を得ることがなかったのに比べれば、特別の待遇であることを長典は主張している（〔第二一六条〕）。

このように長福寺は、本来泉涌寺末寺の一つに過ぎなかったはずが、泉涌寺を尻目に幕府権力と単独で結びつき、多くの特権を得ていた寺院であったことが『視覃雑記』の記述からうかがえる。

その結果として、永享元年（一四二九）十二月七日には、第六代将軍義教によって、長福寺に末寺三十五カ院が安堵されたことは、前に述べたとおりである。安堵の『目録状』発行に先立ち、応永二十二年（一四一五）には、室町幕府により新善光寺が五辻長福寺の末寺であることが確認されている(37)ことから、長福寺の運営に幕府が直接介入していたことは明らかで、この『目録状』の存在も、信用に足るものと考えられる。〔第二五一条〕には「見蓮上人門徒と号するは、長福寺を本寺と為す。凡そ諸末寺僧尼所、卅五ヶ院なり。長福寺住持の末寺と成るは、永享三年置文連判衆の寺院、十三ヶ所なり」ともあって、幕府による末寺安堵を受けた長福寺は、永享三年（一四三一）には住持を持ち回りでつとめる十三カ院を決定し、連判状を作成していたことが判明する。

この連判状は、〔第二五四条〕に転写されており、「長福寺廻持衆」として、①楽邦院見然、②観音寺蓮遵、③曼荼羅院見慶、④法明院見僊、⑤善福寺見隆、⑥荘厳院見嘉、⑦禅光院見充、⑧仏光院見祐、⑨金台寺呈見、⑩本願寺見直、⑪迎接院見密、⑫遍照院見任、⑬心蓮寺蓮弘の十三名が、「永享三年卯月廿一日」に連判して置き文としていたようである。ここに挙げられている十三人は、いずれも如導の直系の弟子筋の者であったことが以下の内容から推察できる。

見蓮上人の直弟七十二人、これ在り。比丘尼百余人なり。直弟とは、剃髪染衣・得度、両受戒を授くを、直弟と云う。見蓮上人直弟は、法明第二世康蓮なり。康蓮直弟は、見僊なり。三代、両受戒を授く。見僊和尚以来、戒を授けずと云々。

見蓮上人之直弟七十二人、在之、比丘尼百余人也、直弟者、剃髪染衣、得度、授両受戒、云直弟、見蓮上人直弟、法明第二世康蓮也、康蓮直弟、見僊也、三代授㆓両受戒㆒、見僊和尚以来、不授戒云々、（第二五五条）

すなわち長福寺住持持ち回りについて連判している④法明院見僊は、「法明第二世康蓮」の「直弟」であり、また康蓮は如導の直弟であるという。直弟とは、師から沙弥戒・具足戒の両戒を受けた者についての呼称であるとされており、まさに見僊は如導の直系中の直系であったといえそうである。その他の者については史料がないので実態は不明であるが、いずれも如導の房号である「見蓮」のうちのいずれか一字を引き継いでいることもあり、「直弟」とまではいかなくとも、直系の弟子筋にあたるものとみてよいのではないかと思う。

さらにこの十三カ院のうち、観音寺、曼荼羅院、遍照院、本願寺、仏光院、法明院の六住持は評定衆とされ、合議による宗門運営を行っていたようである。

見蓮上人門徒評定衆は、観音寺・曼荼羅院《評定所》・遍照院・本願寺・仏光院・法明院《評定衆頭人》なり。頭人の外は五人、月行事を廻りて、評定の日時を相触し、曼荼羅院に集会す。是れは臨時評定の事なり。毎月の定評定は、観音寺天神講の後なり。評定日時は、必ず評定頭人に規り、月行事、相い解すなり。

見蓮上人門徒評定衆、観音寺、曼荼羅院《評定所》、遍照院、本願寺、仏光院、法明院《評定衆頭人》、頭人之外者五人、月行事廻テ相㆓触評定ノ日時㆒ヲ、集㆓会ス曼荼羅院㆒ニ。是レ者臨時評定ノ事也、毎月定評定者、観音寺天神講後也、評定日時者、

必規二評定頭人一、月行事相解矣、（第二五四条）

上記六カ院は、毎月十六日、観音寺において天神講の後に月行事などについて協議することが義務づけられていたようである（「毎月十六日天神《観音寺》講莚評定在之」（第二一〇条））。またこの他にも、評定衆頭人の法明院の都合によって日時を決めて、曼荼羅院に集会する臨時評定が行われていた。

このように長福寺を本山とする「見蓮上人門徒」は、運営上、惣寺である泉涌寺さえも、まったく無視して成立していたことがわかる。

他流他寺を徹底排斥する運営は、もちろん末寺住持の選定方法にも及んでいる。（第二五二条）に長福寺末寺を列記する中、観音寺（観音院）と遍照院には「五廻持」と注記され、「両寺差定器用仁」とされる。これは観音寺と遍照院については、上記六カ院住持のうち、該当寺院を除いた五カ院から廻り持ちで住持が決められたことを示すものと考えられる。また上記観音寺・遍照院に加え、禅光院、曼荼羅院の四カ院は、「門徒請住持」とあり、これは「見蓮上人門徒」による評定によって住持が決定される寺院を示したものであろう。さらに本願寺（付尊福院）、法明院（付満願寺）、後仏光院、善福寺、金台寺、楽邦院、東南院の七カ院は「相続所」とあり、これは住持職が直接の弟子に相続されることを示すのではないだろうか。このように主要な末寺については必ず如導の直系に近い者、あるいはそれらの者たちが話し合いの上で決定した者が住持職に就くことが定められている。それらの中から選出される長福寺住持職には、結果的に純血に近い「見蓮上人門徒」が就くことになる。

先の連判状に関して、長典は「私云」として、以下のように書き連ねている。

私に云う、已上、此の外の門徒は、住持に任せず。連判の衆内に器用を守りて、住持に補せられ訖んぬ。他寺の僧、住持に成らざるの置き文なり。此の連判の寺院主、当寺に住持せしめるの条、諸末寺の住持、他寺の僧を任ぜざるの段、置き文に明鏡なり。

ム（私）云已上、此外門徒ハ、不スレ任二住持一ニ、連判之衆内守テ二器用一ヲ、被レレ補二住持一ニ訖、他‐寺ノ僧、不ルノレ成二住持一ニ之置一文也、此連判之寺院主、令ル二当寺住持一之条、諸末寺ノ住持、不ルレ任二他寺ノ僧一之段、置文ニ明鏡也、

（〔第二五四条〕）

すなわち前述の連判状は、列記された十三名以外の者が長福寺の住持職に就くことを禁じるのみならず、他寺他流の僧が長福寺末寺の住持職に就くこともまた禁じるものである、と長典は解釈している。長福寺とその末寺は「見蓮上人門徒」による住持相続が継続されるべきであるという姿勢が、十六世紀まで受け継がれていたことを知ることができる。

長福寺末寺三十五カ院のうち、新善光寺、寿覚院、荘厳院、心蓮寺、勢至院、九品寺、善来堂、清浄光院（尼寺）、欣浄庵（尼寺）、三時知恩院（尼寺）、大慈院（尼寺）、浄楽寺（尼寺）、迎接院（尼寺）、称名寺（□州秀）、迎接院（安芸国尼寺）、霊山寺（丹波倉崎）、春田寺（越前新□）、保運寺（越前佐野）、泉福寺（加州津波田）、金剛宝寺（越中永養）、円光寺（越中宮川）の二十一カ院と、本末寺とされる永円寺、その永円寺末寺である安楽光院と寿命院は、「当寺進止」の寺院とされ、長福寺が土地・財産・人などを支配する関係にあって、退転の場合には処罰することが示される。ここに含まれる多くは尼寺と地方寺院であり、また三時知恩院、大慈院、安楽光院は、後に詳説するように門跡寺院である。如導の直系の弟子筋が住持をつとめることが難しい寺院については、こうして進止の安堵が行われた。

前に述べたように、長福寺開山の如導は、自身の門弟が他流の者から教えを受けることを禁じるよう遺誡したと伝わる（〔第二五一条〕）。「見蓮上人門徒」は、この遺誡の実践として、本山長福寺をはじめとする主要寺院住持は

全員「見蓮上人門徒」のみで固め、さらに宗門運営はそのうち六カ院の評定衆による合議で行った。長福寺住持は「見蓮上人門徒」の代表として、評定衆が決定した行事などを執行する立場にあったものと推察できる。長福寺を頂点とする「見蓮上人門徒」は閉鎖的であると同時に特権的な、ギルドのような集団であったと推定できる。「見蓮上人門徒」のみによる運営ということが強調されているものの、前掲〔第二五五条〕によれば、法明院見僊の下に「直弟」はいなかったようであるから、長典の頃まで直系と呼べる者が存在していたかどうかは怪しい。しかしだからこそ、「見蓮上人門徒」の存続のために、長典は〈他流を交えない〉という如導の遺誡にこだわり、本来の「見蓮上人門徒」の姿をここに記したものと考えられる。

なお『視覃雑記』の記述から、長福寺住持であったことが明らかにわかるのは、もと禅光院住持で、寿覚院住持でもあった徳嶼見充〔第二五四条〕、法明院住持の賀叟〔第二一七条〕である。賀叟は「長享元丁未年（一四八七）十二月廿七日戌尅滅」〔第二四八条〕とされる。

第三節　主要末寺概説

長福寺の末寺三十五カ院をまとめたものが、**表1**である。

表1　長福寺末寺一覧

寺名	尼	別名	所在	開山・中興	所属僧侶名	備考
						長福寺本末寺 開山塔墓所、評定衆、

1	曼荼羅院			中道（北山仁和寺傍）	如導開山	見慶	門徒評定所、門徒請住持、長福寺廻持衆
2	永円寺			北辺相国寺隣→北山衣笠山下（大）一時、北野外ノ福部社ノ西南ノ頬博雲領ノ地内	如導開山（大）	仁甫善悌 花翁和尚	長福寺本末寺
3	禅光院			北山衣笠山下徳大寺山庄	俊芿開山 如導再興	徳嶼見充 等本房全源	門徒請住持 長福寺廻持衆
4	観音院（付西松院）		観音寺 観音堂	西京北野	如導開山	蓮遵	如導入滅所 評定衆、五廻持、門徒請住持、長福寺廻持衆
5	遍照院					見任	評定衆、五廻持、門徒請住持、長福寺廻持衆
6	本願寺（付尊福院）			北山仁和寺（大）→永円寺内（山）	如導開山（大）	梅宿全心、譚月見直	評定衆、相続所、長福寺廻持衆
7	法明院（付満願寺）					見僊博聞	評定衆頭、相続所、長福寺廻持衆
8	後仏光院		仏光院、仏光寺	賀茂		見祐、信充	評定衆、相続所、長福寺廻持衆
9	善福寺					見隆、見紹房（見紹）	善家氏寺、相続所、長福寺廻持衆
10	金台寺			北山池上（大）		呈見、修光房、統源	如導火葬所、相続所、長福寺廻持衆

11	楽邦院					見然、信性	相続所、長福寺廻持衆
12	東南院			東山泉涌寺		見過、見益、順見	相続所
13	新善光寺			洛中一条大宮		聖慶	
14	寿覚院			中道、禅光院傍	徳嶼見充開山	徳嶼見充	
15	荘厳院			北山仁和寺(大)、永円寺傍(山)、禅光院傍	如導開山(大)	見嘉	長福寺廻持衆
16	心蓮寺					蓮弘	長福寺廻持衆
17	勢至院						
18	九品寺						
19	善来堂						
20	清浄光院	尼					
21	欣浄庵	尼					
22	三時知恩院	尼	三時知恩寺、入江殿㊥	上京区小川通一条下ル小川町西側→上立売通室町西入ル上立売町㊥	見子内親王草創、覚窓性山尼（義満女）開山㊥	覚窓性山尼（聖仙）、了山尼、松山春性尼㊥	尼門跡㊥
23	大慈院	尼		洛中寺ノ内通堀川東入ル百々町(岡)	崇賢門院仲子開山(湯)	崇賢門院、聖久（義満女）(湯)、聖俊（義政女）(岡)	尼門跡
24	浄楽寺	尼					
25	迎接院	尼				見密カ	長福寺廻持衆カ
26	称名寺			□州秀			
27	迎接院	尼		安芸国三入庄(吉)	如導開山(伝)	見密カ	長福寺廻持衆カ
28	霊山寺			丹波国倉崎			

29	春田寺			越前国新□			
30	保蓮寺			越前国佐野			
31	泉福寺			加賀国津波田			
32	金剛宝寺			越中国永養			
33	円光寺			越中国宮川			
34	安楽光院			北辺持明院殿	花翁（永円寺第二世）開山		永円寺末
35	寿命院			西京中保(大)	如導開山(大)	聖哲、聖訓、芳林信英	永円寺末

特に表記のないものは、『視覃雑記』内に表記されていることを典拠とする。他は、以下のとおり。

(伝)在先希譲『開山無人和尚行業記』（『続群書類従』九上）、『無人和尚行業記』（『大日本史料』六編之二一、延文二年五月二十七日条）。

(山)大島武好『山城名勝誌』（『京都叢書』）。

(大)大塚紀弘「中世都市京都の律家」（『寺院史研究』第一〇号、二〇〇六年）。

(中)中井真孝「崇光院と入江殿」（同『法然伝と浄土宗史の研究』、思文閣出版、一九九四年）。

(湯)湯之上隆「足利氏の女性たちと尼寺」（『古代中世史論集』、一九九〇年）。

(岡)岡佳子「近世の比丘尼御所（上）（下）――宝鏡寺を中心に――」（『仏教史学研究』第四二巻第二号、二〇〇〇年、第四四巻第二号、二〇〇二年）。

(吉)吉村稔子「清凉寺蔵迎接曼陀羅と上品上生往生願」（『美術史』一二六、一九九〇年）。


以上の三十五カ院のうち、長福寺の性格をよく表すと考えられる寺院について、以下に詳しく述べていきたい。

1　永円寺

永円寺は長福寺の「本末寺」（第二五二条）とされるが、評定衆でもなく、また「門徒請住持」や「相続所」など、住持相続が「見蓮上人門徒」に限られる寺院には当たらない。

『泉涌寺派寺院本末改帳写』（一六九二年成立）によれば、正和三年（一三一四）の如導中興とされ、以後多くの「見蓮上人門徒」が集まったようである。文和三年（一三五四）に足利尊氏が発願した一切経の書写を分担した永円寺僧（貞蓮、蓮性、有蓮、吾蓮）[38]も、応安七年（一三七四）洞院公定が招請した永円寺僧（見興、蓮哲、慈蓮）[39]も、永享十年（一四三八）伏見宮貞成親王が大般若転読のために招請した永円寺僧（導師見陵、見旭、蓮穆、照見、見昌、見通、見俊、祥見、見貞、見聚）[40]も、いずれも如導の房号である見蓮の一字を引き継いでいることが、大塚紀弘氏によってすでに指摘されている[41]。伏見宮貞成親王招請による大般若転読の記事に加え、応永三十二年（一四二五）に後小松上皇の第二皇子である小川宮が没したときには、永円寺に遺体が運ばれて荼毘に付されていること[42]から、大塚氏は永円寺と天皇家の密接な関係を指摘している。

『吉田家日次記』によれば、応永十年（一四〇三）十月頃、永円寺の寺領は、相国寺の西隣（北西）から北山仁和寺摂取光院の敷地へと移転した。このときには墓もすべて改葬したようである。永円寺の跡地は天龍寺長老の中滝和尚（道号在中）に宛てられ、摂取光院は追い立てられてしまったという[43]。江戸時代の地誌である『雍州府志』[44]巻五（一六八二〜八六年成立）には、「等持院の西に在り」とされ、『山城名勝志』[45]巻八（一七一一年初版）、『山城名跡巡行志』[46]巻四（一七五四年跋）には、等持院と龍安寺の間に在りとされる一方で、『雍州府志』には「泉涌寺の内にも亦た永円寺を建つ」ともある。『泉涌寺派寺院本末改帳写』には、「往古山城国葛野郡北山にこれ在り。寛永十三年以前、寛永十三年に泉涌寺山内に引き移す。旧地今もこれ在り。永円寺支配す」[47]とあるから、寛永十三年（一六三六）時に泉涌寺山内に移った後も、仁和寺の旧寺地を支配し続けたようである。寛永十年三月十二日付の『北京東山泉涌寺本末帳』には、永円寺の朱印高として「三拾八石余」を挙げるが、これらは「安楽光院之内」とされていて[48]、十七世紀前半頃までに、永円寺は『視覃雑記』では末寺とされていた安楽光院に吸収されていたことが知られる。

ただし『視覃雑記』の著者長典は、沙弥時代を永円寺で過ごし（〔第一六五条〕）、受戒前の好相行を永円寺で行っているが、このときの記事には永円寺の所在を、「北野の外の福部社の西南の頬、博雲領の地内」であったとする（〔第一五二条〕）。長典が好相行を行ったのは、明応二年（一四九三）十九歳の春であったことは、前章で述べた。明応頃には、永円寺は一時北野に移動していたのだろうか。あるいは北野にも飛び地境内を有していたということであろうか。永円寺は回禄の記録などもなく、よくわからない。ちなみにこのときの本尊は阿弥陀仏であると伝えられている。

永円寺は長福寺にとって御しがたい末寺だったようである。永円寺は行儀作法が一般的な「見蓮上人門徒」とは異なるところが多かったようで、長典は施餓鬼法要で回向の終わりに鈴を打つのは永円寺の法則であって、「此の門にはこれ打たず」といい、また施食作法や仏名読誦のあり方、二十五三昧会など、「此の門と永円寺と異なり多き事」を述べている（〔第三七条〕）[49]。〔第二五二条〕に長福寺末寺を列記する中では、永円寺末寺として安楽光院・寿命院が挙げられており、もとは末寺寿命院にあった「開山見蓮上人自筆御影一幅」をこのときには有していたようである（〔第二一三条〕）。第五十二代長老とされる仁甫善悌は、「永円寺呈徳庵」出身の僧であったとされる（〔第一三四条〕）。

長福寺末寺の間でも、揺れるところがあったようで、長福寺末寺の一つである寿覚院は、永円寺末寺であることを主張していたことが知られる。

中道の寿覚院、永円寺の交懸（「教衆」をみせ消ち）と称し、永円寺の末寺と為すの由、これを申す事、謂われ无し。既に徳嶼和尚、此の寺の開基なり。即ち当寺住持にして、再任と為す上は、異論无き事なり。（中略）

徳嶼見充、永享三年長福寺置文連判には、禅光院見充と為すなり。

中道寿覚院、称二永円寺教衆《交》ヲ懸一ト、為永円寺末寺之由、申之事、无謂、既徳嶼和尚、此寺開基也、即当寺住持、為再任上者、无異論事、（中略）徳嶼見充、永享三年長福寺置文連判者、為禅光院見充、（第二二〇条）

寿覚院は「永円寺交懸」を掲げ、永円寺末寺であると主張しているが、寿覚院の開山は永享三年の長福寺住持廻持の連判書にもサインをしている禅光院の徳嶼見充である。彼は長福寺住持であったから、寿覚院は永円寺ではなく長福寺の末寺であることが明白である、と述べられる。寿覚院の所在する「中道」は、衣笠山麓の旧仁和寺境内近くであり（後述）、北山仁和寺に位置する永円寺とは近所であったことがわかる。近接する位置関係から、上記のような本末問題が持ち上がったのであろう。

ここに、決して一枚岩ではなかった「見蓮上人門徒」の姿を確認することができる。

2 安楽光院

『安楽光院行事』[50]は、藤原基頼が康和年中（一〇九九～一一〇四）に建てた持仏堂の持明院に、その子の通基が天治年中（一一二四～二六）に九品阿弥陀如来像を安置する御堂を建てて、安楽光院と称したという草創伝を挙げる。後に後堀河以下の上皇が持明院を仙洞としたので、安楽光院は持明院統の持仏堂となり、また菩提寺となった。『泉涌寺派寺院本末改帳写』[51]には、在所は「京極通今出川上ル」と記されるが、寛永十一年（一六三四）に泉涌寺山内へ移ったとされる。しかし旧寺地は、なお安楽光院が支配する「御免許地」とされたようである。

文和二年（一三五三）二月四日に持明院殿が炎上したときより荒廃していたのを、延文年間（一三五六～六一）、広義門院藤原寧子の令旨によって永円寺の住持であった誠蓮房秀俊（藤原俊経）が入り、「律院に擬して開基再興」

したとされる。『尊卑分脈』には、誠蓮房秀俊の俗名である藤原俊経に「遁世、北京律、号誠蓮上人」「永円寺長老、浄土宗、見蓮上人資」の注記があり(52)、また『吉水法流記』の鎮西義の項目には、如導の門弟として名が連ねられていて(53)、彼が如導の弟子であったことは間違いない。一方『視覃雑記』〔第一七四条〕には、「安楽光院は、永円寺二世、花翁和尚開山所なり」とある。誠蓮房秀俊の別号が「花翁」だったのであろう。『安楽光院行事』によれば、花翁和尚は「酒掃修治之興隆」（不酤酒戒・不飲酒戒の徹底か）を行い、「一向専念之勤行」に励んだとされる。『視覃雑記』には以下のようにあり、花翁和尚の再興した安楽光院の実態をうかがうことができる。

安楽光院は、永円寺二世、花翁和尚の開山所なり。持明院皇居なり。本堂は九体堂とて、九品教主なり。六人供僧、六時礼讃所なり。近代見用房法明院に請う、見嘉房荘厳院見意房の弟子なり、両人まで、此の定めなり。方丈は新光院とて、釈迦三尊、図師に入る。勅会・八講・御懺法、此の如き法事の時、入り奉らるる本尊なりと云々。鐘、晨朝には突かずと云々

安楽光院者、永円寺二世、花翁和尚開山所也、持明院皇居也、本堂九体堂トテ、九品教主矣、六人供僧、六時礼讃所也、近代見用房（請法明院）、見嘉房（荘厳院、見意房ノ弟子也）、両人迄、此定也、方丈ハ新光院トテ、釈迦三尊、図師（厨子）ニ入、勅会、八講、御懺法、如此法事之時、奉ラルレ入本尊云々、鐘、晨朝不レ突云々矣、

（第一七四条）

まずこの記事からは、花翁和尚が復興した後の安楽光院本堂は、九品往生の教主としての九体の阿弥陀如来像が本尊として安置されており、このため「九体堂」と呼ばれたことがわかる。草創当初の安楽光院にも九品阿弥陀如来像が安置されていたとされることから、花翁和尚は、草創当初の再現を意図して安楽光院再興に努めたものと考えられる。

またその本堂では、六人の僧侶による六時礼讃が行われたといい、この六時礼讃は、見意房の弟子であり、法明

院住持となる見用房、また荘厳院住持である見嘉房の時代まで続けられたという。ここにいう見用房は、〔第二四八条〕に「同（宝《(法)》明院）第四、全性和尚、文明二庚丑年十二月八日滅。至大永六丙戌年当五十七年。見意和尚ノ弟子、見用和尚、」とあることから、法明院第四世で、文明二年（一四七〇）に入滅した全性和尚のことであることがわかる。一方の見嘉房は、永享三年の長福寺住持廻持連判状に「荘厳院見嘉」とサインしている〔第二五四条〕ので、見用房と同時代の人物とみてよさそうである。すなわち安楽光院の六時礼讃は、永享〜文明年間頃までは、続けられていたとみてよい。しかし安楽光院は、寛正六年（一四六五）、文明七年（一四七五）に相次いで燃えていて、それによって衰退したものとみられ、『視覃雑記』が書かれた十六世紀前半にまで六時礼讃が継続されていたかは確認できない。

先に述べたように安楽光院は持明院統の菩提寺という性格も有していることから、花翁和尚の復興によって律院化する以前から、天皇の忌日に追善供養のための法華八講や曼荼羅供などが行われた。(54)〔第一七四条〕によれば「勅会・八講・御懺法」のときなどには、「新光院」と呼ばれる方丈が使用され、厨子入りの釈迦三尊がその本尊となったという。

さらに安楽光院の鐘は晨朝には撞かないという決まり事があったようである。後載〔第一八七条〕によれば、これは無文字無文様の鐘で、朝に撞くと一丈六尺あまりもある鬼神がやってくるのだという。

大塚紀弘氏によれば、南北朝期、安楽光院の住持となったことがわかる僧には、誠蓮房秀俊（花翁和尚）、見順房如一、見月房曇浄、玄誉房俊弘が挙げられ、いずれも貴族出身であり、如導の弟子か孫弟子に当たる人物であったと考えられるようである。(55)〔第一八七条〕によれば、安楽光院住持は特別に着用の勅許を受けずとも、香袈裟の着用が許され、西堂となることができるという。西堂とは禅宗用語で結制に参加（随喜）してもらうときに他の寺院の前住持のことを指す用語であるが、『視覃雑記』においては本寺泉涌寺に次ぐような重要な末寺の住持のことを指してこのようにいうようである。しかも安楽光院の住持職は、泉涌寺の裁定を受けずに寺僧が決定する権限を持っていたという。

安楽光院住持に補せらるれば、則ち香袈裟を着し、西堂と為す者なり。別に香衣の勅許をば請わざるなり。泉涌寺は相い計らずと為すも、寺僧の為にこれを計り申し、住持相い定むる所なり。此の寺の洪鐘、晨朝に突かず。冑長一丈六尺余の鬼神、晨朝に来たると云々。无文字、无文の鐘なり。

被補安楽光院住持者、則着香袈裟、為西堂者也、別香衣之不請　勅許者一也、為モ泉涌寺不相計一、為寺僧一計申之、住持相定所也、此寺洪鐘、不レ突二晨朝一、冑長一丈六尺余鬼神、晨朝来云々、无文字、无文鐘也。

（「第一八七条」）

泉涌寺末寺の長福寺の末寺であるそのまた末寺に安堵された安楽光院であるが、持明院統の菩提寺であることから、本寺泉涌寺の介入をまったく受けることがなかったことがわかる。「見蓮上人門徒」にとっては都合のよい寺院であるが、これが永円寺の末寺におさまっていることは、長福寺側としては扱いが難しいところがあったのではないだろうか。

3　寿命院

もう一つの永円寺末寺である寿命院は、『雍州府志』[56]巻五（一六八二〜八六年成立）には「西京紙屋川の東に在」りとされ、『泉涌寺派寺院本末改帳写』[57]（一六九二年成立）には「雒陽西京中保町にこれ在り」と記される。『京都坊目誌』[58]によれば北野社内の観音寺と同じ応長元年（一三一一）の如導の開基とされ、本尊は阿弥陀仏であったという。『泉涌寺派寺院本末改帳写』によれば慶長五年（一六〇〇）、『京都坊目誌』によれば慶応元年（一八六五）に泉涌寺内に移ったとされる。ずいぶん時代に開きがあるが、『泉涌寺派寺院本末改帳写』の方は、泉涌寺内に移った後も旧寺地を寿命院が支配し続けたとし、『京都坊目誌』の方は、「境内二千七百二十坪は本寺境内に編入」とするから、寺地・寺領ともに完全に泉涌寺の末寺となったのが慶応元年ということであろうか。少なくとも『雍州府志』が書かれた頃には「近世斯の院を遷す。泉涌寺中に於いて一院とす」という状態だったようである。

『京都坊目誌』によれば、寿命院は明治十八年（一八八五）十二月三日に、悲田院に合併したとされる。このときに寿命院から遷座されたのが、悲田院現存の宝冠阿弥陀如来坐像[59]で、大塚紀弘氏はこれが寿命院の旧本尊であった可能性を指摘しておられる[60]。しかし本像は江戸期には泉涌寺海会堂本尊とされていたようであるから、元来寿命院に在り続けたものではないだろう。本像の流転については、後に詳述する（第三章第二節）。

寿命院はもともと「開山見蓮上人自筆御影一幅」を存していたようであるが、『視覃雑記』が書かれた十六世紀前半までには、本寺である永円寺に召し上げられたようである（第二一三条）。

寿命院には芳林信英という密教僧がおり、『視覃雑記』著者長典とともに、禅光院等本全源から「泉涌寺開山一夜大事」と伝わる山門穴太流の灌頂を受けたが、その弟子筋は断絶してしまったという（第一二五条）。彼は勅許のないままに西堂となった者として紹介されており（第一二八条）、弟子の聖訓は、永正七年（一五一〇）十一月二日に当時泉涌寺長老だった明叟聖鏡を戒師として具足戒を受けたものの、その後十四年には「堕落」し、「禅僧と成」ったという（第一四九条）。また信英には聖淳という弟子もいたが、彼は足利義尚の葬儀が北山等持院で行われたとき、等持院仏殿外の入口で沓を脱いで、露地の堂内に入るという前代未聞の失敗を犯し、また西法院で備中入道の葬儀が行われたときには、泉涌寺方丈で装束を整えて出るときに、裳の上に七条袈裟をかけたままで一町ばかり歩いて人にみつかり、急いで帰って上衣を着なおした、という。彼は、後に龍安寺の僧になったという

〔第二〇八条〕）。また永正十四年（一五一七）六月一日時点で寿命院住持であったのは聖哲で、彼もおそらく信英の弟子筋にあたるのであろう。彼はこのとき、千本焔魔堂の供養のために職衆を集めていたが、長典が「千本焔魔堂で当宗が法事を執行した前例はない」と説いてこれを諫めた逸話が収録されている（〔第二四六条〕）。

4　禅光院

禅光院は、衣笠山麓の徳大寺山庄に存在していたようである（〔第一四七条〕）。同じく長福寺末寺である寿覚院、荘厳院と近接していたようで、『視覃雑記』には近年その土地が徳大寺殿によって押領されていることが記される。

　中道寿覚院（中略）、此の寺敷の西の田二段、禅光院に混乱して、徳大寺殿押領す、曲事なり。荘厳院の敷地、此の寺に寄せ訖んぬ。

　中道寿覚院、（中略）此寺敷西ノ田二段、禅光院ニ混乱、而徳大寺殿押領、曲事也、荘厳院敷地、寄ニ此寺一訖、（〔第二二〇条〕）

〔第二五二条〕に長福寺末寺を列記する中、禅光院は、その筆頭に挙げられ「門徒請住持」の寺院であるとされる。その割り注には「開山俊芿国師と為す。泉涌寺より前の寺なり」とあって、禅光院が俊芿開基とされ、しかも俊芿が入宋する以前、泉涌寺よりも前に建てた寺院であるとされている点は非常に興味深い。このことは、〔第一四七条〕に詳しく説かれる。

　禅光院は、徳大寺山庄なり。俊芿開山なり。無人宗師は、中興開山なり。然る故に当院開山俊芿国師入唐以前なりと書き来たるなり。泉涌寺遐前の寺なり。次に筒嶽に正法寺を建つ。泉涌寺は三番目の建立の事なり。然るに泉涌寺、北京律頭なる事は、入唐一紀、故に崇敬せられ、泉涌寺は、在唐勅願と為し、吾朝勅願の故に、本

寺と為す事。本寺と云う名目は近年の儀なり。本は惣寺と云うなり

禅光院ハ、徳大寺山庄也矣、俊芿開山也矣、無人宗師ハ、中興開山也、然故（入唐以前也）当院開山俊芿国師ト書来也、泉涌寺遐前ノ寺也、次筒嶽建正法寺一、泉涌寺三番目ノ建立事、然泉涌寺北京律頭事ハ、入唐一紀故、被崇敬、泉涌寺ハ、為在唐勅願、而吾朝勅願ノ故ニ、為本寺事、本寺ト云名目近年儀也、本ハ云ニ惣寺一也、（第一四七条）

すなわち俊芿は入宋前、最初に禅光院を開基し、次いで現・熊本県筒ヶ岳に正法寺を開基（正法寺の開基については『不可棄法師伝』にも説かれるところである）、帰朝後、三番目に泉涌寺を建てたのだという。泉涌寺を北京律の律頭とするのは、開山俊芿が十二年間にも及ぶ入宋中に尊崇を集め、中国からも日本からも勅願されて泉涌寺が建立されたからであるという。泉涌寺は後堀河天皇の貞応三年（一二二四）に勅旨によって官寺になり、勅願寺となっているが、中国から勅願されたという史料はない。これはもちろん伝承であろうが、当時に伝わる泉涌寺の格式の高さを物語るものであろう。しかしこの記事で長典が訴えるのは、そのような格式高い泉涌寺よりもはるか前に俊芿によって建てられた禅光院の意義についてである。禅光院の名は、俊芿の伝記類にもみることができず、禅光院俊芿開基説は、いつ頃からか長福寺を頂点とする「見蓮上人門徒」の間で認識されるようになった伝承であろう。泉涌寺よりもはるか前に俊芿が建立した禅光院を末寺として抱えることを声高に主張する長福寺の態度からは、泉涌寺を惣寺として仰ぎながら、泉涌寺よりも優位に立とうとする思惑が感ぜられる。

5　観音寺（付西松院）

観音寺は応長元年（一三一一）に如導によって北野社内に建立されたと伝えられる。如導には早くから天神信仰があったことは、以前に述べたとおりである。観音寺は菅原道真自作と伝わる十一面観音を本尊として現在まで法

灯を保つが、この本尊に関して『視覃雑記』では以下のように伝える。

北野観音寺、本尊十一面は、一夜松御會木、天神御作と称する口伝の事。筑紫榎寺に於ける薨の廟所は、今の安楽寺なり。延喜三癸亥年二月廿五日なり。一夜松の出生は、天暦元丁未年六月九日なり。四十五年の後なり。日蔵上人に託宣され、一夜松を以て、吾が本地の十一面観音、これを造立し、神宮寺を建て、安置すべしとの由、天神告げて新むるなり。これに依り、一夜松を以て、神社前に於いて、一刀三礼に、日蔵上人これを造立供養するが故に、天神御作と習うものなり。無人宗師以来、観音院と呼ぶ。近年は観音寺と称す事。天神講式社頭本に付いては、序奥、寺家本と異なる。見蓮上人、賛句を入れられる。観音寺に於ける執行の用なり。

北野観音寺、本尊十一面、一夜松御會木、称天神御作口伝事、於二筑紫榎寺一薨《廟所》、今之安楽寺也、延喜三癸亥年二月廿五日也、一夜松出生ハ、天暦元丁未年六月九日也、四十五年後也、託二宣日蔵上人一、以二一夜松一、吾本地十一面観音、造立之、建二□《神》宮寺一、可二安置一之由、天神告新也、依レ之、以二一夜松一、於神社前一、一刀三礼ニ、日蔵上人造立供養之故、天神御作ト習者也、無人宗師以来、呼二観音院一、近年称観音寺一事、付天神講式社頭本、異二序奥寺家本一、見蓮上人、被入賛句、於観音寺執行之用也、（第一四六条）

菅原道真は延喜三年（九〇三）筑紫国榎寺で亡くなったが、その四十五年後の天暦元年（九四七）六月九日、一夜にして松が生じた。一夜松伝説は北野社創建に関わる伝承で、一般的には西京七条二坊に住む多治比文子、次いで近江比良宮禰宜、神良種の七歳になる長男が神託を受け、良種が右近馬場で朝日寺の最鎮と子細を協議している間、一夜にして松林ができる霊験があったので、そこに社殿が造営された、とされる(61)。ところが『視覃雑記』では、このとき道真の託宣を受けたのは日蔵上人であると伝え、一夜松で十一面観音を造立し、神宮寺を建てて安置せよ、とのことであったので、日蔵上人は一刀三礼にてこれを作り上げた。道真の託宣によって作られた観音像であるから、「天神御作」といわれるのである、と伝える。

さてこの観音寺は、禅光院と同じく「門徒請住持」とされ、また評定衆の一つとされる。長福寺を頂点とする「見蓮上人門徒」は、六カ院の住持による評定によって宗門運営を行っていたことは前に述べたが、定期の評定は、毎月十六日の観音寺の天神講が終わった後に観音寺で行われた（第二一〇条）。観音寺には、北野社に伝わる『天神講式』とは序奥が異なり、これに如導が賛を加えた講式が伝わっていたようである（前掲〔第一四六条〕）。この天神講で使用されていたのだろう。

また観音寺は道真の御影を有しており、それについて次のような伝承があったと伝えられる。

一、北野観音寺、天神御影、昔のは、天神御自筆、左遷の勅使の時の、御怒形の体なりと云々。今の神影の由来は、洞院満季卿、天神信仰に依り、書写奉るべしとの由、懇望に就き領掌の砌、則ち一七ヶ日、精進潔斎せられ、写し奉る。全体、自筆に於いて、神の御眼を入れ奉れば、則ち満季卿、御眼を盲する。久しく持すことなくして、当社御宝殿に奉納せられ訖んぬ。爰に西京麴乱に、観音寺焼失す。此の時取り出し奉る。去ぬる文明比頃、西松院、手づから錯して出火し、見増看坊、神影これを焼き奉る。この時松梅院禅椿、神殿従り出し奉り、観音寺に奉寄せらるるものなり。往古には□尊帳内に入り奉る。鑁指して、門中評定衆、六人と為すが、判形を緘す。六月十八日の開帳□□、拝見はこれ无きの儀なり。然るに近年は、恐らくは毎日も開帳す、これ私（秘）すばかり。

北野観音寺、天神御影、昔之者、天神御自筆、左遷勅使時、御怒形体也云々、今神影由来者、洞院満季卿、依二天神信仰一、可レ奉二書写一之由、就懇望一領掌之砌、則一七ヶ日、被二精進潔斎、奉ルレ写、全体於自筆一、奉レ入二神御眼一、則満季卿、盲《シイスル》二御眼一、不シテレ久持一コト、奉レ納二当社御宝殿一訖、爰西京麴乱仁、観音寺焼失ス、此時奉取出一、去文明比頃、西松院、手錯出火、見増看坊神影、奉焼之、于時松梅院禅椿、従神殿奉出一、奉寄観音寺者也、往古者奉レ入□尊帳内一、鏁指門中評定衆、為六人、緘判形一、六月十八日開帳□□拝見无之儀也、然近年者恐毎日モ開帳、私(秘カ)之斗也、

（第二一二条）

これによれば観音寺には、道真自筆による左遷されたときの怒形の御影が伝えられていた。天神信仰を持っていた洞院満季[62]（一三九〇〜一四三九〜？）は、この御影を書写することを熱望し、了承を得て一週間精進潔斎してこれを写し終え、眼を書き入れたところ、自分の目がみえなくなってしまった。満季は書写した天神御影を手元に置かず、北野社宝殿に奉納した。文安の麴騒動（一四四四）で、観音寺が焼失してしまったときには、道真自筆の御影は取り出していて無事であったが、文明年間（一四六九〜八七）頃に西松院の留守居であった見増房が失火して、道真自筆の御影は燃えてしまった。このとき、松梅院の禅椿が神殿から満季書写の天神御影を取り出し、観音寺に寄進されることになったという。洞院満季写の天神御影は、六人評定衆によって封緘されており、六月十八日の開帳以外にはみることができなかったが、近年は毎日のように開帳されているという。

観音寺は如導入滅の場でもあった。延文二年（一三五七）五月二十七日申のとき、小御堂と呼ばれる阿弥陀仏のある二間の部屋で如導は息を引き取った。観音寺は北野社の神宮寺であるから、ケガレを避けるために、亡骸は北山金台寺の本堂南面に運ばれて、荼毘に付されたという。このとき、両寺の葬列の跡には、松が植えられたという（第二一四条）。

観音寺付属として長福寺末寺に挙げられる西松院は、おそらくこの後に創建されたようで、〔第二一四条〕には、「西松院の由来は、観音寺に於いて、死ぬ事叶わざるの故に、病気の輩出れば、西松院の所用なり」とされる。すなわち観音寺で死者を出すことのないよう、病気などで死が遠くないように思える者は、この西松院に移動するよ

う義務づけられていたようである。あるいは如導が死を迎えた小御堂が、西松院になったのかもしれない。西松院が観音寺に隣接していたことは、西松院の失火から観音寺所蔵の天神御影が燃えてしまったと伝える（〔第二一二条〕）ことからも明らかである。

なお観音寺は遍照院とともに「五廻持」とされる。遍照院もまたおそらくは六人評定衆が持ち回りで住持をつとめるべき寺院として設定されていた重要寺院であったものと考えられるが、詳細な記述は『視覃雑記』にみることができず、その実態は不明である。

6　金台寺

観音寺で入滅した如導の遺体は、前述のとおり金台寺で荼毘に付され、最終的に曼荼羅院に葬られた。如導の伝記によれば、金台寺は如導自身が「善導の旧儀」にしたがって「称名の観行」を行った場とされ、念仏道場であったことが知られる。永享三年時には、長福寺住持となる廻持衆となる呈見を輩出していたことが知られ（〔第二五四条〕）、「見蓮上人門徒」による住持相続が決定していた（〔第二五二条〕）。

現在妙心寺の境外塔頭となっている金台寺（現北区等持院西町六四）は、もと「泉涌寺末流」とされていることから、おそらく長福寺末寺の金台寺が、妙心寺塔頭へと法灯を繫いだものと考えられる。もとは池上の地にあって「池上寺」とも称せられており、後に北山に移ってからも「池上金台寺」と呼ばれていたようである。天正四年（一五七六）九月二十八日には正親町天皇によって北山金台寺再興の綸旨が下賜されており、このとき、妙心寺派に転向したようである。[63] 慶長十二年（一六〇七）には国泰寺、寛永十四年（一六三七）には鳳台院と寺号が改められたものの、その後も周囲は「金台寺門前」、「金台寺村」と呼ばれていたことが『妙心寺誌』に記されている。

現妙心寺塔頭金台寺には、菅原道真ゆかりの十一面観音が伝えられている。明治期の廃仏毀釈のときに神仏分離の原則によって北野社から返還されたものという。長福寺末寺であった痕跡をここにみることができる。

7 曼荼羅院

如導墓所となる曼荼羅院は「中道」にあったとされる（第二二〇条）。同じ「中道」には寿覚院があったとされ、禅光院や荘厳院と近接していたようである（第二二〇条）から、これらはすべて衣笠山麓の旧仁和寺境内近く、徳大寺山庄（第一四七条）、禅光院の寺領は徳大寺山庄）そばに集中して建てられていたことがわかる。近くには正和四年（一三一五）に如導が開基したという本願寺・荘厳院（ともに北山仁和寺）もあり、さらに長福寺本末寺とされる永円寺が、応永十年（一四〇三）に移転してきている。北山仁和寺あたりは「見蓮上人門徒」が集まる本拠ともいえる場であったことがわかる。

しかし寿覚院の土地の一部が徳大寺山庄にある禅光院と混乱され、徳大寺家によって押領されつつあったことが問題になっていたことは以前に述べた（第二二〇条）が、同様に曼荼羅院も徳大寺家押領の危機にあったようである。

中道の曼荼羅院は、開山見蓮宗師の墓所、門中評定所なり。毎月十六日観音寺天神講莚に評定これ在り。臨時評定は、曼荼羅院に於いてこれ在り。今本願寺の熊谷曼荼羅も、この寺の本尊なり。絵書付けて今これ在り。徳大寺殿の御進退は、謂われ無し。土檀那の建立所なり。西岡両所十八石宛の寺領も、徳大寺殿の御寄進には非ず。彼の支証等、慈雲院全堪見仲房、看坊せしむる時、応仁乱中に、賀茂仏光院に野宮殿御座の時、預けられ申し立てし処、仏光院焼上す。此の時紛失し畢んぬの由、梅宿和尚・全源和尚・全堪和尚等、慥かに申し置かれると雖も、支証无きが為に依り、申し達てざるものなり。

中道之曼荼羅院者、開山見蓮宗師之墓所、門中評定所也、毎月十六日天神《観音寺》講莚評定在之、臨時評定者、於曼荼羅院在之、今本願寺熊谷曼荼羅モ、此寺本寸（尊）也、絵書付テ今在之、徳大寺殿御進退、无謂、土檀那建立所也、西岡両所十八石宛寺領モ、徳大寺殿非御寄進一、彼支証等、慈雲院全堪見仲房、令看坊時、応仁乱中ニ、賀茂仏光院ニ野宮殿御座之時、被預申立処、仏光院焼上、此時紛失畢之由、梅宿和尚、全源和尚、全堪和尚等、慥雖レ被申置一、依レ為无支証一、不申達者也、

（〔第二一〇条〕）

すなわち曼荼羅院はその土地の信者（土檀那）からの施入により建立された寺院であったが、その証文を預けていた仏光院が応仁の乱で燃えてしまい、結果、徳大寺家からの寄進であるということにされてしまって、寺院の進退を徳大寺家が握ってしまっていることが示される。天文二年（一五三三）の『徳大寺当知行目録』には、仁和寺旧跡の「寺庵進退分」として、この曼荼羅院とともに、禅光院、本願寺、永円寺が挙げられている[64]から、これを指してのことであろう。前に示した寿覚院の寺領同様、『視覃雑記』が著された十六世紀前半、「見蓮上人門徒」の仁和寺近隣の土地は、徳大寺家によって掠め取られることが相次いでいたようである。

如導墓所の曼荼羅院は、「見蓮上人門徒」の信仰の中心地であったと同時に、長福寺にとっても重要な位置を占める寺院であったと考えられ、永円寺とともに本末寺とされ、門徒評定所として臨時評定のときには会場とされた。また「門徒請住持」の寺院ともされ、長福寺廻持衆の一人に住持見慶が挙げられている。

曼荼羅院の本尊は「今本願寺の熊谷曼荼羅」であったとされる。これは源平の争乱を通じて罪業を自覚し、法然に帰依した熊谷直実（一一四一～一二〇七）に所持されたもので、直実の上品上生の悲願達成を示す夢をみた師の法然が自ら筆をとってその光景を写したとされる迎接曼荼羅であることが〔第一五二条〕に示される。このことか

ら、「今本願寺の熊谷曼荼羅」は、現在清涼寺に伝来している「迎接曼荼羅図」のこととみて間違いない。現在清涼寺には「迎接曼荼羅図」とともに直実関係の文書三点が伝わり、一括して重要文化財の指定を受けている。〔第二一〇条〕は「絵」と「書」がともにあると示されていることから、曼荼羅院に所蔵されていたものが、そのまま本願寺を経由して清涼寺へ移動されたとみてよさそうである。この「迎接曼荼羅図」の伝持過程については後に詳述したい（第三章第一節）。いずれにしても「迎接曼荼羅図」を本尊とすることから、如導廟所は曼荼羅院と呼称されたものと考えられる。

8　本願寺・荘厳院

本願寺は『泉涌寺派寺院本末改帳写』(65)によれば、正和四年（一三一五）に北山仁和寺に如導が開基したと伝えられる。同年同所には荘厳院も如導によって開基されており、元禄五年時点では「本願寺末寺」とされているから(66)、両寺は創建当初から長らく密接な関係にあっただろうことが推測される。

一方で『山城名勝志』(67)巻八（一七一一年初版）には、荘厳院を永円寺の傍にありとし、「無人律師伝に云う、永円寺に居す、と。観音寺荘厳院（西松院カ）の如く、亦た師（如導）の戸《（居）》する所なり」と紹介していて、荘厳院は、本願寺ではなく、むしろ永円寺と関係の深い寺院であるとする。ここにいう「観音寺荘厳院」とは、おそらく観音寺と、そこに併設された西松院とを指して、本来「観音寺西松院」とすべきところを誤ったのではないか。西松院は死を間近にした者がケガレを避けて住す場であり、如導の亡くなった場であった可能性があることは、前述のとおりである。『無人和尚行業記』には、如導が永円寺を「再興」したことは述べられているが「居」したとはしない。むしろ六年間の安芸国止住の後に四十八日間の供養説法を行った本願寺にこそ、如導は「居」したと考えられる。荘厳院が「師の居す」ための小さな庵のようなものであったならば、むしろ創建年からみても、本願寺の中に建てられたものではないかとも考えられる。『雍州府志』[68]巻五（一六八二〜八六年成立）には、「今は小庵。永円寺内に在り」とされているから、この頃にはすでに永円寺に吸収されて、上記のような伝説が付されたものかもしれない。

『雍州府志』には本願寺の本尊を、左右に観音・勢至を従えた阿弥陀仏であったといい、これはいずれも「慧信」、すなわち恵心僧都源信の作であるとする。これは古仏が好きだった「九条殿」の持仏であったとされ、「九条殿の記」にも記されるところであるとする。九条殿は、藤原師輔（九〇九〜九六〇）の別称であるが、そうすると源信と同世代であるから本像は「古仏」の類には当たらないだろう。法然を保護した九条兼実（一一四九〜一二〇七）、あるいは俊芿との交流が知られる九条道家（一一九三〜一二五二）あたりかと推測するが、判断がつかない。観音・勢至はいずれも蹲踞の姿勢で俗に「懇懃仏」と呼ばれていたようである。『雍州府志』成立時にはすでに勢至像の行方がわからなくなっており、阿弥陀・観音像は、永円寺に遷座しているとされる。この頃本願寺・荘厳院は、ほとんど永円寺の一部と化していたものと推測できる。

前述のとおり、永円寺は寛永十年（一六三三）時には、本来末寺であった「安楽光院内」に朱印高を認められるようになっている[69]。このとき同様に本願寺も「安楽光院内」とされていることから、おそらくは永円寺と軌を一にしたのだろう。永円寺は寛永十三年（一六三六）に泉涌寺に引き移されながらも元の寺領を支配したことが知られる[70]。

「見蓮上人門徒」にとっては、本願寺は評定衆の一つであり、師資相続されることが約束された寺院であった。また永享三年時には、荘厳院ともども長福寺廻持衆に名を連ねている。

如導は晩年に安芸国迎接院を開基してそこに六年間止住した後、帰京して本願寺で四十八日間の供養説法を行ったとされる。四十八日間という日数は阿弥陀仏の四十八願にちなんだものと考えられ、本願寺が浄土教修学実践の場であったことをうかがわせる。「九条殿」ゆかりの源信作阿弥陀三尊像があったという本願寺は、まさにそうした法要にうってつけであっただろう。

また前にも述べたとおり、曼荼羅院の本尊とされた熊谷直実ゆかりの「迎接曼荼羅図」は、後にこの本願寺に収められた。本願寺の「迎接曼荼羅図」は稀覯画として名が通っていたようで、『康富記』宝徳三年（一四五一）十月十三日条には、「仁和寺本願寺律院相伝の法然上人自筆の絵、仙洞へ持参せられて叡覧有り」とされ、また『実隆公記』文明七年（一四七五）十月二十九日条にも「本願寺曼陀羅来迎曼陀羅、熊谷蓮生□曼陀羅、法然上人自筆なりと云々」の「叡覧」があったと伝えられている。こうした「叡覧」の際、本願寺長老は香袈裟を着用して参内したことを、『視覃雑記』は以下のように伝えている。

香袈裟を着用し、参内する例の事。後花園院、熊谷曼荼羅、拝せらるべきの由、勅定に依り、持して参内す。本願寺前住、譚月見直和尚、香衣を着す。老僧、合期をならざらんが為に依りて、奉懸本尊の儀、叶わず。これに依りて、侍者僧見信梅宿、俄に香袈裟を借りて着用し、同じく参内せしめ、本尊を懸き巻き奉る。師匠と侍者僧と、二人乍ら、香衣を着用の由、梅宿和尚、物語るなり。上人と号す故に、香衣を用いるなり。又灌頂曼荼羅職衆、香衣を用いる儀、是れ又勅許に非ざる事。

着用香袈裟、参内例事、後花園院、熊谷曼荼羅、可被拝之由、依　勅定、持参内、本願寺前住、譚月見直和尚、着香衣、依レ為二老僧不合期一、奉懸本尊儀、不レ叶、依之、侍者僧見信梅宿、俄借二香袈裟一着用、令二同参内一、奉レ懸コ巻本尊一ヲ、師匠与侍者僧、乍二人、着コ用香衣一之由、梅宿和尚物語也、号二上人一ト故、用香衣也、又灌頂

曼荼羅職衆、用香衣儀、是又非　勅許事、

（第一三〇条）

すなわち後花園天皇（一四一九〜七一、在位一四二八〜六四）の「迎接曼荼羅図」叡覧の際、本願寺住持であった譚月見直は、香袈裟を着用して参内したが、老齢のために絵図を懸けることができなかった。このため侍者僧として同道していた見信（後の本願寺住持梅宿全心）も慌てて香袈裟を借用して参内し、絵図を懸けたという。そもそも香袈裟は勅許を受けて着用すべきものであるが、「見蓮上人門徒」は常より「上人」と呼ばれることから、勅許を受けずとも香袈裟の着用が許されるようである。〔第一二七条〕には、綸旨や院宣でも「当宗宛所、為某上人」と示されている。

一方で本願寺には、墨色の二十五条袈裟もあったようで、幼い長典がこの用途について自身の沙弥戒師であった春嶽全長に質問したところ、香袈裟は住持長老が使用し、墨袈裟は平僧が使うのだ、という回答を得たという。本来寺宝の叡覧にあたって侍者僧として参仕する者は、こうした墨色の二十五条袈裟を身につけたのであろうか。

墨色廿五条、本願寺これ在り。長典形同沙弥、若年の時分、如何の由、或る僧順桂相い尋ねし処、難じて□、これ在るべからず、これ比興なりと申す事云々。則ち悲田院に於いて、春嶽宗師に問い奉れし処、勿論香衣は長老所用なり、墨色は平僧所用なりと。近比曲事の由、或る僧、召出を被むり、仰含を被れき。此の如く異論の輩これ在る条、記し置く事。

墨色廿五条、本願寺在之、長典形同沙弥、若年之時分、如何之由、或僧順桂相尋処、難シテ□、不レ可在之比興之申事云々、則於悲田院、奉レ問二春嶽宗師一之処、勿論香衣ハ長老所用也、墨色ハ平僧所用也、近比曲事之由、或僧被二召出一被キ二仰含一、如此異論輩在之条、記置之事、

（第一二六条）

また本願寺には、泉涌寺開山俊芿に由来する「西流」を伝える梅宿全心（?〜一四九二）がいたとされる。「西

流」は俊芿以来四～五人までには伝わっていたとされるが、その下は断絶したとされる法流で、あるいは梅宿全心が復興したものであろうか（[第一二五条]）。

なお、『泉涌寺維那私記』によれば、第五十四世泉涌寺長老とされる明叟聖鏡（一四五三～一五二〇）は、小松谷本願寺の出身である。この小松谷本願寺の位置は明確ではないが、十六世紀前半頃には寺領がたびたび違乱されている。享禄元年（一五二八）十月十日には、畠山次郎が「御料所」と称して寺領を違乱していた件が問題となり、年貢などを寺に返納するよう管領代であった飯尾為清から百姓に執達がなされており[71]、翌二年十月十六日にも寺領が波多野氏の扶持とされていることを言語道断として寺に返納するように緒方又三郎宛に執達がなされた[72]。さらに翌三年十二月二十日には、今度は柳本若狭守が違乱[73]、翌々四年十月十九日には散々奉書を出しているのにまだ違乱する族がいるということで[74]、いずれも百姓に対して年貢などを寺に納めるように通達がなされている。しかしそれでも違乱は留まらなかったようで、天文二年（一五三三）四月二十七日付で小松谷本願寺を泉涌寺の末寺として、寺領退転することがないよう安堵する後奈良院女房奉書が出されている[75]。

この小松谷本願寺と「迎接曼荼羅図」を伝えていた仁和寺本願寺とは同じ寺院かとも考えられるが、『視覃雑記』内では小松谷本願寺については「小松谷」と記し、また仁和寺本願寺については「本願寺」と記していて、両者を書き分けているようにも感じとれるので、本書では一応これら両寺を別の寺院として扱う。

9　法明院

法明院は評定衆頭とされ、長福寺末寺の中では重要な位置にある寺院であったものと考えられるが、在所もよくわからない。

『視覃雑記』〔第二三〇条〕には、「文明十八丙午（一四八六）正月廿六日」に「野宮一品亜相右府入道殿」すなわち徳大寺公有が長福寺敷地内で死去してしまったときの記事が掲載される。公有は長福寺方丈の一心院を買い取り、「禅光院」と名乗って寺住していたが、亡くなってしまったので、女中以下の使用人が住む所がなくなってしまった。そこで、「一台」と呼ばれる女性が中心となって、「宝明院」（法明院）に住まわせてもらえないか、と頼みに来た、という主旨である。この文面からみると、あるいはこのとき、法明院は長福寺の近くにあったのかもしれない。

法明院が評定衆頭とされた一因には、如導の「直弟」が代々院主をつとめていたことがあったものと推察される。〔第二五五条〕には、

見蓮上人の直弟七十二人、これ在り。比丘尼百余人なり。直弟とは、剃髪染衣・得度、両受戒を授けるを、直弟と云う。見蓮上人の直弟、法明第二世の康蓮なり。康蓮の直弟、見僊なり。三代両受戒を授け、見僊和尚以来、授戒せずと云々。

見蓮上人之直弟七十二人、在之、比丘尼百余人也、直弟者、剃髪染衣、得度、授両受戒、云直弟、見蓮上人直弟、法明第二世康蓮也、康蓮直弟、見僊也、三代授二両受戒一、見僊和尚以来、不授戒云々、（〔第二五五条〕）

とされ、如導から沙弥戒・具足戒を受けた「直弟」が、法明院第二世の康蓮であり、康蓮の「直弟」が、見僊であったとされる。見僊は永享三年の長福寺廻持衆の連判書に署名をしている人物である（〔第二五四条〕）。また〔第二四八条〕には次のようにあって、見僊が法明院（宝明）の第三世であったことがわかる。

宝明第二慈敬和尚、応永七年十二月十日滅、至大永六丙戌年当百廿七年、康蓮上人、

同第三、博聞和尚、永享十戊午年五月廿五日滅、至大永六丙戌年等八十九年、見僊和尚、

同第四、全性和尚、文明二庚丑年十二月八日滅、至大永六丙戌年当五十七年、見意和尚ノ弟子見用和尚、

同第五、賀叟和尚、長享元丁未年十二月廿七日戊尅滅、至大永六丙戌年当四十年、見周和尚、〔第二四八条〕

〔第二五五条〕によれば、見僊は受戒をしなかったようなので、「直弟」の相承は三代で途絶えてしまったようであるが、法明院が評定衆頭とされるのは、こうしたいわば「見蓮上人門徒」の中の血筋の良さのようなものが重視されたのではないかと思う。ちなみに第五世に名のあがる「賀叟和尚」は、長福寺住持をつとめている。

10　新善光寺

新善光寺については、『泉涌寺史』本文篇（法藏館、一九八四年）に収載される別篇塔頭史に詳しい。開山は値願念西で、もと足利氏の一族であった。仁治二年（一二四一）に延暦寺自在坊の慶雅について剃髪し、泉涌寺月翁長老に学んだ後、上嵯峨保寿庵で念仏修禅の生涯を送ったとされる。出家まもなくの寛元元年（一二四三）八月、後嵯峨天皇の勅命を受け、信濃善光寺の阿弥陀如来を模刻して、一条大宮に精舎を建立して安置したのが新善光寺の起こりであるという。

開山が足利氏の出身ということで、南北朝・室町時代には、足利将軍家を中心として寺領寄進を受けた。観応二年（一三五一）に回禄炎上しているが、史料上は確認できないもののおそらくすぐに再建されたとみられ、応仁の乱までは一条大宮に在所をまもっていたようである。

応仁元年（一四六七）十一月、兵乱によって新善光寺は再び回禄炎上し、元禄五年（一六九二）の「泉涌寺派寺院本末改帳写」[76]によれば、文明五年（一四七三）に僧華空が泉涌寺山内へ移建したとされる。永正十四年（一五一七）八月に越後守護の上杉定実が京都の上杉屋敷一所を「泉涌寺内善光寺」に寄進する書状が残されている。[77]慶長

五年（一六〇〇）に同じく泉涌寺内に引き移された寿命院は、『雍州府志』[78]巻五によれば「寺中新善光寺と通用たり」とされていて、寺地が通用されていたことがわかる。

一方で先ほど紹介した『視覃雑記』（第二三〇条）には、「此の時は、宝明院（法明院）の南、新善光寺有り。南北□間奥東西六間、在家の造寺これ在り」とあり、「文明十八丙午（一四八六）正月廿六日」頃、法明院の南に在家信者が建てた寺院へと新善光寺が移っていたことがわかる。また『実隆公記』によれば、永正三年（一五〇六）四月に泉涌寺別所の宝林院聖深（善叙）が実隆邸を訪れて、新善光寺の敷地安堵についての取次を申し入れ、二十四日には後柏原天皇綸旨が出されて、「新善光寺領旧跡一条大宮敷地」を含めた、それまでに寄進されていた土地が安堵された[79]。綸旨が出された四日後の四月二十八日、実隆の父の月忌法要のために邸宅を訪れた善叙に、実隆は前述の綸旨とともに「（新善光寺を）あんらく光ゐん《（安楽光院）》の中ニかま《（構）》へ候もゆへ《（故）》ある事にて、くわし《（詳）》く御心え《（得）》をなされ候」[80]とある女房奉書を手渡したとされる。すなわち善叙は新善光寺の寺領安堵とともに、安楽光院の中に移動させる相談をしていたのであり、それらがいずれも勅許されたのであった。安楽光院が泉涌寺に移建されるのは、寛永十一年（一六三四）であり、このときにはまだ今出川京極上ルに位置していたものと考えられる。

このようにみてくると、新善光寺の寺地はどこにあったものか判断がつかない。たとえば安楽光院や寿命院などが、寺地を泉涌寺内に移した後にも、旧地を支配し続けたのと同様に、新善光寺は泉涌寺内にありながら、一方では泉涌寺外にも在家からの寄進などによって寺院が建てられ、新善光寺を名乗って尊崇を集めていたものではないだろうか。善叙が安楽光院への移建を企てたのは、泉涌寺外新善光寺のことかと考えられる。

11　三時知恩院・大慈院

三時知恩院は、後光厳天皇の皇女見子内親王が崇光天皇の御所入江殿を賜ったことにより草創され、足利義満の娘である覚窓性山尼（聖仙）が開山として寺院化したとされる比丘尼御所で、代々皇室や将軍家の姫君が入室した。現在、上立売通室町西入ル上立売町にある三時知恩寺がそれであり、遅くとも応永三十二年（一四二五）以前には、現在地あたりに存在していたとされる[81]。

このことから〔第二五二条〕にあるように、長福寺の末寺として『目録状』に掲載された永享元年（一四二九）十二月七日頃には、すでに現在地あたりに在ったと考えられる。当時の当主は崇光院皇女、また去る応永三十一年（一四二四）には伏見宮貞成親王の姫君が入室されており、さらに四年後の永享五年（一四三三）八月二十七日には、足利義教の娘の入室が内定している。『目録状』の作成時期は、三時知恩院が、まさに比丘尼御所としての地位を確固たるものにしていった時代ともいえる（**表2**参照）。

表2　三時知恩院歴代入寺尼

	名前／別名	父母	誕生	出家　相続治定　入寺	崩御（年齢）　葬儀（場所）
	陽徳門院／円覚智	後深草皇女　母西園寺公相女准三宮相子		嘉元四（一三〇六）九・五出家	観応三（一三五二）八・十一崩御〔65〕
	入江宮一品／光子内親王	光厳院皇女　母宣政門院			
草創	入江殿／見子内親王	光厳院皇女　母大炊御門冬氏女／廊御方		貞和五（一三四九）十・二十八出家	

開山	覚窓／性山（聖仙）	鹿苑院義満女 母勝鬘院		応永八（一四〇一）六・八入寺	応永二十二（一四一五）三・一崩御〔19〕
	（不明）	勝定院義持女			
第二世	（不明）	崇光院皇女		応永三十（一四二三）二・二十九入寺	
第三世	性恵	後崇光院皇女 母敷政門院	応永二十三（一四一六）十一・十九	応永二十五（一四一八）十二・十三出家 応永三十（一四二三）八・二十九相続治定 応永三十一（一四二四）四・十九入室	嘉吉元（一四四一）五・二十八崩御〔26〕 嘉吉元（一四四一）六・五葬儀〔泉涌寺〕
第四世 〔第二世〕	了山／椿性／聖智	普広院義教女 母洞院満季女西御方	永享五（一四三三）閏七・二十三	永享五（一四三三）八・二十七相続治定 永享五（一四三三）十一・二十五入室	大栄六（一五二六）六・十一崩御〔94〕 大栄六（一五二六）六・二十四葬儀〔華開院〕
	（不明）	慈照院義政女 母妙善院富子	文正二（一四六七）二・十		文明六（一四七四）七・十二崩御〔8〕
〔第三世〕	松山／聖槃	常徳院義尚女 母瑞泉院山名氏ヤチ	長享元（一四八七）閏十一・十六	長享二（一四八八）十二・五入室	永禄元（一五五八）八・三十崩御〔72〕
	悟中／恵彭	正親町院猶子、伏見後安養院親王邦輔女			天正六（一五七八）三・十崩御〔19〕
	宝光院／久山／昌隆	近衛東求院前久女			慶長二十（一六一五）三・二崩御〔42〕

大塚実忠編「史料紹介　比丘尼御所歴代（一）～（四）」（『日本仏教』二六～二八・三一、一九六七～六九年）。

中井真孝「崇光院流と入江殿——中世の三時知恩寺——」（同『法然伝と浄土宗史の研究』、思文閣出版、一九九四年）より作成。

また大慈院は、崇賢門院仲子を開基とする寺院で、江戸時代に宝鏡寺の末寺となる比丘尼御所である。現在の宝鏡寺の所在地である寺之内通堀川東入ル百々町あたりに存在していたと考えられ、永享元年当時には、足利義満の娘で、崇賢門院の猶子である栄山聖久や、義教の娘の防弟らが入寺していたことが確認できる[82]（**表3**参照）。

表3　大慈院歴代入寺尼

	名前／別名	父母（子）（夫）	誕生	出家　相続治定　入寺	崩御（年齢）　葬儀（場所）
本願開基	桂明／崇賢門院／梅町殿	贈左大臣広橋兼綱女（後円融院母）		応安八（一三七五）一・二十九落飾　永徳三（一三八三）四・二十五院号　明徳二（一三九一）八・一黒衣	応永三十四（一四二七）五・二十崩御（93（94、89トモ））　応永三十四（一四二七）五・二十五荼毘（泉涌寺）
開基	雲嶽真高／北山院／南御所／諱厳子	権大納言裏松資康女　内大臣三条公忠子（後小松院准母）（鹿苑院義満室）			応永二十六（一四一九）十一・十一崩御（51（52トモ））　応永二十六（一四一九）十一・十三荼毘（嵯峨真浄院）
	（不明）	後円融院皇女　崇賢門院養君			明徳二（一三九一）七・二十九崩御
	栄山　聖久	崇賢門院猶子　鹿苑院義満女　北山院猶子　母従三位寧福院光厳		応永八（一四〇一）八・四入室喝食	永享五（一四三三）閏七・十三崩御（39）
	栄山　聖芳	准大臣広橋兼宣女			永享九（一四三七）七・十四崩御

	防弟	普広院義教女 母瑞春院尹子	正長二（一四二九）三・十二	正長二（一四二九）六・十九入室	永享三（一四三一）七・二十六崩御〔3〕
	（不明）	勝定院義持女			
	明山	普広院義教女 母勝智院重子			寛正六（一四六五）三・一崩御〔29〕
	明山　真栄	後崇光院皇女			三・一崩御
	慶山／妙善院／諱富子	（慈照院義政室）			明応四（一四九五）五・二十崩御
	光山　聖俊	慈照院義政女 母妙善院富子		文明八（一四七六）四・十一得度	永正二（一五〇五）八・二十六崩御〔44〕
八代	光山　覚音	後柏原院皇女			八・十六崩御
	附弟	妙善院富子猶子 一条後成恩寺兼良女 母顕郷女南御方		文明十四（一四八二）八・二十九入室 （文明十四（一四八二）十二・三退出、転入室本光院）	
七代	渓山	後土御門院皇女 母勧修寺教秀女従三位房子 妙善院富子養君	延徳元（一四八九）八・二十六	延徳元（一四八九）九・十三相続治定 延徳元（一四八九）十一・七入室 文亀元（一五〇一）六・十四得度 （戒師は泉涌寺善叙）	天文十二（一五四三）十一・一崩御〔55〕
	伝山　性賢	光源院義輝女		（総持院より宝鏡寺とともに兼帯） 天正五（一五七七）七・四任通玄寺長老	天正五（一五七七）七・二崩御〔22〕
	華庵　理栄／智徳院	恵林院義植女			文禄三（一五九四）三・四崩御
	耀山	光源院義輝女		（宝鏡寺を兼帯）	元和四（一六一八）十・二

					崩御
	玉山　理光／月鏡軒	鷹司後法音院信房女（徳川家光室本理院姉妹）		慶長三（一五九八）入寺 慶長十（一六〇五）六・七得度 （宝鏡寺より兼帯）	延宝九（一六八一）二・十五〔87〕 葬儀〔真如寺〕
	久岳　理昌／仙寿院	後水尾院皇女 母逢春門院	寛永八（一六三一）一・二	寛永二十一（一六四四）三・二十一入室 寛永二十（一六四三）四・十得度（戒師は慈照院、一説に正保三（一六四六）十一・二十七とも） （宝鏡寺より兼帯）	明暦二（一六五六）一・八崩御〔26〕
	義山　理忠／高徳院	後水尾天皇皇女 母逢春門院	寛永十八（一六四一）八・二十二	明暦二（一六五六）三・二入室得度（戒師は中悼和尚） （宝鏡院より兼帯）	元禄二（一六八九）八・二十六崩御〔49〕 葬儀〔真如寺〕
	徳巌　理豊／本覚院	後西院皇女 母清閑寺共綱女三条局共子		天和三（一六八三）四・二十一入室喝食 天和三（一六八三）十一・十四得度	延享二（一七四五）五・十二崩御〔74〕 葬儀〔真如寺〕
	逸巌　理秀／浄照明院	中御門院皇女 母清水谷実業女民部卿典侍石子	享保十（一七二五）十一・五	享保十六（一七三一）八・四入室喝食 享保十八（一七三三）九・二十三得度	宝暦十四（一七六四）十一・三十崩御〔40〕 宝暦十四（一七六四）十二・十二葬儀〔真如寺〕
	霊巌　理欣／三摩地院	光格太上天皇皇女 准母新清和院 母富小路貞直女小侍従局明子	文政七（一八二四）五・十一	文政八（一八二五）十二・二十六 相続治定（一説に入寺）	天保十三（一八四二）一・十七崩御〔19〕 天保十三（一八四二）一・二十八葬儀〔真如寺〕

大塚実忠編「史料紹介　比丘尼御所歴代（一）～（四）」（『日本仏教』第二六号～第二八号・第三一号、一九六七～六九年）より作成。

大石雅章「比丘尼御所と室町幕府――尼五山通玄寺を中心にして――」（『日本史研究』三三五、一九九〇年）参照。

湯之上隆氏の見解によれば、足利氏の女性たちの多くが寺格の高い尼寺に入寺しているものの、中でも最も多く入寺したのが、大慈院であり、次いで三時知恩院であったという。氏の研究により、特に大慈院は、義満の娘である栄山聖久が入寺したのを契機として発展したことがわかっている[83]。すなわち三時知恩院と同様、大慈院もまた、長福寺の末寺であるという『目録状』が作成された同時期に、発展の機運をつかんでいたことになる。

これらの両寺院がともに泉涌寺との関係が深かったことには注意すべきであろう。すなわち三時知恩院は、見子内親王が、泉涌寺開山の俊芿が宋から持ち帰ったとされる善導大師自作の尊像のために創建した持仏堂をその草創としており（「入江殿由らい之事[84]」「三時知恩寺文書[85]」）、大慈院も、開基である崇賢門院が崩御した際に泉涌寺を荼毘所とし（『続史愚抄』応永三十四年五月二十五日条）、また後崇光院皇女である性恵尼が崩御したときにも泉涌寺で葬儀を執り行っている（『看聞御記』嘉吉元年六月五日条）。さらに誕生してまもなく日野富子によって大慈院への入室の取り決めを結ばれた後土御門天皇の皇女（『お湯殿の上の日記』延徳元年九月十三日条）は、十三歳のときに泉涌寺の先白善叙を戒師として出家し、大慈院へ入室する（『実隆公記』文亀元年六月十四日条）。

また岡佳子氏の研究によれば、大慈院への入室は、将軍家の娘に限られており、皇女や公家の娘が入室する場合には、猶子となる慣例が成立していたとされ、三時知恩院もまた室町後期には足利氏の娘たちが入寺する寺院であって、両寺院は宝鏡寺と並んで、「武家之御寺」であったとされる[86]。以前に紹介したように、長福寺は足利家に特別に重用されていて、毎年正月八日に行われる修正会に、黒衣僧として唯一参賀を許され、また毎月晦日に行われる長日護摩供、将軍の誕生日に行われる長日大般若経、また仰出によって行う祈禱では、長福寺僧のみが巻数を進上できる立場にあったとされる。足利家の娘が入室する三時知恩院、大慈院に、足利家が重用した長福寺が関わっている可能性は高い。また比丘尼御所の多くが、臨済禅、あるいは律宗に所属している中、三時知恩院、大慈院が浄土宗に所属している点[87]にも、鎮西義を重んじた如導との関わりを感じることができる。

第四節　「見蓮上人門徒」の特異性

以上にみてきたように、長福寺は、室町幕府の庇護のもと、十五世紀には、三十五カ院を末寺にしたがえ、浄土宗鎮西義を標榜する一派として非常な存在感を持つ「見蓮上人門徒」の頂点に君臨し、さらに公家や武家の門跡寺院を配下にとりこんで、泉涌寺を凌がんとする勢力を誇っていたものと考えられる。また教団運営や教義面においても、「見蓮上人門徒」によってのみ相続されるべきことが主張されているように、「見蓮上人門徒」は閉鎖的・特権的傾向の強い集団であった。その背景にはもちろん他門との教学的な差別が存したものと考えられる。すなわち彼らの開祖である如導は「吾が門葉の受戒は、当寺住持を戒師に請うべし。猥りに余流の戒師に依らず。伝法灌頂、鎮西教も等しく上に同じ但し吹挙《(推挙)》を除くと云々」（第二五一条）と遺誡したことが知られる。ここには受戒の戒師、伝法灌頂、鎮西教について、濫りに他流の者から受けることが禁じられていることから、「見蓮上人門徒」の特色の一端は、まずはこの三点にみることができそうである。またこれらの他にも、たとえば死穢を避けたり、平僧にもかかわらず勅許を得ずに香袈裟の着用が認められていたりしたようであるから、これら「見蓮上人門徒」の特異性についてまとめてみたい。

1　受戒

如導の遺誡によれば、「見蓮上人門徒」が受戒するときには、長福寺の住持を戒師として受戒する必要があるとされる。しかし実際には、長典の例にみるように、長福寺に縁のある長老を戒師として招請して受戒することが慣例化していたようである。

近年に付いては、戒師これを召請す。当寺（長福寺）住持をして闍梨師と為し、尼衆に至るまで、当寺で授戒の事。

付近年、戒師召請之、為当寺住持闍梨師、至尼衆、当寺授戒事、　（第二五一条）

これについては以下のように詳しく述べられる。

当寺（長福寺）の門徒、田舎末寺等と同じく、僧受戒の時は、長福寺の有縁の長老常途には悲田院長老と云々従り、啓案内せしめ、当寺に奉請して、受戒を為す。当寺の住持、相い定んで闍梨師を為す。若し差合の時には、誰律師か闍梨師を請わるるべきの由、当寺のために住持教えしむと云々。

当寺門徒、同田舎末寺等、僧受戒之時者、従長福寺有縁長老常途悲田院長老云々、令啓案内、奉レ請当寺、為受戒一、当寺住持、相定而為闍梨師一、若差合之時者、誰律師可レ被レ請二闍梨師之由、為当寺住持令教云々、　（第一九四条）

すなわち田舎末寺と同様に、たとえば悲田院長老などを招いて、長福寺で受戒が行われるのだという。このとき長福寺の住持は必ず「闍梨師」をつとめるという。もし差し障りがあるときには、長福寺住持が「闍梨師」を指名する必要がある。

〔第一六二条〕には、「五夏以上は闍梨位なり。十夏以上は和上位なり」といい、このうちの闍梨位について、「一、出家闍梨、二、羯磨闍梨、三、教授闍梨、又は□威儀阿闍梨、四、受経闍梨、五、依止闍梨なり」と五つの義を挙げ、また「聖道門有識の官、阿闍梨位に非ず。五種の中、羯磨阿闍梨に当たる。大僧五夏以上、尼七夏以上、六夏已上なり」とする。すなわち「闍梨師」とは、真言密教でいうところの阿闍梨ではなく、羯磨阿闍梨のことであるという。羯磨阿闍梨は受戒における司会進行役ともいえる役回りである。長福寺住持は「見蓮上人門徒」の受戒時には必ずこの役目を負っていたということであろう。ちなみに五夏（五回の夏安居を経た者）以上を羯磨阿闍梨とし、十夏以上を戒和上（戒師）とするのは、南山宗祖道宣の著作である『教誡新学比丘行護律儀』にもとづいた規定であろう(88)。

泉涌寺門流の受戒は、一般的には泉涌寺住持長老が戒師をつとめ、泉涌寺において行われていたが、地方の末寺では有縁の長老を戒師として招いて行われていたようである。「見蓮上人門徒」は京都にありながらも、泉涌寺住持長老をわざわざ長福寺に呼び立て、長福寺住持が羯磨阿闍梨をつとめる中で、受戒を行った。どうしてそのようなことが可能であったのか、長典は以下のように伝えている。

開山宗師、受戒授けらるる。其の由緒を以て、闍梨師と為し、受戒阿闍梨これに准ずる儀なり。此の例に依り、見蓮門徒の僧、受戒授からんと欲す時は、梅宿全心和尚の時代迄も、何れの長老の受戒の儀か、申すべき由、教えを乞うものなり。近年无きが如きに成行す。是れも只だ人心の雅意の為に依るが故なり。

開山宗師、被レ授二受戒一、以其由緒一、為闍梨師一、受戒阿闍梨准之儀也、依此例一、見蓮門徒僧、欲授受戒二之時者、梅宿全心和尚之時代迄モ、何長老受戒儀、可申之由、乞レ教者也、近年如レ无成行、是モ只人心依為雅意一故也、

（第一九四条）

すなわち開山である如導が、泉涌寺の平僧でありながら、多くの者に受戒したという由緒にちなんで、その門徒が出家するときには、長福寺住持が戒師に準じる立場である羯磨阿闍梨をつとめることになったのだという。如導は平僧でありながら後伏見院皇女である進子内親王の出家得度の戒師をつとめたとされるから、そのような功績も、こうした特殊な伝統を作り上げる一端となったであろう。戒師となる泉涌寺長老は、長福寺に縁のある者とのこと

から、梅宿全心和尚（?～一四九二）の頃までは、どの長老の受戒儀になるのかを泉涌寺側に尋ねていたものであったが、この頃はそのようなこともなくなったという。すなわち長福寺側から戒師を指定することが難しくなったということであろうか。

このように「見蓮上人門徒」における受戒は、長福寺で行われ、長福寺住持が羯磨阿闍梨をつとめるという点においては特殊であるが、しかし泉涌寺長老が戒師をつとめ、泉涌寺で行われる受戒とほぼ同様の受戒が行われたようである。

さて、この受戒のためには、好相を得る必要があったようである。その日数については、「師資相伝の定め」があったという。

好相の日数、必ず三七日と為すべし。師資相伝の定めなり。『梵網経』に云う、「若しくは一七日、若しくは二三七日、乃至一年」と文。此の文に就けば、師資相承の旨は、これに向背するなり。永正七庚午年十月十六日、泉涌寺方丈に於いて、これを祈る。同十一月二日、受具足戒師雲龍院主西堂明叟、受者善福寺見寿・寿命院僧聖訓信英の弟子なり、同十四年に堕落す、故に禅僧と成る、是れ二七日受戒の初めなり。当門徒に於いては、これを用いるべからざる事。

好相日数、必可レ為二三七日一、師資相伝ノ定也、梵網経云、若一七日若二三七日乃至一年文、就此文、師資相承旨、向背之、永正七庚午年■十月十六日、於泉涌寺方丈、祈之、同十一月二日、受具足戒師雲龍院主西堂明叟、受者善福寺見寿、寿命院（僧聖訓（信英ノ弟子也、同十四年ニ堕落、故成二禅僧一、是初二二七日受戒一也、於当門徒者、不可用之事、

（『第一四九条』）

すなわち一般的に好相を得るための日数は、『梵網経』の「若しくは一七日、若しくは二三七日、乃至一年なり」(89)

の文意にしたがって、この期間内に好相を得た僧に対して受戒が行われた。『梵網経』の所述には特に日数の指定はないが、「見蓮上人門徒」の間には、これを三七日（二十一日）目と定めていたことが知られる。〔第一九五条〕には「好相の初日は、初夜の時申尅七時自り、道場に入る」とあり、初日は申時（午後四時）頃から道場に入る。ところが永正七年に、十月十六日から泉涌寺方丈において好相行に入った善福寺見寿、寿命院聖訓に対して、十六日後の十一月二日に受具足戒が行われたという。善福寺と寿命院はいずれも長福寺の有力末寺であるから、二人はおそらく「見蓮上人門徒」であろう。長典はこうした「三七日」の受戒について「当門徒に於いてはこれを用うべからざるの事」といい、今後このようなことがないように釘を刺している。

また好相行の対象については、〔第一四八条〕に「見蓮上人門徒、好相の本尊は、必ず阿弥陀仏と為すべき事、開山宗師の掟なり」とされ、「自らの信ずる仏に帰するべからざる事」という。ここに「見蓮上人門徒」の特殊性をみることができるであろう。

長典はこの阿弥陀仏を対象とした好相行において、「心宛て」を持って行ずるようにしなければならないと主張している。

　好相を祈るに心宛て有るべき事。熊谷直実、極悪の大俗、上品上生に生ぜんと欲し、来迎引接の体、これを祈るに、阿弥陀如来出現したもう。法然上人これを写す。今本願寺の迎接曼荼羅これなり。心指して祈らずんば、不可なり。

　祈二好相一可レ有二心-宛一事、熊谷ノ直実《ナヲサ子》極悪之大-俗、欲レシ生二ト上品上生一、来迎引接之体、祈レ二之、阿-弥-陀如-来、出-現玉フ、写二之法-然上人一、今之本願寺迎接曼荼羅是也、不レ祈二心-指一者、不-可也、（〔第一五二条〕）

後に詳述するように、「見蓮上人門徒」は、如導が安芸国に下向したときに得た、熊谷直実ゆかりの「迎接曼荼羅図」を伝持していた。熊谷直実は『平家物語』の「敦盛最期」で有名な源平合戦で活躍した武士であるが、後に出家して法然房源空に師事し、蓮生と名乗る。阿弥陀仏の慈悲が本当に深いのであれば、数多くの人命を奪った蓮生こそを上品上生で往生させるであろう、と信じていた蓮生の上品上生来迎の姿を法然が夢にみて、それを絵にしたためたのが「迎接曼荼羅図」とされており、現在清凉寺に伝持している。長典はこの「迎接曼荼羅図」に描かれた上品上生来迎の姿を好相として「心指して祈らずんば、不可なり」と主張しており、単に阿弥陀仏を好相行の本尊とするのみならず、上品上生来迎の阿弥陀仏を好相としてみられるように行じなければならないという。

すなわち「見蓮上人門徒」における好相行とは、受戒の前提行であると同時に、西方極楽浄土への往生を約束するものとしてとらえられていたことがわかる。ここに受戒決定と往生浄土決定を一度に可能とさせる「見蓮上人門徒」の特色をみることができよう。

しかし一方で、好相行において往生浄土が決定することで安心し、その後受戒してからの生活が堕落する者もいたようで、「好相大概これを祈る輩は、見及ぶに各早死に、又落堕するなり。信心堅固、勇猛清浄に祈るべき事」（第一五二条）とも述べられている。

受戒後の生活が『四分律』にのっとって行われたであろうことは、以下から推測される。

『四分』大乗に通じて云う。山門戒壇院に習い、本尊釈迦菩薩形、文殊・弥勒声聞形なり。釈迦の菩薩形は大乗、文殊・弥勒の声聞形は『四分』小乗なり。これを以て、小乗、大乗に通ずる証拠とするなり。北京律の戒法は、面てには小乗、内には大乗の故に、一大事の宗義なり。大乗宗も面てには小乗声聞形、内心には大乗を示すなり。

四分通大乗云、習山門戒壇院、本尊釈迦𦬇《(菩薩)》形、文殊、弥勒声聞形、釈迦𦬇《(菩薩)》形者大乗、文歹《(文殊)》、弥勒声聞形者四分小乗也、以之、小乗通大乗証拠トスル也、北京律戒法者、面小乗、内大乗之故、一大事之宗義也、大乗宗モ面小乗声聞形、内心大乗示也、（〔第二二一条〕）

泉涌寺では、叡山の戒壇院にならって、受戒の場に菩薩形の釈迦と声聞形の文殊・弥勒を用意していたようである。このうち菩薩形の釈迦は大乗菩薩戒を表現し、声聞形の文殊・弥勒は小乗四分律を表現していて、小乗の『四分律』が大乗戒に通じていることを表現しているという。すなわち泉涌寺北京律では、表面上は『四分律』にのっとった小乗の生活を行うが、その内面は大乗の菩薩精神に支えられているとし、これが「一大事の宗義」であるという。またこれは「大乗宗」すなわち叡山天台宗も同様であるとされていて、両者の共通が述べられている。〔第一五四条〕には「大乗梵網戒本・四分小乗戒本を持すべき事」とあり、〔第五一条〕には「大乗梵網十重戒品・小乗四分戒本等、安居中には迫《せ》めてこれを誦すべし」とある。さらに〔第四四条〕には「大小布薩」が行われていたことが記されるから、泉涌寺では梵網戒と四分律を合わせて受け、律制によって安居や布薩が行われていたこと、また布薩は大乗布薩と小乗布薩がそれぞれに行われていたことを知ることができる。

以上のことから泉涌寺における受戒を総合的に考えたとき、その受戒は四分律と梵網戒を一度に受けるものであった可能性がきわめて高い。本来『四分律』に説かれる受具足戒には、好相行は必要がない。好相行は本来、受菩薩戒において適当な戒師が見当たらない場合、自誓受戒を行う前提として必要な行である。南都においては俊芿帰国後に叡山の受戒儀が採用され、教学的にこれを南都化する努力が行われた。結果として覚盛（一一九四〜一二四九）が、三聚浄戒の受持を誓う受菩薩戒儀によって、四分律と梵網戒の両者を受得する「通受」の理論を提唱するに至る(90)。泉涌寺においても、南都との協力のもと「通受」に類似した受戒が行われており、それが十六世紀前半頃まで継続されていたことが推測される。

「見蓮上人門徒」はあくまで泉涌寺の門流一派であるから、受戒に関しては泉涌寺同様に四分律と梵網戒を兼ねたものであったと考えられる。

さて、『視覃雑記』には、この頃の南都における受戒についても記されるが、それらの記事によって明らかになることは、南都においても北京と同様に受戒前には好相行が行われていたということである。「見蓮上人門徒」として受戒するとき、好相行は、『梵網経』の「若しくは一七日、若しくは二三七日、乃至一年なり」の文意にもとづいて三七日を基本として行われていたことを前に明らかにしたが、南都においても同様にこの日数は三七日が基準であったことが、以下の唐招提寺門流の受戒を記す中で明らかになる。

招提寺門流受戒の様。先ず南都本寺に下り、啓和尚案内探《サクリ》と云う事、これ在り。教授師、紙闔に「可」の字を書きし紙裹、これを開く。爰に受者はこれを取るに、三昧耶形印を以て、これを抻《ひ》く。和尚の前に持参の時、和尚これを開きみる私にこれを案ずるに、授くべしと云う心か。印にこれを挿す者、又た印可と云う意か。沙弥戒の好相、吾が寺に帰りてこれを祈りし後に、又招提寺に下り、沙弥受戒す。又比丘受戒の儀、好相を祈り各三七日、南都に下りて比丘受戒すと云々。好相を祈り、年序を経るも受戒すと云々。両受戒に好相を祈ること、両度なり。田舎等は、一寺の衆僧等、数これ多き処と為すは、授戒これを危ぶむ所も、自然者□打任せてこれ無し。又住持長老、勅許を得ずとも、これ補任すとなり。北嶺には比丘受戒の時、一度のみ好相祈り、沙弥受戒の好相略すなり。

招提寺門流受戒之様、先下南都本寺、啓和尚案内探《サクリ》ト云事、在之、教授師、紙闔仁書可字一紙裹《褁》、開之、爰受者取之、以三广耶（三昧耶）形印、抻之、和尚前持参之時、和尚開見之、私案之可授ト云心歟、印ニ挿之者、又印可ト云意歟、沙弥戒好相、帰吾寺祈之後、又下招提寺、沙弥受戒、又比丘受戒之儀、（各三七日祈好相、下南都比丘受戒云々、祈好相、経二年序一受戒云々、両受戒祈好相、両度也、田舎等、為一寺衆僧等数多之処者、授戒危之所モ、自然者□打任テ无之、又住持長老、不得勅許、補任之ト也、北嶺者比丘受戒之時、一度祈好相、略沙弥受戒好相歟、

（第二二一条）

すなわち唐招提寺の門流の特色としては、受戒を行うときにはまず唐招提寺に下って「啓和尚案内探」を行う点が挙げられている。これは教授師が「可」の字を書いた紙籤を用意し、受者が三昧耶形印を作ったまま籤を引く。これを戒和尚（戒師）の前に持参して、戒師がこれを開きみるという作法だという。長典は一連の作法は戒師が「授くべし」ということを示すものであろうか、と推測している。また戒師をつとめるべき唐招提寺住持長老になるために勅許は必要ない。ちなみに泉涌寺住持長老は必ず勅許が必要である。叡山義を引く泉涌寺などでは、受具足戒前の一度だけ好相行が必要とされるが、招提寺義によれば、受沙弥戒前にも、受具足戒前にも、いずれのときにも「三七日」の好相行が必要であるという。

このように門流によって多少の異なりはあるものの、おおよそ泉涌寺と南都律宗とは同じような受戒が行われていたようである。『視覃雑記』には三七日を超えても好相を得ることができなかった南都僧の逸話が残されている。

好相无き輩は、乃至一年の説、尤も然るべきなり。応仁乱の前、紫野白毫院南都律の僧、好相を祈るの処、一年に至るも、好相无し。その時長老、一年の好相の功を以て、戒を授くべし。但し長老、道場に入り、僧に替りて、好相を祈られ、七ヶ日の内に出来す。これに依りて、受戒せらるる。然れども、彼の好相无き僧、還俗せしむること、其の曲无しと云々

无好相輩者、乃至一年説、尤可然也、応仁乱前、紫野白毫院南都律僧、祈好相之処、至一年、无好相、于時長老、以一年好相功一、可レ授戒一、但長老入道場一、替レ僧、被祈好相、七ヶ日内出来ス、依之、被受戒、然トモ、彼无好相僧、令還俗一、无其曲云々、

（第一九五条）

『梵網経』には「乃至一年」とあるので、好相行は一年を上限として行う必要がある。ところが応仁の乱以前のことであるが、紫野白毫院のある僧は、一年経っても好相を得ることができなかった。長老は一年間行をやり遂げた功績をもって、好相を得ることなく受戒を行おうとした。しかし長老が道場に入り、僧に代わって好相を祈ったところ、その日から七日以内に好相を得ることができたのだという。これによって受戒を得たが、残念ながらその後その僧は還俗したという。南都においても北京においても、好相を得たことで満足して、その後の修行生活が続かない僧がたびたび現れていたことがわかる。

ちなみに紫野白毫院は、『山城名跡巡行志』によれば、元淳和帝の離宮で、仁明天皇の皇子常康親王の建立、遍照開基とされる雲林院の末院とされる。雲林院は長らく天台宗の官寺であったが、後に大徳寺の子院となったという。現在は臨済宗である。紫野白毫院は雲林院村の卯辰（東南東）にあり、本尊は阿弥陀仏であったという。紫式部の墓があったとされることで有名である[91]。『扶桑京華志』には白毫院は近世には千本引接寺に移ったとされる[92]。残念ながら寺伝からみたときには、この寺院と南都律との関係はみえてこない。

以上からわかるように、『視覃雑記』が書かれた十六世紀前葉頃には、南都律宗においても、好相行を前提とする「通受」による受戒が一般的であったようである。すなわち泉涌寺北京律と、南都律とは、細かい教義上・行儀上の相違はあったであろうが、まったく異質なものということもなく、ある程度共通した戒儀の上に成立していたことがわかる。

2　伝法灌頂と密教儀式

『視覃雑記』によれば、如導は「真言は、三宝院流、悲田院明月（玄カ）上人の瓶水を掬《く》む」（第二五一条）という。前に述べたように、醍醐寺三宝院は護持僧体制・諸門跡祈禱という室町幕府の自律的な祈禱の二重構造において、中心的役割を果たしていた。長典は醍醐寺五智院宗典を師として、理性院流・三宝院流を伝持されているが、師の宗典が理性院伝持者として名高かったためか、長典自身も理性院の法流をより強く意識していたようである。あるいは長典の頃には三宝院の威光も陰りがみえていたのかもしれない。『視覃雑記』にも理性院に関連する話題がいくつか紹介されている。

ここで今一度東向観音寺蔵の『理性院血脈』（二九函五二、一五七〇年識語）を確認すると、「宗済―宗典―良恩―良識―（後略）」とあって[93]、長典の師宗典が宗済から受けていることがわかる。この宗済について、『視覃雑記』では以下のように伝えている。

理性院主の宗済は、小松谷の宗海宗師の捨弟なり。弟の宗済僧正に就いて、理性流受法すと云々。宗海は三宝流・西院流・理性流、三流を遂げられる事。

理性院主宗済ハ、小松谷宗海宗師之捨弟也、就二弟ノ宗済僧正一、理性流受法云々、宗海ハ三宝流、西院流、理性流、被遂三流歟事、　（第一三九条）

すなわち理性院主である宗済は、小松谷（本願寺カ）宗海の弟であったこと、宗海が弟の宗済から理性院流を受法し、三宝院流・西院流・理性院流の三流を遂げたことが伝わっている。

ここでいう宗海とは、『泉涌寺維那私記』によれば泉涌寺第三十九世長老の宗海明範を指すのだろう。この宗海から理性院主宗済へと縁が繋がり、その弟子の宗典、長典へと繋がるのではないだろうか。

長典は泉涌寺には、開山にゆかりのある「山門穴流」と「西流」の両流灌頂の伝統があると主張していた（第一二五条）が、それらの両流をどちらも受けているのは自分だけだとも述べており、「見蓮上人門徒」以外の純粋な泉涌寺衆僧間においては密教事相の相承はあまり活発ではなかったのかもしれない。

　というのも、〔第二〇七条〕には、永正十一年（一五一四）十二月十五日に泉涌寺今方丈において、当時の泉涌寺長老であった明叟聖鏡を大阿闍梨として灌頂儀式が行われたときの記事が掲載されているが、これには「此の水丁（灌頂）、当徒（見蓮上人門徒）再興なり」と注されていて、応仁の乱後の灌頂復興も「見蓮上人門徒」が中心となって行われたことがわかる。泉涌寺では灌頂の大阿闍梨職位は、泉涌寺長老、あるいは泉涌寺長老の候補となるような格上の寺院の住持（泉涌寺ではこうした寺院住持を「西堂」と呼び慣わしていたようである）でなければいけないという慣習があったようで、〔第二〇七条〕には平僧が灌頂大阿闍梨をつとめてはならないとする泉涌寺側の意見は不当であるという長典の主張が繰り広げられている。十二月十五日の灌頂は「理性院流」によって行われたようであるが、長典はこれについて「以ての外に相違するなり」と憤っており、実に十三項目にわたって、その誤りを指摘している。

　これらの記事からわかることは、「見蓮上人門徒」である長典が、醍醐寺理性院流を受ける密教僧として強い自負を持っている一方で、泉涌寺側は灌頂儀式に関してそこまでの思い入れがなかったという事実である。

　長典は『視覃雑記』〔第一三二条〕〔第一三三条〕において、小野三宝院流と広沢西院流の両灌頂を受けていない者は、泉涌寺長老にも西堂にもなってはならない、と強く主張している。永正十一年十二月十五日に泉涌寺で灌頂大阿闍梨をつとめた明叟聖鏡は、一流の灌頂をも受けないままに、後に灌頂を受けることを約束して西堂（おそらくは雲龍院住持か、後述、第六章第二節1）に就いた者のようで、〔第一三二条〕には、「後に酉酉（醍醐）五智院小坊今普厳院に於いて灌頂なり」とされる。「略作法は権僧正宗典、平川の比《ころ》」とも記され、長典の師である宗典とも関わって、灌頂を受けたようである。おそらくは長典やその周囲の者から勧められて受けたのであろう。

灌頂など、密教事相の授受に関して熱心ではない泉涌寺関係者と異なり、「見蓮上人門徒」は醍醐寺僧との付き合いを深めており、さまざまの行事を密教行事として復興しようとしていたようである。たとえば〔第二三三条〕には御影供の復興について、次のように述べられている。

御影供、当宗本末の間、再興の事。永正十八辛巳七月廿七日、長福寺に於いて執行す。醍醐五智院僧正の弟子、奥坊普賢院の公我大僧都法印、これを召請して、祭文等を指南するは、理性院家なり。同八月廿二日、片壇は公我法印、本壇は長典なり。大永三癸未七月迄、泉涌寺にも未だこれを行ぜず。毎月僧斎、形の如くこれ栄える。

御影供、当宗本末之間再興事、永正十八辛巳七月廿七日、於長福寺執行、西（醍醐）五智院僧正弟子、奥坊普賢院公我大僧都法印、召請之、指南祭文等、理性院家也、同八月廿二日、片壇公我法印、本壇長典、大永三癸未七月迄、泉涌寺ニモ未行之、毎月僧斎、如形栄之、（〔第二三三条〕）

御影供とは、祖師の命日にその御影を掲げて供養する法会で、特に空海を祖師として、真言宗でさかんに行われる。長福寺では永正十八年（一五二一）七月二十七日にこれを行うにあたって、醍醐寺五智院僧正宗典の弟子や、奥坊普賢院の公我大僧都法印を招請して指南を受け、「理性院家」にて執行したという。二十七日は如導の命日に当たる。また同年八月二十二日にも公我に参加してもらい、御影供を行ったようで、この日は長典が中心となって法要を行っている。二十二日は〔第二四〇条〕に「上宮太子、九百年忌に相当は、大永二壬午二月廿二日なり」とあるので、長福寺の草創とされる聖徳太子（〔第一四五条〕）の御影供であろう。長典によれば大永三年（一五二三）七月まで、泉涌寺でも御影供は行われていなかったとされ、毎月の祖師の命日には僧斎ばかりが行われていたという。泉涌寺における御影供の復興もまた、こうした長福寺からの後押しによったものと考えられる。

また施餓鬼法要についても、実は長福寺で行われていたものが泉涌寺へ移されたものであるとする。

施餓鬼根本は泉涌寺にこれ无し。施餓鬼と云うは、仏名の唱の事なり。『盂蘭盆経』奥の十方念仏なり。但し小施餓鬼作法はこれ在り。修正光明懺法には、施餓鬼密作法これを用う。春嶽宗師云う、長福寺門徒の施餓鬼、尤も然るべしとて、病気の時に度々執行せられ、其の八月十六日逝去なり。其れ以来、泉涌寺、当門徒の如く、施餓鬼作法を用い畢んぬ。

施餓鬼根本泉涌寺无之、施餓鬼ト云、仏名唱事、盂蘭盆経奥十方念仏也、但小施餓鬼作法者在之、修正光明懺法ニハ、施餓鬼密作法用之、春嶽宗師云、長福寺門徒施餓鬼、尤可然トテ、病気時度々被執行、其八月十六日逝去也、其以来、泉涌寺、如当門徒、用施餓鬼作法畢、　（第二三二条）

すなわち『視覃雑記』では第四十八世長老の春嶽全長が長福寺で行われていた施餓鬼法要を「尤も然るべし」と気に入り、病気の時分にはたびたび執行していて、そのまま泉涌寺においても行うようになったという。このことは「見蓮上人門徒」が、宋音を扱った法要を、泉涌寺とは別個に行っていたことを示すものである。その傍証ともなるのが以下であろう。

廻向宋音は、「上来」なり、「上来」と唐音に用いる事悪し。施餓鬼に「南无十方仏、南无十方法、南无十方僧」と、唐音用うる人、これ在り、不可也なり。宋音は、「十方」なり。

廻向宋音ハ、上来也、上来ト用二唐音一事悪也、施-餓-鬼ニ南无十方仏、南无十方法、南无十方僧ト、用二ル唐音一人、在之、不可也、宋音ハ、十方也、　（第三九条）

ここでは施餓鬼作法における発音についての注意がなされ、「唐音」で「南無十方仏、南無十方法、南無十方僧」を発音してはならない、とされる。

施餓鬼法要が無かったとされる泉涌寺であるが、しかし「但し小施餓鬼作法はこれ在り」とされていて、修正会金光明懺法の作法中で行われる「小施餓鬼作法」は元より行われていたようである。しかしこの「小施餓鬼作法」もまた、「見蓮上人門徒」である賢等の口伝によって、「密施食法（密教の施食作法）」へと変更されている（後に詳述、第三章第四節）。

このように応仁の乱によって一端途絶えてしまった泉涌寺の灌頂や密教修法によって執行される行事などの再興を先導したのは、長典をはじめとする「見蓮上人門徒」であったことを指摘でき、このとき理性院流によるさまざまの修法が泉涌寺で「再興」されたものと考えられる。しかしこのときの「再興」は、泉涌寺にそれまで伝わっていた行儀作法と同じ方法で行われたとは限らない点には注意が必要であろう。密教修法を重視する、醍醐寺僧でもあった長典は、灌頂を受けた者のみが泉涌寺長老になるべきであるとさかんに主張しているが、それが本当にもともと泉涌寺の伝統であったかどうかは不明である。

3　鎮西義

如導が知恩院で得度し、法光明院の良智に師事したことは以前に述べたとおりである。良智は聖光弁長（一一六二〜一二三八）―良忠然阿（一一九九〜一二八七）―然空礼阿（?〜一二九七）と続く鎮西流を受けており、然空礼阿開基の法光明院の第三世にあたる。弁長は、聖道門と浄土門との兼学の重要性を説いたとされ、特にこの法光明院では、泉涌寺に伝わる持律生活の実践が、浄土念仏と合わせて行われたものと考えられる。弁長を派祖とする鎮西流では、特に臨終時念仏を重視しており、臨終時に正念にもとづいた念仏を行うことで、臨終来迎を迎えられるとし、そのときを正しく迎えるために、日頃からの懈怠なき念仏修行が必要であると説く(94)。持律生活を実践しながら、密教の灌頂を受け、禅の印可を受け、多くの寺院を創再建した如導の活動は、この教えにのっとったものと認識できる。

法然門下のうち、特に鎮西流は『授手印』と、円頓戒の伝統を合わせて師資相承されることが、良忠によって提唱された。『授手印』とは弁長が法然から伝授された念仏往生の真義を記述して、自ら手印を捺してその証しとしたもので、これらが師資間で授受されることによる周囲への宣伝力は絶大だったと考えられる。それに加えて法然から相承された円頓戒の伝統も合わせて門下に伝えられた。鎮西流は法然の教えを確かに継承していることが、目でみてわかるように提示しており、教えの継承が周囲に認識されやすい性格を有していたといえる。

良忠は、白旗派の良暁に動産・不動産のすべてを譲与して後継者としたが、自分こそが良忠の後継者と意志する者は他にも存在しており、その一人が向阿（一二六五～一三四五）であった。向阿は清浄華院を開基し、著作活動を通じて法然―弁長―良忠―礼阿―向阿とつづく系譜こそが浄土宗の正義であることを主張した。このため上記の一流は一条派と呼称されるようになる(95)。

向阿の師である礼阿は、法光明院開山であるから、本来的には法光明院を継いだ思空（生没年不明）が礼阿の後継者であり、その後、良智―如導と連なる系譜が礼阿門下としての正統であろう。その意味では『視聴雑記』（第二五一条）に如導の浄土教の相承について「浄土宗は、西谷法光明院の相承、鎮西敵流なり」と表現するのも誤りではないだろう。しかし礼阿門下は向阿の系譜を正統とする一条派が牽引するかたちで、法然門下の正統であることが周囲にも認知されるようになっていく。如導と「見蓮上人門徒」の活躍は、一条派の活動を助けたであろうし、その逆もあったであろう。礼阿門下ということで、「見蓮上人門徒」も大きく一条派にくくられたものと考えられる。

江戸時代の書物である『京羽二重』（一六八五年刊）巻四には、「浄土鎮西四箇之一本寺」である「長徳山智恩寺百万遍」の末寺に「千本通寺内西へ半町入　長福寺」が挙げられており、興味深い。

4　死穢の忌避

四条天皇以下の皇室の葬儀を代々行っている泉涌寺に対し、長福寺では極端に死穢が忌避されたようである。長福寺常住の者は、たとえ住持であっても、寺内で死去することが許されず、ケガレに触れることも、ケガレの場に出入りすることも、あってはならないという。葬儀のときも、死者を野に葬る形式の葬儀であれば出ることがかなうけれども、建物内で行われる葬儀には出てはならないし、近親者の死によって重い喪に服している場などに出入りすることも決してかなわないという。

五辻長福寺、常住に於いては、住持と為すと雖も、死去せしめず。況んや其外□□に於いてをや。不触穢、不出入、甲乙丙人の儀、往古従り、此の如し。葬礼も、野葬に結縁せしめ、四壁葬礼に於いては、出でず。況んや重服忌中の在所の出入、叶わざること一向のものなり。

五辻長福寺、於常住者、雖為住持、不令死去、況於其外□□、不触穢、不出入、甲乙丙人之儀、従往古、如此、葬礼モ、令結縁野葬ニ、於四壁葬礼、不出、況重服忌中在所出入、不叶一向者也、（第二三〇条）

〔第二三〇条〕には、長福寺方丈の一心院を買い取り、「禅光院」と名乗って仏道修行を行っていた徳大寺公有が、賀叟和尚（?～一四八七）が長福寺住持だった文明十八年（一四八六）正月二十六日に死去してしまった事件について記している。大檀越であった公有の死に際し、長福寺側は彼の死ぬ間際に門の敷居を外して、建物を密閉状態ではなくしてしまうことでこれに対処している。結界を解き、一旦、寺ではない空間を作ったということであろう。

しかし公有の遺体を出し、再び寺としての界を定めてしまった後には、中陰法要を長福寺内で執行することさえ難しい。このため公有とともに長福寺に住んでいた関係者一同が、法明院に押しかける一幕が紹介されている。賀叟和尚は、将軍家への祈禱が行われる場でもあるから、重服の者を留まらせるわけにはいかない、とこれを断るが、この近親者の一人に「一台」と呼ばれる女性がおり、彼女は野宮家の息女であると同時に、足利義政の「御妻」で「愛無双人」であった。彼女の申し立てにより、結局祈禱御壇所に注連縄を張って結界し、祈禱に必要なところ以外を貸すことになってしまったという。

このエピソードからわかるように、長福寺とその末寺の一部は、ケガレを忌避すべき場と考えられており、古くから縁があるであろう徳大寺家[96]であろうとも、例外はなかったことがわかる。しかし一方で葬儀をまったく行わないということではないようで、『視聴雑記』には死僧の装束や、葬儀の作法について記された項目もあり、また長典自身も善福寺見紹房の葬儀を執り行っている〔第二〇九条〕。すなわち長福寺という「神域」にケガレを持ち込まなければ、僧が個人的に葬儀に関わることは問題ないようである。如導は天神信仰を持ち続けた仏教徒であったから、彼の門弟集団である「見蓮上人門徒」はその両者を兼ねた特異な立ち位置をまもっていたものと考えられる。

5　香袈裟の着用

「見蓮上人門徒」に特別に許されていたことの一つに、香袈裟の着用が認められる。すなわち〔第一二九条〕によれば、本来平僧は香袈裟を着けてはならないし、まして御影にはそのような姿で描かれることはないが、「見蓮上人門徒」の御影は、香袈裟を着用した姿で描かれるという。

泉涌寺には、平僧影には、香袈裟を書かず。見蓮上人門徒、必ず香袈裟を書く事、開山以来代々此の定めなり。

上人号を為す故なり。古には細々と、応に依りて、公請参内し、香衣を著す。近年は教行廃学に依りて、公請退転するなり。平僧、参内して玉体に対面すること无き故なり。但し近年は、伏見殿連子飛耀万松等、時々は参内に就くも、これを記されずと云々。

泉涌寺ニハ、平僧影ニハ、不レ書二。衣《香》袈裟、見蓮上人門徒、必書香袈裟一事、開山以来代々此定也、為上人号故也、古ハ細々、依レ応、公請参内一、著二香衣一、近年ハ依二教行廃学一、公請退転也、平僧、参内玉体无対面故也、但近年ハ、伏見殿連子飛耀万松等、時々就二参内一、不被記之云々、　　（第一二九条）

これは「見蓮上人門徒」が「上人」と呼ばれるからで、公請によって参内するときには香袈裟を着用したという。実際長福寺末寺の本願寺は、如導が安芸国から持ち帰った熊谷直実ゆかりの「迎接曼荼羅図」を伝持していたが、この寺宝の叡覧のために参内するときには、やはり香袈裟を着用したとされる。〔第一三〇条〕には、後花園天皇の「迎接曼荼羅図」叡覧のために本願寺住持の譚月見直が香袈裟を着用して参内したものの、高齢のために画を懸けることができず、侍者として同道していた梅宿全心がいそいで香袈裟を着て画を懸けた。師と侍者との二人が、同時に香袈裟を着用するという前代未聞のことが起こったことを、全心自身が語ったとする思い出話が残されている。

本来香袈裟の着用には勅許が必要である。『建内記』正長二年（一四二九）六月九日条[97]には、万里小路時房が、浄華院第五世長老の等凞（?～一四八七カ）[98]に香袈裟着用と国師号の勅許にあたり、感嘆する旨の記事が残されており、香袈裟の着用がいかに名誉なことであったかを知ることができる。勅許を得る必要なく、必要とあれば同時に二人が香袈裟を着用することもあるという「見蓮上人門徒」が、いかに特殊な性格をもった集団であったかを物語るものであろう。

まとめ

以上、『視覃雑記』の記述をもとに、十五〜十六世紀に京都を席巻した「見蓮上人門徒」の姿を明らかにした。

見蓮上人門徒は、インド・中国と相伝した浄土教の本流を伝えるとされていた泉涌寺の一派であると同時に、法然ゆかりの寺宝を相続し、鎮西義を標榜した。当時においては、中国からの浄土教の正統的伝統と、法然に始まる日本浄土宗の正統的伝統との、いずれもを備えた集団であると認識されたことであろう。さらに彼らは聖道門と浄土門との兼学を体現して、真言を修し、禅を修し、持律持戒し、いずれの道においてもその正嫡であることを主張した。こうした彼らの態度に対する周囲の評価を背景に、「見蓮上人門徒」は室町幕府と懇意になり、門跡寺院をも末寺にしたがえて、京都において非常な勢力を誇った。泉涌寺開山の俊芿が、何よりも一番先に建立した寺院とされる禅光院を抱え、また勅許によって泉涌寺長老となった者だけが着用を許される香袈裟を着用するなど、その勢いは惣寺である泉涌寺を凌駕するほどのものであったことが推測される。彼らは長福寺を頂点として独自の自治運営を行い、また教学的にも自門の者からのみ相伝するなど、その独自性を常に意識していたことがうかがえる。

しかしながら、その寺運は、室町幕府の衰退とともに下降し、『視覃雑記』の書かれた一五一九〜三〇年には、すでに翳りがみえていたようである。この頃には末寺の寺領を押さえることもままならず、また参内の機会も激減していたようである。おそらくこれ以降は「見蓮上人門徒」たる自覚も薄れ、泉涌寺の威光の下に素直におさまるようになったのではないか。寛永十年（一六三三）の「北京東山泉涌寺本末帳」(99)には、長福寺をはじめ、安楽光院、永円寺、本願寺、寿命院などが、泉涌寺の直末寺として挙げられている。『視覃雑記』の作者長典は、忘れ去られていく「見蓮上人門徒」の威容を書き残す意図もあって、本書を記したのかもしれない。とはいえ、泉涌寺僧である如導を師と慕う法然門弟集団が、南北朝期から百年以上もの間、京都を席巻し続けていたことは、現在までまったく知られていなかったことであり、他の法然門徒集団への影響も懸念される大変興味深い事実ではないだろうか。

如導活躍当時、同じく京都の東山大谷の地では、元亨元年（一三二一）に、覚如（一二七一～一三五一）が親鸞の御廟を本願寺と名づけ、寺院組織化していった。後に蓮如（一四一五～九九）が現れて、本願寺教団を拡大していったことは、周知のことである。また叡山では円頓戒の復興運動がおこり、真盛（一四四三～九五）の登場をまって、戒浄双修の教学が主張されるようになる。畿内にはさまざまの教学を標榜する浄土教団が群雄割拠して、それぞれに自身の教学を布教していたであろうことが想像される。こうした中にあって泉涌寺が、宋代浄土教を伝える浄土教寺院として、他から一目置かれており、また実際に内部から浄土教団が生成されて、一時期には一大勢力を築いていたことは、今後看過されるべきではないだろう。さらに「見蓮上人門徒」が所持していた「迎接曼陀羅図」が鎮西義を標榜するようになった清浄寺に譲られていることは、泉涌寺から派生した浄土教団が最終的には鎮西流へと併合されたことを示唆するものではないだろうか。

これまで資料不足のために浄土教を伝える寺院としての泉涌寺の性格は、具体的に語られることが少なかった。今回、『視覃雑記』の発見により、中世泉涌寺の実態の一部を提示できたのではないかと思う。

註

（1）「開山無人和尚行業記」（『続群書類従』九上）、「無人和尚行業記」（『大日本史料』六編二一、延文二年五月二十七日条）。

（2）大塚紀弘「中世都市京都の律家」（『寺院史研究』第一〇号、二〇〇六年）。

（3）『仏全』一〇一、一〇五頁上～下。

（4）大塚紀弘「鎌倉前期の入宋僧と南宋教院」（同『中世禅律仏教論』第五章、山川出版社、二〇〇九年、一七九頁）。

（5）長西「浄土依憑経論章疏目録」（『大日本仏教全書』一）。

（6）高雄義堅「宋代浄土教典籍と我国諸家の態度」（同『宋代仏教史の研究』、百華苑、一九七五年、初出一九三九年）。

（7）『吉水法流記』は牧哲義氏によって紹介された系譜で、本稿掲載のものは、牧哲義「『吉水法流記』『法水分流記』の翻刻とその研究」（『東洋学研究』三〇、一九九三年、九五～九六頁）による。堯恵によって永和元年（一三七五）に勘録され、西山派深草義を中心にした記載となっている。堯恵と後に紹介する『法水分流記』の作者である静見は同時代の人物であって、お互いの交流が考えられ、二人の関係から『法水分流記』は『吉水法流記』に依拠していると考えられている（牧哲義「堯恵勘録『吉水法流記』について」、『印度学仏教学研究』三二―二、一九八四年、同前掲論文、同「法然門下の初期の系譜資料――『吉水法流記』と『法水分流記』について――」、『東洋学研究』三一、一九九四年など）。

（8）玉山成元「浄土宗一条派の確立」（『佐藤密雄博士古稀記念論集　仏教思想論叢』、山喜房佛書林、一九七二年）。

（9）『戊午叢書』第一篇、『日本仏教史』第一・二号、『真宗資料集成』第七巻、『概説浄土宗史』付録などに収載。静見が永和四年（一三七八）四月十四日に作成したものを元本として、各地に写本が存在する。本稿で使用したものは野村恒道・福田行慈編『法然教団系譜選』（青史出版、二〇〇四年、五～六頁）所収のもので、大谷大学蔵本を翻刻したもの。永正七年（一五一〇）十一月二十八日に奈良の戒長寺光舒軒で康翁によって書写されたものを、大永七年（一五二七）八月二十七日に伝空賢智が再び書写し、さらにそれを元禄九年（一六九六）一月十八日匪空、同十三年に洛北十念寺十八世の明空沢了が写し継いだものを元禄十五年（一七〇二）四月十二日栄正寺休是が書写した写本がもとになっている。

（10）『吉水法流記』『法水分流記』に如導とその師良智が掲載されていることについては、すでに大塚紀弘氏が指摘されている（大塚紀弘註（2）前掲論文）。

（11）大田壮一郎『室町幕府の政治と宗教』（塙書房、二〇一四年）。

（12）石田出「十五～十六世紀前半における室町幕府祈禱体制――醍醐寺三宝院の動向を中心に――」（『学習院史学』五三、二〇一五年）。

（13）鹿王院本『天龍宗派』（『大日本史料』六編之三七、応安六年六月十七日条、また同六編之四〇、応安七年正月五日条）、建仁寺両足院本『天龍宗派』（『大日本史料』六編之四〇、応安六年正月二十日条）。

（14）『山城名勝志』一二には「覃聴書光照院開山自本覚公闍維之右語云」として、以下を伝える。「自本覚公は後伏見院公主なり無人和尚に従いて、祝髪懐衣し、大笑宗師に謁して受具納体す無人師は北野観音寺第一祖、大笑師は泉涌前住第十六世なり」（『新修京都叢書』一三、八二頁）。また大塚紀弘氏は、このときを延文元年とする（大塚紀弘註（4）前掲論文）が、これは『京都坊目誌』に以上と同内容の記事を掲載した後、「延文元年室町一条の北に一宇を創し、光照院と曰ふ」（『新修京都叢書』二二、四八頁）とするのを混同したものではないだろうか。如導からの受戒を延文元年とする史料はみつけられなかった。

（15）『大日本史料』六編二一冊、二八六頁。

（16）泉涌寺文書二三二、『泉涌寺史』資料篇、二三三～二三八頁。なお大塚紀弘註（2）前掲論文にてすでに指摘されるところである。

（17）地誌に関しては、『京都市の地名』（平凡社、一九七九年）六〇九頁、大塚紀弘「中世都市京都の律家」（『寺院史研究』第一〇号、二〇〇六年）、細川武稔『京都の寺社と室町幕府』（吉川弘文館、二〇一〇年）などを参照した。

（18）泉涌寺文書二三二「泉涌寺派寺院本末改帳写」（『泉涌寺史』資料篇、二三六頁）。

（19）『山州名跡志』（『新修京都叢書』一六、二三七頁）。

（20）『山城名跡巡行志』（『新修京都叢書』二二、二四〇頁）。

（21）『拾遺都名所図会』（『新修京都叢書』七、二三頁）。

（22）『雍州府志』（『新修京都叢書』一〇、二七四頁）。

（23）『京都坊目誌』下京第三一学区之部（『新修京都叢書』二一、五七二頁）。

(24)『京都坊目誌』上京第九学区之部（『新修京都叢書』二三、二五七～二五八頁）。
(25)『京羽二重織留』（『新修京都叢書』二、四三四頁）。
(26)『京羽二重』（『新修京都叢書』二、八六頁）。
(27)『京都坊目誌』（『新修京都叢書』二三、二五七～二五八頁）。
(28)『北京東山泉涌寺本末帳』（『泉涌寺史』資料篇、四〇九～四一〇頁）。
(29)泉涌寺文書二三二「泉涌寺派寺院本末改帳写」（『泉涌寺史』資料篇、二三六頁）。
(30)『元禄覚書』（『新撰京都叢書』一、一一二頁）。
(31)『京都坊目誌』（『新修京都叢書』二一、五七二頁）。
(32)『万民千代乃礎』（『新撰京都叢書』一〇、二三二頁）。
(33)〔第二五一条〕には、「当寺草創は、上宮太子、平安城最初の御建立なり」とある。
(34)正月参賀は、義満期にその萌芽を確認することができ、義持が家督を継承した応永十七年に恒例化され、以後、身分によって式日が固定化したという。正月八日の参賀については「殿中申次記」（『群書類従』第一四輯武家部）に「八日／一護持僧、法中、泰清、評定衆、出仕」とあり、護持僧の出仕日とされていたようである。なお正月十日の参賀は「十日／一摂家、門跡、公家、法中、参賀」とされる（金子拓「室町殿をめぐる「御礼」参賀の成立」、『中世武家政権と政治秩序』第八章、吉川弘文館、一九九八年）。こうしたこれまでの研究を踏まえれば、『視覃雑記』内の「等持院殿以来御代々御吉例」という表記は伝承ということになろうか。
(35)大田壮一郎氏によれば、義持は豊前国宇佐八幡宮の造営にも関わり、大内盛見によって宇佐宮にて、応永二十七年（一四二〇）頃から、義持の誕生日には千手陀羅尼の千回読誦が始められ、さらに応永三十一年（一四二四）頃からは、社僧十坊の巡役による「長日護摩供」も行われたようである。またこれらは義持の後も歴代将軍毎に日を改めて、少なくとも義勝の代までは継承されたという（大田壮一郎「足利義持の神祇信仰と守護・地域寺社」、『室町幕府の政治と宗教』第二部第二章、塙書房、二〇一四年）。このように「長日護摩供」と誕生日の祈禱とは、各地の将軍ゆかりの寺社で行われたものと推察できる。
(36)禅宗寺院で得度せずに種々の給仕を行う者を指す。『視覃雑記』において「行者」は「沙弥」や「喝食」と並んで使用されており〔第九九条〕〔第一五九条〕〔第一六〇条〕〔第一六一条〕)、泉涌寺・長福寺においても、行者は禅宗寺院での立場と大きく違うことがないと考えられる。
(37)『大日本史料』七編之二十二、応永二十二年二月二十四日条。
(38)『大日本史料』六編之一九、文和三年十二月二十三日条。
(39)『洞院公定日記』応安七年二月十一日条(『増補続史料大成』八、二八四頁)。
(40)『看聞日記』永享十年五月十九日条(『看聞日記』六、一六一頁)。
(41)大塚紀弘註(2)前掲論文。
(42)『看聞日記』応永三十二年二月十九日条(『看聞日記』三、九三頁)。
(43)「吉田家日次記」十月二十九日条、『大日本史料』七編之六、応永十年雑載内。
(44)『雍州府志』(『新修京都叢書』一〇、三〇六頁)。
(45)『山城名勝志』(『新修京都叢書』一三、三八九頁)。
(46)『山城名跡巡行志』(『新修京都叢書』一四、二六九頁)。
(47)『泉涌寺派寺院本末改帳写』(『泉涌寺史』資料篇、二三三頁)。
(48)『北京東山泉涌寺本末帳』(『泉涌寺史』資料篇、四〇九頁)。
(49)あるいは〔第三七条〕にある「此の門」とは泉涌寺を指すものか。しかしいずれにしても、長典当時の泉涌寺の行儀は、後述するように「見蓮上人門徒」の行儀に塗り替えられつつあったから、この時代の泉涌寺行儀と「見蓮上人門徒」の行儀とは大きく異ならないと推測する。
(50)『群書類従』二四所収。以下の安楽光院の概説は本書により、また大塚紀弘註(2)前掲論文を参照した。
(51)泉涌寺文書二三二「泉涌寺派寺院本末改帳」(『泉涌寺史』資料篇、二三三頁)。
(52)『新訂増補国史大系』五九、尊卑分脈第二篇、五三頁。
(53)牧哲義「『吉水法流記』『法水分流記』の翻刻とその研究」(『東洋学研究』三〇、一九九三年、九五〜九六頁)。
(54)曽根原理「室町時代の御八講論義」(『南都仏教』七七、一九九九年)。
(55)大塚紀弘註(2)前掲論文。

(56)『雍州府志』(『新修京都叢書』一〇、三〇一頁)。
(57)泉涌寺文書二三二「泉涌寺派寺院本末改帳」(『泉涌寺史』資料篇、二三四頁)。
(58)『京都坊目誌』下京第三一学区之部(『新修京都叢書』二一、五六三～五六四頁)。
(59)古寺巡礼京都『泉涌寺』(淡交社、一九七八年、一二六～一二七頁)。
(60)大塚紀弘註(2)前掲論文。
(61)竹居明男『北野天神絵巻を読む』(吉川弘文館、二〇〇八年)参照。
(62)ちなみに洞院満季の孫娘は、永享五年(一四三三)に長福寺末寺の三時知恩院に入室している(大塚実忠編「史料紹介　比丘尼御所歴代(四)」『日本仏教』三一、一九六九年)。あるいは天神信仰を通じ、一族で「見蓮上人門徒」に帰依していたものかもしれない。
(63)以上の金台寺についての記述は、川上孤山著・荻須純道補述『増補妙心寺史』(思文閣、一九七五年)「金台寺の再興」三二七頁、淺田千雄・淺田守正『妙心寺誌』(東林院、一九三六年)などを参照した。『妙心寺誌』は、無著(一六五三～一七四四)著述の『正法山誌』を翻刻発刊したもの。
(64)『富山県史』史料編2中世、一三四四号。
(65)泉涌寺文書二三二、『泉涌寺史』資料篇、二三六頁。
(66)泉涌寺文書二三二、『泉涌寺史』資料篇、二三七頁。
(67)『山城名勝志』(『新修京都叢書』一三、三九〇頁)。
(68)『雍州府志』(『新修京都叢書』一〇、三〇一頁)。
(69)「北京東山泉涌寺本末帳」(『泉涌寺史』資料篇、四〇九頁)。
(70)泉涌寺文書二三二「泉涌寺派寺院本末改帳写」(『泉涌寺史』資料篇、二三三頁)。
(71)泉涌寺文書七七「管領代飯尾為清奉書(折紙)」(『泉涌寺史』資料篇、三七頁上～下)。
(72)泉涌寺文書八〇「管領代飯尾為清奉書(折紙)」(『泉涌寺史』資料篇、三八頁上)。
(73)泉涌寺文書八四「管領代飯尾為清奉書(折紙)」(『泉涌寺史』資料篇、三八頁下～三九頁上)。
(74)泉涌寺文書八五「管領代飯尾為清奉書(折紙)」(『泉涌寺史』資料篇、三九頁上)。

(75) 泉涌寺文書八七「後奈良天皇女房奉書」(『泉涌寺史』資料篇、三九頁下)。
(76) 泉涌寺文書二三二「泉涌寺派寺院本末改帳写」(『泉涌寺史』資料篇、一三三頁)。
(77) 新善光寺文書一八「上杉定実屋敷寄進状」(『泉涌寺史』資料篇、三三五頁)。
(78) 『雍州府志』(『新修京都叢書』巻一〇、三〇一頁)。
(79) 新善光寺文書一七「後柏原天皇綸旨(宿紙)」(『泉涌寺史』資料篇、三三五頁)。
(80) 『実隆公記』五月十七日至廿日、同十二日至十六日裏(『実隆公記』巻一二、三六四～三六五頁)。ただし変体かなは改めた。
(81) 中井真孝「崇光院流と入江殿――中世の三時知恩寺――」(同『法然伝と浄土宗史の研究』、思文閣出版、一九九四年)。
(82) 大塚実忠編「史料紹介　比丘尼御所歴代(一)～(四)」(『日本仏教』第二六号～第二八号、第三一号、一九六七～六九年)、大石雅章「比丘尼御所と室町幕府――尼五山通玄寺を中心にして――」(『日本史研究』三三五、一九九〇年)、岡佳子「近世の比丘尼御所(上)(下)――宝鏡寺を中心に――」(『仏教史学研究』第四二巻第二号、第四四巻第二号、二〇〇〇年・〇二年)など参照。
(83) 湯之上隆「足利氏の女性たちと尼寺」(『古代中世史論集』、一九九〇年)。
(84) 『古事類苑』宗教部四四。
(85) 中井真孝註(81)前掲論文中に掲載。
(86) 岡佳子註(82)前掲論文。
(87) パトリシア・フィスター「尼門跡の歴史――「比丘尼御所」から「尼門跡」へ――」(中世日本研究所・東京藝術大学大学美術館・産経新聞社企画『尼門跡寺院の世界――皇女たちの信仰と御所文化――』図録、二〇〇九年)。
(88) 道宣『教誡新学比丘行護律儀』に「十五、夫五夏已上即闍梨位、十夏已上是和尚位。切須知之」(『大正』四五、八七一頁中)とある。
(89) 『梵網経』の該当箇所は以下のとおり。
若仏子。仏滅度後。欲心好心受菩薩戒時。於仏菩薩形像前自誓受戒。当七日仏前懺悔。得見好相便得戒。若不得好相。応二七三七乃至一年。要得好相。得好相已。便得仏菩薩形像前受戒。若不得好相。雖仏像前受戒不得戒。

（『大正』二四、一〇〇六頁下）

（書き下し）もし仏子、仏滅度の後、心に好心をもて菩薩戒を受けんと欲する時は、仏・菩薩の形像の前に於いて自誓受戒せよ。当に七日をもて仏前に懺悔し、好相を見ることを得ば、便ち戒を得べし。もし好相を得ざれば、応に二七・三七、乃至、一年なりとも、要ず好相を得べし。好相を得おわらば、便ち仏・菩薩の形像の前にして戒を受くることを得。もし好相を得ざれば、仏像の前にして戒を受くと雖も得戒せず。

(90) 大谷由香「入宋僧俊芿と南都戒律復興運動」（『印度学仏教学研究』六五—二、二〇一八年）。

(91) 『山城名跡巡行志』第三、愛宕郡四（『新修京都叢書』巻二三、三五七頁）。

(92) 『扶桑京華志』巻之二、墳墓（『新修京都叢書』巻二三、一六一頁）。

(93) 東向観音寺史料調査団「東向観音寺資料目録（四）」（『東京大学日本史学研究室紀要』一二、二〇〇八年）。

(94) 浅井成海『浄土教入門——法然上人とその門下の教学——』（本願寺出版社、一九八九年）を参照。

(95) 玉山成元註(8)前掲論文。

(96) 徳大寺家は俊芿帰朝時より泉涌寺を庇護していた（『泉涌寺不可棄法師伝』）。長福寺末寺で俊芿が最初に建立した寺とされる禅光院も徳大寺家の山庄にあって、徳大寺家の出資であったことがうかがえる。

(97) 『大日本古記録　建内記』巻二、三五頁。

(98) 等凞の示寂年には異説がある。『新撰往生伝』は応永三十年（一四二三）九月十一日、『浄土伝燈総系譜』は寛正三年（一四六二）八月十二日、『清浄華院誌要』は寛正三年六月十一日、『黒谷誌要』は康正元年（一四五五）八月十一日とする。

(99) 『泉涌寺史』資料篇所収。

第三章　寺宝・儀式の保持

第一節　清凉寺蔵「迎接曼荼羅図」の流転

現在清凉寺に所蔵されている「迎接曼荼羅図」（**図1**）は、関係文書三点とともに一括で国の重要文化財に指定されており、法然房源空（一一三三～一二一二）ゆかりの寺宝として名高い。付属の「迎接曼荼羅由来」によれば、本絵図は武蔵国熊谷郷（現埼玉県熊谷市）出身の武士である熊谷直実（一一四一～一二〇八）が所持していたものであるとされる。源平争乱の経験から罪業を自覚し、法然に帰依して蓮生と名乗った彼が、『観無量寿経』に説かれる九種の往生のあり方の内、最上級である上品上生による往生を誓願し、その様子を夢に見た法然が描かせたものであると伝えられる。(1)

吉村稔子氏によれば、京都東山で没した熊谷直実の遺品は、直実の子直家によって熊谷郷に持ち帰られ、さらに熊谷氏が安芸国三入庄に地頭職を賜って西国へ下向したのに伴って移されたとされる。このとき、帯同して移動された「迎接曼荼羅図」と関係文書類は、後に「三入庄迎接院」という念仏寺の本堂に納め置かれたが、迎接院を創建した如導（一二八四～一三五七）の手によって京都へ再び戻り、本願寺へと施入されることになった。この後、室町時代中期頃に本願寺の衰退によって清凉寺に移安されることとなったのではないかとされている。(2)

図1　迎接曼荼羅図・副本（京都・清凉寺蔵）

前章にも少し述べたが、如導が安芸国で手に入れた「迎接曼荼羅図」は、元来長福寺末寺の曼荼羅院の本尊であったことが『視覃雑記』の記述から明らかである。

　中道の曼荼羅院は、開山見蓮宗師の墓所なり（中略）。今本願寺の熊谷曼荼羅も、この寺の本尊なり。絵書付けて今これ在り（中略）。土檀那の建立所なり。

　中道之曼荼羅院者、開山見蓮宗師之墓所（中略）、今本願寺熊谷曼荼羅モ、此寺本寸（尊）也、絵書付テ今在之（中略）、土檀那建立所也、（第二一〇条）

これによれば、仁和寺西谷近くの中道に、如導を慕う地元信者（土檀那）が建立した墓所が曼荼羅院であり、その本尊「熊谷曼荼羅」は、元はここの本尊であったが、当時には本願寺へ移動していたことが知られる。この「熊谷曼荼羅」は、〔第一五二条〕に「熊谷直実《ナヲサネ》、極悪の大俗、上品上生に生ぜんと欲し、来迎引接の体、これを祈るに、阿弥陀如来出現したもう。法然上人これを写す。今の本願寺の迎接曼荼羅これなり」と説明されており、前に説明した「迎接曼荼羅由来」の内容に合致する。すなわち現在清凉寺に伝来している「迎接曼荼羅図」のこととみて間違いないだろう。前掲の〔第二一〇条〕に「絵」と「書」がともにあると示されていることもまた、関係文書とともに本図が清凉寺に伝わっていることと符合している。

つまり『視覃雑記』の記述から、上記の吉村稔子氏の説を補説して、清凉寺「迎接曼荼羅図」の来歴を詳説することが可能である。以下に如導が取得してからの「迎接曼荼羅図」の流転について判明したところを述べたい。

1　如導の生涯と「迎接曼荼羅図」

花山院某の子として生まれた如導は、十七歳のときに北野社で千日参りをし、天神から霊告を賜って知恩院で得度、浄土宗鎮西義の僧侶となる。極楽浄土への強い思慕によって十九歳のときに大井川（大堰川）へ入水するも、死にきれずに父宅に戻った如導は、その後太宰府に下向して、安楽寺（太宰府天満宮）に三年間留まり、二十一歳のときに「北京泉涌寺一派」の「浄土真宗持戒念仏の場」である筑後国秋月の安養寺長老のもとで沙弥戒を受けた。この縁を通じて二十七歳（一三一〇年）で京都に戻ったとき、如導は泉涌寺第八世長老兀兀知元から比丘戒を受け、以後泉涌寺僧として活躍していくこととなる。

熱心な鎮西義の信仰者であった如導が、泉涌寺僧として活躍するに至ったのは、「浄土真宗持戒念仏の場」と表現されるように、浄土の真宗を伝える教団として泉涌寺一派が重要視されていたからに他ならない。如導はその後、仁和寺西谷の法光明院長老の良智律師に師事して八年間浄土教を学び、円頓戒を受けている。この法光明院も「律僧」の集まる「北京泉涌寺一派」の「浄土真宗持戒念仏の場」であったことが推測される。

その後も如導は、悲田院の明玄長老から律と密教を学んで入壇灌頂を受け、天龍寺の夢窓疎石から禅の印可を受けている。すなわち彼は当時仏教界のマルチプレーヤーであり、あらゆる法脈の正統を引いた人物であったといえよう。またその間、如導は多くの寺院を創建あるいは再興している。このとき如導によって創建再興された寺院群を拠所として、彼を慕う「見蓮上人門徒」が組織されていくことになる。

時期は明確ではないが、晩年に如導は安芸国に迎接院を草創し、そこに六年間留まったことが伝記に記される。熊谷氏に伝持されていた「迎接曼荼羅図」は、関係文書類とともにこのとき如導の手に渡ったと考えられ、京都へと持ち帰られることとなった。如導が熱心に信仰していた鎮西義の祖である弁長（一一六二〜一二三八）は臨終来迎を重視しており、死の瞬間に確実に念仏を行うために、日頃からの懈怠なき念仏修行が必要であると説く[3]。晩年死期を悟った如導が、自身の臨終時に備えて直実遺品の「迎接曼荼羅図」の入手を所望したことは想像に難くない。あるいは、如導は「迎接曼荼羅図」を前に死ぬことを望んで迎接院を建て、晩年の六年を過ごしたものの寿命を終えることなく、止むを得ない事情により帰京を強いられて本絵図を京都へと持ち出すことになったのかもしれない。

2 京都での「迎接曼荼羅図」の移動

『行業記』によれば、六年にもわたる安芸国迎接院止住から戻った如導は、自らが以前に建立していた本願寺において四十八日間の供養説法を行っている。これが浄土教にもとづくものであったことは、その日数が阿弥陀仏の四十八願にちなんでいることからも明白である。あるいはこれは安芸国から持ち帰った「迎接曼荼羅図」の披露を兼ねていたのかもしれない。『行業記』によれば、本願寺内には貴賤を問わず、肩が触れ踵が接するほどの多くの人が集まり、さらに遅れて来た者は門の外で如導の説法を聞いたという。

延文二年（一三五七）五月二十七日申の刻に、北野社内に自身が再興した観音寺（現東向観音寺）の小御堂と呼ばれる二間において如導は息を引き取った。七十四歳であった。如導の亡骸は、生前の如導が念仏修行に励んだ金台寺まで運ばれて荼毘に付された（『視覃雑記』〔第二五一条〕）。彼の遺骨は、若かりしときの修行の場である仁和寺近辺の中道に地元信者（土檀那）の寄進によって墓所が建てられ、そこに葬られることとなる。このとき本尊として迎えられたのが「迎接曼荼羅図」であった。本絵図が懸けられていたからこそ、この墓所は「曼荼羅院」と呼称されていたのであろう（〔第二一〇条〕）。

本絵図が本来は如導の墓所に掲げられていたことは、如導が自身の臨終のために本絵図を使用したことを示唆するものではないだろうか。晩年の如導と常にともにあったと考えられる本絵図は、観音寺での臨終時にも如導の近くに懸けられていたのかもしれない。

如導の死後、しばらくは曼荼羅院にあった「迎接曼荼羅図」であるが、曼陀羅院は永享三年（一四三一）頃には「見蓮上人門徒」の評定所に認定されており、評定のために各寺院から関係者が集会する場として機能するようになる（『視覃雑記』〔第二一〇条〕、〔第二五四条〕）。こうした事情もあってか、「迎接曼荼羅図」は曼荼羅院から本願寺へと移されたようである。

いつ頃「迎接曼荼羅図」が移動されたのかについて具体的なことは不明であるが、『康富記』宝徳三年（一四五一）十月十三日条には、「仁和寺本願寺律院相伝の法然上人自筆の往生の絵、仙洞へ持参せられて叡覧有り」と紹介されていることから、遅くともこのときまでには本願寺へと移されていたことがわかる。同様の記事が『実隆公記』文明七年（一四七五）十月二十九日条にもあり、本願寺に納められた「迎接曼荼羅図」が皇室から所望される稀観画であり、評判を集めていたであろうことが推測される。

「今本願寺の迎接曼荼羅」という表現がみられる『視覃雑記』の成立下限は一五三〇年頃と考えられ、この頃までは「迎接曼荼羅図」は本願寺にあったと考えてよいであろう。

その後も「迎接曼荼羅図」は「見蓮上人門徒」の間で相承されていったようで、『清涼寺文書』「僧教顗譲状」には次のような譲り状が遺されている。

譲与す、本願寺領幷びに迎接曼陀羅の事。

右当寺は、先師梅宿和尚より譲りを得たる処実正なり。然る間弟子見充房に与脱（奪カ）の上は、相違無く在存すべきものなり。仍って後証のために、譲状の旨かくのごとし。

天文十二年六月廿六日　　住持小比丘 教顗（花押）

見充房

譲与　本願寺領幷迎接曼陀羅之事

右当寺者、自先師梅宿和尚得譲処実正也、然間弟子見充房仁与脱（奪カ）之上者、無相違可在存（ママ）者也、仍為後証、譲状之旨如斯、[4]

すなわち教顗が梅宿和尚から譲りを受けた本願寺領と「迎接曼荼羅図」を、天文十二年（一五四三）に見充房へと譲る旨を認めたものであるが、ここにある梅宿和尚は『視覃雑記』において「本願寺梅宿全心」などと記されていて、本願寺の住職であったことが明白である。「見蓮上人門徒」は、自らが如導の弟子筋であることを示すために、「見」か「蓮」の字を房号に使用する例が多くみられるが、梅宿和尚もまた「見信」の房号を使用していた。

この記事において譲りを受けている見充房は、やはり房号に「見」の字を相承しており、「見蓮上人門徒」であった可能性が高い。つまり如導が「迎接曼荼羅図」を入手してから二百年近くの間、本図はその弟子筋である「見蓮上人門徒」の手に留まり続けたことがわかる。(5)

寛永十年（一六三三）三月十二日付の「北京東山泉涌寺本末帳」によれば、このときまでに本願寺は安楽光院の中に移動していたようであり、(6)その安楽光院は、寛永十二年（一六三五）に泉涌寺内へ移築され、その翌年に永円寺も北山仁和寺から移築したとされる。(7)本願寺はおそらくこの頃、安楽光院か永円寺に合併したのではないだろうか。いつ頃「迎接曼荼羅図」が清涼寺に移されたのかを明確に示す史料はなく、かなり時代の下った玄智（一七三四～九四）撰『大谷本願寺通紀』の「蓮性」の項に、

嘗て弥陀迎接図を持す。吾が祖記文を書きこれに副《そえ》る。現在棲霞寺寺嵯峨清涼寺内に在り。○或るが云く、記文宗祖の筆格に似ずと

嘗持弥陀迎接図、吾祖書記文副之、現在棲霞寺、寺在嵯峨清涼寺内、○或云 記文不似宗祖筆格(8)、

とあるのをもって、十八世紀には現在の清涼寺阿弥陀堂に安置されていたことを知るのみである。

とはいえ、前に掲げた譲り状が現在清涼寺に保存されていることは、本願寺と清涼寺との関係を示唆するものであろう。譲り状が提出された天文年間頃は、清涼寺は応仁・文明の乱以来の復興が果たされていった時期に相当する。清涼寺は再興第三世の尭仙の頃から明らかに鎮西義へと傾倒していったことが知られるが、それ以前の再興の諸師も全員何らかの浄土信仰の持ち主であったことがわかっている。(9)あるいは以前から清涼寺には鎮西義を標榜する「見蓮上人門徒」が関係していたのかもしれない。

まとめ

以上、『視覃雑記』の記事内容から、現在清凉寺所蔵の「迎接曼荼羅図」の伝持に「見蓮上人門徒」と呼ばれる浄土教団が深く関わっていたことを明らかにした。如導によって安芸国の熊谷氏の元から京都へと持ち帰られた「迎接曼荼羅図」は、おそらく本願寺で披露され、観音寺での如導の臨終時に掲げられたと考えられる。その後、如導の墓所である曼荼羅院の本尊としてしばらく掲げられたものの、本願寺へと移動され、そこで長く保存されることとなった。

如導はおそらく自身の信仰の結実のために熊谷氏から「迎接曼荼羅図」を譲り受けたと考えられるが、その後に絵図を相伝した「見蓮上人門徒」によって、皇室や公家などの関心を得るためのツールの一つとしても活用され、彼らが長く繁昌相続する助けとなったであろうことが推測される。中国浄土教学の本流を継ぐとされる泉涌寺一派で浄土教を学び、また十五世紀には鎮西流の正統と位置づけられる一条派の系譜に位置づけられる如導創始の「見蓮上人門徒」が、法然ゆかりの「迎接曼荼羅図」を有していたことは、法然の門下がさまざまに活躍する当時にあって、それなりの影響力をもつものであったと考えられる。

「迎接曼荼羅図」が長らく「見蓮上人門徒」の手にありながら、現在清凉寺に伝わった経緯は不明であるが、本願寺の伝領に関する文書が清凉寺に伝わっている点から、鎮西義を標榜する「見蓮上人門徒」が以前から清凉寺に関係していた可能性を指摘できるのではないだろうか。清凉寺は江戸期に桂昌院の庇護をうけ、現在も浄土宗鎮西派の寺院として健在である。

第二節　悲田院蔵「宝冠阿弥陀如来坐像」の流転

現在悲田院本堂内に客仏として伝わる宝冠阿弥陀如来坐像（「悲田院宝冠阿弥陀」）は、寄木造漆箔の像で、以前より仏師快慶の作と伝わっていた。近年の調査により、醍醐寺の木造不動明王坐像や石山寺の木造大日如来坐像など、他の快慶作品にみられる「アン（梵字）阿弥陀」の墨書が頭部内から発見され、事実快慶作であることが確認された。この銘記は快慶が法橋の僧位になる建仁三年（一二〇三）まで続くとされ、それ以前の作品であると考えられる(10)。

図2　宝冠阿弥陀如来坐像（悲田院蔵・鎌倉時代）

この坐像について『視覃雑記』では次のように伝えている。

> 泉涌開山廟所の事。開山塔頭には非ず。仏殿の南岸、諦雲庵の坤岸と知るべき事。開山臨終仏は、新方丈本尊、宝冠定印の阿弥陀仏なり。

> 泉涌開山廟所事、非ニ開山塔頭矣、仏殿南岸、諦雲庵埋(坤カ)岸、可知事、開山臨終仏ハ、新方丈本尊、宝冠定印ノ阿弥陀仏也矣
> （第一四三条）

図3　開山塔（重文・鎌倉時代・石造）
開山堂（重文・江戸時代・木造）

すなわちこの条文は、泉涌寺開山俊芿の墓所と彼の臨終仏について記したものであるが、これによれば俊芿の墓所は仏殿の南側、諦雲庵の南西であるとされる。現在の仏殿の場所が当時から移動していないのであれば、現在開山塔のある場所とはずいぶん異なるようである。現在開山塔は仏殿の南東、月輪陵《つきのわみさぎ》の東奥に位置しており、江戸期作の開山堂内におさめられて、周囲を歴代長老の無縫塔に囲まれている。

『視覃雑記』によれば俊芿の臨終時の念持仏が、「宝冠定印の阿弥陀仏」とされ、当時は「新方丈」の本尊とされていたようである。これが「悲田院宝冠阿弥陀」であろう。

1　泉涌寺新方丈と「見蓮上人門徒」

「新方丈」の名は、応永三年（一三九六）十一月三日付の書状に「泉涌寺新方丈領」として九条河原城などが挙げられているところに、すでにその名をみることができるから[11]、このときにはすでに建立していたことが確認できる。なお関係文書には「方丈」とされているものもあるから、特別「方丈」と「新方丈」との区別があったわけではなさそうである[12]。享徳元年（一四五二）に出された新方丈領とされる山城国紀伊郡内苫手里の寺領安堵に関する文書内に「永仁以来証文明鏡」とあるので[13]、あるいは永仁年間（一二九三～一二九九）に建て替えられて「新」を冠するようになったのであろうか。『視覃雑記』〔第一三七条〕には「新方丈領」に注して「開山以来知行也」とあり、俊芿によって方丈が建てられて以来、新方丈領が知行され続けたことを示唆している。その後も新方丈領の安堵の文書は継続的に出されている[14]。『大乗院日記目録』には、応仁の乱の記事として、

泉涌寺炎上、舎利奉取出云々、座主坊炎上[15]

とあるので、おそらくはこのとき燃えてしまったと考えられるが、すぐに再興され、元と変わらずに機能したのであろう。

俊芿遺文の『泉涌寺殿堂房寮色目』（一二二〇年成立）によれば、方丈は「長老主人の居所なり[16]」とされる。古くは俊芿が住み、また代々の住持も居住したのかもしれない。『視覃雑記』〔第一八一条〕には、古くより泉涌寺代々の住持の忌日には、新方丈で梵網経十重禁戒の諷経が霊供として行われていたことが記されている。そうしたことからも、新方丈本尊である「悲田院宝冠阿弥陀」は、俊芿の臨終仏であると伝承されたのであろう。

しかし『視覃雑記』が書かれた十六世紀前半頃までには、新方丈は住持の居住空間としてではなく、修行道場として機能していたようで、永正七年（一五一〇）十月十六日には、受具足戒前の好相行がここで行われており〔第一四九条〕、永正十一年（一五一四）十二月十五日には灌頂儀式が執行されている〔第二〇七条[17]〕。

実はこの頃、「見蓮上人門徒」であった賢等によって泉涌寺新方丈が長らく違乱されていたようで、永正十七年（一五二〇）八月五日付で、後柏原天皇から泉涌寺が進止するよう安堵する綸旨が出されている[18]（後に詳述、第五章）。すなわち泉涌寺新方丈は、「長老住居」としてではなく、「見蓮上人門徒」の修行道場として機能させるために違乱

された可能性がある。「見蓮上人門徒」は、受戒前の好相行の本尊を阿弥陀仏に定め、上品上生来迎相を好相として受け取ることができるように志して行に励むべきであることが定められているが[19]、新方丈本尊とされた「悲田院宝冠阿弥陀」が結ぶ印は上品上生印であり、俊芿の臨終仏と伝承されることと合わせて、「見蓮上人門徒」の好相行の本尊として最適だったと考えられる。

2　宝冠阿弥陀如来坐像の機能の変遷と移動

さて以上のことを踏まえた上で、これまでに判明した本像の来歴を述べれば、次のようになるであろう。

俊芿の居住である方丈は、建保六年（一二一八）夏に宇都宮信房から東山九条に所在した仙遊寺が寄進されてすぐに建てられたものと考えられる。承久三年（一二二一）八月十六日の日付がある『清衆規式追録』には、差出人名として俊芿自らのことが「方丈」と称されているので[20]、遅くともこのときには建てられていたものと考えられる。『清衆規式』（一二一五年成立）の奥書には「写本云、右規式、泉涌方丈客殿在之」とあるから[21]、『清衆規式』が前の『追録』とともに方丈客殿に掲げられて、弟子たちに実践された様子をうかがうことができる。

『視覃雑記』の記述を信用すれば、この頃にはすでに「悲田院宝冠阿弥陀」は方丈本尊として迎えられたとする。前述のように本像は建仁三年（一二〇三）以前の快慶作である可能性が濃厚であるから、時代的には不都合はない。

嘉禄三年（一二二七）閏三月八日に、俊芿は示寂した。『泉涌寺不可棄法師伝』[22]によれば、その様子は「向弥陀三尊像、安祥合掌、頭北面西、右脇而寂、時俗寿六十有二、僧臘四十有四矣」[23]であったとされる。示寂の場については特に記述はないが、居所である方丈とみてよいであろう。すなわち俊芿の臨終時の念持仏が、阿弥陀仏像であったことは間違いない。ただしここでは「弥陀三尊像」とされていて疑問の残るところである。あるいは「悲田院宝冠阿弥陀」は三尊像の中尊であったのかもしれない。

光森正士氏の一連の研究によって、宝冠阿弥陀如来像は、真言系紅頗梨秘法本尊、天台系常行堂本尊の二種の機能に大別され、前者は独尊、後者は五尊構成の中尊として造像されることが一般的であることが知られている。[24]しかし一方で常行堂には阿弥陀三尊像を安置する例も指摘されている。[25]平安期において顕密が重層的に執行される中、十二世紀末頃に出現した五尊像[26]を基調としながら、顕教としてなじみのある三尊像へ再構築が行われた結果として、宝冠阿弥陀如来像を中尊とする三尊像が出現した可能性も現在指摘されるところである。[27]すなわち快慶作の本像もまた、そうした時代性の中で造像されたものであり、元来三尊像であった可能性は否定できない。

また近年、久保智康氏によって、宝冠阿弥陀如来像は常行三昧の本尊としてだけでなく、法華・浄土双修の立場から忌日法会の本尊として機能した可能性が指摘されており、[28]興味深い。久保氏は『法華経』にもとづきながらも、死後には阿弥陀仏の極楽浄土を目指すという日本天台の理路の一つが宝冠阿弥陀如来像であるとする。俊芿は律僧としての側面が重視されがちであるが、実は一貫して天台僧としての矜持を持って活動した人物であると位置づけできる。[29]天台僧として宋仏教界の禅教律三学の兼修の実態を体験した俊芿にとって、法華・浄土の双修は実体験として納得できるものであったであろうし、そうした意味で臨終仏として、宝冠阿弥陀如来を選ぶことも自然なことだったのではないかと考えられる。

俊芿の死後、永仁年間（一二九三〜九九）頃からか、方丈は「新方丈」とも呼ばれるようになり、俊芿開基時と変わらず、九条河原城や山城国紀伊郡内苫手里を領地として長老住居として活用されたものと考えられるが、十六世紀頃に「見蓮上人門徒」に違乱されて、修行道場へと変貌する。特にここでは受戒前の好相行が修された。「悲田院宝冠阿弥陀」は、上品上生印を結んでおり、また俊芿の臨終時の念持仏と伝承されていたから、阿弥陀仏を好相本尊として上品上生来迎相の出現を待つ「見蓮上人門徒」にとっては最適だったであろう。また前に述べたように、宝冠阿弥陀如来像は、天台系常行堂本尊として機能していた。常行三昧では見仏が可能とされるから、「見蓮上人門徒」の間では常行三昧に近い形で好相行が行われたのかもしれない。遅くともこの頃には、俊芿の臨終時念持仏として、新方丈本尊「悲田院宝冠阿弥陀」は信仰を集めていたことが明らかである。

泉涌寺は天正元年（一五七三）、織田信長の足利義昭追放の合戦で被害を受け、「たゝ四立の壁のミ残」るような状態であったことが『泉涌寺再興勧進疏』に記される[30]。信長は正親町天皇の勅命を受けて泉涌寺伽藍再建にとりかかり、天正四年（一五七六）頃には方丈の修理が山場を迎えていたことがわかるから[31]、元正元年時に泉涌寺新方丈が破壊されていたことは明らかである。このとき「悲田院宝冠阿弥陀」は方丈本尊の座を降りたのであろうか。

慶長十六年（一六一一）十一月十五日、新帝・後水尾天皇が即位する際に使用した紫宸殿が泉涌寺に解体払い下げられて海会堂が成る[32]。寛文の大造営時には「本堂」あるいは「御法事殿」と呼ばれていたようで、祈禱仏事が行われていた可能性がある。「悲田院宝冠阿弥陀」はこの頃にここの本尊として迎えられたようで、『泉涌寺要集』（泉涌寺文書F-771）の「伽藍」の項目中には「海会堂　古紫宸殿　後陽成院御宇被寄于当山　本尊宝冠弥陀　唐仏国師請来　左開山像　右将軍御代々　泉涌寺額　張即之筆（後略）」とある[33]。このときには「悲田院宝冠阿弥陀」は「唐仏」とされていて、俊芿将来の中国由来の仏像と考えられていたようである。

しかしこの海会堂も天保十二年（一八四一）十一月十日、御牌堂・四条院御影堂などとともに焼失してしまう。おそらくこのとき「悲田院宝冠阿弥陀」は居場所を無くして、寿命院の本尊として迎えられたのではないだろうか。寿命院が明治年間に悲田院に合併・吸収されたとき、悲田院に遷座して[34]、現在に至るのである。

まとめ

以上に悲田院に伝来する宝冠阿弥陀如来坐像の流転について記した。『視覃雑記』には俊芿の臨終時念持仏と紹介される「悲田院宝冠阿弥陀」であるが、その伝承が真実のものかどうかは史料がなく確定はできない。十六世紀には俊芿創建以来泉涌寺内に存在し続けていた「新方丈」の本尊とされていたことから、いつの頃からかそのように伝えられるようになったものかもしれない。

しかし十六世紀頃、新方丈が「見蓮上人門徒」に乗っ取られ、住持長老の居所から修行道場へと機能が変化していったのと相応して、本像は好相行の本尊としての機能を帯びるようになる。十七世紀になって「御法事殿」と呼称され、おそらく祈禱道場として機能したであろう海会堂が建てられたとき、本像がその本尊とされたのも、そうした経緯があったからではないだろうか。

第三節　泉涌寺仏牙舎利の勅封

泉涌寺の仏牙舎利は、謡曲「舎利」の題材に選定されるほどに道俗に知られた存在であったはずだが、その将来時期をはじめとして、実際には不明な点が多い。

ここでは、『視覃雑記』にみることができる泉涌寺仏牙とその将来者湛海に関する新出記事を紹介したい。

1　泉涌寺仏牙舎利と将来者湛海に関する新出記事二点

湛海と仏牙舎利についての記事は、全二五五条のうち、〔第一七五条〕と〔第二二六条〕である。

〔第一七五条〕

一、泉涌寺舎利会。由来は、湛海首座、再入宋の請来なり。開山宗師示寂の〔四年目の〕後、〔後堀河院寛喜二年〕の入寺なり。開山□入寺なり。これに依るは、海首座、一向なり。予《かね》て泉涌寺に於いては、これ无きものなり。舎利会とは則ち御仏事なり。天王寺勝鬘院開山は湛海首座なり。この寺の本尊は愛染明王なり。寮額には等、これ在りとの事。

一、泉涌寺舎利会、由来者、湛海首座再入宋請来也、開山宗師示寂之。四年目後、。後堀河院寛喜二年入寺也、開山御入寺也、依之、海首座一向、予於泉涌寺、无之者、舎利会則御仏事也矣、天王寺勝鬘院開山湛海首座也、此寺本尊愛染明王也、寮額等、在之事、

〔第二二六条〕

一、泉涌寺仏牙舎利勅箴記。右、当寺の仏牙舎利は、如来滅の荼毘の砌、人鬼畜群集の捷疾羅刹、多聞の勅を受け、身形を隠し仏牙を取る。その後南山大師、西明寺中に（おいて）夜に行道するに、那吒太子大師に献ず。大師文綱律師に授け、それより以降、支那一天にこれを崇び、道俗四衆はこれに帰す。ここに当寺の湛海首座（聞陽房）文陽坊と号す。開山の直弟なり。、星宿を企み、二度往還して、日域安置の大誓（を立て）、速やかに白蓮金刹に詣で、俄かに赤県（中国）の霊宝を獲る。寛喜二年私に云く後堀河院の御宇なり。開山和尚の滅より四年目の後なり当山に降臨す。君臣尊崇絶倫にして、道俗帰敬の隙を伺う。然る間、国家貴重の余り、至徳二年季春後九（日）、上皇後小松

院参りて礼拝致してより下に、勅して箴止す。聊爾出現の仏牙の威徳は自門の秀高なり。勅命にあらずんば、開封すべからず。不見に与《あず》かるも、これ仏化（仏教教化）なり。慳惜ということなかれ。至徳二癸丑年六月日住持沙門聖皐謹んで識す。仏牙の入寺は、八十五代主後堀河院寛喜二年なり。百二代主後小松院、至徳二年三月廿九日に勅箴なり。

一、泉涌寺仏牙舎利勅箴筆記、右、当寺仏牙舎利者、如来滅荼毘之砌、人鬼畜群集之捷疾羅刹、受多聞之勅、隠身形取仏牙、厥後南山大師、西明寺中夜行道、那吒太子献大師、々々授綱《文》律師、従爾以降、支那一天崇之、道俗四衆帰之、爰当寺湛海首座号文陽坊開山直弟、企星宿、二度往還、日域安置大誓、速詣白蓮金刹、俄獲赤県霊宝、寛喜二年降臨当山、（私云後堀河院御宇也）開山和尚滅四年目後也、君臣尊崇絶倫、道俗帰敬伺隙、然間、国家貴重之余、至徳二年季春後九、（後小松院）上皇参致礼拝自下　勅箴止、聊爾出現仏牙威徳自門秀高也、非　勅命者、不可開封、与不見、是仏化、莫謂慳惜矣。

至徳二癸丑年六月　　日住持沙門聖皐謹識

仏牙之入寺者、八十五代主後堀河院、寛喜二年也、百二代主後小松院、至徳二年三月廿九日勅箴也、

2　湛海による仏牙舎利将来

上記二点の記事には、仏牙の将来年を、共通して「後堀河院寛喜二年（一二三〇）」であるとする。〔第一七五条〕には「再入宋請来」、〔第二二六条〕には「二度往還」とみえるので、仏牙将来は湛海の二度目の渡宋時であったことがわかる。この将来によって、泉涌寺では舎利会が執り行われるようになったという。

湛海に関する伝記としてまとまったものは、いずれも江戸時代の成立である『律苑僧宝伝』巻一一「聞陽海律師伝」（一六八九年成立）と『本朝高僧伝』巻五八「京兆泉涌寺沙門湛海伝」（一七〇二年成立）の二点のみである。こ

れらの中で湛海は、二度入宋し、泉涌寺宝物の仏牙舎利を持ち帰った人物であると説明される。

西谷功氏は、これら湛海の伝記内容を検討した上で、湛海に関する記事を新しく収集して湛海伝の再構築を行い、湛海の入宋は『本朝高僧伝』などに記載される二回よりも多く、計五回にのぼり、またそのうち二回目の渡宋となる安貞二年（一二二八）九月八日の帰朝時に仏牙を持ち帰ったのではないかと推測しておられる。(35) これら各伝を比較すると、**表1**のようになる。

表1　湛海入宋についての各伝比較

時期	律苑僧宝伝	本朝高僧伝	西谷説＊2
一一八一年頃			誕生
一二一一～一二一七年＊1			①入宋。白蓮教寺で仏牙を見る。仏牙将来できず。
一二一一～一二一七年			帰朝。経巻数千巻将来。
（高麗に流される）			海難体験。高麗より唱道資料を将来。（俊芿示寂後の可能性あり）
一二二一～一二二七年			②入宋。白蓮教寺修造開始。
一二二七年三月八日	俊芿入滅		
一二二八年			白蓮教寺修造完了。七月十五日、仏牙舎利を頂戴する。楊柳観音像を制作依頼か？　九月八日帰朝。仏牙舎利・伝記・賛を将来。湛海四十七歳。
一二二八～一二三〇年			③入宋。

一二三〇年			六月、楊柳観音像・月蓋長者像・善財童子像・扁額・(韋駄天像)を将来。
一二三〇年以降			④後堀河(四条ヵ)天皇より法華経関係の経論将来の命を受け入宋。
一二三五〜三八年	①入宋。白蓮寺で仏牙を見る。白蓮寺の修造をして、仏牙を頂戴する。	①入宋。晦嵓法照に謁す。	
一二四四年		白蓮寺で仏牙を見る。経論数千巻将来。	帰朝。経論数千巻将来。このとき、延慶寺住持・法照より「詩」を贈られる。法照撰述『法華三大部読教記』(推敲本ヵ。一二五六年南宋で出版)を将来?
	②?下天竺寺の古雲元粋から舎利の伝来記と賛を戴く。	②再入宋して白蓮寺に再来。修造に関わり、仏牙を頂戴する。下天竺寺の古雲元粋から舎利の伝来記と賛を戴く。	
一二四八年			十二月、『梵網経菩薩戒本経』を刊行。
一二四八年以降			⑤入宋。
		上天竺寺で晦嵓法照と再会。七十一歳。	
一二五五年		仏牙を持って帰朝する。	法照と上天竺寺で再会。湛海七十四歳。

＊1　俊芿帰国から示寂までの間に行われたことがわかり、正確な年時は不明である。
＊2　西谷功「泉涌寺創建と仏牙舎利」掲載年表と、同「泉涌寺僧と普陀山信仰——観音菩薩坐像の将来意図——」掲載年表とを参照して作成。

図4　仏牙舎利・厨子（泉涌寺舎利殿安置）

仏牙将来安貞二年（一二二八）説は、古雲元粋のしたためた「伝来記」と考えられる文が、西教寺蔵『正続院仏牙舎利略記』「泉涌寺仏牙舎利相伝　九月八日舎利会」に引用されており、この史料に安貞二年帰朝説が説かれていることを根拠とする。

「泉涌寺仏牙舎利相伝　九月八日舎利会」は、「応永五年（一三九八）正月十一日」付「比丘□樹道隠」の元奥書をもって、応永五年成立とみることができる。『視覃雑記』〔第二二六条〕は至徳二年（一三八五）記事の転載であることから、こちらの方が若干だが早い成立の記事とみることができよう。わずか十数年の間に異なる将来年時を伝える二史料が残されるということは、当時すでに泉涌寺内で湛海と仏牙舎利に関する伝承が途絶えがちであったことを示すものと考えられる。あるいは十四世紀後半頃までは、仏牙舎利は、宗教的な意味で寺院内に秘匿されるべき存在で、寺宝として周囲に紹介すべきものではなかったために、伝来年時など細かい来歴が問題とならなかったのかもしれない。

また〔第一七五条〕によれば、泉涌寺仏牙を将来した湛海は、四天王寺勝鬘院開山であるとされる。四天王寺勝鬘院は、寺伝によれば聖徳太子建立の施薬院に端を発するとされ、太子がここで『勝鬘経』を講説したために勝鬘院と呼ばれるようになったとされる。本尊は愛染明王で、地域では愛染堂、愛染さんと親しまれている寺院である。寺伝には残らないが、律院としての中興開山を湛海に求めているのが〔第一七五条〕である。ここでも本尊は愛染明王とされており、遅くとも『視覃雑記』成立の十六世紀には勝鬘院の本尊は愛染明王であったことが明らかである。

しかし『視覃雑記』よりも三百年近く早く成立している天野山金剛寺の聖教には、「求法沙門思融勝鬘院開山長老相意上人[36]」の書写本が多く伝えられており、『視覃雑記』の湛海開山説と異なる。

思融については牧野和夫氏がすでに諸論文に行状等をまとめておられる[37]。凝然『円照上人行状』（一三〇二年成立）によれば、「思融後改円珠上人」（『続々群書類従』巻三、四九九頁上）とあって、思融が後に円珠と名乗ったことが知られる。同書には、泉涌寺智鏡・道玄の弟子であった円珠と「思順」が、弘長嘉暦年間にはともに円照のいる鷲尾に移り、その三年後にともに「天王寺勝鬘院」に住して密教を弘めたこと（同、四八五頁下）、弘長年中（一二六一～六四）に仏法大徳から円照へと施与された家原寺を、後に譲られたこと（同、四八七頁下）などが記されている。

このように思融（円珠）は思順と行動をともにすることが多かったようであるが、一方『続仏祖統紀』巻之一「法照伝」（『続蔵』巻七五、七三九中）には、湛海と思順とが法照に参学したエピソードが紹介されている。あるいはこうした〈思順のツレ〉の伝承が混濁した結果として、元来思融開山であったものが、後に湛海にまで遡らせて伝えられるようになったのかもしれない。

3　「泉涌寺仏牙舎利勅箴記」の存在とその内容

『視覃雑記』〔第二二六条〕は、至徳二年（一三八五）六月に、当時の泉涌寺長老であった竹岩聖皐〔第二十一世〕

によって記された「泉涌寺仏牙舎利勅箴記」（以下「勅箴記」）の転載である。これまでこの史料の存在は知られてこなかった。年紀を信頼すれば、泉涌寺仏牙舎利に関する史料は、建武三年（一三三六）に第十世長老の虚白全信が記した『仏牙舎利縁起[38]』が最も古く、「勅箴記」はそれに次いで古い史料である。

「勅箴記」には、泉涌寺仏牙の縁起が述べられる。釈迦の遺体を荼毘に付したとき、捷疾羅刹が多聞天の勅命を受けて仏牙を盗んだ。南山宗祖道宣は、ある夜、西明寺を歩いていたときに、多聞天の子である那吒太子に出会い、その仏牙を感得する。道宣はこれを弟子の文綱に授け、以来この仏牙は国中の尊崇を得ることとなった。これこそが湛海将来の仏牙である、というものである。「勅箴記」は泉涌寺仏牙について、こうした縁起を紹介する史料の中、最古のものである。

これは『大般涅槃経後分』巻下「聖軀廓潤品第四」（以下『涅槃経後分』）と、『宋高僧伝』巻一四「唐京兆西明寺道宣伝」（以下「道宣伝」）にそれぞれに説かれる仏牙のエピソードを折衷したものである。『涅槃経後分』には、釈迦の遺体を荼毘に付した後、帝釈天が上顎右の牙舎利を取って天上に還り、塔を建てて供養しようとしたが、二匹の捷疾羅刹が隙をみてその仏牙を盗んだというエピソードが紹介される（『大正』一二、九一〇頁上）。また「道宣伝」には、夜に西明寺を歩いていた道宣が「毘沙門天（多聞天）の子那吒」と名のる少年に出逢い、仏牙を授かった。その仏牙は弟子の文綱に託されて崇聖寺の東塔に収められ、後に西廊に建てられた塔に移された、というエピソードが紹介されている（『大正』巻五〇、七九一頁上）。

どちらも仏牙について説かれたものではあるが、本来二つのエピソードに関連はない。

実は、このように『涅槃経後分』と「道宣伝」を折衷した縁起を持つのは、泉涌寺の仏牙だけではない。ほぼ同様の縁起を持つ仏牙が、少なくとも日本には他に三点確認できる。『涅槃経後分』のエピソードを（A）、「道宣伝」

のエピソードを（B）として、以下にみていきたい。

一点目は現在京都の報恩寺に所蔵される仏牙である。これは叡尊が室町女院から寄進されたもので、もとは葉室浄住寺にあったという。一三七〇年頃までに成立したと考えられている『太平記』巻八「谷堂炎上事」には、浄住寺の仏牙について、釈尊滅時に捷疾が盗んだ仏牙舎利を韋駄天が奪取して、後に道宣に与えたものである、という謡曲「韋駄天」を彷彿とさせる逸話を紹介している。

又浄住寺ト申ハ、戒法流布ノ地、律宗作業ノ砌也。（A）釈尊御入滅ノ刻、金棺未レ閉時、捷疾鬼ト云鬼神、潜ニ双林ノ下ニ近付テ、御牙ヲ一引欠テ是ヲ取ル。四衆ノ仏弟子驚見テ、是ヲ留メントシ給ヒケルニ、片時ガ間ニ四万由旬ヲ飛超テ、須弥ノ半四天王へ逃上ル。（B）韋駄天追攻奪取、是ヲ得テ其後漢土ノ道宣律師ニ被レ与。自レ爾以来相承シテ我朝ニ渡シヲ、嵯峨天皇御宇ニ始テ此時ニ被レ奉二安置一。偉哉大聖世尊滅後二千三百余年ノ已後、仏肉猶留テ広ク天下ニ流布スル事普シ。(39)

叡尊は浄住寺に仏牙を納めるにあたって、弘安十年（一二八七）八月八日付で置文を作成しているが、これには「右牙舎利者、曩祖終南山ノ律師所二ロナリ感得一シ玉フ也其旨見相伝次第」（『西大寺叡尊伝記集成』法藏館、一九七七年、一九二頁）とある。樹下文隆氏は、ここに述べられる「相承次第」を、『正続院仏牙舎利略記』（西教寺蔵）に収められている「葉室山浄住寺仏牙舎利相伝次第」と推測し、これが『太平記』の下敷きとなった縁起であると考えられているようである。(40)

（B）道宣律師、西明寺に於ける行道の次でに、乃ち聖者接足を感ず。師遽《にわ》かに問うて曰く、「汝は是れ誰ぞ」。答えて曰く、「弟子は是れ南天王下の捷疾使者なり」。又問うて曰く、「左右は復た是れ何人ぞ」。答えて曰く、「弟子は是れ北方毘沙門天王の子、那吒なり。父王我に勅して常に大師を侍衞せしめん」。仏牙を授けるに因り

図5　泉涌寺舎利殿内陣

脇侍として、仏牙舎利を取り返したとされる韋駄天立像が配置される。

て曰く、「(A)捷疾身を荼毘処に蔽して其の二牙を得る。今一を以て師に奉らん。師、静密戒を持《たも》ち、即ち心を境と為《し》て、乃ち是れ親《まのあた》りに如来に見《まみ》えん」と。云々。大師既に霊牙を獲り、昼は地穴に蔵し、夜は将に行道すべし。乃ち弟子文綱律師に告げて曰く、「汝斯の仏牙を知ると言うこと勿れ」。文綱問いて曰く、「何の故か」。師曰く、「竊《おもんみ》かに以るに、時に人の信根は浅薄にして、多くは疑謗のみ。唯だ吾れと汝とのみこれを知る」と。再三嘱付す。

(B)文綱律師、此の仏牙を以て崇聖寺東塔に葬る。代宗大暦二年に至りて、これを出し奉る。又会昌年中、西明寺に還入し奉る。其の后昭宗朝代に至るまで、天宮寺に安置し奉ると云々。

道宣律師、於西明寺行道次、乃感聖者接足、師遽問曰、汝是誰、答曰、弟子是南天王下捷疾使者、又問曰、左右復是何人、答曰、弟子是北方毘沙門天王之子、那吒、父王勅我常令侍衛大師、因授仏牙曰、捷疾蔽身於荼毘処得其二牙、今以一奉師、々、持静密戒、即心為境、乃是親見如来云々、大師既獲霊牙、昼蔵地穴、夜将行道、乃告弟子文綱律師曰、汝勿言知斯仏牙、文綱問曰、何故耶、師曰、竊以、時人信根浅薄、多疑謗耳、唯吾与汝

知之、再三嘱付焉、文綱律師、以此仏牙葬崇聖寺東塔、至代宗大暦二年、奉出之、又会昌年中、奉還入西明寺、
其后至昭宗朝代、奉安置天宮寺云々、(41)

上記のとおり、「葉室山浄住寺仏牙舎利相伝次第」に説かれる縁起は、「勅筬記」に説かれる泉涌寺仏牙のものと大筋ではほぼ同様である。

二点目は奈良の菩提山正暦寺にあったとされる仏牙である。正暦寺仏牙の縁起である「菩提山中尾舎利伝」は、禅実房宣胤から借りた尋尊によって『大乗院寺社雑事記』（文正元年〈一四六六〉閏二月四日）に書き留められている。ここでは「道宣」ではなく「道安」に牙舎利が施与され、また釈尊が手づから自身の二牙を「二鬼」に譲ったとされるが、釈尊の牙が涅槃の折に鬼の手に渡ったとする（A）『涅槃経後分』と、毘沙門天（多聞天）の息子から道宣（道安）に仏牙が授与されたとする（B）「道宣伝」の折衷によって伝持経緯が述べられている点において「勅筬記」と同様である。

一、菩提山中尾舎利伝、宣胤に借用し、これを書写す。牙舎利縁起　側して聞く、（B）震旦道安法師は、釈門枢鍵、戒珠融朗、智鏡清瑩にして、深く舎利の功徳を信じ、慕いて真仏身界に値《もうあ》う。（中略）爾の時天童忽ちに現れ、法師に告げて曰く、「我れ天にして是れ多門天王の第四王子、那遮耶童子なり。法師の懇祈の声、早聴、已に天に達す。残る所の一牙、寄託するに主無し。（A）四天王二鬼に命じて曰く、「速やかに涅槃所に下りて彼の一牙を奉請せよ。其の事成ぜずんば、又た天上牒に還ること莫かれ」と。是れ両鬼は取信一心、相い共に請願して云く、「若し奉請せずんば、敢えて帰向せず」と。是れを以て如来二鬼を慇《あわ》れむこと至誠なり。現両牙を本請すに於いて、相い共にこれを擎《ささ》げて天王所に到りて、奉請歓喜供養す。仮現には二本様と雖も一に複す。今、請祈に照らして此の玄応を垂れるなり」と。法師忝くも其の貴願を受け、求め

て満足し、遂に震旦国宝と為して、清凉の名山に奉請す。(後略)

一、菩提山中尾舎利伝、宜胤ニ借用、書写之、牙舎利縁起　側聞、震旦道安法師者、釈門枢楗、戒珠融朗、智鏡清瑩、深信舎利之功徳、慕値真仏身界、(中略)爾時天童忽現、告法師曰、我天是多門天王第四王子、那遮耶童子也、法師懇祈之声、早聴、已達天。所残一牙、寄託無主、四天王命二鬼曰、速下涅槃所奉請彼一牙、其事不成者、又莫還天上牒、是両鬼取信一心、相共請願云、若不奉請、敢不帰向、是以如来愍二鬼至誠、現両牙於本請、相共擎之到天王所、奉請歓喜供養、仮現雖二本様複一、今照請祈垂此玄応也、法師忝受其貴願、求満足、遂為震旦国宝、奉請清凉之名山、(42)(後略)

三点目は鎌倉円覚寺の仏牙で、その縁起を記した春屋妙葩(一三一一～八八)の『仏牙舎利記』には、毘沙門の子の名が「張瓊」とされるものの、その他の点については「勅箴記」とほぼ同内容の縁起が紹介されている。

(A)『涅槃経』に云う、「仏帝釈に告げたまわく。〈我今汝に牙舎利を与えん。天上に宝塔を起て、供養して福徳無量ならしめるべし〉。帝釈荼毘処に至りて仏牙を受く。是の時、二捷疾羅刹、帝釈の後に随いて、往きて一牙を取る。衆は皆これを見ず」と。(B)『太平広記』に云う、「道宣律師、北天王太子の張瓊に問うて曰く、〈我聞く、捷迅鬼は涅槃会上に於いて仏牙を抜きて走る。北天王これを追落す。此の事、実なるや〉と。答えて曰く、〈実なり〉と。〈其の仏牙、今何れに在るや〉。答えて曰く、我これを持つと。宣求めて瞻礼し、瓊牙舎利を献ぜしむ。北天王、是れ毘沙門と名づく。捷疾羅刹を領す」と。

涅槃経云、仏告帝釈、我今与汝牙舎利、於天上起宝塔、可供養令福徳無量、帝釈至荼毘処受仏牙、是時、二捷疾羅刹、随帝釈後、往取一牙、衆皆不見之、太平広記云、道宣律師、問北天王太子張瓊曰、我聞、捷迅鬼於涅槃会上抜仏牙走、北天王追落之、此事実歟、答曰、実也、其仏牙今何在、答曰、我持之、宣求瞻礼、瓊使献牙

舎利、北天王名是毘沙門、領捷疾羅刹[43]、

また『正続院仏牙舎利略記』（西教寺蔵）に納められる「万年山正続院仏牙舎利略記」（一三五二年天沢宏潤識）にも、『涅槃経後分』と「道宣伝」とが引用されて縁起が説明されていて、内容としては右記の春屋妙葩のものと大きく異ならない。

このように日本各地の仏牙は、十五世紀くらいまでの間に同型の縁起がしきりと作成されたことを確認できる。すなわちそれらの縁起では、いずれも釈尊の牙が捷疾鬼のもとに渡り、毘沙門天（多聞天）の息子から道宣に与えられて、我が寺に伝わったとする。なお同時期には「舎利」や「韋駄天」などの仏牙を題材とした謡曲も作成されており、関連が指摘されている[44]。

「勅箴記」の主旨は、至徳二年（一三八五）三月二十九日、後小松天皇（一三七七～一四三三、在位一三八二～一四一二）の治世に泉涌寺の仏牙が勅封されたことを述べることにある。「勅箴記」に「上皇参りて礼拝致してより下に、勅して箴封す」とある内の「上皇」には「後小松院」と傍注されている。おそらくこれは長典によるもので、彼は後小松天皇が仏牙舎利を拝して勅封したと考えているようである。しかしこのとき後小松天皇はわずか九歳であり、「上皇」ではないので不審である。「勅箴記」の内容は、後小松天皇の御宇であった至徳二年時に後円融上皇（一三五九～九三、在位一三七一～八二）が勅封したと解釈すべきであろう。

後円融天皇は、父後光厳院に引き続き、泉涌寺二十一世長老の竹岩聖皐（一三二四～一四〇二）から受戒し、聖皐に深い尊崇を寄せた。永和二年（一三七六）、康応元年（一三八九）と続いて聖皐開基の雲龍院に荘園を寄進[45]しており、同じく康応元年十月には雲龍院内の一建物である龍華院で如法写経を発願し、自身の没後に至っても毎年忌日に勤修するよう定めた[46]。雲龍院への帰依が懇篤であったことが多く伝わるが、同じく泉涌寺に対しても崇敬を寄

せていたのであろう。

先ほど紹介した元浄住寺仏牙も、叡尊に仏牙を委託した室町院が没した（一三〇〇年）後に勅封の打診があったことが『報恩寺牙舎利縁起』に明らかであるし、円覚寺正続院の仏牙も応永三年（一三九六）に義満により京都に召し上げられたという(47)。

大塚紀弘氏によれば、仏牙は北宋では皇帝が厳重に管理しており、浄住寺仏牙の勅封打診はその故事を踏まえての行為だった可能性が指摘されている(48)。泉涌寺仏牙についても同様の指摘ができるかもしれない。

まとめ

泉涌寺仏牙舎利の勅封が下った至徳二年（一三八五）頃、泉涌寺以外の寺院においても仏牙舎利に関する同系統の縁起が続々と作られ、またそれらは続々と勅封されていったようである。

「勅箴記」記事中にみえる「慳惜と謂うこと莫かれ」の語は、仏牙舎利の勅封を残念に思う者たちが多くいたことをうかがわせる。勅封後は寺院側の都合で仏牙公開での勧進などは行えなくなる。勅封を名誉に思うことよりも、むしろ口惜しく思う僧がいたであろうことは、この当時の世相を表すものかもしれない。泉涌寺が「御寺」として発展していくことは、こうした自由を失うことでもあったのだろう。

この至徳二年の仏牙舎利勅封は、応仁の乱などでうやむやになってしまったものか、永正六年（一五〇九）六月二十八日には、泉涌寺仏牙舎利は天皇ならびに室町幕府から、再度勅封されている(49)。

第四節　泉涌寺修正会金光明懺法の再興と変容

泉涌寺海会堂で毎年正月三箇日に行われる修正会は、宋音ルビがふられた『金光明懺法』（以下『泉涌寺懺文』）が使用されることで知られる。『泉涌寺懺文』のテクストは第六十九世長老象耳泉奘（一五一八〜八八）によって書写された現存最古の『金光明懺法』写本とほぼ同文である。[50]また、現行の泉涌寺金光明懺法で読み上げられる開白文も、[51]『泉涌寺諷誦類』に収められている応永七年（一四〇〇）正月一日に読み上げられた開白文[52]とほぼ同文であるとのことで、現行の泉涌寺金光明懺法が応仁の乱以前より継承されていて、それはおそらく俊芿帰朝時にまで遡ると推測されている。

『泉涌寺懺文』は、佐藤哲英氏によって初めて紹介[53]され、遵式の『金光明懺法補助儀』（以下『補助儀』）に類似する点が多く、俊芿が入宋した南宋時代の作法を伝えるものであることが示唆された。近年、林鳴宇氏がこの佐藤論文の内容を掘り下げ、『補助儀』と『泉涌寺懺文』の同異についてそれぞれを明確に提示されている。[54]林氏は基本的には、『泉涌寺懺文』は俊芿入宋時の南宋代の作法を伝えるものであるという伝統的解釈に立ちながらも、次第の中には『補助儀』にはみられない「甘露呪」による施餓鬼作法が組み込まれている点や、儀式荘厳として使用される諸天図に、『補助儀』には挙げていない神名を持つものが増補されている点などを指摘されておられる。

谷口耕生氏[55]は、泉涌寺金光明懺法で使用される二十二幅の諸天図のうち十二幅に描かれる天部が、清凉寺釈迦如来立像旧厨子扉絵の諸天図と、「同じ紙型を使って描かれていると言っていいほど」一致しており、これらが俊芿将来と伝承されながらも、元代に流布した二十幅構成のものを踏襲していることを明らかにされている。すなわち

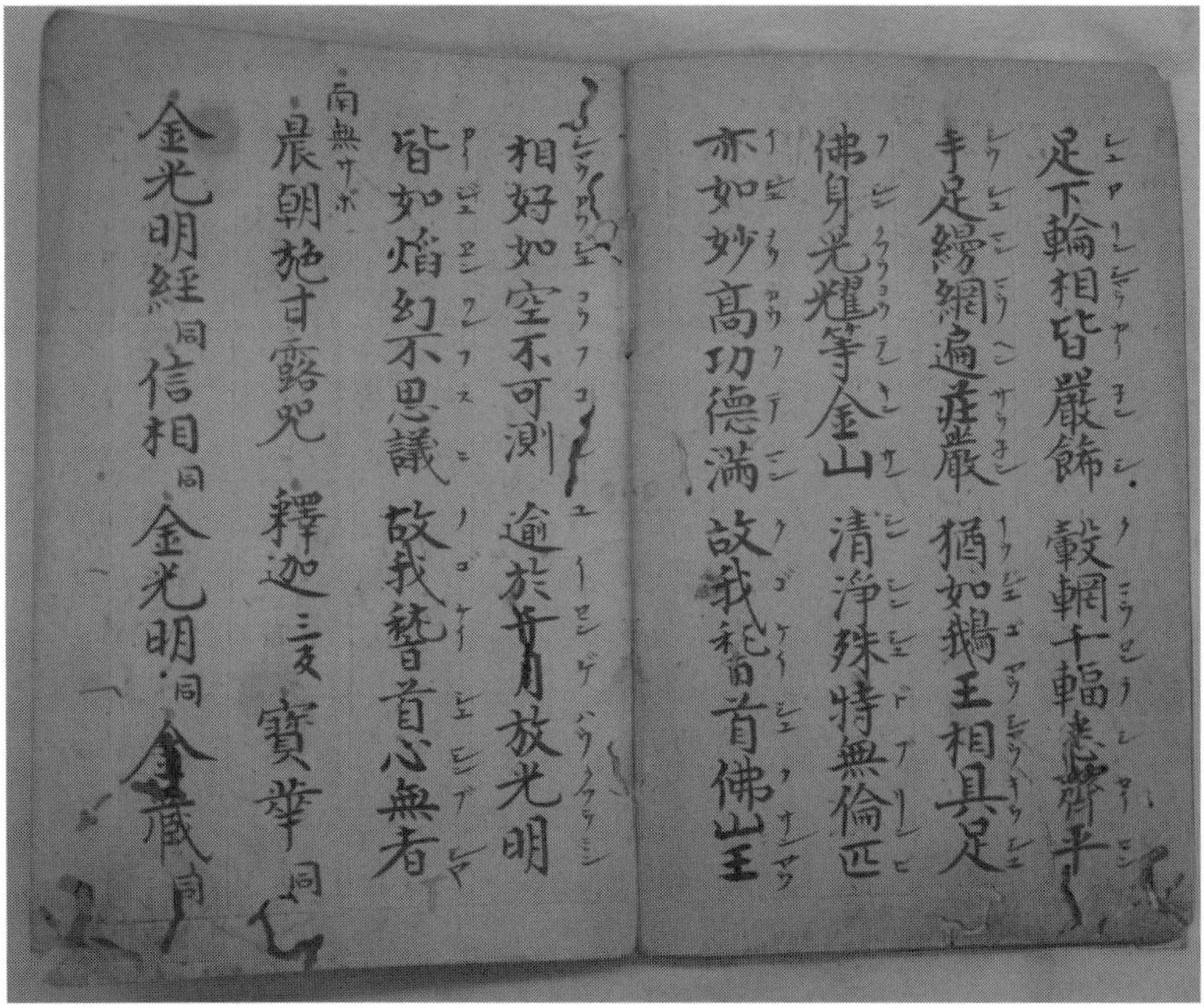

図6　『金光明懺法』（象耳泉奘写本）、「南無サボ」の箇所

元来使用されていた諸天図が何らかの理由によって失われ、しかし懺法としては旧来の『泉涌寺懺文』が使用され続けた結果、新しく取得した絵図が『泉涌寺懺文』に合わせて解釈しなおされ、結果として神名が増補されることに繋がったとされる。何らかの理由によって儀礼が途絶えざるを得なかったとき、その再興に由来する〈誤差〉のようなものが生じる可能性がありうることを、谷口氏の論考は見事に説明されている。

泉涌寺は応仁の乱の影響で回禄し（一四六八年）、開基俊芿以来築いてきた宋風伽藍のほとんどを焼失した。その後の復興には大いに苦労しており、伽藍の復興も難しい中で、儀礼の伝統を保持することは並大抵のことではなかったであろう。

『泉涌寺懺文』に関する研究は、宋音ルビが振られていることもあり、また内容も遵式の

『補助儀』に大概が一致することから、南宋時代の儀礼をそのままに日本に紹介するものであることが前提とされて行われてきた。しかし泉涌寺修正会は、応仁の乱による泉涌寺伽藍の焼失とともに、一度は途絶えているのであって、その再興にはさまざまの問題があった。『泉涌寺懺文』のテクストが遺存していたとしても、その作法の実践は、伝承する者が一端絶えてしまえば、復興は難しい。

『視覃雑記』には、十六世紀頃に再興された修正会金光明懺法の儀軌について、いくつかの記事を残している。泉涌寺修正会金光明懺法が、どのように再興されたのか、残された史料から追ってみたい。

1　泉涌寺修正会金光明懺法の再興

応仁元年（一四六七）の回禄によって、泉涌寺修正会金光明懺法は、一旦は途絶えざるを得なかった。この年中行事の再興について、『視覃雑記』には、以下のように伝える。

泉涌寺修正光明懺法の再興も、五十一代公文雄峯宗師、繁多寺の法則を移して、執行して以来、今の形の如くこれ在り。其れ以前は、先伯宗師も再興せず。

泉涌寺修正光明懺法再興モ、五十一代公文雄峯宗師、移二繁多寺ノ法則、執行以来、今如形在之、其以前ハ、不三再興二先伯宗師一、

（第一一二条）

すなわち今の泉涌寺の金光明懺法は、泉涌寺第五十一世長老の雄峯聖英（〜一五一七）[56]が、自身の出身寺院である繁多寺で修されていた法則を移したものであるとされている。それ以前は、若い頃からずっと泉涌寺に関わっていた先白善叙（第五十二世泉涌寺長老、一四二七〜一五一〇）[57]であっても再興することはできなかった、とされる。

伊予国繁多寺は、行基開基で空海が住したとされる名刹で、応永元年（一三九四）には後小松天皇の命を受け、

泉涌寺第二十六世長老の快翁が、繁多寺第七世の住持となっている。以来、泉涌寺の末寺として、修正会法要などの作法も伝えられていたのであろう。

雄峯聖英の長老補任がいつだったのか、史料がなくはっきりとしたことはわからないが、聖英の次の第五十二世仁甫善悌（?～一四九七～?）の長老補任が、明応六年（一四九七）三月十七日であるから、それ以前ということになろう。[58]また『実隆公記』明応五年（一四九六）三月十五日条には「泉涌寺長老の退院」記事がみられるので、このときから善悌の就任までの約一年間が聖英の住持期間ではないだろうか。そうであるならば、回禄から約三十年後、やっと泉涌寺修正会金光明懺法は再興を遂げたものと考えられる。

伊予国繁多寺においては、泉涌寺から伝来して以来途絶えることなく修正会が執行されていたのかもしれないが、しかし繁多寺の次第がまったく泉涌寺の伝統のままに行われ続けたという保証はない。三十年という空白は、もしも泉涌寺伝統のものと異なった次第によって修正会金光明懺法が再興されたとしても、それを訂正できる誰かがいない可能性を充分に孕んでいる。

2　泉涌寺修正会金光明懺法の次第

前に述べたように、『泉涌寺懺文』のテクストは第六十九世長老象耳泉奘（一五一八～八八）によって書写された『金光明懺法』写本とほぼ同文である。すなわち『泉涌寺懺文』は明応五年（一四九六）頃に再興された修正会金光明懺法を伝えるものとみてよいであろう。『泉涌寺懺文』は、影印が佐藤哲英氏によって紹介されており、また林鳴宇氏が象耳泉奘書写本と合わせて翻刻文を掲載しており、閲覧の便宜がはかられている。[59]

『泉涌寺懺文』は、遵式『補助儀』を下敷きとして、これを儀礼化したものであるが、本文は『補助儀』第三香華供養方法に相当する箇所から始まっていて、入道場以前のことは、文頭に朱筆で「先至集会所。尺尊焼香。着坐。輪五丁。次空品発音。空品二反目善如当観所入道。空品了。三礼。次登壇。次焼香。次取呂立坐」とされるところから大体の流れを知るしかない。またその他内容面においても、細かい作法は省略されていて、実際どのように行われたのかを知ることが難しい。この点を補う史料が、万延元年（一八六〇）成立の『泉涌寺維那私記』[60]（以下『維那私記』）である。『維那私記』には十二月二十九日から始まる修正会準備と、正月元日から七日までの法要の次第が挙げられている。

ここでは『泉涌寺懺文』と『維那私記』の記述を手がかりとして、また林鳴宇氏の論考を参考としながら、以下に〈復興後〉の泉涌寺金光明懺法の次第の大概を記したい。

『維那私記』によれば、前年十二月二十九日から修正会の準備が始まる。まず結界が張られ、「過維那職（以前に維那職に就いた者を指すのであろう）」が、諷経しながら寺中を廻る。

翌三十日には、修正会のための道場荘厳が行われる。用意するものとして、「十八天新像」、「十八天旧像」、「微宋皇帝釈迦三尊」、「草座釈迦前堂ノ本尊也」、「三具足」、「最勝王経」、「華瓶二口」、「灑盆松枝」、「木綿帳打敷」、その他の小道具、「舎利元朝奉出之」が挙げられ、また維那と蔵司とは念珠を持ち、七条袈裟を掛けて方丈へ出仕する。また内道場には出仕者の名前の書いた札が席に用意される。

正月元日の儀式は、午前六時頃（卯剋）に始まる。まず仏殿に集合し「土地堂諷経」が行われる。一通りの作法を終えると、続けて修懺殿に至り、まず前堂に入って、長老・西堂・維那・蔵司までは前堂で焼香する。『泉涌寺懺文』に説かれる「先至集会所。尺尊焼香。着坐」と説かれるのは、これらの作法を示したものであろう。対象となる「尺尊」は、前日に準備した「草座釈迦前堂ノ本尊也」である（**図7**参照）。

図7　草座釈迦像（泉涌寺蔵・南北朝時代）

次に「甘露」を出し、茶礼のように行うようにと記される。次に作相が三促行われ、ついで直日が鈴を五回鳴らすと、維那が『金光明経』空品を一回だけ読む。『維那私記』にはさらに「次太鼓」とも記されており、空品読誦の間に経太鼓が鳴らされるようである。また「次雑炊」ともされ、このとき、雑炊が準備される。この雑炊は後の「散灑」のために使用するものであろう。

一度目の空品の読誦が終わり、しばしの休憩の後、道場の用意が行われる。維那と蔵司とは、舎利殿から仏牙舎利を出して用意し、用意し終われば洪鐘を撞き、前堂に大衆を入れて、維那が二度目の空品の読誦を始める。『金光明経』の空品の「善如当観」[61]の句の所から大衆は入道場する。長老・西堂・維那・蔵司は前に前堂で焼香していたので省略し、首座以下がこのとき前堂の草座の釈迦に焼香を行う。

入道場の後は、道場中央にある香炉から、本尊の前中央の香炉、それから左へと順に廻り、壁面に懸けた十八天にそれぞれ焼香しながら一周し、本尊左の舎利の前で焼香し終わる。焼香後、維那は半畳の側面に立ち、大衆はそれぞれ自分の座に立ち並ぶ。

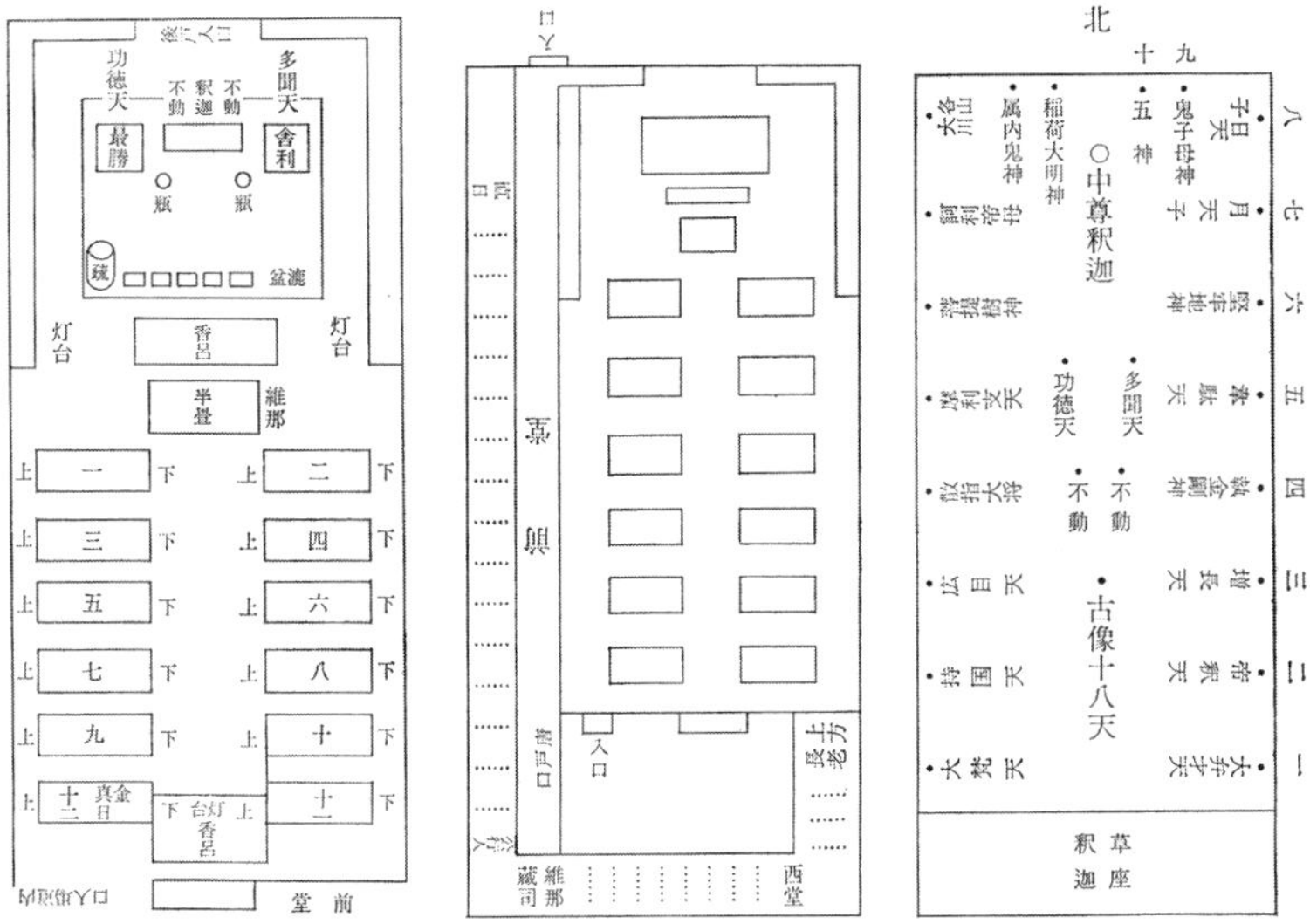

図８　『泉涌寺維那私記』掲載、修正会道場荘厳図３枚

空品の読誦が終われば、三宝に三礼して金を打つ。『泉涌寺懺文』では「空品了。三礼」とされており、この後に続いて「次登壇。次焼香。次取呂《（香炉）》立坐」と続くが、それらの作法は『維那私記』にはみることができない。三礼が終わったら直日が「懺法金」を五回打つ。導師である維那は金が五回打たれる中の第三回目に立つ。「作法可ㇾ見㆓合懺法ノ本㆒ヲ」とあり、ここから『泉涌寺懺文』の本文に説かれる作法に入る。さらに「但シ空品已下ハ直日勤ㇾ之也」ともされていて、ここからはしばらく直日が導師をつとめることになる。

前に述べたとおり『泉涌寺懺文』の本文は、『補助儀』の第三香華供養方法に該当するところから始まっており、三宝を頂礼し、香華の供養を三宝に捧げて、湛然の『法華三昧行事運想補助儀』に説かれる偈文を念誦するよう指示されている。

次第して『補助儀』第四召請誦呪方法にもとづく諸仏、諸菩薩、諸天の召請が行われる。召請は三度ずつ行われるが、三度目には一礼する。しかし「南無大梵尊天」の一段と、「南無第一威徳成就衆事大功徳天」の一段では礼は行わない。その後に続く「南無仏陀」の段は頭を垂れて行い、七回繰り返すが、二回目のときには立つ。

さらに『補助儀』第五讃嘆述意方法にもとづいて、「仏面猶如浄満月」から始まる義浄新訳の『金光明最勝王経』「四天王護国品」にある四天王の賛仏偈を諷誦し、偈が終われば維那が立ったままで「啓白」を読む。泉涌寺には懺法の趣旨を表す開白文が残っており、これがそれに該当するのであろう。『補助儀』には「当述建懺之意。任自智力所陳」と示されているので、この開白が「建懺之意」に相当するであろうことは、林鳴宇氏がすでに指摘しているところである(62)。

続いて『補助儀』にはみることができない、泉涌寺独自の作法が行われる。これは『泉涌寺懺文』に、以下のように記される（前掲**図6**も併せて参照）。

南無サボ晨朝施甘露呪　釈迦三反　宝華同　金光明経同　信相　金光明同　金蔵同　常悲同　法上同　護法諸天同

林氏は、これらの一段が「南無サボ」（南無作法）と名づけられた作法で、朝に懺法を行うときには「甘露呪」が行われ、また『補助儀』では三宝の代表として「南無宝華瑠璃仏、南無金光明経、南無第一威徳成就衆事大功徳天」を三遍ずつ述べるところを、これに続いて「本師釈迦牟尼仏、信相菩薩、金光明菩薩、金蔵菩薩、常悲菩薩、法上菩薩、功徳天以外の護法諸天」をも対象としてとりあげるものであると解釈しておられる。またこのうちの「甘露呪」とは、実叉難陀訳『甘露陀羅尼呪』であると推定されている。

しかし『維那私記』によれば、その作法は林氏の推定とは若干異なる。すなわち維那が「啓白」を読み終わった後、蔵司は「南無本師釈迦牟尼仏」と始めることが指定されている。これは『泉涌寺懺文』に指示されるところの「釈迦三反」の第一回目を指すのであろう。すなわちまず「釈迦三反」以降の仏・菩薩・諸天の名が称されることが示されており、林氏が推定されるように『補助儀』で示される「南無宝華瑠璃仏、南無金光明経、南無第一威徳成就衆事大功徳天」の後に出されるものではないことがわかる。

『維那私記』によれば、「南無本師釈迦牟尼仏」と最初の一声を蔵司が出した後、その後に列記される仏・菩薩・天を称すときには維那がそれを担うとされる。第一声を出した蔵司は、一揖して草履をはき、刃《（叉カ）》手して、疏筒のある方向から仏前に歩き、焼香して疏筒を手に取り、中の疏を取り出して、少し下がる。「南無護法諸天菩薩」が終わると、蔵司はこの疏を読むように指定されているが、この疏の内容までは伝わらない。

蔵司が疏を読み終われば、維那が「亦始二仏名一」とされる。これは先ほどの「南無本師釈迦牟尼仏」「南無宝華瑠璃仏」から始まる一連の仏・菩薩・諸仏の称名を再度行うことを指すのであろう。その間、蔵司は疏を読み終わったら、疏を筒に納め、合掌して座に帰る。

列記される仏・菩薩・諸仏の最後である「南無護法諸天菩薩」が終わると、維那は「甘露呪」を始める。『維那私記』には「甘露呪」に注して「南無サボ／ト、ギヤト」とある。林氏が「甘露呪」を実叉難陀訳『甘露陀羅尼呪』と推定されていることは前に記したが、これは以下のような陀羅尼である。

南無素嚕嚩耶一、怛他掲多去声呼之耶二、怛姪他三、唵四、素嚕素嚕五、嚩囉素嚕六、嚩羅素嚕七、莎呵八(63)

すなわち最初の呪の「南無素嚕」が「南無サボ」、第二呪の「怛他掲多」が「ト、ギヤト」であって、『泉涌寺懺文』に記される「南無サボ」もまた、「南無作法」ではなく、読みの一部分を示して、陀羅尼を指定するほどの意味しかないものと考えられる。この陀羅尼呪は、

右、水一掬を取り、これを呪すこと七遍、空中に散ず。其の水一渧、十斛の甘露に変成す。一切の餓鬼、並びにこれを飲むことを得。乏少有ること無く、皆悉く飽満す。

右、取水一掬、呪之七遍、散於空中、其水一渧、変成十斛甘露、一切餓鬼、並得飲之、無有乏少、皆悉飽満[64]、

と説明されており、密教の施餓鬼作法の一種である。

維那が右記の陀羅尼呪を唱えている間、蔵司は一揖して右側から仏前に進み、灑盆を手に取り、本尊前の中膳から、左の方から順番に十八天へ供え、本尊前の五膳のうちの二膳が残るように行う。この「灑盆」には以前に準備した雑炊が入っているのだろう。次に施餓鬼用の食を用意して、盆をもとの場所に戻す。

蔵司が席に戻り、すべてに施食が行き渡ったのをみたならば、直日が金を一度鳴らして、維那が「南無宝華瑠璃仏」を始めるとされる。ここからやっと『補助儀』第六称三宝及散灑方法にもとづく儀礼に戻ることになり、これまでの作法はすべて泉涌寺独自のものであることを知ることができる。

『泉涌寺懺文』には、『補助儀』第六称三宝及散灑方法が引用された後に、「下座、向東方出堂散灑、復座頂礼云云□南無仏陀出、南無本師釈迦牟尼仏十反三ゞ反シテ」と『補助儀』にはない文章が挿入されており、林氏は施食の場が東に設けられていた泉涌寺の実情に合わせたものであろうと推測しておられる。『維那私記』では「今我道場」が終わり、「南無仏陀」が始まる前のタイミングで、蔵司が一揖して、仏前に至り、施餓鬼の食を持って外陣に出て、これを供える、とされている。

しかし『泉涌寺懺文』には「今我道場」とされる文言がなく、あるいは『維那私記』が書かれたときには内容が一部異なっていた可能性もある。蔵司は施餓鬼供が終われば座に戻り、それから合掌して「南無本師釈迦牟尼仏」が始まるとされる。

『泉涌寺懺文』では、これから『補助儀』第七礼敬三宝方法、第八修行五悔作法がほぼそのまま援用されて修されるが、「懺悔」「勧請」「随喜」「廻向」「発願」と次第する五悔法のうち発願段では、それまでしていた礼拝をせ

ずに終了する。

五悔作法が終了すると、維那は半畳を下り、草履をはき、半畳の前に立つ。直日が鈴を三回鳴らして、維那が「南無仏」を始めるとされる。『補助儀』第九明旋遶自帰方法にもとづく行法である。『維那私記』では、「南無仏」以下を誦し終わったならば、次第に行道するとされ、「後堂三反シテ」行道を終えるという。元の場所に戻ったところで、直日が金を打ち、それぞれに三礼する。

『補助儀』第十明唱誦金光明典方法では、旋遶を終えた後には、道場から出て他の場所で『金光明経』の空品を諷誦すると規定している。『泉涌寺懺文』ではこれについては注にて「三帰了。坐具撤。板間出。次直。金五丁。空品始。一匝帰集会所」と指示しているようである。『維那私記』でもこれはほぼ同様で、三礼が終わったならば、畳を下りて、座具を収め、草履をはいて立ち並び、直日が鈴を五回鳴らすと、維那が『金光明経』の空品を誦し始める。一揖して後堂を廻り、道場を出て前堂に至り、空品が終わったら退散するとされる。

以上が十九世紀中葉の泉涌寺金光明懺法のおおまかな流れである。元日には斎会を挟んで日中二座、初夜三座が行われるが、「甘露呪、又後の南无仏陀《ナムフド》は晨朝斗りなり、其の外には相違これ無し」とされていて、「甘露呪」とそれに続く施餓鬼作法は午後には省略される。初夜の初座と後座は維那が導師をつとめ、中座は蔵司が導師をするという。初夜二座終わったならば茶礼があり、三座終了後には小施餓鬼食を外縁へ持ちだして施餓鬼を行う。その後に元照に対して七仏略戒回向を行い、前住に対して大悲呪回向を行ったなら、舎利を蔵の中へ納める。

以降、二～六日までは晨朝二座、日中二座、初夜二座の計六座が行われ、七日には晨朝三座、日中二座、初夜一夜が行われる。このうち二、四、六日は、晨朝、日中、初夜の初座の導師を蔵司がつとめ、後座の導師を維那がつとめる。元、三、五、七日は、晨朝、日中、初夜の初座の導師を維那がつとめ、他は蔵司が導師をつとめる。元日と七日は、維那は四座をつとめることになる。こうして泉涌寺金光明懺法では、七日間に四十二座が行われる。『泉涌寺懺文』と、『維那私記』に説かれる次第とは、以上のように相補して泉涌寺金光明懺法のあり方を示しており、両者の間に大きな齟齬はみられない。十六世紀に雄峯聖英によって再興された泉涌寺金光明懺法は、十九世紀中葉頃までは、ある程度忠実に継承されたとみることができる。

3 「元日疏」儀礼の混入と変化

金光明懺法の作法のほとんどは遵式『補助儀』に忠実であることが確認されたが、『補助儀』第五讃嘆述意方法と、第六称三宝及散灑方法の間に挿入されている、蔵司が疏筒から疏を取りだして読み上げたり、「南無サボ」と始まる「甘露呪」を行ったりする一連の作法のみは、まったく典拠がみつからない。この点について、『視覃雑記』には興味深い記事がいくつか掲載されている。まず疏筒から疏を取り出す一連の作法については次のように記されている。

疏筒取の事。右手を以て、疏筒これを取り乍ら、左手を以て、疏の下自《よ》り抜き出し、右手を以て、疏筒、下を仏前に成し、上を人前に成して、臥して竪にこれを置くなり。読み終りて、右手を以て、疏筒を取り、疏の下自り指し入れ、右手を以て、疏筒の上を取り、竪に置くなり。泉涌寺修正元日疏の読、知客蔵主の役なり。然るに祝言の取り様これ在り。右手を以て、疏筒これを取り乍ら、左手を以て、疏桶の下を持ち、右手を以て、疏の上自り抜き出し、左手乍ら、疏筒の上を仏前に成し、下を人前に成し、如常には、竪て掛けてこれを置く。読み訖りて、左手を以て、疏筒の下を取り、右手を以て、疏の上自り指し入れて、竪に立て置くなり。愚僧蔵主知客、二年修正疏これを読む。悉く皆な先伯宗師の指南と為す。然りと雖も、如常疏筒の御指南なり。其の時、常住監寺賢等律師維那立なり云う、「仏事荼毘等の時と、祝言と、疏筒の取り様これ在り。常の式は、不吉」の由、申せらるるに依り、相い尋ねし処、賢等云う、「聖光律師の口伝なり」と。天下安全・寺家泰平、これを祈る間、口伝に就いて、祝言の如く、愚僧沙汰の処なり。

疏桶《筒》取事、以二右手一、乍二疏桶《筒》取一之、而以二左手一、自レ下レ疏抜出シ、以二右手一、疏桶《筒》成二下於仏前一、成二上於人前一、臥竪置之也、読終、而以二右手一、取二疏桶《筒》一、自レ下レ疏指レ入、以二右手一、取二疏筒ノ上一、竪置也、泉涌寺修正元日疏、読二知客蔵主役一、然祝言取様在之、以二右手一、乍二疏桶《筒》一取レ之、而以二左手一、持二疏桶ノ下一、以二右手一、自レ上レ疏抜レ出、乍二左手一、成二疏レ桶《筒》上於仏前一、成下於人前、如常、竪二掛置レ之、読レ訖、以二左手一、取二疏桶《筒》ノ下一ヲ、以二右手一、自レ上レ疏指レ入、竪立置也、愚僧蔵主知客、二年修正疏読レ之、悉皆為二先伯宗師指南一、雖レ然、如常疏桶《筒》一御指南也、其時常住監寺賢等律師維那立也云、仏事荼毘等之時ト、祝言ト、疏桶《筒》取様在之、常式者、不吉之由、依レ被レ申、相尋処、賢等云、聖光律師口伝也、天下安全、寺家泰平、祈之間、就二口伝一、如二祝言一、愚僧沙汰之処、〔第一一二条〕

すなわちこの疏は「元日疏」と呼び慣わされているものらしく、知客が「蔵主」となってこれを読むものとされる。これは前にみたように『維那私記』では「蔵司」とされており、同じ役職を指すものと考えられる。

疏筒を取る作法として、ここでは二種挙げられている。第一は、右手で疏筒を取りながら、左手で疏を下から抜き出し、右手で疏筒の下が仏前、上が人前になるように縦に寝かせる。疏を読み終わったならば、右手で疏筒を取り、疏を下から差し入れて、右手で疏筒の上を持ってまた縦に寝かせる、という作法である。

第二は「祝言」の取り方で、右手で疏筒を取りながら、左手で疏筒の下を持ち、右手で上から疏を抜き出して、左手で疏筒の上を仏前、下を人前になるように縦に立てかけて置く。疏を読み終わったら、左手で疏筒の下を取り、右手で上から疏を差し入れて、やはり縦に立てて置く、という作法である。

『視覃雑記』の作者長典は、「知客蔵主」であったとき、二年間にわたってこの元日疏の読誦を行うことになったという。いずれのときにも当時の長老で、自身の師でもある先白善叙の指南どおりに、第一の作法を行ったが、当時監寺職にあった賢等が、「仏事・荼毘のときと、祝言と、疏筒の取り方には二種あって、仏事・荼毘のときの作法は不吉である」という。詳しく尋ねると、これは「聖光律師」の口伝であるとされる。以来長典は天下安全・寺家泰平についての仏事のときには口伝のとおり、第二の祝言のときの作法で行うようにしたのだという。ただし『維那私記』には、「疏筒ヲ取リ疏ヲ出シ」としか述べられず、具体的にこの「聖光律師」の口伝にしたがって、疏筒を取る作法がその後の修正会で行われたのかどうかは確認できない。

また同じく〔第一一二条〕には以下のようにも伝えられており、元日疏そのものの読み方もまた「聖光律師」の口伝により変化の兆しをみせていることがわかる。

　同じく賢等口伝して云う、「元日疏に云う、「右金光明甚深妙典者○諸仏所証ノ秘蔵衆聖護持ノ妙法ナリ」」、此の廿一字は、一息に読み切らざるものなり。若し読み切らば、無祝言なりとて、昔従り口伝相承の仕来たりの事なり。切りて切らざる口伝、これ在り。則ち丸するなり」と。賢等維那は、聖光房の指南と為す。

　同賢等口伝云、元日疏云、右金光明甚深妙典者○諸仏所証ノ秘蔵衆聖護持ノ妙法ナリ、此廿一字ハ、不三ル読切二一息一也、若読切ハ、無祝言也トテ、従レ昔口伝相承仕来事也、切而不切口伝在之、則丸スル也、賢等維那ハ、為聖光房指南、〔第一一二条〕

すなわち同じく賢等がいうには、元日疏の中の「右金光明甚深妙典者○諸仏所証秘蔵衆聖護持妙法」の二十一字は一息に読み切ったのでは祝言にならないから、○の部分で「切りて切らざる」ように読むべきであるという。これも聖光房の口伝であるという。

このように「元日疏」の儀礼は、「聖光律師」の口伝を伝える賢等なる僧によって、神道儀礼のように書き換えられようとしていたことがわかる。ちなみにこの賢等は、泉涌寺新方丈を違乱し、新方丈を「見蓮上人門徒」の好相行の道場へと変化させた人物でもある（本章第二節、また第五章第二節に詳説）。

4　「甘露呪」にもとづく施餓鬼作法の混入

同様に「甘露呪」を用いた施餓鬼作法も『補助儀』などの宋代の作法書の中にはみることができない。この作法については『視覃雑記』に以下のように伝える。

泉涌修懺、晨朝の時に、維那・知客・蔵主の内、一人の役と為て、場外に出て、施餓鬼供これ在り。賢等云う、「密施食作法を用いるが吉」と。同じく口伝なり。心得るべき事。

泉涌修懺、晨朝ノ時ニ、維那、知客、蔵主内、為二一人ノ役一、出二場外ニ一、施餓鬼供在之、賢等云、用二密施食作法一吉ト、同口伝也、可心得事、　（第一一三条）

前にみたように、『維那私記』では、「晨朝」に懺法を行う場合のみ、その日の導師が「甘露呪」を用い、導師ではない維那か蔵司のどちらかが道場の外で雑炊を施食するように指示していた。この条文はまさにそのときのことを指したものである。注目されるのは、賢等が密教の施食作法を用いるべきであると主張したとする部分である。「甘露呪」を用いた「密施食作法」もまた「聖光律師」の口伝を伝える賢等の助言によるところであった。

そもそも泉涌寺で施餓鬼法要の伝統が途絶えていたことは、以前に述べたところである（第二章第四節2）。しかし〔第二三二条〕には「但し（泉涌寺には）小施餓鬼作法はこれ在り。修正光明懺法には、施餓鬼密作法これを用う」とあり、以上に述べてきた「甘露呪」を用いた施食作法が紹介されている。泉涌寺修正会では元来、『補助儀』第六称三宝及散灑方法にもとづく「散灑」の作法が行われていたのであろう。『補助儀』では、道場から一度出て、飲食を四方に散灑する儀が規定されている。これに賢等が「密作法」あるいは「密施食作法」と称される「甘露呪」を添付したのであろう。

まとめ

泉涌寺修正会金光明懺法は、応仁の乱による回禄の後、明応五年（一四九六）頃に伊予国繁多寺から作法を逆輸入することで、その復興を遂げた。

しかしその後の作法には、『維那私記』の記述からその詳細が明らかになったように、本来『泉涌寺懺文』が依拠していたであろう遵式の『補助儀』にはみられない、「元日疏」や「甘露呪」による施餓鬼作法が混入している。「元日疏」の作法がいつ頃から泉涌寺修正会金光明懺法に混入するようになったのかについては明らかではないが、少なくとも十六世紀の初め頃、「元日疏」作法は、賢等によって「聖光律師」の口伝が披露され、神道儀礼に近い作法への変換が行われた。またおそらくは当初から行われていた『補助儀』にもとづく「散灑」の作法は、賢等によって「聖光律師」の口伝にしたがい「甘露呪」を用いた密教儀礼作法へと変換されたようである。すなわち現在伝わる『泉涌寺懺文』は、俊芿の訪れた南宋の儀礼をそのままに伝えるものではなく、「聖光律師」の口伝によって、十六世紀初頭、一部違乱されたことを指摘できる。

この賢等は、実は「見蓮上人門徒」であった可能性が高い。その点については、第五章に詳述したい。

註

（1）本図の制作については、寺伝どおりに法然が関わっていたとする説や、法然の高弟である証空が関わっていたとする説が、それぞれに美術史関係者から出されているが、いまだ結論は出ていないようである。証空が本図の成立に関わったとするのは、浜田隆「清凉寺蔵『迎接曼荼羅図』考」（『国華』一〇二四、一九七九年）、同「立像阿弥陀来迎図成立史考――仏坐像から仏立像へ――」（『仏教芸術』一二六、一九七九年）、河原由雄「阿弥陀仏浄土変相の展開」（奈良国立博物館『浄土曼荼羅――極楽浄土と来迎のロマン――』一九八三年）、中野玄三『来迎図の美術』（一九八五年）、岩田茂樹「上品上生来迎図の成立――その思想と性格――」（『文化学年報』三六、一九八七年）、法然房源空が本図の成立に関わったとするのは、吉村稔子「清凉寺蔵迎接曼荼羅と上品上生往生願」（『美術史』一二六、一九八九年）。なお、中野玄三「来迎図論争――『来迎図の美術』再論――」（『方法としての仏教文化史――ヒト・モノ・イメージの歴史学――』、勉誠出版、二〇一〇年）にこれらの論争がまとめられ、中野氏の所見が再説されている。

なお中野氏は一貫して「本図は源空が直実に与えたという迎接曼荼羅には該当しない」とするが、大原嘉豊氏は本図を「まさに直実が所持していたものと見てよい」と紹介されている（『法然――生涯と美術――』図版三二「重要文化財　迎接曼陀羅図」解説、二二〇頁）。

（2）吉村稔子註(1)前掲論文。

（3）浅井成海『浄土教入門――法然上人とその門下の教学――』（本願寺出版社、一九八九年）参照。

（4）清凉寺文書二四「僧教頴譲状」、水野恭一郎・中井真孝編『京都浄土宗寺院文書』（同朋舎出版、一九八〇年）一一〇頁。

（5）吉村氏は清凉寺文書にある「梅宿和尚」を清凉寺住持とみなしたものか、「梅宿の代までには、本願寺の寺領と迎接曼陀羅とが清凉寺の所有に帰していたことが認められる」と述べておられる（吉村稔子註(1)前掲論文）が、本史料をもって本願寺領と「迎接曼荼羅図」が清凉寺へ移ったと考えるのは早計であろう。すなわち清凉寺文書は、本願寺領と「迎接曼荼羅図」が「見蓮上人門徒」から「見蓮上人門徒」へと移譲されたことを示すものでしかない。

（6） 赤松俊秀監修泉涌寺発行『泉涌寺史』資料篇（法藏館、一九八四年）、四〇九～四一〇頁。

（7） 「近世の泉涌寺」『泉涌寺史』（法藏館、一九八四年）三二三～三二五頁。

（8） 『大谷本願寺通紀』（『仏全』一三二、二二四頁）。

（9） 塚本善隆「嵯峨清凉寺史　近世編――嵯峨清凉寺における浄土宗鎮西流の伝入とその展開――」（『仏教文化研究』五、一九九五年、後に『塚本善隆著作集』七、大東出版社、一九七五年に所収）。

（10） 寺島典人「京都・悲田院の宝冠阿弥陀如来坐像」（二〇〇九年調査報告書、佐々木丞平研究代表『日本における木の造形的表現とその文化的背景に関する総合的考察』、科学研究費補助金［基盤研究（A）］課題番号一九二〇二〇〇七、中間報告会資料集、二〇一〇年）、大津市歴史博物館図録『阿弥陀さま――極楽浄土への誓い――』、二〇一二年）。

（11） 泉涌寺文書一五「左大史小槻兼治勘文」（『泉涌寺史』資料篇、一一頁下～一二頁上）。

（12） 泉涌寺文書一五～二〇は、いずれも新方丈領の九条河原城安堵に関する書状であるが、そのうち一六「薄以基書状」、一七「薄以基書状」は、いずれも宛先を「泉涌寺方丈」とする。

（13） 泉涌寺文書三二「山城国守護代遊佐国助遵行状（折紙）」享徳元年（一四五二）十二月十八日付（『泉涌寺史』資料篇、一八頁上）。

（14） 泉涌寺文書七八「室町幕府奉行人連署奉書（横幅装）」享禄二年（一五二九）六月十八日付（『泉涌寺史』資料篇、三七頁下）、泉涌寺文書九七「泉涌寺新方丈幷塔頭領西九条諸散在等目録」天文十年（一五四一）九月日付（『泉涌寺史』資料篇、四三頁下）。なおこれらの文書で確認される「山城国紀伊郡内苫手里」の寺領は、泉涌寺文書三一「室町幕府奉行人連署奉書」享徳元年（一四五二）十月七日付（『泉涌寺史』資料篇、一七頁下～一八頁上）でも安堵されていることを確認できる。なお泉涌寺文書三一～三九は、この新方丈領をめぐる関係文書である。

（15） 『大乗院日記目録』応仁二年八月二十六日条（『続々群書類従』四、六六六頁）。

（16） 石田充之編『鎌倉仏教成立の研究　俊芿律師』（法藏館、一九七二年）三九五頁。

(17)　ただし『視覃雑記』のその他の記事が「方丈」「新方丈」と記すのに対して、〔第二〇七条〕の永正十一年十二月十五日の灌頂記事は、「今方丈」と記される。「方丈」「新方丈」が同一の寺地を指すことは、本論中に明らかにしたが、「今方丈」は他の史料上にみつけることができない。あるいは「今方丈」は別の新しい方丈を指すものかもしれない。

(18)　雲龍院文書一四「後柏原天皇綸旨（宿紙）」（『泉涌寺史』資料篇、三一九頁上）。

(19)　『視覃雑記』〔第一四八条〕〔第一五二条〕など。また第二章第四節1に詳説した。

(20)　前掲註(16)三九六頁。

(21)　前掲註(16)三九二頁。

(22)　俊芿の伝記『不可棄法師伝』の活字本は、『続群書類従』第九輯上伝部巻二一七所収本、『仏全』巻一一五所収本（宮内省図書寮蔵本〈一七五七年成立〉を底本とす）、前掲註(18)所収の藤田俊教校訂「『泉涌寺不可棄法師伝』信瑞撰」、上村貞郎編『御寺泉涌寺と開山月輪大師』（泉涌寺、二〇一一年）所収の西谷功「『泉涌寺不可棄法師伝』（天保十五年写本）」がある。このうち『鎌倉仏教成立の研究　俊芿律師』所収本と、『御寺泉涌寺と開山月輪大師』所収本は、いずれも泉涌寺所蔵『当山開祖并仏牙伝来』（泉涌寺文書F―七七三）収載本（一八四四年成立）の翻刻であり、『仏全』所収本は、高楠順次郎氏が宮内省図書寮蔵本（一七五七年成立）を底本として泉涌寺蔵本と対校した結果の考察を付したものである。高楠順次郎氏は、宮内省図書寮蔵本は初稿本であって、泉涌寺蔵本は再治本であろうと述べており、『御寺泉涌寺と開山月輪大師』所収の翻刻が、再治完成されたものとして随一の史料と考えられる。しかし本書は入手が困難で、大勢の便宜に堪えないので、基本的には『仏全』所収本の頁番号を記す。高楠順次郎氏の考察部分は泉涌寺蔵本によっているから、本文を出す場合にはこの考察部分を反映したものを掲載し、適宜『御寺泉涌寺と開山月輪大師』所収翻刻との対校が必要な場合には、それを注したい。

(23)　『大日本仏教全書』巻一一五、五五三頁上。

(24)　光森正士「阿弥陀仏の異形像について」（宮崎円遵博士還暦記念会編『真宗史の研究』、永田文昌堂、一九六六年、後に『仏教美術論考』、法藏館、一九九八年）、同『阿弥陀如来像』（『日本の美術』二四一、至文堂、一九八六年）、同「浄土・法華信仰の諸仏と仏堂」（濱島正士編『浄土教』図説日本の仏教三、新潮社、一九八九年、後に前掲

『仏教美術論考』所収）。
(25) 塚本善隆「常行堂の研究」（『芸文』一五ノ三、一九二五年、後に『塚本善隆著作集』七　浄土宗史・美術編、大東出版社、一九七五年所収）。
(26) 宝冠阿弥陀如来を中尊とする密教系五尊は、顕密の重層構造が顕著となる十二世紀末に出現したものとされる。冨島義幸「阿弥陀五尊の諸形式と中世仏教的世界観」（『仏教芸術』二八〇、二〇〇五年）。
(27) 平田智子「両脇侍を伴う宝冠阿弥陀如来像に関する考察――鎌倉英勝寺阿弥陀三尊像龕を中心に――」（『美術史』一六七、二〇〇九年）。
(28) 久保智康「平安中期天台の法華・浄土双修と曼荼羅」（『天台学報』五七、二〇一五年）。
(29) 大谷由香「入宋僧俊芿を発端とした日宋間「円宗戒体」論争」（『日本仏教綜合研究』一四、二〇一六年）。
(30) 泉涌寺文書一二四「泉涌寺再興勧進疏」（『泉涌寺史』資料篇、五八頁）、『泉涌寺史』本文篇、二七九～二八一頁参照。
(31) 『兼見卿記』天正四年三月二十二日条「泉涌寺罷向（中略）今度自左大将殿、法丈《方丈カ》修理之義、被仰付、上葺出来、拝見舎利」（『兼見卿記』一、九九頁）。
(32) 西谷功「近世泉涌寺の再建――伽藍復興と精神の回帰――」（『黄檗文華』一二九、二〇一〇年）。泉涌寺所蔵「紫宸殿移築棟札」（資料番号Ⅰ-10）より判明とする。
(33) 西谷功註(32)前掲論文中の注33で紹介されている。
(34) 田中澄江・小松道円『泉涌寺』古寺巡礼 京都二八（淡交社、一九七八年）。
(35) 西谷功「泉涌寺創建と仏牙舎利」（『戒律文化』七、二〇〇九年）、同「泉涌寺僧と普陀山信仰――観音菩薩坐像の請来意図――」（図録『聖地寧波』、奈良国立博物館、二〇〇九年）、同「楊貴妃観音像の誕生」（西山美香編『東アジアを結ぶモノ・場』アジア遊学一三二、二〇一〇年）。西谷論文以外では、俊芿以降の泉涌寺僧ということで、湛海は以下の論文等に簡単に紹介される。
熱田公「中世の泉涌寺」（『泉涌寺史　本文篇』、法藏館、一九八四年）、大森順雄『覚園寺と鎌倉律宗の研究』（有隣堂、一九九一年）、大塚紀弘「鎌倉前期の入宋僧と南宋教院」（同『中世禅律仏教論』第五章、山川出版社、

二〇〇九年）、同「中世都市京都の律家」（『寺院史研究』一〇、二〇〇六年、高橋秀榮「泉涌寺出身の律僧たち――金沢文庫の聖教を手がかりに――」（『戒律文化』五、二〇〇七年）、『新版　古寺巡礼二七　泉涌寺』（淡交社、二〇〇八年）。

(36)『河内長野市史』巻五・史料編二（一九七五年）所収の『玄秘鈔北斗法』奥書など。

(37)牧野和夫「「思融―良含」周辺のこと・杭州出自の宋人のこと――「軍記物語と東アジアの仏教世界」補遺――」（『実践国文学』八〇、二〇一一年）、「延慶（本）奥書・応永書写『平家物語』四周の書物ネットワーク――「軍記物語と東アジアの仏教世界」――」（『軍記と語り物』四八、二〇一二年）など。

(38)雲龍院蔵『万花鏡』巻三所収（西谷功「泉涌寺創建と仏牙舎利」〈『戒律文化』七、二〇〇九年〉の紹介による）。足利氏の「乱責悪行」によって紛失した古雲元粋の「伝来記」に代わり、第十世長老の全信が記したもの。湛海が二度渡宋の後に仏牙を将来した粗々のことが書かれているものの、湛海帰朝年、仏牙将来年については一切触れない。

(39)『太平記』巻八「谷堂炎上事」（『太平記』一、日本古典文学大系、二七四～二七八頁）。

(40)樹下文隆「〈舎利〉と〈韋駄天〉」（『芸能史研究』一〇五、一九八九年）。

(41)西教寺蔵『正続院仏牙舎利略記』「葉室山浄住寺仏牙舎利相伝次第」。

(42)『大乗院寺社雑事記』文正元年閏二月四日条（『増補続史料大成』二九、三九～四〇頁）。

(43)『仏牙舎利記』（『群書類従』二四、六三二頁下）。

(44)樹下文隆註(40)前掲論文。

(45)永和二年（一三七六）十二月二十九日には丹波国日置荘郡家村を施入（『雲龍院旧記』）、康応元年（一三八九）十月には、出雲国横田荘の半分を寄進（雲龍院文書五「後円融天皇宸筆御施入状写」〈『泉涌寺史』資料篇、三一六頁下～三一七頁上〉）。

(46)雲龍院文書四「後円融天皇宸翰（横幅装）」（『泉涌寺史』資料篇、三一六頁上～下）。なお以上の後円融天皇の行状については、『泉涌寺史』本文篇を参照した。

(47)『鎌倉九代後記』「同年（応永三年）鎌倉円覚寺の仏牙舎利を、義満求め取る。氏満抑留すること叶はず」（黒川

眞道編『鎌倉公方九代記・鎌倉九代後記』、国史研究会、一九一四年)。
(48) 大塚紀弘「日宋交流と仏牙舎利——五台山から来た仏牙舎利の行方——」(『日本歴史』七五九、二〇一一年)。
(49)『実隆公記』永正六年六月二十八日条(『実隆公記』五上、二二七頁)。
(50) 沼本克明「象耳泉奘律師写『金光明懺法』泉涌寺宋音資料」(『日本漢字音の歴史的研究——体系と表記をめぐって——』、汲古書院、一九九七年)。
(51) 佐藤哲英「俊芿律師将来の天台文献——宋音金光明懺法と宋音弥陀懺法を中心に——」(石田充之編『鎌倉仏教成立の研究 俊芿律師』、法藏館、一九七二年)に影印が掲載されている。また林鳴宇「泉涌寺俊芿が将来した「金光明懺法」の研究」(『宋代天台教学の研究——『金光明経』の研究史を中心として——』、山喜房佛書林、二〇〇三年)に、全文翻刻が掲載されている。
(52)『続群書類従』第二八輯下、二頁。
(53) 佐藤哲英註(51)前掲論文。
(54) 林鳴宇註(51)前掲論文。
(55) 谷口耕生「清凉寺釈迦如来立像旧厨子扉絵考——金光明懺法諸天図の一遺例——」(『機能論——つくる・つかう・つたえる——』仏教美術論集五、二〇一四年)。
(56)『視覃雑記』(第二四二条)に「雄峯宗師者(中略)永正十四丁丑六月六日入滅」とある。
(57)『実隆公記』永正七年二月一日条に「抑雲龍院善敘上人終以入滅云々、七十四歳歟」とある。
(58) 泉涌寺文書五五号「後土御門天皇綸旨」(『泉涌寺史』資料篇、二七頁)。
(59) 佐藤哲英註(51)前掲論文、林鳴宇註(51)前掲論文。
(60)『泉涌寺史』資料篇に収載。
(61)『大正』所収本では「善女当観」とする(『大正』一六、三四〇頁中)。
(62) 林鳴宇註(51)前掲論文。
(63)『大正』二一、四六八頁中。
(64) 実叉難陀訳『甘露陀羅尼呪』(『大正』二一、四六八頁中)。

第四章　本願寺八世蓮如周辺と「見蓮上人門徒」

はじめに

京都東山泉涌寺は、十二年間の入宋を経験した俊芿（一一六六～一二二七）が、南宋の教院・律院をモデルとして開山した寺院で、僧侶が律にのっとった生活を送りながら、禅教律三学の兼修・実践を目指す道場として創建された。[1]俊芿はここで僧院生活を送りながら実践される最新の天台浄土教学を紹介し、法然門下に多大な影響を与えた。親鸞（一一七三～一二六二）[2]も『顕浄土真実教行証文類』に多くの宋代浄土典籍を引用していることから、それらの影響力の大きさをうかがい知ることができる。

とはいえ、親鸞は新来の浄土典籍に対して冷静な態度をみせていて、親鸞教学理解のために宋代浄土教学は必ずしも必要とされないことや、泉涌寺もこれまで律院としての一面のみが重視されてきたことから、親鸞門弟の動向を知る上で、泉涌寺の存在にはあまり注意が払われてこなかったように思う。

しかし、泉涌寺は当時最新の天台浄土教学を日本に伝える浄土教寺院でもあり、俊芿の亡き後も、継続して法然門下に影響を与え続けていた。親鸞門下にとっても、彼らは常に気になる存在であっただろう。

本稿では、泉涌寺と深く付き合い、十五世紀に「浄土真宗」と呼ばれた鎮西流一条派を支えた「見蓮上人門徒」

に着目したい。彼らの隆盛期は蓮如（一四一五～九九）の活動期と重なるから、両者の関わりについて所見を述べて、蓮如の教学や行動の背景を知る上での一助としたいと思う。

第一節　他称としての「浄土真宗」のはじめ

1　「浄土教の本流」としての泉涌寺

親鸞の著作中には、「浄土真宗」という語がたびたび自称されるが、初めに「浄土真宗」と他称されたのは、親鸞門弟ではなかったことには注意が必要であろう。もちろんここでいう「浄土真宗」は教団名称を指すものではなく、浄土教学の真《まこと》の宗《むね》を意味するものである。親鸞のみならず、法然門下は皆、自義こそを「浄土真宗」と考えていたであろうが、そのうち「浄土真宗」と他称されたのはどこであったのか。

管見の限り、浄土教の本流を紹介した最初は、凝然（一二四〇～一三二一）の『三国仏法伝通縁起』（一三一一年成立）である。ここには浄土教の相承が以下のように説かれている。

上古には廬山法師、中古には曇鸞・道綽・善導・懐感等の師、後代には慈雲・霊芝なり。（中略）天下の浄教は皆な彼（霊芝元照）の義に帰す。行業・義解の事は一均に在り。泉涌俊芿不可棄法師、遠く波瀾を越えて入宋して法を学び、正しく台教・律宗を伝え、兼ねて霊芝の浄教を伝う。即ち是れ浄教相伝の規模なり。厥の後、彼寺（泉涌寺）の宗師智鏡大徳、入宋して律を伝え、亦た浄教を習い、遂に本寺に還りて昌に所学を弘む。浄教の所伝は泉涌を本とす。

上古廬山法師、中古曇鸞・道綽・善導・懐感等師、後代慈雲・霊芝、（中略）天下浄教皆帰彼義、行業・義解事在一均、泉涌俊芿不可棄法師、遠越波瀾入宋学法、正伝台教・律宗、兼伝霊芝浄教、即是浄教相伝規模、厥後、彼寺宗師智鏡大徳、入宋伝律、亦習浄教、遂還本寺昌弘所学、浄教所伝泉涌為本。[3]

すなわち浄土教の伝統は廬山慧遠（三三四～四一六）に始まり、曇鸞（四七六～五四二？）・道綽（五六二～六四五）・善導（六一三～六八一）・懐感（生没年不明）と伝わり、慈雲遵式（九六四～一〇三二）・霊芝元照（一〇四八～一一一六）へと受け継がれ、「天下の浄教は皆彼《（元照）》の義に帰す」ものとなった。この教えを日本に紹介したのが、泉涌寺の俊芿や智鏡であって、浄土教の伝統は「泉涌（寺）を本と為す」という。

凝然は長西（一一八四～一二六六）から浄土教を受けており、同じく凝然作の『浄土法門源流章』（以下、『源流章』。一三一一年成立）によれば、長西は法然の没後に俊芿に参じたとされているから[4]、泉涌寺こそを本流とする凝然の歴史認識には偏りがある可能性も否定できない[5]。しかし、中国の伝統がそのまま日本に受け継がれることを正統とみなすのであれば、窓口となった泉涌寺が浄土教学の本流であるという認識は当時としては強ち誤りでもないだろう。

2　泉涌寺系浄土教を継承した法然門下

法然門下のうち、泉涌寺が導入した宋代浄土典籍を多く用いた人師には、親鸞の他に九品寺流の長西・鎮西流の良忠（一一九九～一二八七）がおり、また西山流の顕意（一二三九～一三〇四）なども挙げられる[6]。特に良忠・長西の弟子筋は、師を模範として多く宋代浄土典籍を用いて著作をなしており、両流が泉涌寺僧と繋がりを維持しながら、新来の浄土典籍に依拠して教義を紡いでいったことをうかがわせる。

『源流章』によれば、俊芿に学んだ長西の門下には空寂（生没年不明）がおり[7]、その空寂の後継として竹林寺に隠棲したのが興福寺僧であった良遍（一一九四～一二五二）であったとされる。[8] 良遍の門下には円照（一二二一～七七）がおり、[9] 円照の後継として戒壇院の教学復興に努めたのが凝然で、彼は直接長西からも学んだという。[10]
長西同様に泉涌寺によってもたらされた宋代浄土教を重視していた良忠は、その弟子筋にあたる聖冏（一三四一～一四二〇）『伝通記糅鈔』[11] などによれば良遍に師事していたとされ、九品寺流は良忠によって鎮西流を補釈するものとして採り入れられたともみることができる。

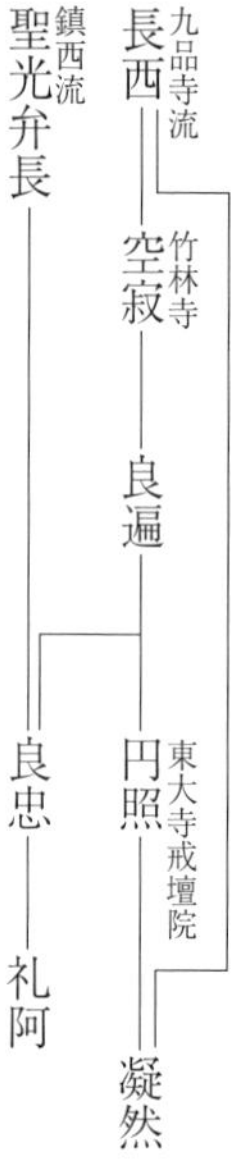

3 「浄土真宗」としての鎮西流一条派

『源流章』には、良忠の門下には仁和寺西谷に住した礼阿（然空、？～一二九七）がいたとされる。[12] 良忠には実際には多くの弟子がいたが、『源流章』で凝然によって紹介されるのは、礼阿のみである。

礼阿の弟子には専空（生没年不詳）がおり、三条坊門高倉の専修念仏院の住侶であったとされる。乾元二年（一三〇三）三月十五日、専空は向阿（一二六五～一三四五）に専修念仏院を譲与しており（『清浄華院文書』[13]）、この専修念仏院が元亨三年（一三二三）以降には「浄華院」と改称されたという。[14] 浄華院は暦応二年（一三三九）、足利氏の等持寺創建に係る強制的な移転を余儀なくされ、土御門室町へと移動した。その後豊臣秀吉によって天正年間（一五七三～九二）に現在地である寺町広小路へと移動され、近世以降に「清浄華院」と呼称された。

礼阿の門下は、向阿によって法然門下中の正統であることが主張され、一条派と呼称された。[15]浄華院第五代等凞（?～一四八七ヵ）[16]のときには、香衣着用と国師号が許されて、浄華院は隆盛を誇ることとなる。

等凞の香衣の着用許可のために奔走したのは万里小路時房であり、彼の日記である『建内記』（正長二年〈一四二九〉六月九日条）[17]の記述によって、彼がどのような上申を行ったのかを知ることができる。これによれば、応永十年に入明使をつとめた明空志玉（?～一四〇六）以来、「西山一流」である廬山寺代々の住持に香衣着用が認められていたこと、また黒谷の円頓戒を伝える元応寺や法勝寺が天皇の戒師となるために香衣の着用を許されていたことが示される。時房はこうした寺院を引き合いに、浄華院が「鎮西一流の正脈」であり、「戒法もまた黒谷の一流正統」であって、そこの住持である等凞は称光院の善知識であるのだから、同様に香衣着用が許されるべきであると主張していたことがわかる。

すなわち浄華院に伝わる一条派は、このときすでに鎮西流の正統であり、また法然に始まる黒谷円頓戒脈の正統でもあると、周囲から認識されていたことがわかる。良忠は建治年間（一二七五～七八）以後には弁長の『授手印』と法然から続く円頓戒を合わせて相承していたと考えられており、[18]一条派はこれらを確実に伝えることで、周囲からの信頼を得ていたといえよう。

なお、この記事に先立ち、金戒光明寺は浄華院第四代定玄の頃から、浄華院の住持が兼帯もしくは退隠転住する寺院として、実質的に末寺の扱いを受けていた。第十代の住持を等凞が兼務したときには、金戒光明寺は後小松法皇（一三七七～一四三三、在位一三八二～一四一二）から「浄土真宗最初門」の額を賜っている。[19]「後小松法皇」という表記から、おそらく在位を終えた後のことであったと推測され、等凞の香衣着用と前後して、額が賜与されたと考えられる。

すなわち遅くとも十五世紀前半頃までには、「浄土の本流」である泉涌寺義を援用して成立した鎮西流一条派こそが、「浄土真宗」であると周知されていたことがわかる。

第二節　見蓮房如導と「見蓮上人門徒」

向阿によって一条派の正統性が積極的に喧伝されていた頃、その門に飛び込んで一条派の拡大に寄与した人物に見蓮房如導（一二八四〜一三五七）がおり、彼を慕って形成されたのが「見蓮上人門徒」である。如導の事績は彼の伝記内容によって明らかにされるが、彼の門徒集団である「見蓮上人門徒」の存在は、近年智積院から室町期の泉涌寺末寺の動向について記した『視聴雑記』が発見されるまで、まったく知られてこなかった。

1　見蓮房如導の生涯

如導は、その伝記『無人和尚行業記』[20]（一四〇二年成立）によれば、花山院某の息として誕生し、十七歳で北野社に千日参りをした折、霊告を受けて、知恩院で得度し、阿弥陀仏への信仰を深めることとなる。大変純粋な人柄だったようで、十九歳のときには穢土を厭って大井川（大堰川）へ投水自殺を図るものの命を取り留めた。失意の如導は九州へ移動し、太宰府天満宮安楽寺で三年間を過ごした後に、筑後国秋月の安養寺で沙弥戒を受ける。この寺は「北京泉涌寺一派」の寺院であり、南山律と善導の遺風を伝える「浄土真宗持戒念仏の場」であったと伝記内で説明されている。ここで「浄土真宗」とされるのは鎮西流一条派のことであろう。

この寺で数年を過ごした如導は二十七歳のときに京都に戻って、泉涌寺第八世長老の兀兀知元から比丘戒を受け、その後仁和寺西谷法光明院の良智律師の元で八年間学んだとされる。この良智は、『法水分流記』[21]（一三七八年成立）によれば以下のような法系の人物である。

上人 字法然 諱源空 住叡山黒谷

　├弁長 聖光 弁阿
　　授手印奥　延応元己亥行年七十四云々、叡山順乗竪者真弟、初証真法印学台宗、後帰上人入浄土門二、上人随遂八ケ年也、後鎮西下向住光明寺、号筑紫上人、肥後善導寺本願上人往生ノ刻五十一、嘉禎四戊戌壬二廿九未時往生、七十七歳、本ハ筑前国加月庄ノ人也、台宗証真法印弟子也

　　├良忠
　　　然阿、住嵯峨、住鎌倉悟真寺、藤資頼宰相孫、弘安十丁亥七六往生、八十九歳

　　　├然空 礼阿
　　　　住仁和寺西谷住光明院　律僧　頼定大納言息

　　　　├是心 向阿
　　　　　住浄花院　本寺法師　七十二歳寂　六月二日午時
　　　　├思空 良然
　　　　　住西谷　律　慈心和尚弟子也
　　　　　└良智
　　　　├専空 成空
　　　　　住専修念仏院・浄花院　本号敬蓮社真弟
　　　　├延空 理然
　　　　　律　泉涌寺

これによれば良智は礼阿の門下――すなわち鎮西流一条派――であって、彼が住持をつとめたとされる仁和寺西谷法光明院は、礼阿によって開かれて、思空―良智へと継がれたものと考えられる。『源流章』には証空門下の浄音もまた「仁和寺西谷に住み、浄教を弘通」（『大正』巻八四、二〇〇頁上）したと伝えられるから、仁和寺西谷あたりは、浄土教信者が多く集まる場所であったのかもしれない。[22]

また『法水分流記』の三年前の成立とされる『吉水法流記』[23]（一三七五年成立）には礼阿の直弟子に良智を認めることができ、また思空の弟子に「見蓮法師」、すなわち如導を確認することができる。

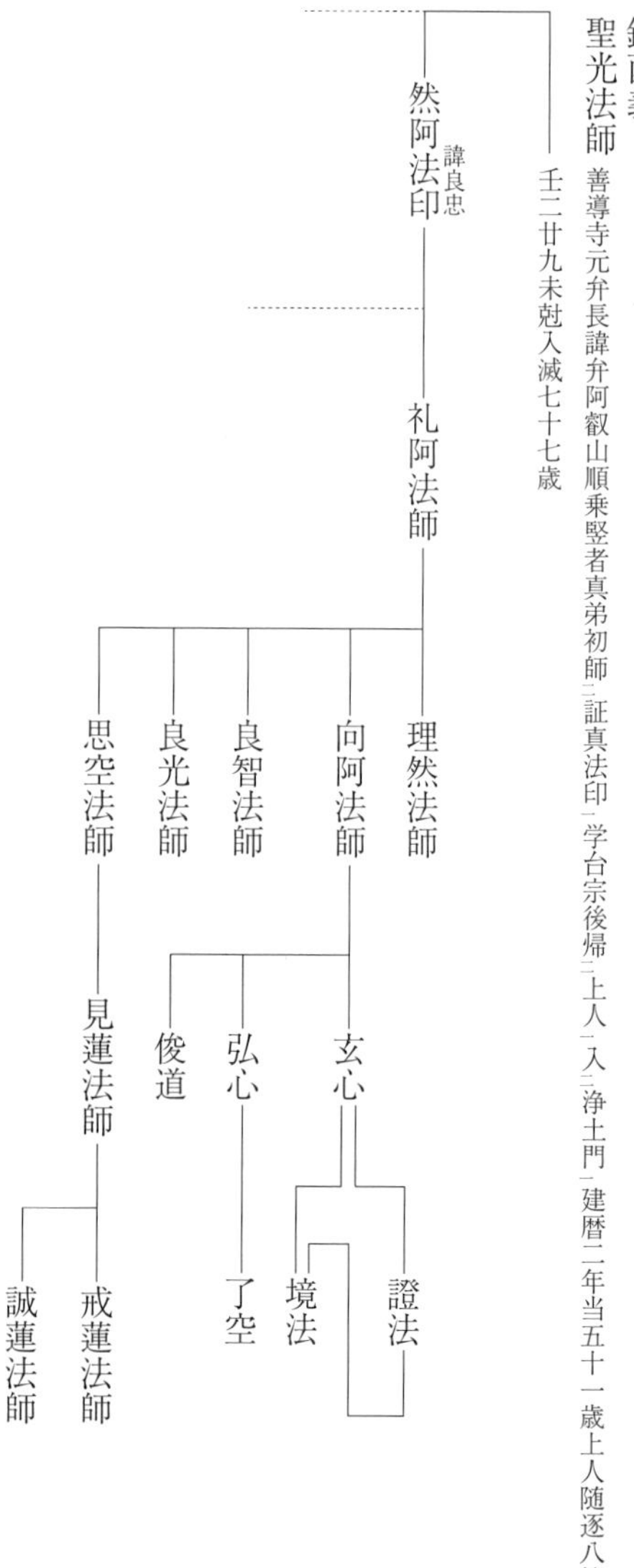

『法水分流記』には礼阿・思空ともに「律僧」あるいは「律」と注記されていて、法光明院は如導が筑後国で数年暮らした安養寺と同様に、いわゆる「北京泉涌寺一派」の道場で、持律しながら一条派の義を修学する場であったと考えられる。派祖の礼阿は「律僧」であり、本来は泉涌寺から律を受け、その上で鎮西義・円頓戒を修学することを求めていたと考えられる。すなわち俊芿が理想とした中国風の浄土修学を重視した人物だったのだろう。と

するならば、教義的法脈上からは、むしろ法光明院を継いだ思空―良智―如導の系統が礼阿の正統であったとも考えられる。

良忠門下には、律僧が集まったようで、礼阿・思空・良智の他にも、泉涌寺僧である延空理然が礼阿門下におり、他にも「良海大円住勢州泉涌寺首座」「信聖律」「恵空順西鎮西能化律」などが律僧として記されている。また永正三年（一五〇六）に融舜によって編纂された『浄土惣系図』（西谷本）[24]によれば、礼阿の同門に「顕証良円受具足戒徒然円上人」、「尊観良弁後受斎戒」がおり、良智と同門に「良光具足戒」がいて、彼らも律僧だったことがわかる。このように律僧が集結することは、他の法然門下にはみることのできない特色で、鎮西義が早くから泉涌寺の律僧と同化する一面を持っていたことを物語るものであろう。その多くが礼阿の下へ集まった。

泉涌寺長老から律を受け、法光明院の良智に学んだ如導は、浄土教とともに「旁らに天台円頓大戒を伝」えたと伝記に記されており、まさに礼阿門下の嫡流であったと考えられる。

伝記によれば、その後如導は悲田院の明玄から律典と密教を学び、小野流の入壇灌頂を受けた後、金台寺へ隠居して善導の旧儀にしたがった「称名の観行」を行ったという。晩年には信州善光寺へ詣で、夏安居の説法を行った後には、京都永円寺に住んだ。多くの廃院を再興するかたわら、天龍寺で正覚国師（夢窓疎石）から印可を受け、さらに安芸国に下向して迎接院を建立し、六年間止住した。ここで如導は法然ゆかりの「迎接曼荼羅図」（現清凉寺蔵）を入手して、京都へ戻り[25]、延文二年（一三五七）五月二十七日、自らが開基した北野社内の観音寺（現東向観音寺）で入滅した。『視覃雑記』の記述によれば、修学の場であった仁和寺西谷に墓所が建てられ、曼荼羅院と名づけられたという。「迎接曼荼羅図」はここの本尊として迎えられた後に本願寺へ移され、稀覯画として公家や武家に重宝されたようである。

このように如導は、鎮西流礼阿門下の嫡流として、泉涌寺に伝わる律を受けた上に、鎮西義と円頓戒を合わせて相承し、密教を受け、禅の印可を受けた。諸行兼修を重視して、あらゆる法脈の正統を受け継いだ人物であったといえる。さらに如導は法然門下であることを視覚的に表す法然ゆかりの『迎接曼荼羅図』も手に入れた。当時京都では、浄華院向阿の努力によって礼阿門流が一条派と呼ばれ、その正統性を認められていく過程にあったが、如導の以上のような行動は、一条派の名を広め、一条派が「浄土真宗」と認められるに至る道を開いたものと考えられる。

2 「見蓮上人門徒」の出現

以上のような如導の活躍は、彼を慕う門徒集団「見蓮上人門徒」を生成するに至る。伝記によれば、如導はその七十四年の生涯のうちに十カ院を転々とし、また十五カ院を創建あるいは再興し、さらに尼寺を数十カ院建立したという。そうしたゆかりの寺院に門徒は終結し、五辻山長福寺を本寺として、三十五カ院を末寺とする教団が形成された。これら末寺は智積院蔵『視覃雑記』に以下のように列記される（番号は大谷による）。

一、諸末寺。①禅光院開山俊芿国師と為す、泉涌寺自り前の寺なり、②観音院評定衆、五廻持なり。付西松院、③遍照院五廻持。両寺には器用の仁を差定す。評定衆、④曼荼羅院開山塔。門徒評定所。評定衆なり已上は門徒請住持なり。⑤本願寺評定衆。付尊福院、⑥法明院評定衆頭。付満願寺、⑦後仏光院評定衆已上六人なり、⑧善福寺善家氏寺なり、⑨金台寺、⑩楽邦院、⑪東南院泉涌内、已上は相続所なり。⑫新善光寺一条大宮、⑬寿覚院、⑭荘厳院、⑮心蓮寺、⑯勢至院、⑰九品寺、⑱善来堂、⑲清浄光院尼、⑳欣浄庵尼、㉑三時知恩院尼、㉒大慈院尼、㉓浄楽寺尼、㉔迎接院尼、㉕称名寺□州秀。曼荼・当寺本末寺なり、㉖永円、㉗迎接院安芸国、尼、㉘霊山寺丹波倉崎、㉙春田寺越前新□、㉚保運寺同国佐野、㉛泉福寺加州津波田、㉜金剛宝寺越中永養、㉝円光寺同国宮川、已上当寺進止也。㉞安楽光院、㉟寿命院、此の両寺は永円寺の末寺なり。退転に至る所をば進止の由、常に御成敗するものなり。
私云、已上、永享元年十二月七日、裏判は右兵衛尉凞基なり。再発か 目録にこれを載す。御判等細々は、取り出し難きに依り自然とす。

一、諸末寺、禅光院為開山俊芿国師、自泉涌寺前寺也、観音院評定衆、付西松院、五廻持也、遍照院五廻持、評定衆、両寺差定器用仁、曼荼羅院開山塔、門徒評定所、評定衆也、已上門徒請住持也、本願寺評定衆、付尊福院、法明院評定衆頭、付満願寺、後仏光院評定衆已上六人也、善福寺善家氏寺也、金台寺、楽邦院、泉涌内東南院、已上相続所也、新善光寺一条大宮、寿覚院、荘厳院、心蓮寺、勢至院、九品寺、善来堂、清浄光院尼、欣浄庵尼、三時知恩院尼、大慈院尼、浄楽寺尼、迎接院尼、称名寺□州秀当寺本末寺也、曼荼永円、迎接院安芸国尼、霊山寺丹波倉崎、春田寺越前新□、保運寺同国佐野、泉福寺加州津波田、金剛宝寺越中永養、円光寺同国宮川、已上当寺進止也、安楽光院、寿命院、此両寺永円寺之末寺也、至退転所者、進止之由、常御成敗者也、
ム（私）云、已上、永享元年十二月七日、目録載之、裏判右兵衛尉凞基也　再発歟 御判等、細々依難取出、為自然書出者也、〔第二五二条〕

ここに列記される三十五カ院のうち、国名を示していない大半が、京都内に存在していたと見受けられ、京都における「見蓮上人門徒」の存在感は強烈であっただろうことが推測される。以上の寺院はそれぞれ「門徒請住持」「相続所」「当寺進止」と表現され、それぞれ如導門下が住持任命権を持つ寺院、如導門下が住持をつとめる寺院、本山長福寺が土地・財産・人などを支配する関係にある寺院のことを指すと考えられる。

ここに見られるように「見蓮上人門徒」は、如導門下に限定した末寺統制を行っていたようで、本山長福寺はもちろん、末寺であっても他流の者が住持を継承するようなことがないように定められていたようである。さらに観音院（寺）・曼荼羅院・遍照院・本願寺・仏光院・法明院の六カ院は、評定衆とされ、門徒による評定によって寺院運営がなされていた（〔第二五四条〕）。

以上の三十五カ院の本山である長福寺は、泉涌寺を「惣寺」として仰いでいたようである。これは「見蓮上人門徒」が礼阿門下として、泉涌寺での律の授受にこだわった結果であろう。しかし「見蓮上人門徒」は、運営上「惣寺」である泉涌寺を無視し、門徒のみで成立している。これは法脈の純粋性にこだわったためであろう。こうした姿勢は如導の遺誡にしたがったもののようで、この遺誡には、自分の弟子筋の者は、長福寺の住持を戒師として受戒して、他流の者から受戒しないこと、また伝法灌頂や、鎮西義についても同様に、濫りに他流の者から受けることを禁じる文面があったようである（第二五一条）。この法脈の純粋性を重視する態度は各自の房号にもよく表されており、「見蓮上人門徒」は、ほとんどの場合房号に「見」か「蓮」の字を使用して、自身が「見蓮上人門徒」であることを示している。

京都に絶大な存在感を示した「見蓮上人門徒」は、おのずから公家・武家の帰依を受けることとなる。末寺として挙げられる寺院のうち、「三時知恩院」「大慈院」は門跡尼寺院である。如導の門下が公家や武家に絶大な信頼を得ていたことを指摘できる。室町幕府は宗旨を問わずに多くの祈願寺を抱えていたことが知られているが[26]、長福寺もそのうちの一つであり、足利尊氏以来、毎年正月八日の参賀を許された唯一の黒衣僧として、光明皇后書写本使用の修正大般若経巻数直進を行ったとされる[27]。その他にも多くの特権が第四代将軍義持によって定められ、さらに永享元年（一四二九）に第六代将軍義教によって『目録状』が発行されて、前掲の三十五カ院が長福寺の末寺として安堵された（第二五一条）。

等凞の香衣着用許可の申し出を行った万里小路時房の実母は「見周信如」の名で『建内記』に散見され、「見」の字をいただく法名から、「見蓮上人門徒」であった可能性を指摘できる。等凞に香衣着用が許されたのは正長二年（一四二九）六月九日であり、「見蓮上人門徒」が長福寺を本山とする三十五カ院の末寺を幕府に安堵されたのは、半年後の十二月七日のことであった。「見蓮上人門徒」の末寺安堵やさまざまな優遇は、鎮西流一条派が公武権力に認可されていく一連の動きと連動したものと考えられる。

「見蓮上人門徒」の活躍も手伝い、応仁の乱以前の洛中の浄土宗寺院は一条派のみが全盛を誇り、他流は奮うことがなかったとされる[28]。

第三節　蓮如時代の本願寺関係者と「見蓮上人門徒」

蓮如が本願寺の再興を志した頃、以上のように京都は鎮西流一条派が「浄土真宗」と呼称され、中でも「見蓮上人門徒」は異様な存在感を発揮していた。

蓮如出生の頃、本願寺は東山大谷に位置する青蓮院の末寺であった。蓮如の幼少期は貧しく、衣食にも事欠く有様であったことは、『天正三年記』「御若年砌事」などに記されるが[29]、実際『日野一流系図[30]』には、蓮如の叔母をはじめとして、蓮如の妹や従姉妹たち、そして蓮如の青年期に生まれた娘たちの多くが、若くしてあるいは夫の死別後に、尼として寺院に所属していることが記されており、当時の本願寺の困窮ぐあいを推測することができる。

このうち蓮如の伯母の見秀は「浄華院流、城州吉田摂受庵住」と注記され、浄華院流すなわち一条派の摂受庵の住侶をしていたことがわかる。この見秀を頼って、蓮如の妹の見瑞（藤島尼）、蓮如の次女見玉、三女寿尊が摂受庵へ入った。また三男兼祐（法名蓮康）は清浄華院玄誉の弟子として華開院[31]の喝食となっており、四女妙宗は「見蓮上人門徒」の末寺に連ねられる門跡寺院である三時知恩院の喝食となっている。このように蓮如の周辺の人物の多くが、当時勢いづいていた一条派の僧尼になっていたことがわかる。

…玄康 巧如

- 円兼 存如
  - 兼寿 蓮如
    - 光助 順如
    - 女子
    - 兼鎮 本泉寺
      元南禅寺為喝食―、
    - 女子 見玉尼
      摂受庵見秀禅尼弟子、出家、法名見玉、浄華院流相伝、元為禅宗為喝食云々、後帰当流寂、文明四八月十四日於吉崎寂廿五歳、号寮
    - 兼祐 松岡寺
      元浄華院玄誉弟子、為華開院喝食号玄寿、法名蓮康、改―秀、又蓮綱、贈左大臣教秀為子、号松岡寺、隠居北隣坊、法印権大僧都、加州波佐谷松岡寺並山内鮎瀧坊開山、永正十四四月依勅蒙上人号、享禄四十月十八日寂八十二歳
    - 女子 勝恵室
    - 女子 宣親室、四十九歳出家、法名祐心
    - 兼縁 本泉寺
    - 女子 蓮欽室
    - 女子 早世
    - 兼誉 顕証寺
    - 女子 資氏王室
    - 女子 兼孝室
    - 女子
    - 女子 蓮超室
    - 兼琇 教行寺
    - 女子 勝恵室
    - 兼照 称徳寺
    - 兼俊 願得寺
    - 兼性 西証寺
    - 兼継 本善寺
    - 女子 光恵室
    - 兼智 順興寺
  - 女子 出家、朽川尼
  - 女子 藤島尼
    摂受庵見秀禅尼弟子、浄華院流相承、出家、法名見瑞、後帰当流改号如祐、同姉、永正二二月十日寂七十五、号藤島尼公
  - 応玄 蓮照
    - 男 善照
    - 女子
    - 女子
  - 女子 出家、四条禅尼
  - 蓮康
  - 女子 出家、粟津尼
- 光崇 空覚
- 女子 見秀尼
  城州吉田摂受庵住、浄華院流、出家、法名見秀
- 宣祐 如乗
- 女子 出家、如秀尼
- 女子
- 兼鎮 蓮乗

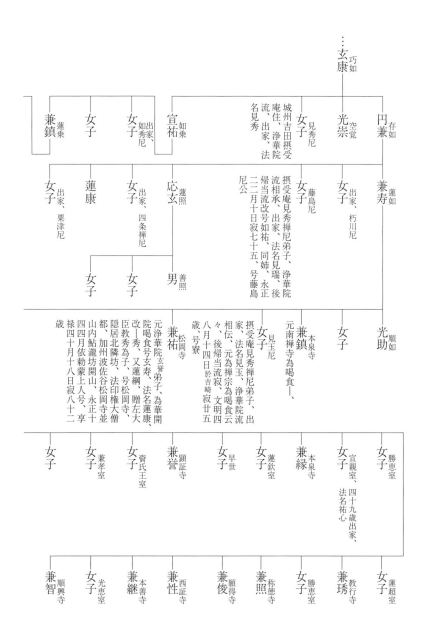

女子
女子
女子　出家、了如尼
兼縁　蓮悟
　兼俊　実悟
　兼興　実教

女子　寿尊尼
同姉、摂受庵見秀比丘尼弟子、出家、法名寿尊、籠居摂州富田教行寺住、永正十三十月五日寂六十三、号寮
康兼　光教寺
光兼　実如
女子　妙宗尼
入江口、三時知恩院長老椿性禅尼弟子、為彼寺喝食号珠光、東山将軍義政妾、号左京大夫、唯称院左大臣勝光公為子ィ、出家、法名妙宗、十七ヶ年病気、天文九七月一日於能州府中卒七十九、依錯乱也、権中納言兼顕卿為子

さらに彼らの法名に注目してみると、見秀・見瑞・見玉というように、多くの女子が「見」の字を法名に頂いている。先ほど述べたように、「見蓮上人門徒」は如導の房号である「見蓮」のいずれかの字を号として使用する慣習をもっていることから、蓮如の周辺のこれらの人物は、「見蓮上人門徒」であった可能性が高い(32)。

第四節　蓮如御文章「見玉尼章」発布の意図

以上に述べてきたように、「見蓮上人門徒」は法然門下の鎮西流一条派の法脈上にありながら、宋代天台浄土教学を直接受け継いだ泉涌寺の傘下にあって、いわば両流を股にかけつつも独立して活動した教団であった。公家や武家は「見蓮上人門徒」を通じて浄華院や泉涌寺を保護し、両流ともに栄えて安泰であった。おそらくは貧困の故に、本願寺で庇護することができなかった娘たちは、この「見蓮上人門徒」となって関係寺院に入寺していたと考

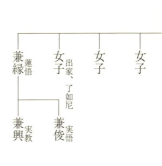

えられる。

しかし、彼女たちの中には、生涯のうちに一条派の「浄土真宗」から、本願寺の「浄土真宗」へと転向した者がいた。蓮如の妹の見瑞と、娘の見玉である。見玉は蓮如の下へ戻ってくるも、病気のために若くして命を落とし、彼女の死に際して、蓮如は「見玉尼章」[33]と呼ばれる御文章を発行する。以下に全文を掲載しておきたい。

(A)静ニ惟ハ、其人ノ性ハ名ニヨルトマフシハンヘルモ、マコトニサソトオモヒシラレタリ。シカレハ、今度往生セシ亡者ノ名ヲ見玉トイヘルハ、玉ヲミルトヨムナリ。サレハイカナル玉ソトイヘハ、真如法性ノ妙理如意宝珠ヲミルトイヘルコ、ロナリ。コレニヨリテカノ(B)比丘尼見玉房ハ、モトハ禅宗ノ渇食ナリシカ、ナカコロハ浄華院ノ門徒トナルトイヘトモ、不思議ノ宿縁ニヒカレテチカコロハ当流ノ信心ノコ、ロヲエタリ。ソノイハレハ、去ヌル文明弟《ママ》二十二月五日ニ伯母ニテアリシモノ死去セシヲ、フカクナケキオモフトコロニ、ウチツ、キマタアクルオナシキ文明弟《ママ》三二月六日ニ、アネニテアリシモノオナシク臨終ス。ヒトカタナラヌナケキニヨリテ、ソノ身モヤマヒツキテヤスカラヌ体ナリ。ツヰニソノナケキノツモリニヤ、ヤマヒトナリケルカ、ソレヨリシテ違例ノ気ナヲリエスシテ、当年五月十日ヨリ病ノ床ニフシテ、首尾九十四日ニアタリテ往生ス。サレハ、(C)病中ノアヒタニヲイテマフスコトハ、年来浄華院流ノ安心ノカタヲフリステ、、当流ノ安心決定セシムルヨシヲマフシイタシテ、ヨロコフコトカキリナシ。コトニ臨終ヨリ一日ハカリサキニハナヲ〱安心決定セシムネヲマフシ、マタ看病人ノ数日ノホネヲリナントヲネンコロニマフシ、ソノホカ平生ニオモヒシコトトモヲコト〱クマフシキタシテ、ツヰニ八月十四日ノ辰ノヲハリニ頭北面西ニフシテ往生ヲトケニケリ。サレハ、看病人モマタタレヤノヒトマテモサリトモトオモヒシイロノミエツルニ、カキリアルイノチナレハ、チカラナクテ无常ノ風ニサソハレテ、加様ニムナシクナリヌレハ、イマサラノヤウニオモヒテ、イカナルヒトマテモ感涙ヲモヨホサヌヒトトナカリケリ。マコトニモテコノ亡者ハ宿善開発ノ機トモイヒツヘシ。カヽル不思議ノ弥陀如来ノ願力ノ強縁ニアヒタテマツリシユヘニヤ、コノ北国地ニクタリテ往生ヲトケシイハレニヨリテ、数万人ノトフラヒヲエタルハ、タヽコトトモオホヘハンヘラサリシコトナリ。ソレニツイテコヽニアルヒトノ不思議ノ夢想ヲ八月十五日ノ荼毘ノ夜アカツキカタニ感セシコトアリ。ソノユメニイハク、所詮葬送ノ庭ニヲイテ、ムナシキケフリトナリシ白骨ノナカヨリ、三本ノ青蓮華出生ス、ソノ花ノナカヨリ一寸ハカリノ金ホトケヒカリヲハナチテイツトミル。サテ、イクホトモナクシテ蝶トナリテウセニケルトミルホトニ、ヤカテ夢サメオハリヌ。(D)コレスナハチ見玉トイヘル名ノ真如法性ノ玉ヲアラハセルスカタナリ。蝶トナリテウセヌトミユルハ、ソノタマシヰ蝶トナリテ法性ノソラ極楽世界涅槃ノミヤコヘマヒリヌル、トイヘルコヽロナリ、ト不審モナクシラレタリ。コレニヨリテ、コノ当山ニ葬所ヲカノ亡者往生セシニヨリテヒラケシコトモ、不思議ナリ。コトニ、荼毘ノマヘニハ雨フリツレトモ、ソノトキハソラハレテ月モサヤケクシテ、紫雲タナヒキ月輪ニウツリテ五色ナリ、トヒトアマネクコレヲミル。マコトニコノ亡者ニヲイテ、往生極楽ヲトケシ一定ノ瑞相ヲヒトニシラシムルカ、トオホヘハンヘルモノナリ。(E)シカレハ、コノ比丘尼見玉コノタヒノ往生ヲモテ、ミナ〳〵マコトニ善知識トオモヒテ、一切ノ男女ニイタルマテ、一念帰命ノ信心ヲ決定シテ、仏恩報尽ノタメニハ念仏マフシタマハヽ、カナラスシモ一仏浄土ノ来縁トナルヘキモノナリ。アナカシコ〳〵。

文明五八月廿二日　書之

蓮如が見玉を愛していたことがよく伝わる御文章で、特に後半に語られる「アルヒト」の夢と葬儀の描写は幻想的、かつ愛しい娘を亡くした父の心情が美しく表現されている。この御文章は近年特に女人往生を論ずるときによく注目されるようである。

しかし以上に述べてきたような社会風景や見玉尼の立場を考えると、ただただ娘が死んだことの哀しみを述べ、女人の往生を説き伝えることだけが、この御文章の主旨ではないことを知ることができる。

すなわち当時の京都の浄土宗は、諸行兼修の「見蓮上人門徒」が支える一条派一色であり、彼らこそが「浄土真宗」と認識されて、本願寺が門徒を獲得することは難しかった。本願寺を継承した蓮如にとって、関係の女性を本願寺で庇護できず、「見蓮上人門徒」としてしまうことは、複雑な心境であったであろう。公家・武家の帰依を集める「見蓮上人門徒」である限り、彼女たちの一生の身柄は保証されるであろうが、そこでは自身と同様の安心を得ることはかなわない。蓮如からみれば後生の身を確定づけるものではなかった。娘たちの後生を思えば、本願寺に戻したいところであるが、寛正六年（一四六五）正月には叡山僧徒の襲撃を受けて大谷本願寺は破却されてしまい、さらにその再興を禁じられてしまったため、なかなか状況が整わない。

こうした中、企図せずして見瑞・見玉が蓮如の下へ戻ってくる。「見玉尼章」では自主的に戻ってきたように描かれているが、おそらくは文明二年（一四七〇）十二月五日に頼みであった摂受庵主の見秀が亡くなり、摂受庵に居場所がなくなったのが現実的な理由で、蓮如の妹見瑞と見玉が、連れだって戻ってきたのであろう。見玉の妹の寿尊は摂州富田の教行寺へ入ることができたようである。翌年の四月、蓮如は叡山を避けて越前吉崎に下向し、ここで門徒拡大を図る。

蓮如とともに吉崎を訪れた見玉はしかし、文明五年（一四七三）五月十日に病に伏す。[34]「見玉尼章」によれば、見玉はその病の床で一条派の安心を捨てて、「当流の安心」を決定させた後、三カ月ほどの闘病の後に二十五歳の短い命を終えたという。

見玉の死は、吉崎での布教が軌道にのり、本願寺門徒が拡大していく過程に位置づけられる。本願寺の復興を目指す蓮如にとって「見蓮上人門徒」の存在は無視できない存在であり、幼い頃から「見蓮上人門徒」であった見玉を本願寺義へと改宗させることは、彼の至上命題であったであろうと推測される。見玉が亡くなるまでの短い期間ではあったが、父蓮如はおそらく初めて、幼い頃に入寺させた娘と濃密な時間を過ごしたことと想像される。不本意ながら「見蓮上人門徒」に預けざるを得なかった見玉を取り戻した蓮如は、娘に対して本願寺義を丁寧に説いたであろう。はたして娘見玉は「当流の安心」を得ることとなる。蓮如にとっては、娘が「当流の安心」を得たことこそが重要であったと考えられる。

実際に、「見玉尼章」の前半には、見玉が一条派を捨てて「当流ノ信心」「当流ノ安心」を得たことが二度にわたって述べられていることに気づく(B)(C)。また御文章の最後は、改宗した後に往生した彼女を善知識として念仏に励むべきことが強調されて締められており(E)、彼の主旨がここにあったことを示すものと考えられる。

さらに「見玉」の名の指す意味の変換が巧みに行われていることにも注目したい。「見玉」は前に述べたように「見蓮上人門徒」であることを示す記号的役割を帯びた法名であるが、しかし蓮如はこの名を「真如法性ノ妙理如意宝珠ヲミルトイヘルコ、ロナリ」と説明して、「当流ノ安心」によって真如法性の玉をみるに至った彼女の性質を表すものであると表明している(A)(D)。この点もまた、御文章内に二度にわたって説かれている。

このようにみてきたとき、「見玉尼章」は、改宗した後の彼女の死を通じて、本願寺義こそ「浄土真宗」であることを人々に喧伝する意図を持って発行されたものであったとみることができる。中国の最新の浄土教を直接に日本に伝えた「浄土教の本流」である泉涌寺義を援用し、「浄土真宗」と人々に呼ばれていた諸行兼修の「見蓮上人門徒」の立場では満足できなかった見玉が、まことに穏やかにすばらしい死を迎えることができたのは、「当流ノ安心」を得ることができたからである。京都で皆が「浄土真宗」と呼ぶ教えは、真実の意味では「浄土真宗」ではなく、本願寺義こそが「浄土真宗」であることを周知させることが「見玉尼章」発行の意趣ではなかったかと思う。

また親鸞義では、平生業成を説き、臨終のあり方と往生の可否を関連づけるようなことはない。しかし「見玉尼章」では、見玉の死に際して起こった瑞相が細かに描写されている（□内）。これは臨終時のあり方を重視する鎮西流に対応させたものであろう。すなわち鎮西流を離れながら、見玉は鎮西流で求められるような死を遂げたのである。これに対して、「見蓮上人門徒」の末寺とされる三時知恩院に入寺していた蓮如の四女妙宗は、『日野一流系図』によれば、十七年の病気の末に死の際には錯乱して亡くなったと記される。妙宗の悲惨な死に様があえて記された背景には、鎮西流安心の不安定さを告発するためではなかったかと思う。

まとめ

以上に述べてきたように、蓮如活躍当時、法然門下の正統と周囲に認められ、「浄土真宗」と他称されていたのは、鎮西流一条派であった。如導は一条派祖の礼阿然空が開基した法光明院で鎮西義と円頓戒を受けたとされており、礼阿の嫡流とでもいうべき立場にあった。結果的に向阿の門流が一条派を主張して、礼阿の正嫡と認識されるに至ったが、両者の法流は、相互助的な関係性にあったものと考えられる。一条派の中心寺院である浄華院の第五代等凞に香衣着用と国師号の勅許が下った半年後には、「見蓮上人門徒」の本寺である長福寺に三十五カ院の末寺が室町幕府によって安堵されている関係性や、経済的に逼迫した本願寺の子女が入寺した寺院はほとんどが「浄華院流」とされながら、「見」「蓮」を法名に使用する「見蓮上人門徒」であったことからも、一条派と「見蓮上人門徒」の関係性が透けてみえる。すなわち一条派は、如導のカリスマ性とマルチタレント性をアピールすることで、自門の多様性を主張することができるし、「見蓮上人門徒」は一条派の正統性をアピールすることで、自門の毛並みの良さを主張することができる。両者はいずれも礼阿門下であるという点で、他者からみたときには同一であるから、個人的にはそれぞれに思うところもあったかもしれないが、両者の利益は一致しており、どちらの門流が本当の嫡流か、などということは大きく問題にならなかったものと考えられる。

法然門下の正統として、多くは浄土教学研究や念仏行を中心とした活動を行ったであろう一条派に比して、「見蓮上人門徒」はより顕著な兼修態度をみせていたことは、以前に述べてきたことから明らかである。泉涌寺で受具足戒し、泉涌寺僧としても活躍をみせる彼らは、一条派の隆盛の波に乗って繁栄していき、結果として、泉涌寺内でも大きな勢力となっていったことが推測される。この点については次章に述べたい。

また勢いにのっていた礼阿門下に苦労していたのが蓮如である。若年時の蓮如周辺の叔母や妹、娘たちの多くは、「見蓮上人門徒」となって一条派の寺院に入寺していた。念仏本願を立て、諸行を否定する親鸞義を弘通しようとする蓮如にとって、自らに最も近しい親戚類が、諸行兼修を旨として生涯を終えることは、忍びなかっただろう。しかもそれが経済的な理由にもとづくものであったならば、なおさらのことではなかったか。娘見玉尼が自らのもとに還ってきたこともまた経済的なことに起因するものと考えられるが、彼女の改宗を通じた安楽な死を通じ、門徒に親鸞義こそ「浄土真宗」であることを喧伝する「見玉尼章」を発行した姿には、蓮如の宗教者としての信念を感じることができる。

以前より蓮如が御文章中で多用する「タスケタマヘ」の語は、鎮西流一条派を意識したものであることが真宗教学研究の上で指摘されてきた(35)。以上に述べてきたように、蓮如の周辺に実際に一条派の門徒が存在したことを鑑みたとき、蓮如が法然門下の中でも特に一条派を意識せざるを得なかった事情を知ることができると思う。

註

(1) 西谷功「泉涌寺開山への諸相」(上村貞郎編『御寺泉涌寺と開山月輪大師』、法藏館、二〇一一年、初出『寺社と民衆』第五特別号、二〇〇九年)。

(2) 親鸞の没年月日は弘長二年十一月二十八日であり、浄土真宗本願寺派ではこれを新暦に換算した一二六三年一月十六日を御正忌とする。本稿では他の人物の生没年も旧暦表記のものをそのまま西暦表記に符合させて使用しているので、親鸞没年に関しても一二六二年と表記した。

(3) 『三国仏法伝通縁起』(『仏全』一〇一、一〇五頁上―下)。

(4) 『源流章』(『大正』八四、二〇〇頁中)。

(5) 事実、凝然の『浄土法門源流章』は、諸行を認める流派が隆盛し、念仏のみを本願とみた流派の説は弟子たちによって修正されていったとみる歴史観が述べられており、凝然が念仏本願の立場に否定的であり、翻って諸行往生・諸行本願の立場を採っていたことがわかる内容となっている(拙論「凝然の浄土教理解――『大乗起信論』三心の解釈を中心に――」、『龍谷大学大学院文学研究科紀要』二八、二〇〇六年)。このことは凝然が諸行本願義を説く長西を師としていたことが大きな要因になっていたであろうと考えられる。

(6) 高雄義堅「宋代浄土教典籍と我国諸家の態度」(『宋代仏教史の研究』、百華苑、一九七五年)。彼ら全員が引用している戒度(?～一一八一～?)の著作は、いずれも俊芿や彼の門弟ゆかりの寺院に集積されており、泉涌寺関係者以外には日本へ将来することが難しかったことが西谷功氏によって明らかにされており(西谷功「「滄州」と入宋僧――南宋代における一律院の所在とその宗教的空間――」『二〇一二年度早稲田大学総合研究機構プロジェクト研究』第八号、二〇一三年)、親鸞をはじめとして法然門下が泉涌寺僧から浄土典籍を入手していた可能性がきわめて高いことがわかった。

(7) 『源流章』(『大正』八四、二〇〇頁下～二〇一頁上)。

(8) 『源流章』(『大正』八四、二〇一頁中)。

(9) 『源流章』(『大正』八四、二〇一頁中)。

(10) 凝然『維摩経疏菴羅記』巻九(『仏全』五、二二六頁上)。

(11)『浄全』三所収。
(12)『源流章』(『大正』八四、二〇〇頁中)。
(13)水野恭一郎・中井真孝『京都浄土宗寺院文書』所収「清浄華院文書」。
(14)中井真孝「中世の浄華院について」(同『法然伝と浄土宗史の研究』、思文閣出版、一九九四年)。
(15)玉山成元「浄土宗一条派の確立」(『佐藤密雄博士古稀記念論集　仏教思想論叢』、山喜房佛書林、一九七二年)。
(16)等凞の示寂年には異説がある。『新撰往生伝』は応永三十年(一四二三)九月十一日、『浄土伝燈総系譜』は寛正三年(一四六二)八月十二日、『清浄華院誌要』は寛正三年六月十一日、『黒谷誌要』は康正元年(一四五五)八月十一日とする。
(17)『大日本古記録』建内記巻二、三五頁。
(18)玉山成元註(15)前掲論文。
(19)『黒谷光明寺誌要』黒谷編(『浄土宗全書』巻二〇、三八〇頁)。
(20)『開山無人和尚行業記』(『続群書類従』九上)、「無人和尚行業記」(『大日本史料』六編之二一、延文二年五月二十七日条)。東福寺前住の在先希譲(?～一四〇三)が応永九年(一四〇二)四月八日に海蔵院で認めたもの。なお、これらの伝記をもとにして、如導の詳しい事績を紹介したものとして、大塚紀弘「中世都市京都の律家」(『寺院史研究』第一〇号、二〇〇六年)がある。
(21)書誌情報については、第二章第一節1の註(9)を参照のこと。引用は、野村恒道・福田行慈編『法然教団系譜選』(青史出版、二〇〇四年)五～六頁。
(22)吉田清氏は礼阿が浄音の門弟であった可能性を指摘している(吉田清「初期知恩院史考」、『印度学仏教学研究』一五―二、一九六七年)。
(23)書誌情報については、第二章第一節1の註(7)を参照のこと。引用は、牧哲義「『吉水法流記』『法水分流記』の翻刻とその研究」(『東洋学研究』三〇、一九九三年)九五～九六頁。
(24)野村恒道・福田行慈註(21)前掲書所収。本図を元として、聖光(弁長)―良忠―良弁―良栄という鎮西名越派の系譜を入れ込んで全体を作り変えたとされる『浄土惣系図』(名越本)(野村恒道・福田行慈註(21)前掲書所収)にも、同様に具足戒を受けた「良光受具足戒」が良智の同門として挙げられている。ただし『浄土物系図』は、西谷本・名越本いずれも、良智・良光を礼阿（然空）の直接の弟子としており、思空を掲載していない。なお『浄土物系図』よりも成立が下る『蓮門宗派』（野村恒道・福田行慈註(21)前掲書所収）にも、礼阿（然空）の直接の弟子として良智の名をみることができる。

(25) 吉村稔子「清凉寺蔵迎接曼陀羅と上品上生往生願」（『美術史』一二六、一九八九年）、本書第三章第一節1。

(26) 細川武稔「室町幕府と祈禱」（同『京都の寺社と室町幕府』、吉川弘文館、二〇一〇年）。

(27) 細川武稔「室町幕府年中行事書に見える寺社の参賀」（細川武稔註(26)前掲書）には、幕府の年中行事書をもとに、正月八日の参賀を許された寺社が図表化されているが、ここに長福寺は挙げられていない。幕府側の年中行事書に長福寺の名が挙がらず、寺社側の『視覃雑記』のみに長福寺の参賀について記されていることについては、考慮の余地があると思う。

(28) 玉山成元註(15)前掲論文。

(29) 真宗史料刊行会編『大系真宗史料　伝記編5　蓮如伝』（法藏館、二〇〇九年）所収。

(30) 『日野一流系図』（『真宗史料集成』七、五二三～五二九頁）。ただし注記は本論に必要なものを摘記した。

(31) 華開院は、園城寺住侶であった向阿が浄土門に入るために園城寺を出て初めに入ったとされる寺院で、中井真孝氏は向阿の開基ではないかとされている（中井真孝「浄華院の創建・補考」〈中井真孝註(14)前掲書〉）。

(32) 三男兼祐の法名も「蓮康」であり「見蓮」の「蓮」字を冠するものであるが、これは父「蓮如」の字を頂いたものである可能性が高い。事実、蓮如の息子の多くが法名に「蓮」字を使用している。

(33) 『真宗史料集成』二「諸文集」、一五〇～一五一頁。

(34) 『日野一流系図』内には「文明四」とされるが、蓮如「見玉章」が同時代史料として尊重されるべきであろう。

(35) 能美潤史「「タスケタマヘ」の変遷――『三部仮名鈔』から『御文章』へ――」（『浄土真宗総合研究』五、二〇一〇年）など。なお、この論文中に主な先行研究もまとめられている。

第五章　「見蓮上人門徒」による泉涌寺再興と違乱

第一節　「見蓮上人門徒」による泉涌寺再興

応仁の乱後の泉涌寺は「泉涌寺々衆等、一人モ不在京[1]」と評されている。すなわち京都から泉涌寺僧が消えた、というのである。もちろん大げさな表現ではあろうが、宋風堂宇のほとんどを失い、住むところもない。実際に多くの僧が再興を諦めたものだったのかもしれない。

さらにこの大乱の勃発をきっかけとして、守護の被官人らも荘園を押領し始めた。大乱の影響で地方寺領の知行が難しくなったことを受け、文明三年（一四七一）閏八月には、泉涌寺領として知行の実体のない所領は辞退すべきとの朝廷の決定がなされて、山科七郷散在の寺領と尾張国毛受の辞退が命じられた[2]。こうして応仁の乱により、泉涌寺は堂宇のみならず、経済的基盤を失った。

こうした泉涌寺の危機的状況を救う主体となったのが「見蓮上人門徒」だったであろう。第二章にみたように、十五世紀半ば頃、「見蓮上人門徒」は鎮西流一条派と共同して京都を席巻し、幕府の後ろ盾を得ていた。応仁の乱では長福寺も回禄したと伝えられるが、門徒数も多く、室町幕府という大きな檀越を得ていた「見蓮上人門徒」が、本寺である長福寺のみならず、惣寺に位置づけられた泉涌寺の復興に力を貸したことは想像に難くない。「見蓮上人門徒」にとって、泉涌寺はその活動と教義を担保する存在だったからである。

事実、寛永十年（一六三三）時点で泉涌寺の末寺とされるのは、安楽光院（山城）・悲田院（山城）・戒光寺（山城）・長福寺（山城）・永円寺（山城）・本願寺（山城）・寿命院（山城）・誠心院（山城）・観音寺（山城北野）・菩提寺（山城醍醐、三宝院御門跡内）・神宮寺（山城大山崎）・慶寿寺（駿州大津）・覚園寺（相州鎌倉）・大楽寺（相州鎌倉、覚園寺末寺、知行なし）・浄光明寺（相州鎌倉）・玉泉院（浄光明寺末寺）の十七カ院であるが[3]、このうち『視覃雑記』において長福寺とその末寺として挙げられる寺院は傍線部のとおりで、全体の三分の一強にあたる六カ院を数える。

山城国に所在している他の末寺においても、たとえば悲田院は長福寺末寺に挙げられてはいないものの、如導が再興した「見蓮上人門徒」ゆかりの寺院であり、醍醐寺三宝院内にあるという菩提寺は、あきらかに長典などとの繋がりによって末寺化されたものであろう。

すなわち江戸初期の山城国所在泉涌寺末寺は、ほとんどが元は長福寺の末寺、あるいは関係の寺院であったことがわかる。このことはつまり「見蓮上人門徒」が応仁の乱後の危機的状況にあった泉涌寺の内部に入り込み、結果として救ったことを示す証左と考えられる。しかしこのことは、泉涌寺にとって歓迎すべきことばかりではなかった。

第二節　泉涌寺領の違乱と首謀者賢等

1　監寺賢等による押領事件

永正十七年（一五二〇）八月五日付けの後柏原天皇綸旨によれば、元来泉涌寺供僧の所領であった泉涌寺新方丈と無量寿院、泉興寺の寺領が、賢等（?～一四九五～一五二〇～?）に押領されており、衆僧が寺中にも出仕できず、勤行できないということが数年来にわたって続いていたことがわかる。この綸旨は、賢等のそうした行いを停止させ、新方丈などの寺領の進止を泉涌寺および雲龍院に認めるものである。

（付箋）後柏原天皇

当寺新方丈幷びに無量寿院等、供僧所と為す処、領知に至る以下、賢等数年押してこれを管領し、一向に勤行沙汰に及ばざる由、近日聞食され畢んぬ。殊に其の身、朝儀に背き、寺中出仕能わず、彼れ是れ謂われ無き次第なり。就中泉興寺領、又以て前に同じと云々。所詮悉く本寺幷びに雲龍院これを進止せしめんとし、長日懃行、退転無く、いよいよ国家懇祈を致し、寺院再興に励むべき者なり。天気此くの如し、これを悉くせよ、以て状す。

永正十七年八月五日　　左中弁（花押）

泉涌寺衆僧中

当寺新方丈幷無量寿院等、為供僧所之処、至領知以下、賢等数年押而管領之、一向不及勤行沙汰之由、近日被聞食畢、殊其身、背朝儀、不能寺中出仕、彼是無謂次第也、就中泉興寺領、又以同前云々、所詮悉為本寺幷雲龍院令進止之、長日懃行、無退転、弥致国家懇祈、可励寺院再興者、天気如此、悉之、以状、(4)

以上の後柏原天皇綸旨に引き続き、翌月五日には室町幕府からも同様の奉書が出されており、賢等なる僧は公武両家にその非業を咎められ、泉涌寺は両家の協力によって守られたといえる。

泉涌寺新方丈幷びに無量寿院等の事、供僧所と為す処、数年賢等僧押して管領すと云々。次いで泉興寺領の事、押領せしむと云々。既に綸旨成せらる上は、存知せらるべき由、仰出られ候なり。仍って執達件の如し。

永正十七
九月五日　　貞運（飯尾）（花押）
　　　　　　時基（斎藤）（花押）

当寺雑掌

泉涌寺新方丈幷無量寿院等事、為供僧所之処、数年賢等僧押而管領云々、次泉興寺領事、令押領云々、既被成綸旨之上者、可被存知之由、被仰出候也、仍執達如件、(5)

泉涌寺新方丈は、本来は住持長老の居所であった。賢等の違乱によってその機能を失い、この頃には「見蓮上人門徒」の好相行のための道場として使用されていたことは、前に触れた（第三章第二節）。新方丈の違乱は、泉涌寺住持長老を排除することを意味したであろう。このため、この頃に住持をつとめた者は、居所がなく非常に苦労したようである。第六章で詳説したい。

また同じ頃であろうと思われるが、「槃多寺」の衆僧が泉涌寺に出たときの宿坊として、妙厳院の敷地を買い取ったにもかかわらず、やはり賢等が理不尽をはたらいて妙厳院を破却し、私房妙観院としてしまった。賢等を追い出し妙観院を廃し、その敷地が他人に渡らないように、と願い出る槃多寺聖諦の書状案文が泉涌寺に残されている。

「（端裏書）□州槃多寺状案文」

当寺僧衆、本寺住宅と為す妙厳院草坊の敷地等の事、諸老幷びに壇（檀）那相阿弥の申し分、買徳せし処、賢等房謂われ無く理不尽に、彼寺破脚（却）し候。〔寺中各御存知候〕。結句私の寺を妙観院と号して建立候事、言語道断に候。

然るに賢等遠く向後に、退転に及ぶ由候。敷地等、他に渡らぬ様に頼み奉り存じ候、衆中の為に〔仰付けられるべき事もっともに候〕。申上らるれば然るべき様に頼み入り存じ候。恐る恐る謹しんで言う。

槃多寺衆中
聖諦

泉涌御奉行中
見眼御役目参

当寺僧衆、為本寺住宅妙厳院草坊敷地等之事、諸老幷壇（檀）那相阿弥申分、買徳之処、賢等房無謂理不尽に、彼寺破脚（却）候、○[寺中各御存知候]結句私之寺お号妙観院建立候事、言語道断候。然ニ賢等遠向後、及退転由候、敷地等、不他渡様ニ奉頼存候、為衆中、[可被仰付事尤候]被中上者可然様ニ頼入存候、恐〻謹言、(6)

『視覃雑記』〔第二二九条〕には「妙観院賢等房」とあり、上記「槃多寺」の宿坊押領を裏づけることができる。「槃多寺」とは伊予国の繁多寺であろう。第五十一世長老として雄峯聖英（?～一五一七）が泉涌寺に入院し、修正会金光明懺法の再興に努めたことは以前に述べたところである（第三章第四節）。泉涌寺修正会復興のために多くの繁多寺僧が伊予から出仕していたのであろう。

問題の賢等は『視覃雑記』の記事中にいくつか散見されており、泉涌寺の「知事」として「監寺《かんす》」（住持にかわって寺院の管理・監督にあたる役職）の立場にあった人物で、泉涌寺の寺院経営の大部分にわたって権力を握る僧だったと考えられる。〔第二二九条〕には「妙観院賢等房、寺家令監寺」とあることから、いわば内部からの推薦によって彼が泉涌寺の監寺の立場に就いたことがわかる。ただし〔第二〇七条〕には「永正十一甲戌（一五一四）十二月十五日」の「於泉涌寺今方丈執行灌頂」時の記事として、「監寺僧順長房」とあるから、前掲の綸旨等が出されたときには賢等は監寺を罷免されていたようである。

以上の記事に遡ること二十五年前の明応四年（一四九五）十二月五日、後に泉涌寺長老となる先白善叙（一四三七～一五一〇）は、三条西実隆を訪ねて、賢等（堅等）の「悪逆の次第」を相談しており、実隆は「言語道断の次第、筆舌に述べ難し」と怒りを露わにしている。(7)二十五年以上前から繰り返されていた賢等の「悪逆の次第」がここに至ってなんとか留められたのである。

2　泉涌寺内での賢等の活躍

『視覃雑記』作者長典は賢等を口伝の伝承者として尊んでおり、しばしば彼の口伝について記している。たとえば〔第一一二条〕には泉涌寺修正会で「元日疏」を読む作法について述べられている。賢等が監寺職だったとき、長典は知客《しか》（住持補佐、修行僧監督）の役職にあり、二年間修正会の蔵主《ぞうす》役をつとめることになった。このときの維那が賢等であった。修正会の元日に疏を読むのが蔵主の役割であったことは、以前に述べたところである（第三章第四節）。このときには師であり宗師（長老）となっていた善叙（一四三七～一五一〇、善叙の長老就任は文亀元年〈一五〇一〉）が指南したとおりに行ったが、賢等から「仏事である荼毘などのときと祝言のときとは作法が異なる。いつもと同じようにやっていたなら不吉である」と聞かされ、詳しく尋ねたならば「これは聖光律師の口伝である」という。これを受けて長典は天下安全や寺家泰平を祈るときには口伝にあるように、祝言の作法で行うようになった。ある日禅観堂で坐禅を行っているときに、長典は善叙から「あのような法則は知らないが、どうしたのか」と尋ねられ、経緯をつぶさに伝えたところ、善叙は良いとも悪いとも述べることができず、以後はこのとおりになったという。

また同じく賢等がいうには、元日疏の中の「右金光明甚深妙典者○諸仏所証秘蔵衆聖護持妙法」の二十一字は一息に読み切ったのでは祝言にならないから、○の部分で「切りて切らざる」ように読むべきであるという。これも聖光房の口伝であるという。長典は「善叙も若いときには学んだだろうに失念してしまったのだろうか」とあからさまに師である善叙よりも賢等の口伝を重んじる姿勢を見せ、「おそらくは聖光房の口伝を賢等から相伝したのは長典のほかにはいないであろう、善叙さえも知らなかったのだから」と得意満面である。

また〔第一一三条〕には泉涌寺で行われる施餓鬼供養について、「密施食作法」を用いるのがよい、と同じく賢等が口伝したとされ、長典はこれにしたがう姿勢をみせている。実際現存の泉涌寺修正会執行の『泉涌寺懺文』において、「甘露呪」による密教施餓鬼が行われることは、以前に述べたとおりである（第三章第四節）。

さらに〔第一六〇条〕によれば、泉涌寺開山忌で行われていた非時食を賢等が停止し、夕ご飯（宿飯）の調達係として長典と楽邦院信性が活躍することとなったことが示されている。

このように賢等はさまざまの点で泉涌寺の儀式を変革した人物だったようである。それらは神式儀礼や密教の影響を伝えるものであった。これらの改変は、おそらくはそれまで泉涌寺が伝えていたであろう、「宋風」儀式の一部を、「和風」にすり替えたとみることができ、さらにこれが「宗師」である善叙を無視して行われたことに、賢等の寺院内権力の大きさを感じることができる。善叙がこれらの賢等の勝手な伝統の解体を苦々しく思っていたであろうことは想像にかたくない。『実隆公記』は賢等の「悪逆の次第」について詳しく述べてはいないが、おそらくは賢等は宗教儀礼などの教学面においても、寺院経営上の経済的な面においても、その立場を利用して、さまざまに泉涌寺を改革していたであろうことがうかがえるから、それらのことを「悪逆の次第」として善叙は実隆に通じたものと考えられる。

しかし賢等を監寺にしたのは、他ならぬ「寺家」＝泉涌寺である。賢等の改革は『視聴雑記』作者の長典をはじめとして、泉涌寺の多くの衆僧の支持を受けていたのであり、むしろ善叙のような立場の者は少なかったようである。後に詳しく述べるが、善叙は実隆を通じて天皇家の庇護を受け、泉涌寺長老へと登り詰める。しかし長老となってからも衆僧からの信望は決して厚くはなかった。

賢等は監寺として有能であったことは確かで、俊芿の辞世頌である「律師最後妙談辞世頌」には、長典による以下の元奥書が残されている。

本に云う、長典云う、此の書横絵一幅、応仁大乱紛失等。本監院（賢等）、求め得て、泉涌寺にこれを寄進す。同じく開山御筆勧進帳巻、これを寄進す。

本云長典云。此書横絵一幅、応仁大乱紛失等、本監院、得求、泉涌寺寄進之、同開山御筆勧進帳巻、寄進之、(8)

すなわち応仁の乱によって紛失してしまった俊芿の辞世頌や俊芿自筆の『造泉涌寺勧進疏』などを再度取得し、泉涌寺に寄進したのは当時の「監院（監寺）」であるとされており、すなわちこれは賢等のことであろう。応仁の乱の回禄後の泉涌寺復興を助けたのは、他ならぬ賢等でもあったのである。

第三節　「見蓮上人門徒」としての賢等

1　仁甫善悌の泉涌寺長老就退任劇

賢等の素性を知る上で興味深いのが、第五十二代仁甫善悌（?～一四九七～?）の泉涌寺長老就任と退任劇である。善悌は明応六年（一四九七）三月十七日に後土御門天皇綸旨により泉涌寺住持職に補任されている。

泉涌寺住持職の事、宝祚長久を祈り奉るべき者なり。天気此の如し。仍て執達件の如し。

明応六年三月十七日　　　右少弁（花押）

謹上　善悌上人御房

泉涌寺住持職事、可奉宝祚長久者、天気如此、仍執達如件、(9)

ところがこの就任劇について、『視覃雑記』は以下のような事件を伝えている。

仁甫宗師永円寺呈徳庵なり入院を催すの処、雲龍院先伯西堂、超越せらるべきこと難儀して相い支《う》ち、奏問せらる。「仁和寺見蓮門徒、長老に出世する例これ无し。勅許せらるるは曲无し」の由、云々。泉涌当監寺賢等、執奏して云う「長老に成らざる門徒と云う定めは、これ无し。彼の見蓮上人卅三回忌、公文をして長老為らしめ、又た見隆をして西堂為らしむ。太だ謂うまでも无し」と。先伯西堂、奏す事、三たびの由、執奏に依り長老と成る。（仁甫善悌は）安楽光院に往き、其の後、東坂本の処に隠居す。後土御門院の崩御明応九庚申年九月廿八日なり葬礼十一月十一日夜なり引導を為すべきの由、これ在りて、引導申せられ訖んぬ。先伯西堂、未だ長老に成らずんば、龕前疏これを読むなり。御位牌これ持つなり。

仁甫宗師永円寺呈徳庵也、催二入院之処一、雲龍院先伯西堂、可コトレ被二超越難儀而相支、被二奏問一、仁和寺見蓮門徒、出世長老例无之、被二勅許一者无レ曲之由云々、泉涌当監寺賢等、執奏云、不レ成長老一門徒ト云定、无之、彼見蓮上人卅三回忌、為二公文長老一、又為見隆西堂、太无レ謂、先伯西堂、奏事、三由、依二執奏一成二長老一、往安楽光院、其後隠二居東坂本一之処、後土御門院崩御明応九庚申年九月廿八日也、葬礼十一月十一日夜也　可為引導之由、在レ之、被申引導訖、先伯西堂、未レ成二長老一、龕前疏読レ之也、御位牌持之、（第一三四条）

善悌が泉涌寺長老になろうかというとき、自分の番だと目論んでいた善叙が、先に善悌が長老になるのを妨害しようとして、「仁和寺の「見蓮上人門徒」が長老に出世した前例はない。勅許が下るのは無念なことである」と奏聞したという。これに対して賢等は「長老になってはいけない「見蓮上人門徒」がいるという決まりはない。彼の見蓮上人の卅三回忌のときには、公文が長老となり、[10]見隆が西堂となったことは、今更いうまでもないことである」と反論したものの、善叙が再三にわたって執拗に奏し、自分が泉涌寺長老になってしまった。追い出されたかたちの善悌は安楽光院へ行くことになったという。

『実隆公記』は明応六年（一四九七）九月二十七日までに泉涌寺住持の退院があり、後土御門天皇の恒例の御受戒には代わって雲龍院善叙が参仕したことを伝えているので、[11]善悌の泉涌寺長老在任はわずか半年あまりのことであったことがわかる。泉涌寺文書によれば善悌の安楽光院住持任命は明応九年（一五〇〇）十二月二十日のことであった。[12]

ここで注目したいのは、善叙は、善悌が「仁和寺の「見蓮上人門徒」」であるということを理由として、彼の罷免を申し出ており、一方で泉涌寺監寺の賢等は「見蓮上人門徒」である善悌の長老就任を推挽していたという点である。

実は善悌の前にも泉涌寺長老で「見蓮上人門徒」であろうことが疑われる人物が何名かいる。たとえば第四十七世長老の性堂教見（一四〇五〜一四九六）は、「見蓮上人門徒」である長典の受具足戒師であるのみならず、教見という名に「見」の字をみつけることができる。また長福寺末寺とされる安楽光院出身の僧であることが『泉涌寺維那私記』に記されている。また第四十九世友雲聖憺（?〜一四九七）もまた号が見益であって「見」の字を付す人物であり、また『視覃雑記』〔第一四二条〕には長福寺末寺で泉涌寺内東南院〔第二五二条〕について、「近年東《見過》南院《見益》宿坊《順見》事、是又無人門徒也」と記されている。すなわち東南院住侶として名の挙がる「見益」は、おそらく聖憺のことで、彼は「無人（見蓮）門徒」である。聖憺は『泉涌寺維那私記』に「住方丈」とされる。方丈は本来長老の居所の意味であるから、聖僧が「住方丈」なのは当然である。にもかかわらず、これが記されるということは、その前後に方丈は賢等によって違乱されて住めなくなってしまうからではないだろうか。方丈に住むことができた人物＝「見蓮上人門徒」であったとも考えられる。また第四十八世春嶽全長（?～一四九一）も、長典の受沙弥戒時の師であり、四度加行の師でもある。長福寺に伝わった施餓鬼作法を泉涌寺で行う契機を作った人物であるともされており、また如導とゆかりの深い悲田院住持をしていた。名前等にその痕跡をみつけることはできないが、「見蓮上人門徒」ではなくとも、少なくとも「見蓮上人門徒」にきわめて理解のあった長老であったことは間違いなさそうである(13)。

このようにみてくると、この頃の泉涌寺住持長老は、「見蓮上人門徒」がなるか、それ以外の者がなるか、ある程度の駆け引きもあったのではないだろうか。第四十九世聖僧の後は、第五十世悦岩宣沢（?～一四八九）、第五十一世雄峰聖英（?～一五一七）と、「見蓮上人門徒」の痕跡のない長老が続いているので、賢等としては、どうしてもこのあたりで「見蓮上人門徒」から長老を出したいところであっただろう。善叙としては、今再び「見蓮上人門徒」の長老を出してしまえば、法務も寺務もすべてが「見蓮上人門徒」に掌握されることになり、どうしても避けたいところだったと考えられる。ゆえに「仁和寺」の「見蓮上人門徒」が長老となった前例はない、などという、「難儀」をふっかけて、仁甫善悌の長老就任を妨害したものと考えられる。

2　泉涌寺内に跋扈する「見蓮上人門徒」

以上に述べたように、賢等は「聖光房の口伝」にもとづいて、泉涌寺修正会での「元日疏」読み上げを祝言様に改め、施餓鬼会を密教作法で行い、非時食を停止した。聖光房が誰を指すのかこれだけの記事では判断しづらいが、

「見蓮上人門徒」が鎮西流を引くものであったこと、賢等が「見蓮上人門徒」である仁甫善悌を長老に推挙したことを総合して考えると、あるいは法然門下の聖光房弁長とも考えられる。

『視聴雑記』〔第一五九条〕によれば、泉涌寺開山忌には、賢等が知事となったときから「門徒」が全員出仕するようになったとされる（「賢等知事時ヨリ門徒皆請也」）。この「門徒」は、おそらく「見蓮上人門徒」とみてよいであろう。「見蓮上人門徒」が開山忌に出仕するようになってから、それまで行われていた非時食を停止してしまうという事例などをみると、おそらくはその他の行儀作法の変更も、それまで泉涌寺が伝えてきた宋風文化を廃して、「見蓮上人門徒」の特色が生かせる和風のものへと変更することが、あらゆる面でみられたものと考えられる。

このようにみてくると、賢等は「見蓮上人門徒」を泉涌寺内でかなり優遇しており、彼らの支持を受けることによって寺内でのし上がっていったことがわかる。賢等の「賢」は「見」にも通じており、彼自身が寺院内からの推薦によって監寺になったことなども踏まえると、彼自身が「見蓮上人門徒」であった可能性はきわめて高い。賢等の活躍は泉涌寺内の「見蓮上人門徒」によって支えられていたものとみることができ、泉涌寺内には多くの「見蓮上人門徒」がいて、泉涌寺をいわば乗っ取る勢いをみせていたことがうかがえる。

第四節　長福寺末寺の「泉涌寺末寺」化

1　長福寺末寺の「泉涌寺末寺」としてのイメージ

「見蓮上人門徒」の本寺である長福寺は、永享元年（一四二九）十二月七日付で、普広院殿（足利義教）から印をいただいた『目録状』を有しており、末寺三十五カ院の安堵を主張している。

永享元己酉年十二月七日、普広院殿御判目録状に云う「当寺（長福寺）中興開山見蓮上人、末寺卅五ヶ院の本寺と為す。互いに相い水魚の思いを成して、毎事談合せしめ、三宝紹隆・伽藍相続の沙汰致すべし」と。

永享元己酉年十二月七日、普広院殿御判目録状云、当寺中興開山見蓮上人末寺卅五ヶ院為本寺、互相成水魚、思令毎事談合、可致三宝紹隆、伽藍相続之沙汰矣　（第二五一条）

その三十五カ院は、『視覃雑記』（第二五二条）に明らかで、禅光院、観音院（寺）（付西松院）、遍照院、曼荼羅院、本願寺（付尊福院）、法明院（付満願寺）、後仏光院、善福寺、金台寺、楽邦院、泉涌内東南院、新善光寺、寿覚院、荘厳院、心蓮寺、勢至院、九品寺、善来堂、清浄光院、欣浄庵、三時知恩院、大慈院、浄楽寺、迎接院、称名寺、永円寺、迎接院（安芸国）、霊山寺、春田寺、保運寺、泉福寺、金剛宝寺、円光寺、安楽光院、寿命院の名が列ねられている。

しかしこれらを束ねる長福寺は、一方では泉涌寺の末寺であるから、周囲には上記の三十五カ院は泉涌寺末寺であるという認識が大なり小なりあったものと考えられる。戦後の混乱期からの復興途上にある長福寺にとって、そうしたイメージは命取りであったし、逆に泉涌寺にとっては好都合であったと考えられる。実際、後土御門天皇が崩御した明応九年（一五〇〇）時のこととして『視覃雑記』には以下のようなエピソードが紹介されている。

賀茂仏光院信充・楽邦院信性、明応年中、諸公事免除の綸旨の事、順長房に相い頼み申すの処、綸旨成り下されるに、勧修寺に伝奏す。故に是の順長房、得方に「泉涌寺末寺」とこれを載す。謂うまでも无し。長福寺卅五ヶの内なり。文无くこれを為す。末寺と称すべき儀、心得るべきものなり。正敷き後土御門院崩御の時分なり。

賀茂仏光院信充、楽邦院信性、明応年中、諸公事免除之綸旨事、相㆓頼順長房㆒申之処、被成下綸旨、伝奏勧修寺、

故是仁順長房、得方ニ泉涌寺末寺ト載之、无謂、長福寺卅五ヶ内也、為二之无文一、可称末寺儀、可心得者也、正
敷後土御門院崩御之時分也、
（〔第二一九条〕）

仏光院信充と楽邦院信性の公事免除の綸旨を出していただくにあたって、順長房が勧修寺（おそらく経熙）に伝奏を頼んだが、あろうことか順長房はこれに「泉涌寺末寺」と記載したという。仏光院と楽邦院を泉涌寺末寺とする文書は存在せず、長福寺末寺であるからよく心得るべきであるという。

順長房は賢等の後に泉涌寺監寺職に就いた人物である（一五一四年頃〔第二〇七条〕）。おそらくは善叙と同じく賢等らの「見蓮上人門徒」による違乱に対して不満を持っていた人物ではなかろうか。仏光院・楽邦院が長福寺末寺であるか、泉涌寺末寺であるかということは、長福寺住僧の長典にとっては、非常にデリケートな問題であったことがわかる。

また同様に〔第二五四条〕には、新善光寺が長福寺末寺であることを知らずに寺家（泉涌寺）の末寺であるとするのは、はなはだいわれのないことである（「新善光寺等可レキ存二知寺家ヲ之由云々太無謂者也」）とも主張されており、永享元年（一四二九）に幕府から安堵された長福寺の末寺が「泉涌寺末寺」と認識されることに対して、反発の態度をみせている。実はこの頃、新善光寺の住持は、泉涌寺五十三世長老先白善叙が兼帯している。[14]「見蓮上人門徒」ではない泉涌寺長老が兼帯すれば、「泉涌寺末寺」としてのイメージは強化される。泉涌寺はこうして長福寺末寺のイメージを塗り替えていったものと考えられる。

応仁の乱による回禄から半世紀、復興が本格的になっていく一方で、乱前の末寺安堵について、詳しく知る者は多くはないであろうから、どの寺院がどこの末寺であるのか、対外的に印象づけたり、再度安堵を得て周知することが、非常に重要だったのであろう。末寺をめぐり、泉涌寺・長福寺の間で互いに競り争われていたことがわかる。

2　「泉涌寺末寺」としての金台寺

長福寺末寺である金台寺についても、泉涌寺は自らの直末寺と認識させるべく、享禄元年（一五二八）に勅願寺の依頼をしていたことが、『お湯殿の上の日記』に明らかである。

　ひんかし《東》山のこんたい《金台》寺さかいのそうめい《細川晴元》色色申こと。ちよくくわん《勅願》寺につきてはいはれなき《謂われ無き》よし。くわんしゆ《勧修》寺におほせられて文いたさるゝ。せんゆ《泉涌》寺のやくしや《役者》この寺をもかけて《掛けて》もち《持ち》たるによりて申。(15)

すなわち泉涌寺側が細川晴元に依頼し、金台寺の勅願寺化を狙ったが、後奈良天皇は、勧修寺から「いわれなし」とのアドバイスを受けて、勅許を出さなかったという。このとき、泉涌寺の「役者」すなわち長老が金台寺を「掛け持ち」していたのを理由として、金台寺を勅願寺として寺領安泰にし、さらに泉涌寺の直末寺に位置づけようとしたものとみることができる。このときの長老が誰かは不明である。

勅願寺の請求が通らなかった泉涌寺は、翌年には長福寺が金台寺を違乱していると天皇に訴え、長福寺に「堅く成敗を加」えるように、という叡旨を受け取ることに成功している。

　こんたい《金台》寺の事、こそ《去年》たひ〳〵《度々》いらん《違乱》の物《者》とも候つるを、ふけ《武家》へ申され、六郎《細川晴元》にもおほせいた《仰出》され候て、寺けのりうん《理運》におほせつけ《仰付》られ候所に、いま《今》のちやうふく《長福》寺申かすめ《掠》、いらん《違乱》をいた《致》し、あまつさへ《剰》こんたい《金台》寺を人にとらす《獲》べきよし《由》申くわたて《企》候なる、さた《沙汰》のかきり《限》なるくせ《曲》事にて候、かの《彼》ちやうふく《長福》寺事ハ、本寺へたい《対》して、色、ふき《不義》のしさゐ《子細》とも候によりて、せんくわう《先皇》の御時、すて《既》にりんし《綸旨》をなされ、もんと《門徒》をはなさ《放》るへきよし《由》おほせいた《仰出》されいたされ候つるに、そのしるし《験》もなく、けつく《結句》、寺をはからい候、せひ《是非》もなきくせ《曲》事にて候、このよし《此由》しゆ《衆》中として、かたく《堅》せいはい《成敗》をくわ《加》へ、申とゝ《届》け候はゝ、しか《然》るへくおほしめ《思召》し候よし、申と

て候、かしく、
せんゆ寺しゆ中《（泉涌）（衆）》(16)

すなわち昨年の申し出のときから、天皇は金台寺の違乱について注視していたようで、このたび長福寺が金台寺を人手に渡そうと企てていたのを受けて、「堅く成敗を加」えるように伝えている。さらに長福寺は、本寺である泉涌寺に対して「色々不義の子細」があるとのことで、先皇（後柏原天皇：在位一五〇〇～一五二六）のときには「門徒を放さるべき由」の綸旨が出されていたにもかかわらず、まったく動きをみせていなかったことが強く叱責されている。

長福寺としては、金台寺は開祖如導が念仏修行を行い、また荼毘に付されたゆかりの寺院であるから、ゆえなく他人に譲与しようとしたとは考えにくい。また前年に金台寺の勅願寺化を依頼するときにも、泉涌寺長老が兼帯したというだけで、「泉涌寺末寺」であることなどは述べられていなかったようであるから、おそらく「泉涌寺末寺」であるということを保証するものは何もないのであろう。賀茂仏光院・楽邦院の事例と同じく、泉涌寺はこれまで直接支配関係になかった金台寺であっても、「長福寺の末寺は泉涌寺の末寺」として周囲に印象づけて、その知行を可能としていったものとみられる。

まとめ

泉涌寺には多くの「見蓮上人門徒」がおり、要職についていて泉涌寺の寺務の実権を握っていた。彼らは応仁の乱により回禄の憂き目にあって「泉涌寺々衆等一人モ不在京」(17)という状況の中で、泉涌寺の再興を大いに担ったであろう。まとめ役として監寺職を担った賢等は、散逸した開山俊芿ゆかりの寺宝を再度集め、資金も集め、泉涌寺の建て直しに大いに貢献したものと考えられる。

しかしその一方で賢等は、長老の居所である新方丈や、おそらく当時の長老で、修正会金光明懺法の復活に寄与した雄峯聖英を慕って入京した伊予国繁多寺僧が居した妙厳院を乗っ取り、彼らを排除する動きに出る。おそらくその背景には、「見蓮上人門徒」を中心とした泉涌寺運営への目論見があったものと考えられる。賢等は修正会金光明懺法の一部をいわば「和風」にアレンジし、「見蓮上人門徒」になじむ行儀へと変更するなど、野心にあふれた活動を行ったことが知られる。長老や塔頭住持（西堂）は、小野三宝院流と広沢西院流の両流灌頂を受けていなければならないという仕来りをつくり（第一三二条）（第一三三条）、密教修法によって執行される行事の再興などに尽力した（第二章第四節2）のは、おそらくは賢等の意向であったと考えられる。彼の活動は泉涌寺側からすれば「違乱」であっても、当時の大勢を占めていたであろう「見蓮上人門徒」からすれば、新しい風と感じたものかもしれない。結果的に責めを負う賢等であるが、彼の活動を問題視した善叙が三条西実隆に相談してから実に二十年以上にわたって、泉涌寺内で活躍し続けた。彼には彼の正義があったのであろう。

しかし十六世紀前半頃から、風向きは変わってくる。室町幕府の衰退と軌を一にするように、「見蓮上人門徒」も求心力を失った。『視覃雑記』の記述によれば、威風辺りを払う勢いであったと説明される「見蓮上人門徒」であるが、著された十六世紀前半頃には、その威勢は失われつつあった。『視覃雑記』には、昔は多くはなくとも公請による参内もあり得たが、近年には「教行廃学に依りて公請退転」するという有様であり（第一二九条）、また懇意にしていた将軍家との繋がりについても、毎月晦日の不動供の巻数進上は、賀叟住持（?～一四八七）[18]の頃を最後に断絶してしまい、将軍家代々の誕生日に行っていた大般若経の巻数のときに兼ねて行われるようになっていた（第二一七条）ようで、「見蓮上人門徒」の勢いは確実に失速していった。

賢等は監寺の座を降り、寺領押領を公武両家から責められて、長福寺と「見蓮上人門徒」は泉涌寺領や泉涌寺末寺領を違乱する悪僧集団として周囲に認識されるようになる。それまで長福寺の末寺として抱え、泉涌寺とは直接の関わりがなかったであろう寺院が、泉涌寺側のイメージ工作によって次々と泉涌寺末寺として周囲に印象づけられた。結果として長福寺は主要末寺である金台寺の知行を、泉涌寺に完全に奪われてしまう。

『視覃雑記』が書かれたのは、まさにこうした「見蓮上人門徒」苦境の時代であったといえよう。作者長典は、監寺賢等についで、泉涌寺寺務のナンバー2である知客の座にまで至った人物であり、威勢を振るった「見蓮上人門徒」の衰退に焦燥感を覚えていたものと考えられる。『視覃雑記』序文で「遺法廃滅するは、ただこの有十余年」とされるのは、まさにこの「見蓮上人門徒」としての生きることが難しくなってきた時勢を表したものであったのだろう。だからこそ、忘れ去られようとしている在りし日の「見蓮上人門徒」の活躍について、せめて記し残し、後世の者たちにその是非を問わんとしたものと考えられる。

註

（1）『親長卿記』文明二年十二月二十六日条（『増補史料大成』四一、一二頁上）。
（2）『親長卿記』文明三年後八月四日条、六日条（『増補史料大成』四一、六七頁上～下）。
（3）「北京東山泉涌寺末寺帳」寛永十年三月十二日（『泉涌寺史』資料篇、四〇九頁）。
（4）雲龍院文書一四「後柏原天皇綸旨（宿紙）」（『泉涌寺史』資料篇、三一九頁上）。
（5）泉涌寺文書六四「室町幕府奉行人連署奉書（折紙）」（『泉涌寺史』資料篇、二九頁下）。
（6）泉涌寺文書二一七「槃多寺聖諦書状案」（『泉涌寺史』資料篇、一二二頁下）。

(7)『実隆公記』明応四年十二月五日条（『実隆公記』三上、一四一頁）。

(8)『鎌倉仏教成立の研究　俊芿律師』（法藏館、一九七二年）四〇四頁。

(9)泉涌寺文書五五号「後土御門天皇綸旨（宿紙）」（『泉涌寺史』資料篇、二七頁）。

(10)『視覃雑記』（第一一二条）には「五十一代公文雄峯宗師」とみえ、「公文」は雄峯聖英の別号だったようである。ただし雄峯聖英の生没年は？～一五一七であり、「見蓮上人卅三回忌」時である一三八九年に長老となったとされる「公文」とは別人である。あるいは公文書によって長老となった者がいるという意であろうか。ちなみに「公文」の名は『泉涌寺維那私記』にはみることができず、また如導三十三回忌時の長老が誰だったのかも判定しづらい。

(11)『実隆公記』明応六年九月二十七日条「雲龍院安楽光院兼帯善叙上人参入、是泉涌寺住持退院之故也」（『実隆公記』三下、四四五～四四六頁）。

(12)泉涌寺文書五六「後柏原天皇綸旨（宿紙）」（『泉涌寺史』資料篇、二七頁上～下）。

(13)ちなみに『視覃雑記』（第一三四条）には、如導三十三回忌（一三八九年に該当）時に長老になったという「見蓮上人門徒」の「公文」が紹介されている。

(14)先白善叙は、一四九一年頃には新善光寺住持をつとめており、一五〇一年から泉涌寺長老となった。第六章に詳説。

(15)『お湯殿の上の日記』享禄元年閏九月三日条（『続群書類聚』補遺三、三一〇頁）。

(16)雲龍院文書一九「後奈良天皇女房奉書」（『泉涌寺史』資料篇、三二〇～三二一頁）。

(17)『親長卿記』文明二年十二月二十六日条（『増補史料大成』四一、一二頁上）。

(18)『視覃雑記』（第二四八条）に「長享元年十二月二十七日入滅」とあり。

第六章　先白善叙と「見蓮上人門徒」の攻防

応仁の乱後、寺院荘園は代官によって搾取され、そのまま押領されてしまうことが相次いでいた。泉涌寺も多分に漏れない。さらに泉涌寺の場合は、第五章で紹介したように、賢等を筆頭とした「見蓮上人門徒」によって、内部からも侵略されつつあったから、長老職に就いた者の苦労は並大抵のものではなかったようである。

実際この頃の泉涌寺の長老は、短い期間で交代を繰り返しており、『泉涌寺史』によれば永享元年（一四二九）から六年にかけて、第三十世長老の徳海教信から、第三十四世長老の久翁聖永までの五名がそれぞれ一年あまりで任命されたことが推測され[1]、また第四十五世長老の松岳舜禘から第五十世長老の悦岩宣沢までも、約十年間に六名が任命されていたことが推測されている[2]。おそらく他の者も同様に、多くは一～二年ほどの任期で交代していたものと考えられ、さらには『泉涌寺維那私記』（以下『維那私記』）上には表れていないが、辞任したものの次のなり手がなくて再任、ということもたびたびあったようである[3]。

このように、つまりは、なかなかなり手がいなかった泉涌寺長老職に、強い意欲をみせたのが先白善叙である。彼は後に述べるように、文亀元年（一五〇一）六月に泉涌寺長老職に就き、亡くなる永正七年（一五一〇）までの九年間もの間、泉涌寺長老職をつとめた。万延元年（一八六〇）成立の『泉涌寺維那私記』によれば、第五十三世の泉涌寺長老とされる。『実隆公記』永正七年二月二日条に「抑雲龍院善敘上人終以入滅云々、七十四歳歟」[4]とされるので、生没年は一四三七～一五一〇年であることがわかる。

彼は創建当初の美麗絢爛な宋風建築を備えた泉涌寺で青年期を過ごし、それが戦火によって無残に失われた瞬間に立ち会った。「泉涌寺々衆等一人モ不在京」[5]と評された泉涌寺僧の一人で、泉涌寺の復興を担っていった重要人物の一人である。

善叙は三条西実隆（一四五五～一五三七）との親交が深く、『実隆公記』にたびたび登場している。彼は実隆の協力を得て天皇との個人的な繋がりを得ることに成功し、泉涌寺末寺領の安堵を次々と受け、また多くの主要末寺を兼持して、泉涌寺を保護し、発展へと導いた。

善叙の業績については、『泉涌寺史』『雲龍院史』[6]にところどころ掲載紹介されている。本章はそれらとの重複も多いが、『実隆公記』の記事を中心とし、『視覃雑記』などの他の史料を合わせて、善叙の出世劇と、彼の泉涌寺復興の功績をまとめて紹介したい。「見蓮上人門徒」の泉涌寺違乱から泉涌寺を取り戻し、また長福寺末寺を泉涌寺末寺として直接に支配することが可能となったのは、実に善叙の努力によるところが大きい。彼の生涯を追いながら、彼と泉涌寺内「見蓮上人門徒」との攻防の歴史を辿りたい。

第一節　先白善叙の生涯と「見蓮上人門徒」

1　三条西実隆との出会い

善叙は、文明十一年（一四七九）三月十四日に、実隆の母の月忌法要に招かれる僧「宝林院」として挙げられるのが初出である。[7]「聖深」という名で通っていた。このとき、善叙は四十三歳、実隆は二十五歳である。『実隆公記』の中で、彼が初めて「善叙」と呼称されるのは、明応六年九月二十七日の泉涌寺前任住持が退院したことを示す記事の中のことで、これ以来「聖深」の名は使用されなくなる。泉涌寺長老職を意識し始めた頃から「善叙」の名を使用するようになったということであろうか。以後、本稿では混乱を避け、特に意図がない限りは、統一して「善叙」と表記したい。

実隆によれば、「宝林院聖深」の先師は、泉涌寺前住、雲龍院兼帯、宝林院主の公尊恵観（道号高岳）であるとされる。[8]宝林院に関しては、この公尊によって、寺領安堵の勅裁を求める書状の案が泉涌寺に保存されている。[9]この書状によれば宝林院は「泉涌寺別院」とされ、泉涌寺の北側に位置しており、第二十九世長老虚庵聖序の開基であるという。

また公尊は実隆の父公保の甥であり、また正親町三条実豊の孫であって、安楽寿院に養子に入った人物であるとも説明される。[10]実はこの部分については、善叙自身に関する解説と読むことも可能である。『泉涌寺史』では、以後に実隆が善叙を「年来知己」と記している箇所があることを理由として、「聖深上人の先師が実隆の一族であった、と解してまちがいないであろう」としている。[11]特に反論に値する史料もないので、本稿でもひとまず『泉涌寺史』の説にのっとって話を進めたい。

宝林院が正親町三条家に関係があることを示す記事は、『実隆公記』明応四年（一四九五）三月十六日条にもみることができる。これは権大納言正親町三条公治の葬儀の記事で、公治が宝林院に土葬してほしいと遺言していたものの、宝林院はこの当時、雲龍院の管轄下でかなわなかったので、二尊院で葬礼が行われたという。[12]公治は正親町三条実豊の曽孫とされるので、善叙の先師公尊の甥にあたろうか。

すなわち善叙は、彼の師によって、三条西家、正親町三条家の後ろ盾を得られる環境下にあったといえそうである。特に三条西実隆は、毎月十四日（母）と二十八日（父）の月忌法要を常としており、善叙はその法座に毎月のように出仕することで、実隆との親睦を深めたようである。

ただし、三条西家の菩提寺は二尊院であり[13]、回忌法要に善叙が出仕することはなかったようである。たとえば文明十六年（一四八四）十月七日から一週間かけて行われた実隆母の十三回忌法要[14]の勤行衆に善叙は挙げられていない。しかし彼はこのとき、勤行に使用するための大日如来像や位牌、浄土三部経を都度実隆邸に届けており、また実隆母の墓を修造するなど、法要そのものに参加せずとも、三条西家の法要のために細かい気配りをし、あれやこれやと世話を焼いている。また長享三年（一四八九）には、昨年十月の母の十七回忌法要が満足のいくものではなかったことから、実隆は五部大乗経を揃える決意をし、その料紙の取得を善叙に依頼している[15]。はたして善叙は翌延徳二年（一四九〇）に、早速料紙三巻分を工面している[16]。このような行き届いた気遣いが、実隆の信頼を得ることに繋がったのだろう。文亀三年（一五〇三）からは、善叙が住持をつとめる雲龍院において三条西家の盆供事を行うようにもなる[17]。

2　雲龍院住持までの道のり

善叙の所属していた宝林院は、雲龍院の代理として年貢の取り立てなどに関わっていたようで、延徳三年（一四九一）、善叙は濃州鶉田郷の金銭トラブルについて実隆に相談している。濃州鶉田郷は、龍樹寺殿の菩提料所とされており、三万疋のうち、知久遠院に一万五千疋、雲龍院に一万疋、永円寺に五千疋を充てており、雲龍院が管領であった。ところが雲龍院納所の秀憲が、知久遠院の分を納入しなかったので、知久遠院から直接代理の宝林院に請求が来てしまったという。結局秀憲は逐電してしまい、雲龍院住持までが登場しての大騒ぎに発展した。このときの雲龍院住持は泉涌寺第四十五世長老をつとめた松岳舜禘（?〜一四九一）である。善叙の対応が良かったものか、幸いトラブルは発覚から十二日という短期で治まったが、[18]その後も濃州鶉田郷の寺領の治め方については、いろいろと逡巡があったようである。[19]

この寺領近隣から出たものか、長享二年（一四八八）五月二十一日には、もと泉涌寺什物で、思恭筆の十六羅漢画像が、[20]濃州から寄進されて泉涌寺に戻った。おそらく『泉涌寺不可棄法師伝』に将来品として記される「十六羅漢二品三十二幅」ではないかと考えられるが、残念ながら現在には伝わらない。二十一日、善叙はこれを実隆に見せ、天皇叡覧にも供されている。[21]

雲龍院住持の松岳舜禘は、泉涌寺長老在任時より、天皇の御受戒のために毎月出仕しており、[22]高野山一心院は雲龍院を通じて文明九年に天皇との繋がりを得ていたことが確認されている。[23]宝林院が雲龍院の寺務を代理していたことも関係するのか、善叙は文明十五年には実隆と高野山一心院との間を取り次いでおり、[24]以後ときどき一心院は実隆邸を訪れることになる。[25]また善叙は他人の僧官受得のための取り次ぎを行ったりもしていて、細々と人の世話をすることが多かったようである。このような働きが認められてか、雲龍院内部においては、次期の雲龍院住持に善叙を推薦する雰囲気が自然と広まったようである。

そもそも雲龍院は、応永二年（一三九五）、開基である竹岩聖皐（一三二四〜一四〇二）の門弟によって相続すべきことが後小松天皇（一三七七〜一四三三、在位一三八二〜一四一二）によって勅命されており、以来次期住持は泉涌寺や雲龍院で自主的に決定していたようである。雲龍院には、以下の後小松天皇宸翰が残されている。

> 泉涌寺別院龍華・雲龍は、後光厳・後円融両代上皇、臨幸せし尊崇無双の霊場なり。朕、特に一ケ大願を立て、

永世叡襟に擬え、既に三代叡帰の勝地と為す。豈に不境の仏閣に非ざらんや、聖皐上人、三朝を参す、受戒師範なり。両代開基の忠労有り。故に院務職に於いては、門弟相続と為すべき儀、予議に及ばんや。堅く此の旨を守り祈るべし。

応永二年十一月　日

泉涌寺別院龍華・雲龍者、後光厳・後円融両代上皇、臨幸尊宗(崇)無双霊場也、朕、特立一ケ大願、疑(擬)永世叡襟、既為三代叡帰之勝地、豈非不境之哉、聖皐上人、参三朝、受戒師範、有両代開基忠労、故於院務職者、可為門弟相続儀、及予議乎、堅守此旨可祈、(26)

上記勅命が、十五世紀半ばに至っても変わらずに厳守されていたことは、『視覃雑記』の以下の記事からもうかがえる。

雲龍院住持、平僧の例なる事。大願院主の宗海、院家出て退院せしめ、其の跡に童真院主の明淳懺主一翁宗師これを譲与す。享徳四乙亥年二月九日、雲龍へ入院の処、竹巌門徒、含憤し、一山の僧、等しく同心せしめて、奏状を捧げ、他門の仁、住院すること無しの由□申す。これに依りて斟酌せられ、同十一日に退院し訖んぬ。宗海は安楽光院に住せらるる。□□閉籠衆、逐電の後には、又明淳懺主、雲龍院へ入院す。其の後□閉籠衆□申、勅許有る後、清泰院聖安、雲龍院へ入院し訖んぬ。明淳懺主は、惣寺へ入院し、一翁宗師と号す。松岳和尚、先伯に雲龍院を譲与す。先伯明叟に譲るの後、住持者无しなり。

雲龍院住持、平僧例事、大願院主宗海、院家出令退院、其跡ニ童真院主（明淳懺主一翁宗師譲与之、享徳四乙亥年二月九日、雲龍江入院之処、竹巌門徒含憤、一山僧、等令同心、捧奏状、他門仁無住院之由□申、依之被斟酌、同十一日退院訖、宗海ハ被住安楽光院、□□閉籠衆、逐電之後、又明淳懺主、雲龍院江入院、其後□閉籠衆□申、有勅許後、清泰院聖安、雲龍院江入院訖、明淳懺主者、惣寺江入院、号一翁宗師、松岳和尚、譲与先伯雲龍院、先伯譲明叟之後、无住持者也、
（第二二七条）

大願院宗海は、『維那私記』に第三十九世長老と紹介される宗海明範（生没年不詳）を指すのであろう。大願院は泉涌寺の塔頭寺院で、明範はここを退院して童真院主であった明淳（生没年不詳）に譲り、享徳四年（一四五五）二月九日に雲龍院へ入院した。すると竹岩聖皐の門弟が憤慨し、団結して「他門の者が住院すべきではない」と奏上した。聖皐門弟の意見が斟酌されて、明範はたった二日後の十一日に退院し、安楽光院に移ることになった。雲龍院に立て籠もっていた衆僧がいなくなった後、結局明淳が雲龍院へ入院した。その後には衆僧の申し付けを受けて、勅許を得た後、清泰院聖安（松岳舜禘）が雲龍院へ入院することになる。代わって明淳は泉涌寺に入院し、一翁宗師と名乗った。その後雲龍院は松岳舜禘から先白善叙、そして明叟聖鏡（一四五三～一五二〇）へと委譲された後は無住となったという。

雲龍院の聖皐門弟は、決して他門による雲龍院住持を許さず、たとえ泉涌寺前住であったとしても、他門の者が住持となったときには奏上して勅によって住持を即刻交代させるという手段をとったことがわかる。松岳舜禘は勅許を得てから雲龍院に入院したとされるから、彼の代からは聖皐門弟によって次期住持が定められた後に勅定を得て正式に住持となったようである(27)。

善叙の場合も同様の手続きが踏まれたようである。

『実隆公記』によれば、延徳三年（一四九一）九月、雲龍院長老松岳舜禘、悲田院長老春嶽全長(28)（?～一四九一）が相次いで示寂した。十四日の実隆母の月忌法要のときに善叙はこの旨を実隆に話している(29)。翌月十四日、再び実隆母の月忌法要で実隆邸を訪れた善叙は、雲龍院の衆僧が次の住持を自分に定めたことを実隆に伝え、実現のため

の応援を依頼した。実隆は善叙の雲龍院住持の実現のため奔走し、十七日には青蓮院に書状を送り、天皇に雲龍院住持のことについて執奏を依頼し、また雲龍院秀汎を呼び寄せて委細を申し含めた。二十日には秀汎が実隆邸を訪問して再び申し合わせ、二十四日には善叙本人と話をしている。二十七日には新しく悲田院長老となった友雲聖懵（?～一四九七）が実隆邸を訪れて、善叙の雲龍院住持実現のために肩入れすることを話した。三十日には秀汎と吉田兼倶（一四三五～一五一一）が実隆邸を訪れたので、叡慮の趣について相談した結果、翌十一月六日、吉田兼倶から雲龍院住持職は善叙にすべき旨が記された書状が実隆の元へ届いた。これが決定打となったようで、十六日には善叙の雲龍院住持が治定し、善叙は吉田兼倶に内々のお礼に向かい、実隆も青侍を派遣している。

雲龍院住持の勅定をいただいた善叙は、二十日には雲龍院に移住し、その報告とお礼のために二十四日午前に実隆邸を訪れ、また夕方にも雲龍院住持として参内して天皇と親王にお目にかかったことを報告するために実隆邸を再び訪れている。参内に際して善叙は「重宝」を持参したようで、翌二十五日にはそれを喜ぶ内容の女房奉書が実隆に届いた。実隆はこの奉書を雲龍院に送り、翻ってお礼の品を持参した使者を迎えている。実隆はさらに悲田院にも使者を送り、喜びを伝えたという。

こうしてさまざまの協力を得て、二カ月もの月日を費やしながらも大団円のうちに雲龍院住持職に就いたと思えた善叙であったが、しかし実隆は明応四年（一四九五）十二月十三日、再び雲龍院のことを勅定できないか勧修寺前大納言に伝え仰いでおり(30)、十六日に善叙は再度「入寺」したとされている(31)。どうも延徳三年（一四九一）時には、勅定したもののうまくいかなかったようである。

前に述べたように、雲龍院は開基竹岩聖皐の門弟相続が勅定されている。善叙が聖皐の弟子筋にあたるかどうかは史料がないので確かではないが、法名「聖深」の聖の一字が継がれている点や、まず最初に雲龍院衆僧によって善叙の住持が定められたことを鑑みると、彼は上記の後小松院の勅命に背く存在ではないように思われる。にもかかわらず、なぜ善叙は一度勅定されたはずであるのに、その四年後に再び勅定を受けねばならないような事態に陥ったのだろうか。

　善叙が最初に雲龍院住持を勅定された延徳三年は、翌明応元年（一四九二）に後円融院の百年忌を控えた、雲龍院にとって重要な年であった。後円融院は、父の後光厳院、子の後小松院とともに雲龍院開山竹岩聖皐に帰依し、本願となって龍華院を創建し、如法写経の場とするなど雲龍院の興隆に努めた。おそらくは充分な支度金もない中で、大壇越であった後円融院の百年忌という節目の年を、いかに印象的なものとして演出するかは、雲龍院にとって至上命題の一つでもあっただろう。この時期の雲龍院住持に善叙が推挙されたのは、彼の気配りの細やかさに皆が一目置いていたことも一因ではないだろうか。今後の天皇家との関わりを考えると、この法要は決して失敗できないものであった。

図1　後円融天皇尊像（雲龍院蔵）
土佐光信筆・後土御門天皇賛（重文・延徳四年）

　はたして善叙は、百年忌にあたって、絵所預の土佐光信に依頼して、後円融院の肖像画を新調（**図1**）し、法要を厳修した(32)。法要の後、善叙は新調した肖像画を禁裏に持参し、後土御門天皇の叡覧に供したとされる。[33] このことが功を奏したか、同年十一年三日、「泉涌寺衆僧中」宛てに京都や地方の諸末寺や退転してしまっている寺領、あるいは寺役に従わない寺領の在所等について、本寺泉涌寺の再興とともにこれらを知行し、さらに寺運を興隆すべき旨の後土御門天皇綸旨が出された。[34] さらに七年後の明応八年（一四九九）四月、善叙はさらに後円融院百年忌で新調した肖像画に後土御門天皇の勅賛を請い、さらには実隆に「後円融院尊影勅賛雲龍院常住」という銘と百年忌にあたって絵所預土佐光信に図せしめ、菅原和長朝臣の起草による賛語を宸筆された旨を裏書きするよう求めている。[35] こうして善叙による後円融院百年忌厳修は、泉涌寺の再興を誘因し、その後も天皇家・公家の関心を雲龍院に留め続ける契機となったのである。

さて、延徳三年の雲龍院住持就任の勅定後から明応四年の再勅定にかけての間、善叙はそれまで月に二度三度と訪れていた実隆邸にほとんど現れていない。延徳三年には十一月二十四日に勅定のお礼に訪れて以来姿を見せず、明応元年は十一月二十一日に「雲龍院入来」[36] とみえるものの、毎月のように参加していた実隆母の月忌法要には年末のみの参加となり、[37] 二年は五月の母月忌のみ、[38] 三年には善叙の名は一切みることができない。四年正月十一日に善叙が参賀に訪れた際、実隆は「去年以来、故有りて相謁えず、今日始めて向顔す」と記している。[39] 後円融天皇百回忌の準備や後処理があったとしても、これまでの善叙の行動からみれば、これらの空白は異例のことであった。

実は明応四年十二月十六日の再度の雲龍院入院に先立ち、同月五日に、善叙は実隆邸を訪れ、泉涌寺監寺賢等の「悪逆の次第」を実隆に語っている。実隆はこれに「言語道断の次第、筆舌に述べ難し」と怒りを露わにしており、[40] 十三日、再び雲龍院住持の勅定について勧修寺前大納言に伝え仰いだ。その結果として、善叙の再度の雲龍院入院が実現したのであった。すなわち延徳三年から再勅定までの間、善叙は賢等を筆頭とした「見蓮上人門徒」の嫌がらせを受けて、雲龍院住持がうまくつとまらず、実隆邸を訪れる暇もないほど四苦八苦していた可能性がある。

前に述べたとおり、延徳三年時、雲龍院衆僧の間で聖深が次期住持となることが決定した後、すでに泉涌寺を辞して悲田院住持となっていた友雲聖僭がわざわざ三条西家へかけつけて、善叙の雲龍院住持を支持する旨を伝えている。聖僭の号は「見益（賢益）」であり、『視覃雑記』〔第一四二条〕には長福寺末寺の泉涌寺内東南院の住僧「見益」について「是れ又無人門徒（見蓮上人門徒）なり」と記されることから、聖僭が「見蓮上人門徒」であったことは明らかである。彼は直前の延徳三年正月二十八日時点では、「泉涌寺長老」「賢益房」として天皇の御受戒師をつとめていて、(41)そのときには「住方丈」(42)であった。この頃賢等によって方丈は押領されていたから、方丈に住める長老は「見蓮上人門徒」のみであったことであろう。すなわち聖僭は「見蓮上人門徒」でありながら、直前に泉涌寺住持長老をつとめた人物であり、善叙が雲龍院住持になるにあたって、宗門内の反対勢力である「見蓮上人門徒」を説き伏せる役割を担っていたものと考えられる。すなわち「見蓮上人門徒」と一口に表現しても、当然のことながら如導の弟子筋にはさまざまの者がおり、賢等などのやり方をよく思わない者もいたということであろう。

実隆は善叙雲龍院住持の勅定が下ったときには悲田院にも使者を送ってその喜びを伝えている。聖僭のはたらきかけがあってこそ、善叙の雲龍院住持は実現し得たのであろう。

ともかく善叙は明応四年（一四九五）十二月十六日に、なんとか雲龍院住持職を正式に得た。

3　御受戒の戒師

後土御門天皇は、父後花園天皇の命日にあたる二十七日に、史料上の最初は文明六年（一四七四）八月(43)から、遅くとも『お湯殿の上の日記』の記述が残る文明九年（一四七七）からは毎月、泉涌寺や雲龍院、安楽光院らの長老を召して、追善のために受戒するのが慣例であった。さらに長享二年（一四八八）四月二十八日に母嘉楽門院が崩御してからは、毎月二十八日も加わった[44]。

『泉涌寺史』では、後土御門天皇の御受戒の最初は明らかではないとしても、毎月恒例であることがわかる文明九年頃、御受戒に参仕している雲龍院長老が、泉涌寺四十五世長老松岳舜締（号聖秀）であることから、おそらく舜締がすすめてこのことが始められたのではないかとしている[45]。『晴富宿禰記』文明十年（一四七八）十一月二十七日条によれば、「雲龍院主聖秀上人（舜締）」は「法音院主」でもあり、二、三年以前に泉涌寺住持となって、すでにこのときには「前住」であったという[46]。

『お湯殿の上の日記』によれば、文明九年（一四七七）五月の御受戒に安楽光院長老が「はじめて」参上し[47]、文明十三年（一四八一）二月の御受戒では、雲龍院聖秀（舜締）が「もともさようにしてありし（前にもそうであった）」と、安楽光院先住で泉涌寺住持となった僧を紹介している[48]。『泉涌寺史』では『泉涌寺維那私記』の記述から彼を第四十七世性堂教見（一四〇五～九六）ではないかとしている[49]。

また文明十四年（一四八二）正月の御受戒に泉涌寺長老が「はじめて」参上とされ[50]、以後は雲龍院聖秀よりも泉涌寺長老の参上が中心となる『維那私記』に従えば性堂教見の後に泉涌寺長老職に就くのは春嶽全長であるから[51]、この時の泉涌寺長老は全長であろう。また文明十六年（一四八四）二月の御受戒の記事には、「悲田院」が参上していて[52]、『泉涌寺史』ではこの「悲田院」を全長であろうとしている[53]。すなわち全長は文明十四年時点では泉涌寺長老として、文明十六年からは悲田院長老として、御受戒の戒師をつとめ続けていたと考えられる。

以後、御受戒の戒師は、泉涌寺・悲田院・雲龍院のいずれかがつとめることが慣例化していったようであるが、文明十八年（一四八六）四月の御受戒のときのみ「東南院」から出仕している。彼はおそらく『視覃雑記』で東南院住侶として「見益」として名が挙がる友雲聖憎であろう。文明十八年八月二日には悦岩宣沢（?～一四八九）が泉涌寺ならびに悲田院の住持に任命されており（『宣秀五位蔵人御教書案』所収の綸旨写、『泉涌寺史』本文篇、二二四頁）、八月の御受戒にはこの「泉涌寺新命」が戒師をつとめたという。

『維那私記』の記述を信用するならば、友雲聖僋は悦岩宣沢の前に泉涌寺長老をつとめていたようであるから、この年の正・二・三月の御受戒に参仕する「泉涌寺長老」は聖僋であろう。四月までに退院して「東南院」として再び出仕、さらに六・七・十・十一月に出仕する「泉涌寺前住」も聖僋と目される（五・九月には悲田院〈春嶽全長〉が出仕）。聖僋（賢益房）はその後再任されたようで、[54]『実隆公記』延徳三年（一四九一）正月二十八日条には、またもや「泉涌寺長老」として後土御門天皇の戒師をつとめている。そしてまた十月までには泉涌寺を退院して、悲田院長老職に移ったことは、前に述べたとおりである。彼はその後も御受戒の戒師としてずっと活躍していたようである。

さてこのようにみてくると、創始と目される松岳舜締についてははっきりしないが、その後は「見蓮上人門徒」と縁のある者が続々と参仕していたことがわかる。性堂教見は「見蓮上人門徒」である長典の受具足戒師であり、「見」の字を付す法名と、長福寺末寺の安楽光院におさまっているところから、「見蓮上人門徒」であることが疑われる人物であり、また春嶽全長も長典の受沙弥戒時の戒師と四度加行の師をつとめていることなどから、「見蓮上人門徒」ときわめて友好的な関係にあったことがわかる人物である。また友雲聖僋については、前に述べたとおり、「見蓮上人門徒」であることが明確である。文明十八年（一四八六）八月の御受戒は泉涌寺新住持の悦岩宣沢が出仕しているが、彼はこの年一度だけの出仕のようで、いわば顔見せ程度のものだったようである。

御受戒の戒師は天皇と直接対面する性質上、特定の僧が寺院を移ってもそのまま行うことが多かっただろうし、交代を考えた場合でも舜締がそうであったように、本来は前任者が後任者を連れて紹介するのが前提であったと推測される。明応頃には泉涌寺住持あるいは先住が戒師となるのが慣例となっていたとされるが[55]、これはこの頃までには戒師をつとめた者がことごとく泉涌寺住持経験者になっていたためと考えられる。御受戒の戒師となることは、泉涌寺住持への定石であり、一方で天皇のお近づきになることを指すから、今後の泉涌寺の方針を定める上では重要なポストだったであろう。

その御受戒の戒師の座が善叙に回ってくる機会は、彼が正式に雲龍院住持となった翌年の明応五年（一四九六）に訪れる。「雲龍院聖深（善叙）」に「泉涌寺長老が退院したので、毎月の御受戒で、悲田院が不参の時には参上すべし」との仰せがあったのである[56]。

このとき退院した泉涌寺長老が誰か判然としないが、第四十八世春嶽全長、第五十世悦岩宣沢はすでに亡くなっており、第四十九世友雲聖憎はこのときおそらく悲田院長老である。第五十二世仁甫善悌の泉涌寺長老就任は、明応六年（一四九七）三月十七日からであるから、この時点では長老ではない。とするならば、第五十一世雄峯聖英（?〜一五一七）か、第四十七世性堂教見の再任かのどちらかであろうが、明応五年三月時点で退院という点に着目してみれば、教見の再任とみた方が妥当ではないかと思う。教見は明応五年十一月二十一日に示寂したとき九十二歳であったとされるから[57]、高齢や体調を理由に長老職を辞退したとみれば不自然ではないだろう。教見や聖憎などの天皇の戒師を担っていた者は、天皇家と泉涌寺の繋がりを強固にする意味で、再任を乞われることも少なからずあったのではないだろうか。この頃泉涌寺長老とともに御受戒のために参内していた悲田院の聖憎は、『維那私記』によれば明応六年四月二十九日示寂とされる[58]。彼もこの頃には体調などの問題を抱えていたものと考えられ、毎月の参内は難しく、新しい戒師が求められていたものと推測される。

ここで声がかかったのが、当時六十歳の「雲龍院聖深（善叙）」である。おそらく彼を推挙したのは、雲龍院住持のときと同様、悲田院友雲聖億であろう。三月十五日、彼はこの仰せに対して「治め難い」と素直に実隆に相談している。以上に述べたように、御受戒の戒師の座は、「見蓮上人門徒」の関係者によって占められている状況である。雲龍院住持の職も、勅定を二度も下されることによって、ようやく前年の明応四年十二月に決着がついたばかりであった。内部衆僧によってさまざまに妨害を受けるであろうことが予想されるからこそ、実隆を頼って相談しにきたものと考えられる。

どのような対策をとったものか『実隆公記』の記述からは判断できないが、天皇の戒師の件はなんとか年内に決着がついたようで、明応五年十一月二十七日の記事には、善叙が御受戒のために参内し、その帰路に実隆邸を訪問したことがみられる(59)。

以後、善叙は定期的に御受戒のために参内し、その帰路に時々実隆邸に寄った。最初は悲田院聖億の代理として参上していた善叙であったが、先に述べたように聖億は明応六年四月二十九日に入滅する。慣例として泉涌寺新住持となった仁甫善悌が、しばらくは御受戒に参内していたようであるが、彼が退院したのを受けて明応六年九月の御受戒には善叙が参内している(60)。その後は善叙が御受戒を仕切ったものと考えられる。

御受戒は、後土御門天皇在世中には、父後花園天皇月忌である毎月二十七日と、母嘉楽門院（長享二年四月二十八日崩御）の月忌である毎月二十八日に行われ、後柏原天皇の代には後土御門天皇（明応九年九月二十八日崩御）の月忌である毎月二十八日と、母庭田朝子（延徳四年七月二十日崩御）の月忌である二十日に行われた。

4　安楽光院の兼任

明応五年（一四九六）十一月十九日、善叙は実隆邸を訪問して、安楽光院長老のことについて相談している。長老はすでに九十二歳で老病に伏しており、治る見込みもない。安楽光院で入滅してしまうのは憚りがあると思うから、叡慮を伺いたいとのことであった。実隆は内々に伺いをたてるが、問題なしとのことであったという。[61] その二日後の二十一日に長老は亡くなった。[62] 没年月日から、このときの安楽光院長老は、前泉涌寺長老であった性堂教見であったことがわかる。[63]

二十八日に御受戒のために参内した善叙は、帰途に実隆邸に寄り、安楽光院長老の死とともに自身に「住持の志」があることを実隆に告白している。[64] 安楽光院は格式の高い門跡寺院であるから、長福寺の末寺とはいえ、「見蓮上人門徒」の自由にできるものではなかったであろうが、「見蓮上人門徒」ではない泉涌寺関係者が住持するに超したことはない。

ところが十二月十四日、実隆母の月忌法要のために実隆邸を訪れた善叙は、「小松谷本願寺」が安楽光院住持を希望しているとのことで、彼を推挙すべきかどうかを実隆に相談している。この「小松谷本願寺」は、おそらく『維那私記』において泉涌寺第五十四世長老とされる明叟聖鏡であろう。後に述べるように彼は明叟をとても信頼していたようで、後に後継者と定めてあれこれと世話を焼いている。

しかし結果として翌明応六年(一四九七)五月二十一日、善叙が安楽光院に入院することになって、御礼のために参内し、実隆邸を訪問している。小松谷の聖鏡がまだ年若かったからかもしれない。このとき善叙は実隆が用意した僧物を着用していたようである。実隆は経済的状況から立派なものを容易できなかったようで「僧物頗慚愧」と歎いている。

5　泉涌寺・悲田院の兼任

善叙の泉涌寺長老就任は波乱含みのものであった。明応六年（一四九七）三月十七日に泉涌寺住持に補任された仁甫善悌の就任に関して、善叙は「仁和寺見蓮上人門徒」が長老になった前例がないことを理由として彼を罷免することに成功した（『視覃雑記』〔第一三四条〕、第五章第三節1に詳述）。同年九月二十七日の御受戒に、善叙は退院した善悌の代わりに戒師として参内[65]しており、この頃までに善悌は長老職を退任したことが知られる。わずか半年ほどの任期であった。しかし、善悌が泉涌寺長老職を下りたからといって、善叙がすぐに泉涌寺長老になることはなかった。

泉涌寺長老不在の明応九年九月二十八日、後土御門天皇が崩御され、約四十日後の十一月十一日に御葬儀が行われることとなった。泉涌寺は仁治三年（一二四二）に四条天皇の御葬儀を執行して以来、代々の天皇の御葬儀を担い、その導師は長老がつとめるのが慣例であった。このときの葬儀について、『視覃雑記』には次のように記している。

> 仁甫宗師（中略）後土御門院の崩御明応九庚申年九月廿八日なり　葬礼十一月十一日夜なり（のとき）、引導を為すべきの由、これ在りて、引導申せられ訖んぬ。先伯西堂、未だ長老に成らずんば、龕前疏これを読むなり。御位牌これ持つなり。
>
> 仁甫宗師（中略）後土御門院崩御明応九庚申年、九月廿八日也、　葬礼十一月十一日夜也、可為引導之由、在レ之、被申引導訖、先伯西堂、未レ成二長老一、龕前疏読レ之也、御位牌持之、（〔第一三四条〕）

このときの葬儀には前住である仁甫善悌が導師を行い、善叙はまだ長老となっていなかったので、位牌を持って「龕前疏」を読む役割を担ったとされる。後土御門天皇の崩御から御葬礼の次第は『明応凶事記』に詳しいが、ここでは雲龍院長老が「諷誦文」を読んだことが記されている[66]ことから、「龕前疏」とは、龕前での諷誦だったと考えられる。

この年の十二月二十日には、善悌宛てに安楽光院住持補任の綸旨[67]が出されており、同時に善叙は安楽光院住持を解かれたと考えられるが、しかしそれでも善叙が泉涌寺長老に補任されることはなかった。

文亀元年（一五〇一）六月五日、後柏原天皇の綸旨によって善叙はようやく泉涌寺住持に補任される。このときには悲田院住持も同様に善叙がつとめることになった。

泉涌寺幷びに悲田院住持職の事、存知せしむべく給う由、天気所候なり。仍って執達件の如し。

（文亀元年）六月五日　左少弁（勧修寺）尚顕

善叙上人御房

（異筆）「尚ゝ悲田院住持職の事、同じく存知せしむべく給い候なり」

泉涌寺幷悲田院住持職事、可令存知給之由、天気所候也、仍執達如件、

（異筆部分）尚ゝ、悲田院住持職事、同可令存知給候也[68]、

彼の泉涌寺住持補任は、来る雲龍院開山竹岩聖皐の百年忌を見据えて行われた可能性がある。竹岩聖皐は、後光厳・後円融・後小松三代天皇の信任を受けて雲龍院を開山し、応永九年（一四〇二）六月二十七日に示寂した。雲龍院住持は聖皐門弟によって相続されることが後小松天皇によって勅定されていたことは以前に述べたところである。文亀元年は聖皐の百年忌にあたり、代々の天皇の信仰を集めた雲龍院の現住持が泉涌寺長老として法要を執行することは、天皇家にとっても喜ばしいことであったと考えられる。

聖皐遠忌に先立ち、善叙は文亀元年（一五〇一）四月に何度も実隆邸を訪れている。[69]『実隆公記』文亀元年四月

八日条には、善叙の申請に関して勅裁が下りた旨が記されて、後柏原天皇綸旨が添付されているが、その内容は雲龍院修営のために天皇の黒戸御所を寄進するというものである。ここに引用された後柏原天皇綸旨には、竹岩聖皐長老の高徳があらためて追想されており、来る百年忌に対する期待がみられる。

　当院（雲龍院）修営の事、今度黒戸御殿を寄せられ了んぬ。早くその造功を致さるべし。殊に来る六月は開山竹岩和尚百年遠忌と云々。三朝の戒師、一宗の碩徳なり。もっとも彼の追修の懇誠を励まし、いよいよ令法久住の精祈を致さるべし。天気此の如し。仍って執達件の如し。

　　二月廿八日　　　　頭右中弁賢房

　雲龍院住持上人御房

当院修営事、今度被寄黒戸御殿了、早可被致其造功、殊来六月開山竹岩和尚百年遠忌云々、三朝之戒師、一宗之碩徳也。尤励彼彼追修之懇誠、弥可被致令法久住之精祈者、天気如此、仍執達如件、[70]

善叙は雲龍院の寺観を整えるため、また前年に崩御された後土御門天皇の形見を雲龍院に移築せんとして、実隆を通じて動いたことがわかる。

また明応八年（一四九九）四月、実隆を通じて明応元年（一四九二）後円融院百年忌のときに新調した後円融天皇御影に後土御門天皇の宸筆による勅賛を得たのも、この聖皐遠忌を意識したものであっただろう。

このように善叙は聖皐の百年忌を機縁として天皇家との縁をより強固にし、「御寺」としての性格を確固たるものにしようと動いていた。天皇家もこれに呼応するかのように、文亀元年（一五〇一）六月、大慈院喝食であった後土御門天皇の最末皇女が得度を志す。これにあたって、たとえ入院は遅くとも、十四日の得度には香衣を着して参内するよう要請する女房奉書が出された[71]。

六月十三日には善叙は泉涌寺住持として香衣を着して参内し(72)、翌日には女房奉書の依頼どおりに皇女の戒師として参内した。剃手は賢斎であったと伝える(73)。

この受戒の約二週間後、六月二十七日に開山の竹岩聖皐の百年忌が行われた。この法要が、黒戸御所を移した雲龍院で行われたものか、本寺の泉涌寺で行われたものか、史料がないので判断できないが、『維那私記』には、泉涌寺での毎年の聖皐忌法要を、次のように説明している。

同廿七日

雲龍院開山忌、逮当楞厳呪、行道、維那・蔵司本尊左方ニ立向、回向文

院門今日念七日《ニヤンシジ》

開山竹巌《チツタン》宗師大和尚(74)

すなわち法事では楞厳呪が唱えられ、大衆による行道が行われ、維那・蔵司による回向文が読まれる、というのが基本形だったようである。聖皐百年忌の法要がどのようなものだったのかについては、『視覃雑記』に以下のように伝えられる。

長老は、泉涌寺住持と為す、故に必ず綸旨勅請を成せらるなり。西堂首座等は然らず、故に勅許に非ざるなり。爰に近年、泉涌寺に於いては、未だ開祝言を用いざる輩、綸旨又は女房奉書これを給うなり。是れは別の事なり。先伯西堂の香衣は此の分なり。同じく未だ入院せずして、雲龍院開山竹巌宗師の百年忌文亀元年酉年六月廿七日に香衣袈裟を着し、長老と成られよと女房奉書に云々。半斎に及ぶも、寺官等、出仕せず、恥辱に及ぶ。維那、出仕に於いては、疏有るべきの処、大衆も少々出ざるの間、疏の沙汰に及ばず。楞厳神呪、先伯新長老これを始めらる。長典等、出でざるの由、相い催せらると雖も、前々自り依師を頼み奉り、疎略无き故に、出でずにこれ

見訖んぬ。未だ入院せざる輩、塔頭に於いて長老と成る事、前代未聞の事なり。

長老ハ為泉涌寺住持一、故必被成綸旨勅請也、西堂首座等不然、故非　勅許也、爰近年、於泉涌寺、未タレ用二開祝言一輩、綸旨又ハ女房奉書給之歟、是ハ別事、先伯ノ西堂香衣ハ此分歟、同未レ入院一、雲龍院開山竹巌宗師百年忌文亀元年酉年六月廿七日着二香衣袈裟一、被レ成二長老一、女房奉書云々、及半斎一、寺官等、不出仕一、及二恥辱一、於二維那出仕一者、可レ有レ疏之処、大衆モ少々不出之間、不及二疏沙汰、楞厳神呪、先伯新長老被レ始之、長典等不出之由、雖レ被相一催一、自前々奉レ頼二依師一、无二疎略一故ニ、不レ出見之訖、未入院輩、於二塔頭一成二長老一事、前代未聞事、

（第一三一条）

善叙は女房奉書にしたがって、聖皐の百年忌法要においても、泉涌寺長老として香衣を着けて出仕した。ところが、半斎（早朝の粥と昼食の間の時間）になっても寺官が出仕しなかった。行道が行われるどころの話ではない。維那は出仕して「疏（回向文か）」を読む役者であったが、大衆も出仕していないということで、「疏」が読まれることはなかった。楞厳呪も善叙が自分で読み始めなければならないような有り様であったという。なんとも非情なことに、善叙の弟子にあたる長典でさえも、「（出仕するように）声がけされたけれども、前々から依師として立てており、疎かにしたことはないから」という理屈によって「不出」であったという。

泉涌寺衆僧の不評を買ったのは、まだ善叙が「入院」前であるとみなされたことによる。長典の理屈によれば、泉涌寺長老というのは、「住持」すべき存在であるからこそ、必ず綸旨による勅定が必要なのであるという。近年泉涌寺においては、まだ「開祝言」を用いていないにもかかわらず、長老補任の綸旨や女房奉書を給うことがある。善叙が泉涌寺長老しか着用が許されない香衣を着ているのは、まさに「入院」せずに勅許を得た結果である、と主張する。「開祝の言」というのは、おそらくは長老として入院したときに行う儀式を指すのであろう。

『視覃雑記』（第一六一条）には、「泉涌寺入院布施物。僧衆は十疋、沙弥・喝食・行者は五疋宛ての事、西堂と成るもこれに同じ事なり」とあり、衆僧は新しい長老を迎えるにあたって、布施を行わなければならないことが明らかである。衆僧の心からの賛同がないことには入院ができない構造になっているのが透けてみえる。衆僧の布施によって入院の儀式が行われるのであれば、衆僧から賛同を得られずに布施が集まらなければ、入院の儀式は行えない。入院の儀式をしなければ「入院」はかなわず、「入院」していなければ「住持」ではない。すなわち入院の儀式を行わなかった（行えなかった）善叙は、「入院」してもいないのに、塔頭である雲龍院にいながら、綸旨や女房奉書を楯に「長老」となった「前代未聞」の僧であるとされた。天皇からの勅定よりも寺院内の理屈が優先されていた現実をここにみることができる。

『視覃雑記』によれば、先住である雄峯聖英もまた「入院の儀式」を行わずに「住持」となった僧であるという。

泉涌寺、入院の儀式を用いず住持せらるは、伊与繁多寺僧、雄峯宗師なり。妙観院賢等房、寺家をして監寺せしむるの時、五十疋の功銭これを取る。旧儀等を打ち破ること此くの如し。其比老若の朝哢なり。雄峯も後悔せられ、茶礼もせず、口惜敷きことと申すの由これ在りと云々。

泉涌寺、不レ用二入院ノ儀式ヲ一被二住持者、伊与繁多寺僧、雄峯宗師也、妙観院賢等房、寺家令監寺之時、五十疋功銭取之、旧儀等ヲ打破如此、其比老若之朝哢也、雄峯モ被後悔、不茶礼、申口惜敷之由在之云々、

（第二二九条）

『維那私記』によれば、聖英は善叙の二代前の泉涌寺住持で、伊予国繁多寺から泉涌寺住持に迎えられた。応仁の乱によって途絶えていた修正会金光明懺法を復活させたのは、まさに彼である（第三章第四節）。彼は「入院の儀式」を行わないだけでなく、賢等が監寺職に就いたときに五十疋の上納金を取るなど、旧儀を打ち破っていったが、

常に泉涌寺衆僧の笑い者であり、結果的には自分の所業を後悔して「茶礼もせずに申し訳なかった」と言ったという。彼が「入院の儀式」を行わなかったのは、おそらく田舎末寺から迎えられたこともあって衆僧の信頼を得ることができず、善叙同様に儀式を行えない状況に陥ったのだろう。しかし田舎末寺から出てきた彼には住む場所がなく、泉涌寺に「住持」せざるを得なかった。賢等から上納金を取ったのは、彼が泉涌寺内で力を持つことを怖れたためかもしれないし、あるいは繁多寺ではそうした作法になっていたのかもしれない。彼の行為は悪意をもって衆僧内に広められ、かえって信頼を損ねたものと推測される。聖英は長老でありながら、事務方トップの賢等の機嫌をとらねば寺院運営ができない状況に追い込まれていたであろうことが推測される。

『実隆公記』明応五年三月十五日条において示される「泉涌寺長老の退院」が、上記のように再任した性堂教見であるとするならば、雄峯聖英はその後から仁甫善悌が泉涌寺住持となる明応六年三月十七日までの約一年間だけの住持であったと考えられる。『視覃雑記』〔第二四二条〕によれば、聖英は「永正十四丁丑（一五一七）六月六日入滅」であり、このときにはそれほど老齢であったとは考えにくい。あるいはこの頃、賢等に居所である方丈を押領され、さらには繁多寺僧の宿坊であった妙厳院までも押領されたことで、行き場を失ったものかもしれない。

これらの記事から判明するのは、自らに与しない者が重要寺院を「住持」することを阻む「見蓮上人門徒」の閉鎖的性質とその団結力である。善叙（おそらく雄峯聖英も）は泉涌寺長老職に補任されても、実質的に泉涌寺に住むことができず「住持」することができなかった。善叙は雲龍院に留まり続けるしかなかったものと考えられる。このことは皇室も、また実隆もよく知っていたようで、前述の大慈院喝食の出家の戒師として六月十四日には香衣を着て参内するように告げた女房奉書においても「入院は遅くとも」と記されており、また『実隆公記』においても、善叙は泉涌寺長老となった後にも「雲龍院」と呼称されていることからわかる。善叙は死ぬまで泉涌寺長老職にあり続けたが、彼が亡くなった場所も雲龍院であったし、実隆は善叙の死去についての記事でも彼を「雲龍院善叙」と記している。あるいは善叙は泉涌寺長老でありながら、生涯泉涌寺を「住持」することがかなわなかったものかもしれない。

6　寺領の保護

泉涌寺長老となった善叙は、自らの住持寺院の寺領安堵の勅許を得るために精力的に働いた。

まず文亀元年（一五〇一）には、宝林院の敷地について実隆に相談している。[75] 具体的なことは史料からはわからないが、先師公尊と同様に、宝林院の敷地安堵を請うたのかもしれない。

また永正元年（一五〇四）には、「新善光寺の事」を実隆に相談している。遡ること十三年前の延徳三年（一四九一）正月二十八日、善叙は実隆父の月忌法要のために実隆邸を訪れているが、このとき実隆は「新善光寺聖深大徳」と彼を紹介している。[76] このことから一四九一年までに善叙は新善光寺をも兼任していたことが判明する。どのような経緯を経て新善光寺住持となったのかは伝わらないが、長福寺末寺の一つである新善光寺の住持職の立場を、善叙は死ぬまで手放さなかった。

この頃の新善光寺の寺地については、前に述べたとおりよくわからない（第二章第三節10）。もとは一条大宮に所在していた新善光寺であるが、応仁元年（一四六七）十一月、兵乱によって新善光寺は回禄炎上し、「泉涌寺派寺院本末改帳写」によれば、文明五年（一四七三）に僧華空が泉涌寺山内へ移建したとされ、[77]『視覃雑記』〔第二三〇条〕によれば、「文明十八丙午（一四八六）正月廿六日」頃、「此の時は、宝明院（法明院）の南、新善光寺有り。南北□間奥東西六間、在家の造寺これ在り」という。新善光寺は、武家の尊崇を集め、多くの寄進があったようであるから、あるいは泉涌寺内に移建した後にも、在家からの寄進などによって、別院のようなものが建てられたものかもしれない。

永正元年（一五〇四）に実隆に相談した「新善光寺の事」とは、このように分散してしまっていた新善光寺の敷地寺領の整理についてではなかったかと推測される。というのも、善叙は二年後の永正三年（一五〇六）には、改めて新善光寺の敷地安堵勅裁について、実隆に相談しているからである(78)。四月五日に実隆邸を訪れた際には、善叙はすでに敷地文書を作成して持参していて、あとは勅裁を待つばかりの状態であった。このときの綸旨が新善光寺に残されている(79)。

二十八日に実隆父の月忌法要に訪れた善叙に対して、実隆は右の綸旨とは別に女房奉書を渡したという。この女房奉書は、『実隆公記』の裏書きとして残されており、新善光寺の敷地を安楽光院内に移動させる旨の勅許についてふれたものであったことがわかる。すなわち善叙は泉涌寺外に作られた新善光寺については、これを安楽光院内に移す計画を立てていたことが知られる。

しんせんくわうゐん《（新善光院）》の事につきてうんりうゐん《（雲龍院）》申のやうくわしく《（詳）》申され候、寺りやう《（領）》なともそのしちも候ハぬニ、まつ人たいをさためをき《（定め置き）》候へき事、しかる《（然）》へくおほしめし《（思召）》候、あんらく光ゐん《（安楽光院）》の中ニかまへ《（構）》候もゆへ《（故）》ある事にて、くわしく《（詳）》御心え《（得）》をなされ候、それニつきて文の事心え《（得）》候、二三日のうち《（内）》ニかならす《（必）》いたされ《（致）》候へき候、ちよくさい《（勅裁）》ハ申うけ《（受）》られ候ことく御心え《（得）》候てした、め《（認）》られ候やうニ、頭中将《（公條）》との《（殿）》へつた《（伝）》へられ候へく候、又六郎《（細川澄元）》けニ〳〵とのふり候とて候、かやうニ候て世のしきもいさ、か《（聊）》しかる《（然）》へきやう《（様）》ニあらた《（改）》まり候ハんするやらむ、これも思ひのふか《（深）》なる事とおほしめ《（思召）》し候へ(80)、

このとき安楽光院はまだ今出川京極上ルに存在していたようであり、おそらくは明応九年（一五〇〇）から前泉

涌寺長老の仁甫善悌が継続して住持をつとめているものと考えられる。

同じく長福寺の末寺である安楽光院の中に、新善光寺を移建することを「故あること」と理解したものかどうかはわからないが、「見蓮上人門徒」からすれば、二つの末寺が一つにまとめられてしまうのだから、歓迎すべきことではなかったであろう。またせっかく安楽光院住持を「見蓮上人門徒」である善悌がつとめているのに、その中に善叙が住持をつとめる新善光寺が入ってきたのでは、いろいろとやりにくいであろう。善叙の狙いはここにあったものと考えられる。

さらに善叙は、永正六年（一五〇九）には、泉涌寺末寺の善能寺を勅願寺とし、寺領の勅裁を求めて実隆を頼っており、四月十一日にこれが勅許されている[81]。

実隆を頼り、天皇から勅定を得ることで、善叙は自分に縁のある寺院を守ろうとしたものと考えられる。

7 仏牙舎利の保護

管領細川政元の留守に山城守護代の香西元長が山科一帯を攻撃するために東山に陣を構えたとのことで、泉涌寺に再び戦火の危険が迫った。永正二年（一五〇五）九月十日、善叙は泉涌寺から仏牙舎利を持ち出し、実隆邸へ避難している。二日前には泉涌寺で舎利会が勤修されていたはずである。実隆邸も安全ではないということで、十四日の夜には仏牙舎利は禁裏の小御所へ移された。ところが天皇もこれに困惑したようで、「この機会に舎利を頂戴できることはうれしいが、小御所も危険であるから、とりあえずは安置するけれども、早くしかるべき処置をとるように」との叡旨が下っている。細川政元が帰洛したことによって、元長が嵯峨に引きこもり、危機は回避された。二十八日には三時知恩院で内々に結縁し、泉涌寺に無事仏牙舎利は戻ったという[82]。

さらに永正六年（一五〇九）六月二十八日、後柏原天皇は恒例の御受戒の日に、舎利頂戴を所望されたので、善叙は持参して参内した。後柏原天皇は、これを勅封ならびに武家御封すべきであるとして、禁中御頂戴の後には、将軍義稙にも参じて御頂戴、退出のついでに実隆の望みどおり、実隆邸を訪問し、実隆も仏牙舎利を拝見した。このときは伊勢貞陸の女房衆も来て拝見したという[83]。

前に述べたとおり、『視覃雑記』〔一二六条〕には、至徳二年（一三八五）三月二十九日、後小松院の代にも、舎利勅封が加えられていたことを伝える（第三章第三節）。後柏原天皇の勅封は、後小松院の代に行われたことを踏まえて行われたものかもしれない。

8　後継者の保護

永正四年（一五〇七）頃から、善叙は体調を崩すことが増え、実隆父母の月忌法要に「所労」のため欠席することが増えた[84]。毎月の御受戒だけは欠かさず参内していたようであるが、永正五年六月にはついにこれも欠席している[85]。

善叙はこの頃から自分の遺志を継ぐ者として、小松谷本願寺明叟に白羽の矢を立てたようで、ときどき明叟と思われる小松谷関係者を連れて実隆邸を訪れている[86]。またこの頃善叙は明叟が香袈裟を着用できるように勅許を願い出ていたようで、十二月三日には善叙が、十五日には明叟が、「袈裟」の勅許が下ったことの御礼に実隆邸を訪れている[87]。永正七年（一五一〇）正月二十八日には、明叟が実隆邸を訪ね、本日が御受戒の初参であったことを報告しているから[88]、香袈裟の着用勅許は、天皇への御受戒の戒師となるためのものであったことがわかる。善叙は自らの死後、自らの代わりに明叟が御受戒をつとめることができるように、生前にレールを敷いたものと考えられる。

これまでみてきたように、御受戒の戒師をつとめることは、泉涌寺長老職への一番の布石である。他の者が泉涌寺長老職に就くことがないよう、善叙は策略を練ったと考えられる。

善叙の思惑どおり、明叟は善叙亡き後、泉涌寺・雲龍院の長老職に就くが、しかし善叙同様に衆僧の嫌がらせを受け、なかなかに治め難い日々を送ったようである。これについては後に述べる。

9 遺言

永正七年（一五一〇）一月二十六日夜、善叙がいよいよ危ないと聞いて、実隆は雲龍院へ駕籠を走らせた。実隆が看病をし、湯を勧め、しばらく清談したところ、善叙は「自分が死んだ後の新善光寺と宝林院の後継については、見昭法師と小喝食らがいるが、その器ではないから譲与状などを書き置くつもりはない」といい、「家門（三条西家カ）で進止してほしい」と依頼したという。しかし見昭についてはもし僧形を改めずに、今のように「宗門の内」にあれば、助けてやってほしい、と特別に懇願している。[89] 見昭は後に述べるように善叙をよく慕っていたようで、共に善叙を偲ぶことで実隆と親交を結んだ。後に第六十七代泉涌寺長老明甫聖讃となる。『維那私記』によれば彼の示寂は天文二十一年（一五五二）[90]、このときは年若い青年であったのだろう。そして彼は法名に「見」を付すことから「見蓮上人門徒」であったと考えられる。善叙が見昭を後継にすることをためらったのは、見昭がいつか賢等と供だって活動するかもしれないことを危惧したためかもしれない。実隆に彼が「宗門の内」にあれば、とことさらに頼むのは、そうしたことも背景にあったのではないだろうか。

二月一日、実隆は善叙のことが気になり、人をやって見舞わせたところ、「無頼」であるという。実隆はこれを聞いて大変不憫がっている。[91] これだけの活躍をしたにもかかわらず、善叙を慕う者はほとんどいなかった。周囲には年少の喝食沙弥と年若い見昭だけという状態では、後継者どころの話ではないだろう。生前の彼の孤独はいかばかりであっただろうか。頼る者もおらず、翌二日に善叙は息を引き取った。七十四歳であった。実隆は「年来の知己」の死を深く悲しんだ(92)。

第二節　先白善叙の意志を継ぐ者

1　明叟聖鏡

小松谷本願寺の聖鏡に泉涌寺・雲龍院の長老職を継がせることは、善叙の悲願であったと考えられる。しかし善叙自身がそうであったように、聖鏡の雲龍院住持補任も一筋縄ではいかず、善叙の死後二カ月以上経っても雲龍院住持は決まらなかった。永正七年（一五一〇）四月三日、雲龍院の順慶（順桂）が実隆邸を訪れて、雲龍院住持について、内々に長橋局（勾当内侍）に申し入れようとする動きがあったことを伝えている。どうやら塔頭たちの間で抜け駆けして別の者を立てようとしたものらしい。しかし結局は十五日に聖鏡の雲龍院入院が内定し、そのことを見昭が実隆に伝えに来ている。二十日には聖鏡が直接実隆邸を訪ねて、雲龍院住持を承知することを伝えており、二十二日には「雲龍院主」として実隆邸を訪れている。実隆は五月九日に扇を一本と杉原紙を十帖、新住持のために送っている。五月十日には先日見昭が実隆に預けていた雲龍院の校割帳が御所に納められた。校割帳は、住持の交代に際して作成される什器・文書などの一覧であり、聖鏡が確実に雲龍院に入院したことを示すものと考えられる(93)。

しかし三カ月ほど経った八月四日、聖鏡は突然に雲龍院退院を主張し、勅許を受けてしまった(94)。『実隆公記』紙背の女房奉書には「寺なと一向候はす（中略）いよ〳〵めいわく《(迷惑)》なる事にて候はんするとおほしめし候、御しゆかい《(受戒)》にたにまいられ候て、寺の事はしゆそう《(修造)》してそんち《(存知)》候やうにおほせ《(仰)》いたされ候へきかとおほしめし候」とある[95]。『泉涌寺史』ではこの女房奉書の内容から、明叟聖鏡が「当時の雲龍院は満足な寺坊もなく、寺住は迷惑だ、といった事情から」退院したとして、「小松谷本願寺から入った新住持に一旦は見放されたほど、経済的に雲龍院の経営は困難を極めていた[96]」と解釈しているが、ここでの「迷惑」は〈煩しく不快〉の意味ではなく、むしろ〈苦悩、あるいは、心を痛めること〉（『日葡辞書』）の意味であろう。聖鏡は善叙がそうであったように「入院」を拒まれ、雲龍院に「住持」することが難しいことから苦悩して退院を訴えたものと考えられる。しかし聖鏡の雲龍院入院のために骨を折った順慶をはじめとして雲龍院衆僧は驚き、実隆に住持退院の撤回について相談し、その甲斐あって五日後の八月九日には明叟長老に帰住すべき旨の女房奉書が出されたようである[97]。

　翌八年（一五一一）九月、宝林院見昭と雲龍院との間に敷地争いが起こっているが[98]、この騒動の合間の十月十八日にも聖鏡は退院騒動を起こしている[99]。宝林院の敷地については、文亀元年（一五〇一）三月、生前に善叙が実隆に相談していた[100]。自分の死後にこうした争いが起きるであろうことを予感していたのだろう。永正八年九月二十一日には、見昭が実隆邸に「宝林院敷地綸旨」などを持ち込んだことがわかるが[101]、これはおそらくこのときに善叙が得たものであろう。その後もしばらくもめ続けており、勅定がどのようになされたものかについては史料がない。

　聖鏡の再三の雲龍院退院騒動と、雲龍院と宝林院の敷地争いとは、おそらく関係が深いものと考えられる。以上にみてきたように、雲龍院住持聖鏡も宝林院の見昭も、いずれも善叙の関係者であり、彼の遺志を継ぐ者である。両者が善叙の出身である宝林院の敷地をめぐって争うことは無意味であり、見昭が争ったのは聖鏡を排除しようとする雲龍院内の衆僧たちであろう。聖鏡は雲龍院衆僧を治めることができず、何度も退院を主張したものと考えられる。ちなみに『視覃雑記』〈第二二七条〉によれば、聖鏡の後雲龍院はしばらく「無住」であったようである。
聖鏡泉涌寺住持の件もまた、同様に困難を極めたであろうことは想像に難くない。
聖鏡の雲龍院住持と退任でもめていた頃、『康親卿記』所収の綸旨によれば、永正七年（一五一〇）六月六日付で「全通上人」が泉涌寺住持に補任されている。(102) また『実隆公記』永正九年（一五一二）四月十四日条によれば、「雲龍院秀憲大徳号法音院」に香衣が勅許されたため、御礼のために泉涌寺の順長房とともに実隆邸を訪問している。(103) 香衣は本来天皇に謁見する者が着用すべき衣で、すなわち本来は御受戒の戒師を担う泉涌寺長老にのみ着用を許された衣である。この勅許はすなわち近々の泉涌寺長老職への補任を意図するものかと考えられる。泉涌寺監寺の順長房（『視覃雑記』〈第二〇七条〉）が同道しているところをみると、いつまでも雲龍院・泉涌寺を「住持」できない聖鏡に代わって、泉涌寺衆僧が擁立したものかもしれない。しかし『維那私記』には全通の名も秀憲の名もみることはできない。

『視覃雑記』には、

　永正十一甲戌年十二月十五日、泉涌寺今方丈に於いて、灌頂執行す。大阿闍梨小松谷聖鏡先香衣の長老、同十九日入院規式、門徒召請これ在り

　永正十一甲戌年十二月十五日、於泉涌寺今方丈、執行灌頂、大阿闍梨小松谷聖鏡先香衣長老、同十九日入院規式、門徒召請在之、

（〈第二〇七条〉）

とあり、善叙同様に「入院」より先に「香衣の長老」となった聖鏡がやっと「入院規式」を行うことができたのは、永正十一年（一五一四）十二月十五日だったことがわかる。善叙の死去から、実に四年半以上の歳月を要している。この「入院規式」には「門徒」すなわち「見蓮上人門徒」が招かれたという。善叙のように突っぱねていたのでは、いつまでも泉涌寺を「住持」することができないと考えたのであろう。聖鏡は「見蓮上人門徒」との融和を選んだ

ようである。

「見蓮上人門徒」が聖鏡の雲龍院ならびに泉涌寺長老となるのを認めなかった理由の一つに、聖鏡が小野三宝院流と広沢西院流を灌頂していなかった点が挙げられそうである。『視覃雑記』〔第一三二条〕〔第一三三条〕には、両流の灌頂がまだの人は、「長老」ならびに「西堂」になってはならない、と述べられている。未灌頂でありながら「西堂」になった前例を作ったものとして、善福寺見隆が挙げられている。「西堂」とは禅宗では他の寺院の住持職を引退した者に対して使用される語であるが、このときの泉涌寺では、本寺泉涌寺に次ぐ寺格の寺院住持、あるいはそれと同等の立場のことを「西堂」と呼称しているようである。たとえば『視覃雑記』内では、雲龍院、寿命院、報恩院、山崎法花寺、知久遠院、安楽光院などが挙げられている。善福寺見隆は金台寺統源に取り立てられ、統源と泉涌寺第四十二世一翁信碧長老（生没年不詳）の話し合いによって、次期長老への昇進が打診された。しかし衆僧たちによる会議で、一流すら灌頂を受けていない者が長老となることは難しいという意見が出て、これはかなわなかった。このため信碧は「では西堂ではどうか」と衆僧に問うたが、やはり未灌頂ではダメだという。信碧は「では西堂となった後にすぐに灌頂をするのではどうか」とさらに問い、それならいいでしょう、ということで衆僧の意見が一致したという。このときから、灌頂がまだであっても、後日灌頂することを約束して西堂になる前例ができ、その後も「知久遠院高叟西堂」（後に高野山で灌頂）、「小松谷今明叟聖鏡」（後に醍醐寺五智院小坊にて灌頂）がこれに続いたという。

聖鏡は永正十一年（一五一四）十二月十五日に泉涌寺今方丈で行われた灌頂において大阿闍梨をつとめ、これによって初めて長老であることを認められたのか、四日後に「入院規式」を行うことができたようである。

つまり小野広沢両流の灌頂を受けると約束することが西堂となるための最低条件であり、それら灌頂をすでに遂げていることが、泉涌寺長老となるための前提であったと考えられる。

聖鏡が「入院軌式」を経た後には、まさしく泉涌寺を「住持」できたかどうか不明であるが、『実隆公記』永正十七年（一五二〇）七月二十九日条に、その日の明け方に入滅した「聖鏡上人」について、「小松谷、泉涌寺幷速成院主」と紹介されていることから、少なくとも入滅時には泉涌寺長老職であったであろうことが推測される。このとき六十八歳であったという。(104) 聖鏡は善叙在世の永正七年から十七年の入滅の歳まで御受戒の戒師をつとめ続けたことが『京都御所東山御文庫記録』により明らかである。(105)

2　喜渓長悦（順桂）

順桂は、永正元年頃から実隆母の月忌法要にときどき参上しており、永正四年二月の実隆母の月忌法要には、善叙の代理で出席している。(106) 以上に述べたように善叙の死後、聖鏡を雲龍院に入院させるために実隆との間を取り持つ働きをしたのも順桂であった。『維那私記』によれば第六十四代泉涌寺長老である喜渓長悦は号を順桂という。(107) 一方で『視聴雑記』〔第二〇七条〕には「山崎法花寺長悦順桂房」とあるから、これは同一人物であろう。ここからは彼を長悦と呼称することにしたい。

長悦は永正十七年（一五二〇）七月十六日に安楽光院住持となった。補任の綸旨が越後国国上寺に伝えられている。

安楽光院、近年納所僧、自専して、寺家無きが如くと云々、今度子細有りて、彼の僧追出す上は、前債等に於いては、悉くこれを棄破されるべし。同院領境内地下以下、先々の如く全く領知せよ。早く入院せしめ、毎事、再興の沙汰を致して、法をして久住せしむるを抽くべし。天下泰平懇祈の由、天気所候なり。仍て執達件の如し。

永正十七年七月十六日　　　　左中弁（万里小路秀房）（花押）

長悦上人御房

安楽光院、近年納所僧、自専、寺家如無云々、今度有子細、彼僧追出之上者、於前債等、悉可被棄破之、同院領境内地下以下、如先々全領知、早令入院、毎事、致再興之沙汰、可抽令法久住、天下泰平懇祈之由、天気所候也、仍執達如件、(108)

安楽光院は近年納所僧が勝手にふるまい、寺家は無きがごとくであったという。このたび子細あってその僧を追い出したので、以前の借債はすべて破棄して、同院領の境内地下以下を以前のように治めるように、早く入院して再興にとりかかるように、と述べられている。

永正十七年八月五日には、前述したように泉涌寺領を違乱した賢等を叱責する後柏原天皇綸旨が出されており、九年後の享禄二年には長福寺による金台寺違乱を叱責する後奈良天皇女房奉書が出されている。この頃から天皇家は泉涌寺とその末寺を保護する姿勢を明確に打ち出しており、安楽光院に対する以上の措置もまたその一貫であったと考えられる。(109)

また同年七月二十七日には、悲田院の住持が「法花寺」某僧に治定したということで、順長房が法花寺僧を同道して実隆邸を訪れている。(110)この法花寺は長悦が住持していた山崎法花寺のことと考えられ、長悦の関係者が悲田院へ入り、「見蓮上人門徒」が動きにくい状況が確実に作られていったことがわかる。

『実隆公記』によれば、長悦は大永五年（一五二五）十二月三日に泉涌寺住持となり、入院を果たしたという。(111)翌年二月二日には善叙の十七回忌、(112)三月八日には泉涌寺開山俊芿の三百年忌が控えていた。さらに同年四月七日には後柏原天皇が崩御され、五月三日に御葬礼が営まれた。長悦は泉涌寺住持としてこれらの仏事をとりしきったと考えられる。

　その翌年、大永六年（一五二六）十一月十六日に長悦は泉涌寺を退院したが[113]、その後も安楽光院住持として御受戒の戒師をつとめていたことを『お湯殿の上の日記』や『後奈良院宸記』によって知ることができる。長悦は天文十七年（一五四八）三月一日に示寂した[114]。

3　明甫聖讃（見昭）

　いまわの際の善叙が実隆に後ろ盾を依頼した見昭は、善叙への思慕が強く、善叙の死後しばらくしてから師善叙をともに偲ぶ実隆の邸をしばしば訪れるようになる。「見」の字を付すのは「見蓮上人門徒」のならいであろう。しかし彼は第四十九世友雲聖儋長老がそうであったように、泉涌寺内の「見蓮上人門徒」の振る舞いを若い頃からよく思っていなかったようで、翻って「見蓮上人門徒」と反目した善叙を慕い続けた。

　永正七年（一五一〇）三月二十一日は、善叙の四十九日にあたる。この日見昭は報恩院と同道して、先師善叙の形見である香合を実隆邸に届けた[115]。このときの報恩院は『視覃雑記』〔第一二五条〕にみる「報恩院西堂允翁聖叔和尚」ではないだろうか。聖叔は善叙とともに等本全源から「泉涌寺開山一夜大事」と呼ばれる穴太流の灌頂を受けており、彼の下には「順桂山崎法花寺西堂」がいるとされる。後の長老喜渓長悦である。善叙は報恩院聖叔と親交があり、善叙と聖叔は互いに支え合う関係にあったものと考えられる。

　五月九日、善叙の百カ日を前にして、実隆は追善のために阿弥陀経一巻を摺写して見昭に渡している[116]。十六日、見昭は善叙の肖像と位牌を持って実隆邸を訪れており、実隆は涙ながらにこれに染筆している[117]。

さらに翌永正八年（一五一一）三月十五日には、見昭が実隆のもとを訪れ、泉涌寺衆僧の依頼であるとして「開山正法国師（俊芿）尊像」「南山澄照大師尊像」「霊芝大智律師尊像」「開山国師辞世頌」の以上四幅に「泉涌寺常住物」と染筆することを依頼した。[118]

この頃彼は新善光寺を兼帯していたようで、『実隆公記』の紙背に、永正八年十一月八日付で、「新善光寺聖讃」が「美濃殿」に宛てた書状が残されている。[119]

その後も見昭は、善叙がそうであったように実隆邸の月忌法要などにしばしば参上して、善叙によって結ばれた実隆との縁を温め、法臈を重ねて、ついに天文七年（一五三八）か八年の頃に泉涌寺長老となり、明甫聖讃と名乗った。[120] これ以降、本稿では彼を聖讃と呼称する。

ところが聖讃は、天文九年（一五四〇）四月には泉涌寺を退院してしまう。同年四月十二日付の後奈良天皇女房奉書には、「御寺にも然るべき人のいない昨今、退院されると御寺の正体もなくなるので、今いちど考え直すようにと重ねて申したが、どうしても御免蒙りたいとの聖讃の申し出であった。雲龍院に移ったからとて、御寺のことは疎略にしないようにしてほしい」との後奈良天皇の叡旨が示されている。[121] 後柏原・後奈良両天皇によって、泉涌寺保護が明確にされたとはいえ、いまだ善叙の門弟にとっては、泉涌寺は「住持」しにくい環境だったのかもしれない。先に紹介した第六十四代喜渓長悦長老の在任期間も一年弱と非常に短いものであった。

しかし退任後にあっても、聖讃は長悦とともに雲龍院住持として御受戒に関わった。聖讃の御受戒参仕の初めは天文十年（一五四一）六月で、[122] 以後長悦示寂の前月である天文十七年（一五四八）二月まで、長悦と聖讃はほぼ毎月交互に参仕している。

天文十七年正月十八日付の綸旨によって、聖讃は紫衣の着用を勅許され、またも泉涌寺に再住することになった。[123]

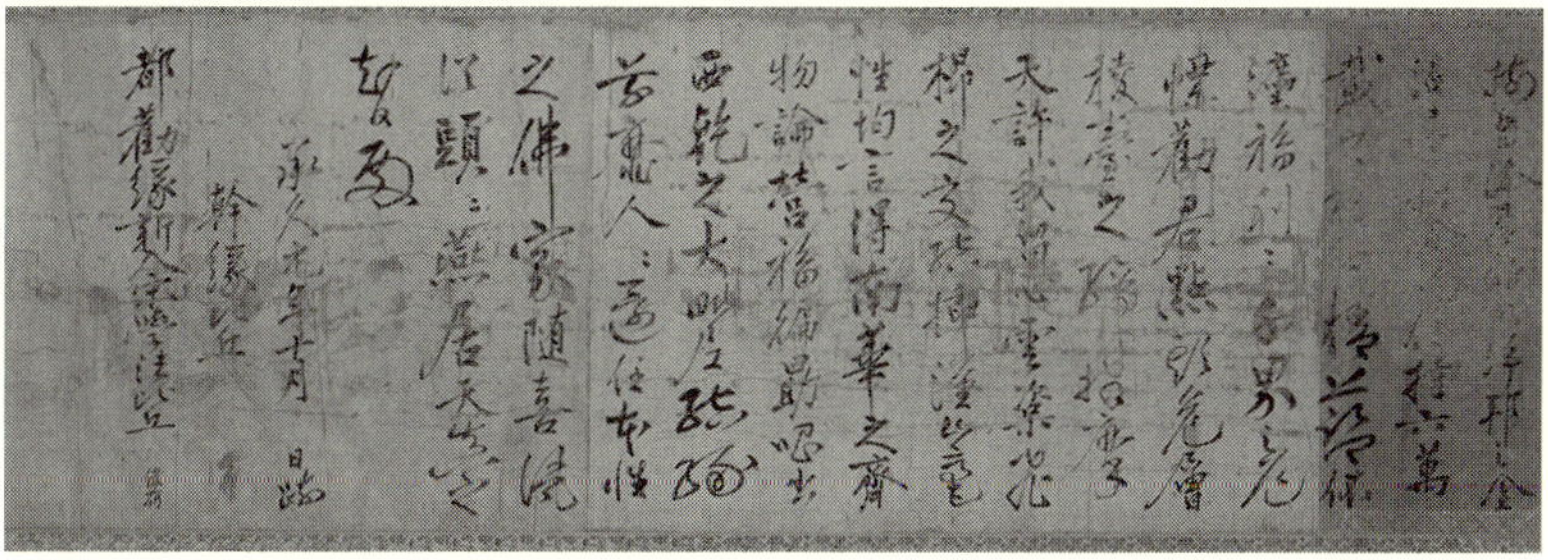

図2　開山自筆造泉涌寺勧進疏・部分（泉涌寺蔵）

この年の三月一日には長悦が示寂[124]し、その後しばらくは御受戒の戒師は、聖讃一人が担ったようである。天文十八年（一五四九）二月には法勝寺某[125]、天文十九年（一五五〇）三月には善能寺鎮海[126]、閏五月には元応寺円鎮有倖がそれぞれ御受戒に参仕[127]していて、御受戒の戒師が泉涌寺善叙関係者に限られる時代は終焉を遂げたことがうかがえるが、しかし聖讃はその後も参仕を続け、天文二十一年（一五五二）五月七日の戒師をつとめた後、六月四日に示寂している。

　聖讃はまた天文十一年（一五四二）七月八日に、開山俊芿筆「造泉涌寺勧進疏」（**図2**）と「附法状」の二通を泉涌寺の寺宝として寄進しており、そこに以下のような識語を残している。

　開山国師真翰、師資相承と為し、秘蔵せしめると雖も、泉涌寺常住に寄付し奉るものなり。

　　天文拾一年壬寅七月八日

　　　住山比丘聖讃（花押）敬書

開山国師真翰、為師資相承、雖令秘蔵、奉寄付泉涌寺常住者也[128]、

すなわち開山俊芿筆「造泉涌寺勧進疏」と「附法状」は、師資相承に秘蔵されていたものであったことがわかる。ここに思い出すのは、かつての泉涌寺監寺賢等が得たという俊芿の辞世頌である「律師最後妙談辞世頌」末に記された、長典の識語である。

本に云う、長典云う、此の書横絵一幅、応仁大乱紛失等。本監院（賢等）、求め得て、泉涌寺にこれを寄進す。同じく開山御筆勧進帳巻、これを寄進す

本云長典云、此書横絵一幅、応仁大乱紛失等、本監院、得求、泉涌寺寄進之、同開山御筆勧進帳一巻、寄進之(129)、

俊芿筆「造泉涌寺勧進疏」は、俊芿の辞世頌とともに、応仁の乱によって紛失していたものを、監寺賢等が求め得たものであった。長典識語によれば、このときに泉涌寺に寄進されたことになっているが、その後、善叙など「見蓮上人門徒」を排除しようとする者が長老として入院するようになると、違乱されて再び賢等のもとに戻り、以後は「見蓮上人門徒」に相続されたのではないだろうか。聖讃は善叙を慕い、善叙の跡を継いで宝林院を守ったが、しかし彼は「見蓮上人門徒」でもあったからこそ、これらの俊芿自筆本を手に入れることができたものと推測される。

まとめ

善叙は三条西実隆の庇護を受け、着々と出世した。一年前後で長老職を下りることがすでに慣例化されつつある中で、彼は死ぬまでの間十二年にもわたって、長老職をつとめ、泉涌寺を「見蓮上人門徒」の違乱から守ろうとした。

彼と彼の遺志を継ぐ者たちによって、泉涌寺違乱の首謀者賢等は、公武両家から叱責され、長福寺の門徒解散命令が出されるまでに至ったことは、第五章に述べたとおりである。

善叙は天皇家に通じ、いわば天皇からのトップダウン方式で泉涌寺を変えようとした。「見蓮上人門徒」に侵略

されてしまっている泉涌寺を変える方法としては、そうした方法しかなかったのであろう。結果として泉涌寺と天皇家との繋がりは、確固たるものとなった。しかし同時にそのやり方は、「見蓮上人門徒」として、評議を行いながら運営を続けてきた者たちからすれば、非常に不愉快な方法であっただろう。善叙は泉涌寺長老に着任する前も、在任中も、「見蓮上人門徒」を中心とする衆僧からさまざまな妨害を受けた。しかし、彼を助けたのもまた「見蓮上人門徒」である友雲聖憺であり、また明甫聖讃であった。

註

（1）『泉涌寺史』本文篇、一八九頁。
（2）『泉涌寺史』本文篇、二二四頁。
（3）たとえば『建内記』永享三年（一四三一）三月十六日条には、後小松上皇の仰せによって、教安上人が泉涌寺に「再住」とされる。「教安」の名は『泉涌寺維那私記』にはみることができないが、この頃「再住」の制度があったことがわかる（『大日本古記録』建内記二、二二〇頁）。また後述するように、御受戒の戒師として活躍する長老の中には、たびたび再住の者がみられる。
（4）『実隆公記』永正七年二月二日条（『実隆公記』五上、三二七頁）。
（5）『親長卿記』応永二年八月二十六日条（『増補史料大成』四一、一二頁上）。
（6）熱田公・池田敬正・藤井学『雲龍院史』（雲龍院、一九七四年）。
（7）管見の限り、『実隆公記』に善叙が登場する初出は、文明十一年三月十四日である。（『実隆公記』一上、三〇六頁）。
（8）公尊は泉涌寺前住とされるが、『泉涌寺維那私記』（一八六〇年成立）にはその名をみることができない。しかし『泉涌寺維那私記』に掲載される歴代住持の世代数は、『視覃雑記』に説かれるものと一致しており、十六世紀前半頃の認識とは大きく異ならないようである。『実隆公記』に挙げられる善叙の先師公尊や、如導三十三回忌（一三八九年に該当）のときに長老となったという公文（『視覃雑記』〔第一三四条〕）など、何名か史料に泉涌寺長老になったとありながら、世代に数えられていない者がいるようである。
（9）泉涌寺文書四〇「宝林院々主公尊言上状案」康正二年（一四五六）三月付（『泉涌寺史』資料篇、一一〇頁）。
（10）『実隆公記』延徳三年十一月二十四日条（『実隆公記』二下、六五四～六五五頁）。
（11）『泉涌寺史』本文篇、二三一頁。
（12）『実隆公記』明応四年三月十六日条（『実隆公記』巻三上、五四頁）。
（13）実隆の父公保は長禄四年（一四六〇）正月、六十三歳で没し、二尊院に葬られた。母は甘露寺親長の姉で、文明四年（一四七二）十月に五十歳で亡くなり、実隆は一原野志野坂に墓を建てた。父母の回忌法要の際には二尊院をはじめとして般舟三昧院、廬山寺、遣迎院などのいわゆる御黒戸四箇院が参仕しており、宝林院は法要そのものには参加していない。
（14）『実隆公記』文明十六年十月七日～十四日条（『実隆公記』一下、五二三～五二八頁）。実際に七日間六時礼讃の勤行を行ったのは二尊院の善空・真乗院の統恵・般舟院の臨盛・統円・宗純、廬山寺の照雲・遣迎院の定意・恵弘である。
（15）『実隆公記』長享三年正月二十六日条（『実隆公記』二上、一九八頁）。
（16）『実隆公記』延徳二年閏八月五日条（『実隆公記』二下、四六〇頁）。
（17）『実隆公記』文亀三年七月十四日条（『実隆公記』四上、一五一頁）。
（18）以上の濃州鶉田郷の金銭トラブルについての一連の記事は、『実隆公記』延徳三年六月五日条、七日条、九日条、十二日条、十四日条、十七日条（『実隆公記』二下、六〇〇～六〇四頁）。
（19）『実隆公記』延徳三年十一月二十六日条・十二月二日条に、濃州鶉田郷に関して、斎藤越後が代官を所望とのことで、実隆と善叙の間で相談されている（『実隆公記』二下、六五五頁・六五八頁）。また永正二年十月二十八日条に、濃州鶉田郷の寺領について、持明院に相談していることが明かされる（『実隆公記』四下、四六七頁）。
（20）『大日本仏教全書』一一五、五二七頁。
（21）『実隆公記』長享二年五月二十一日条（『実隆公記』二上、八八～八九頁）。

(22) 史料上の最初は文明六年とされる。『実隆公記』文明六年八月二十七日条「雲龍院参上、被奉授十善戒」(『実隆公記』巻一上、一九～二〇頁)。
(23)『お湯殿の上の日記』文明九年五月二十七日(『お湯殿の上の日記』一、二五頁)、太田直之「中世後期の勧進聖と地域社会――高野山寂静院増進上人の活動を事例として――」(『民衆史研究』七七、二〇〇九年)。
(24)『実隆公記』文明十五年八月二十一日条、善叙は実隆に高野山一心院内の永泰院の修造勧進帳の作成を依頼している(『実隆公記』一下、四五〇～四五一頁)。
(25) 雲龍院住持となった文亀元年(一五〇一)頃からは、善叙は高野僧増進上人と実隆との間を頻繁に取り持っている。関連記事として、『実隆公記』文亀元年八月十四日条、文亀二年九月十日条、十一日条、十三日条、十七日条、文亀三年九月十一日条、十六日条、二十日条、二十一日条、二十三日条、十二月十四日条など。
(26) 雲龍院文書八「後小松天皇宸翰」(『泉涌寺史』資料篇、三一七頁)。
(27) 雲龍院の住持職がいつから勅定になったのかはこれまで不明とされてきた(『泉涌寺史』本文篇、二二九頁)。
(28)『視聴雑記』〔第二三六条〕には「春嶽宗師卅三回当大永三癸未八月十六日也」とあり一致する。
(29)『実隆公記』延徳三年九月十四日条(『実隆公記』二下、六二六頁)、以下、善叙の雲龍院住持就任に関する史料は、『実隆公記』十月十四日条(同六三四～六三五頁)、十七日条(同六三五頁)、二十日条(同六三六頁)、二十四日条(同六四二頁)、二十七日条(同六四四頁)三十日条(同六四四～六四五頁)、十一月六日条(六四七頁)十六日条(同六五一頁)、二十日条(六五二頁)、二十四日条(六五四～六五五頁)、二十五日条(六五五頁)。
(30)『実隆公記』明応四年十二月十三日条(『実隆公記』三上、一四三頁)。
(31)『実隆公記』明応四年十二月十六日条(『実隆公記』三上、一四三～一四四頁)。
(32)『お湯殿の上の日記』明応元年四月二十六日条(『お湯殿の上の日記』二、二五九～二六〇頁)。
(33)『お湯殿の上の日記』明応元年四月二十八日条(『お湯殿の上の日記』二、二六〇頁)。
(34) 泉涌寺文書四九「後土御門天皇綸旨写」(『泉涌寺史』資料篇、二五頁)、雲龍院文書一三「後光厳天皇綸旨(宿紙)」(同、三一五頁)。
(35) 以上、後円融院百年忌肖像画への勅筆ならびに実隆裏書きについての記事は、『実隆公記』明応八年四月二十日

条（『実隆公記』三下、六四〇～六四一頁）、二十一日条（同六四一～六四二頁）、二十七日条（同六四三～六四五頁）。

(36)『実隆公記』明応元年十一月二十一日条（『実隆公記』二下、六八七頁）。

(37)『実隆公記』明応元年十二月十四日条（『実隆公記』二下、六九六頁）。

(38)『実隆公記』明応二年五月十四日条（『実隆公記』二下、七〇九頁）。

(39)『実隆公記』明応四年正月十一日条（『実隆公記』三上、一四～一五頁）。

(40)『実隆公記』明応四年十二月五日条（『実隆公記』三上、一四一頁）。

(41)『実隆公記』延徳三年正月二十八日条（『実隆公記』二下、五五一～五五二頁）。

(42)『泉涌寺維那私記』（『泉涌寺史』資料篇、三〇九頁）。

(43)『実隆公記』文明六年八月二十七日条、前掲註(22)。

(44)『お湯殿の上の日記』該当日を参照。また嘉楽門院崩御の翌五月二十八日の御受戒には「からくもん《嘉楽門》院の御ために御しゆかい《受戒》あり、これもせんゆう《泉涌》寺まいらるゝ、こと《事》のき《儀》御あわれによみあけ《読上》まいらせらるゝ、御ふせ《布施》へち《別》してつかはさるゝ」とあるように、御受戒は追善のために行われ、またそのことを戒師である泉涌寺長老が諷誦文にして読み上げていたことがわかる（『お湯殿の上の日記』文明九年五月二十八日条、『お湯殿の上の日記』一、三四頁）。

(45)『泉涌寺史』本文篇、二二三頁。

(46)『晴富宿禰記』文明十年十一月二十七日条（『晴富宿禰記』四五頁）。

(47)『お湯殿の上の日記』文明九年五月二十七日条「御しゆかゐにあんらく光院のちやうらうはしめえてまいらるゝ」（『お湯殿の上の日記』一、二五頁）。

(48)『お湯殿の上の日記』文明十三年二月二十七日条「御しゆかゐにけふはあら光院のせんちう。せんゆう寺へちうちにて。もともさやうにしてありしとて。うんれう院とり申されてまいらせたまふ」（『お湯殿の上の日記』一、一九一頁）。

(49)『泉涌寺史』本文篇、二二四頁。

(50)『お湯殿の上の日記』文明十四年正月二十七日条「御しゆかひにせんゆう寺のちやうらうはしめてまいらるゝ」（『お湯殿の上の日記』一、二四一頁）。
(51)『泉涌寺維那私記』（『泉涌寺史』資料篇、三〇九頁）。
(52)『お湯殿の上の日記』文明十六年二月二十七日条「御しゆかゐにひてん院ま□□□□」（『お湯殿の上の日記』一、三四二頁）。
(53)『泉涌寺史』本文篇、二二四頁。
(54)『泉涌寺維那私記』によれば、悦岩宣沢は長享三年（一四八九）七月十二日に示寂しており、あるいはこのために友雲聖憺が再任されたのかもしれない。
(55)『泉涌寺史』では、泉涌寺住持あるいは先住が戒師となることが慣例化されたとして、まだ泉涌寺住持ではない先白善叙が戒師をつとめたことを異例とする。しかしこれは戒師が泉涌寺住持となり、先住となっても、戒師を継続し続けた結果であって、彼らが老齢などの理由から参内が難しくなったときには、その枠内ではなかったものと考えられる。
(56)『実隆公記』明応五年三月十五日条（『実隆公記』三上、一九四頁）。
(57)『実隆公記』明応五年十一月十九日条に「安楽光院長老九十二才老病難治」とあり、この二日後に性堂教見は亡くなった（『実隆公記』三上、三二六頁）。
(58)『泉涌寺維那私記』（『泉涌寺史』資料篇、三〇九頁）。
(59)『実隆公記』明応五年十一月二十七日条（『実隆公記』三上、三三〇頁）。
(60)『実隆公記』明応六年九月二十七日条「雲龍院安楽光院兼帯善叙上人参入、是泉涌寺住持退院之故也」とある（『実隆公記』三下、四四五～四四六頁）。
(61)『実隆公記』明応五年十一月十九日条（前掲註(57)）。
(62)『実隆公記』明応五年十一月二十一日条（『実隆公記』三上、三二七頁）。
(63)『泉涌寺維那私記』（『泉涌寺史』資料篇、三〇九頁）。
(64)『実隆公記』明応五年十一月二十八日条（『実隆公記』三上、三三〇頁）。以下、善叙の安楽光院兼帯に関する記事は、同年十二月十四日条（同三四〇頁）、明応六年五月二一日条（同三下、四一二頁）。

(65)『実隆公記』明応六年九月二十七日条（前掲註(60)）。

(66)『明応凶事記』（『続群書類従』三三下所収）。

(67)泉涌寺文書五六「後柏原天皇綸旨（宿紙）」（『泉涌寺史』資料篇、二七頁上～下）。

(68)泉涌寺文書五八「後柏原天皇綸旨」（宿紙）。

(69)文亀元年四月に、善叙が実隆邸を訪れた記事は以下のとおり。『実隆公記』文亀元年四月二日条（『実隆公記』三下、六八二頁）、五日条（同六八三頁）、八日条（同六八四頁）、九日条（六八四頁）。

(70)『実隆公記』文亀元年四月八日条（前掲註(69)）。

(71)『実隆公記』文亀元年六月十九日廿日裏（『実隆公記』一二、一七頁）。

(72)『実隆公記』文亀元年六月十三日条（『実隆公記』三下、六九九～七〇〇頁）。

(73)『実隆公記』文亀元年六月十四日条（『実隆公記』三下、七〇〇頁）。

(74)『泉涌寺維那私記』（『泉涌寺史』資料篇、二八三頁）。

(75)『実隆公記』文亀元年三月四日条（『実隆公記』三下、六七四頁）、同五日条（同頁）。

(76)『実隆公記』延徳三年正月二十八日条（『実隆公記』二下、五五一～五五二頁）。

(77)泉涌寺文書二三二「泉涌寺派寺院本末改帳写」（『泉涌寺史』資料篇、二三三頁）。

(78)新善光寺敷地安堵に関する『実隆公記』の記事は以下のとおり。永正三年四月五日（『実隆公記』四下、五三四～五三五頁）、二十日（同五三九頁）、二十一日（同頁）、二十三日（同五四〇頁）、二十八日条（五四一頁）。

(79)新善光寺文書一七「後柏原天皇綸旨（宿紙）」（『泉涌寺史』資料篇、三三五頁下）。

(80)『実隆公記』五月十七日至廿日、同十二日至十六日裏（『実隆公記』一二、三六四～三六五頁）。ただし変体かなは改めた。

(81)『実隆公記』永正六年四月十一日条（『実隆公記』五上、一八九頁）。

(82)善叙の仏牙舎利避難についての関連記事は以下のとおり。『実隆公記』永正二年九月十日条（『実隆公記』四下、四五〇～四五一頁）・十一日条（同四五一頁）・十四日条（同四五二頁）・二十八日条（同四五六～四五七頁）。

(83)『実隆公記』永正六年六月二十八日条（『実隆公記』五上、二二七頁）。

(84) 実隆邸月忌法要欠席記事は、『実隆公記』永正四年二月十四日条「雲龍院所労、順慶大徳入来」（『実隆公記』四下、六九六〜六九七頁）、四月十四日条「雲龍院所労、不被入来」（同七一八頁）、永正五年五月十四日条「雲龍院所労、秀憲大徳来臨」（『実隆公記』五上、四五〜四六頁）、十一月十四日条「雲龍院所労云々秀憲大徳入来」（同一二二頁）。

(85)『実隆公記』永正五年六月二十八日条「雲龍院有使者、所労未快之間、御受戒不参云々」（『実隆公記』五上、六二頁）。

(86)「小松谷」関係者帯同記事は以下のとおり。『実隆公記』永正二年十月十四日条「雲龍院、小松谷範意等斎食請伴」（四下、四六二頁）、永正四年十月七日条「小松谷来臨」（同七六九頁）、永正六年一月十六日条「雲龍院、小松谷等来臨」（五上、一五一頁）。

(87)『実隆公記』永正六年十二月三日条（『実隆公記』五上、二九一頁）、十五日条（同三〇一頁）。

(88)『実隆公記』永正七年正月二十八日条（『実隆公記』五上、三二五頁）。

(89)『実隆公記』永正七年正月二十六日条（『実隆公記』五上、三二四頁）。

(90)『泉涌寺維那私記』（『泉涌寺史』資料篇、三〇九頁）。

(91)『実隆公記』永正七年二月一日条（『実隆公記』五上、三二七頁）。

(92)『実隆公記』永正七年二月二日条（『実隆公記』五上、三二七頁）。

(93) 明叟聖鏡の雲龍院入院までの一連の記事は、『実隆公記』永正七年四月三日条（『実隆公記』五上、三四七頁）、十五日条（同三五一〜三五二頁）、二十日条（同三五四頁）、二十二日条（同三五四頁）、五月九日条（同三六五頁）、十日条（同三六八頁）。

(94)『実隆公記』永正七年八月四日条（『実隆公記』五下、三九九頁）。この後の雲龍院退院騒動関連記事は、五日条（同三九九頁）、八日条（同四〇〇頁）、九日条（『実隆公記』五下、四〇〇頁）。

(95)『実隆公記』永正七年八月五日至七日、同三日四日裏（『実隆公記』一三、二六〇頁）。

(96)『泉涌寺史』本文篇、二四五頁。

(97)『実隆公記』永正七年八月九日条（前掲註(94)）。

(98)宝林院と雲龍院の敷地争いの関連史料は、『実隆公記』永正八年九月二十日条（『実隆公記』五下、五五八頁）、二十一日条（同五五九頁）、二十三日条（同五五九頁）、二十五日条（同五六〇～五六一頁）、二十七日条（同五六一頁）、十月二日条（同五六四頁）、十八日条（同五七二頁）など。

(99)聖鏡の第二回雲龍院退院騒動関連記事は、以下のとおり。『実隆公記』永正八年十月十八日条（『実隆公記』五下、五七一～五七二頁）、二十日条（同五七二頁）、二十二日条（同五七三頁）、二十三日条（五七三頁）、二十七日条（五七五頁）。

(100)『実隆公記』文亀元年三月四日条・五日条（前掲註(75)）。

(101)『実隆公記』永正八年九月二十一日条（前掲註(98)）。

(102)『康親卿記』永正七年六月六日条（『大日本史料』九編二冊、七〇四頁所引）。

(103)『実隆公記』永正九年四月十四日条（『実隆公記』五下、六三四頁）。

(104)『実隆公記』永正十七年七月二十九日条（『実隆公記』五下、七三八頁）。

(105)『京都御所東山御文庫記録』「自永正七年、同十七年迄、小松谷御参、道号明窓、実名聖鏡、仮名繁意」（『大日本史料』九編二冊、永正七年四月二十日条、八四～八五頁）。

(106)『実隆公記』永正四年二月十四日条（前掲註(84)）。

(107)『泉涌寺維那私記』（『泉涌寺史』資料篇、三〇九頁）。

(108)国上寺文書（『大日本史料』九編一一冊、一三七頁）。

(109)安楽光院は長享二年（一四八八）から相国寺林光院と加賀国横北郷の荘園をめぐる訴訟を続けており、永正十四年（一五一七）頃にはこれが解決したばかりであった。このときも後柏原天皇は綸旨をもって横北郷荘園の安楽光院直務を勅裁している（『泉涌寺史』本文篇、二四九～二五〇頁）。長悦安楽光院補任綸旨にみられる上記のような表現は、こうしたことも関係しているのかもしれない。

(110)『実隆公記』永正十七年七月二十七日条（『実隆公記』五下、七三七頁）。

(111)『実隆公記』大永五年十二月五日条「安楽光院長悦上人、泉涌寺住持入院一昨日歟今日御礼参内云々（中略）今日香衣也、数十年知己、出世神妙」（『実隆公記』六下、八六～八七頁）。

(112)『実隆公記』大永六年二月三日条「今日善叙上人十七回忌也、為焼香向泉涌寺」（『実隆公記』六下、一三五頁）。

(113)『実隆公記』大永六年十一月十六日条「安楽光院長悦来臨、泉涌寺退院事申入云々」（『実隆公記』六下、二九三頁）。

(114)『泉涌寺維那私記』（『泉涌寺史』資料篇、三〇九頁）。

(115)『実隆公記』永正七年三月二十一日条（『実隆公記』五上、三四三頁）。

(116)『実隆公記』永正七年五月九日条（『実隆公記』五上、三六五頁）。

(117)『実隆公記』永正七年五月十六日条（『実隆公記』五上、三七二頁）。

(118)『実隆公記』永正八年三月十五日条（『実隆公記』五下、四七九頁）。

(119)『実隆公記』永正八年十一月十四日十五日裏（『実隆公記』一三、三五〇頁）。

(120) 聖讃の泉涌寺住持補任の後奈良天皇綸旨は、泉涌寺文書九三として現在に残されているが、年紀を欠く。『泉涌寺史』本文篇（二六三頁）では、発信者左少弁晴秀の左少弁在任が天文七年（一五三八）三月から同十年十二月までであることと、以下に述べる泉涌寺退院の女房奉書の年紀が天文九年（一五四〇）四月十二日であることから、聖讃の入院時期を天文七年か八年とする。本稿もそれにしたがった。

(121) 泉涌寺文書九五「後奈良天皇女房奉書案」（『泉涌寺史』資料篇、四二頁）。

(122)『お湯殿の上の日記』天文十年六月七日条（『お湯殿の上の日記』四、三八六頁）。

(123) 泉涌寺文書一〇二「後奈良天皇綸旨（宿紙）」（『泉涌寺史』資料篇、四四頁）。

(124)『泉涌寺維那私記』（『泉涌寺史』資料篇、三〇九頁）。

(125)『お湯殿の上の日記』天文十八年二月十一日条「ほつせう寺御しゆかい申さるゝ」（『お湯殿の上の日記』五、九八頁）。

(126)『お湯殿の上の日記』天文十九年三月七日条「御しゆかいあり。せんのう寺まいらるる」（『お湯殿の上の日記』五、一二九頁）。

(127)『お湯殿の上の日記』天文十九年閏五月七日条「御しゆかいあり。けんのう寺まいらるる」（『お湯殿の上の日記』五、一三六頁）。

(128) 泉涌寺文書九八「聖讃識語」(『泉涌寺史』資料篇、四三頁)。
(129) 『鎌倉仏教成立の研究　俊芿律師』(法藏館、一九七二年)四〇四頁。

結論

以上に、新史料『視聴雑記』を使用し、「見蓮上人門徒」に注目して、中世後期の泉涌寺について論じてきた。

南北朝期に活躍した無人如導（一二八四～一三五七）を慕う門弟集団「見蓮上人門徒」は、向阿（一二六五～一三四五）によって法然門下の正統であることが主張された鎮西流一条派と、軌を一にして台頭した。

彼らは三十五カ院の末寺を室町幕府から安堵された長福寺を本寺とし、惣寺泉涌寺を無視して「見蓮上人門徒」のみによる寺院運営を行った。彼らは如導がそうであったように、具足戒を受け、黒谷相承の円頓戒を受け、天神を信仰し、阿弥陀仏の西方極楽浄土への往生を願って、密教灌頂を受け、禅を修した。泉涌寺と同様に宋音を使用した勤行も行われていた形跡がある。かなりハイブリッドな環境だったことが想像される。

ある意味では節操なく諸流を兼ねていた「見蓮上人門徒」は、しかしだからこそ隆盛を得たと考えられる。本来密教事相の法流にしても、教義の相承にしても、どの師から何を受け、何を伝えていくのか、ということを選択することは、僧侶個人の宗教的発露であったと考えられるが、しかしそれらの伝承は、自らが志願しても師から認められない限りは伝授してもらえない一面を持つ。結果として数多くの法流を得ている者は、数多くの師に認められるような卓越した才能を持つ人物として、尊崇を集めるようになったものと考えられる。

一向宗や法華宗、禅宗といった、選択した一つの教えに特化した教団こそが、「中世後期」頃からの主流となったと考えられがちだが、そうした認識には今後注意が必要であろう。並立して、一つを選択しない仏教もまた、当時の主流だったのである。

序論に示したように、泉涌寺は開山俊芿をはじめとして、続々と入宋僧を輩出する寺院として発足した。宋国では禅教律の三学が融合的に実践され、宗旨を超えて仏教の本質に迫る試みが行われており、俊芿ら泉涌寺僧は、それら宋風仏教の特性をそのまま日本に紹介しようとしたのであった。外交上の問題から中国へ留学僧を送ることが難しくなり、最新の中国仏教を伝えることができなくなったとしても、泉涌寺は宗旨を超え、諸行兼学して実践的な仏教を体現する宋代仏教のあり方を伝え続けたものと考えられる。そうした泉涌寺だからこそ、如導ならびに「見蓮上人門徒」が輩出されたものと考えられる。

それまでも泉涌寺に入り、泉涌寺僧として生きる「見蓮上人門徒」も一部にはいたであろうが、彼らが泉涌寺内で主流となっていったのは、応仁の乱による回禄後のことであろう。泉涌寺は「見蓮上人門徒」のアイデンティティを担保する存在であったから、さまざまなかたちで「見蓮上人門徒」は泉涌寺の復興に手を貸したものと考えられる。そうした環境の中で、泉涌寺の伝統は、一部に変更が加えられることにもなった。修正会金光明懺法における「元日疏」の疏筒の取り扱いと、読み上げ方法とを、神式における祝詞風に行い、また施餓鬼作法に真言を採り入れて行うことは、まさに「見蓮上人門徒」によって改変された作法であった。

泉涌寺で大勢を占めた「見蓮上人門徒」は、自らに与しない衆僧を追い出し、「見蓮上人門徒」による独占的な寺務運営を行おうと企図する。長老住持の居所である方丈を違乱して「見蓮上人門徒」の修行道場に変え、さらには雄峯聖英（?〜一五一七）の長老就任を契機とする修正会金光明懺法復興のために上京した伊予国繁多寺の衆僧のための宿坊さえも、監寺賢等の私房としてしまった。

このような状況に水を差したのが先白善叙（一四三七～一五一〇）であった。彼は「見蓮上人門徒」である仁甫善悌（?～一四九七～?）が長老職に就いたことに関して取り消しを再三上奏し、彼を罷免へと追いやった。天皇が善叙の言い分を認めたのは、彼がこのときすでに雲龍院住持として御受戒に参仕しており、天皇に直接面会できる立場にあったからであろう。善叙は三条西実隆の庇護を受け、「見蓮上人門徒」からさまざまな妨害を受けながらも着実に昇進し、善悌の後に泉涌寺第五十三世長老となって、示寂するまで十二年間にわたってこれをつとめ続けた。その間には長福寺末寺である新善光寺の住持にもおさまり、敷地を整理して安楽光院内に移すなど、「見蓮上人門徒」の有力末寺が拡大するのを防ぎ、自身の跡には明叟聖鏡（一四五三～一五二〇）が入院できるよう、彼に香袈裟着用の勅許を得ている。

善叙の関係者からは、その後、明叟聖鏡、喜渓長悦（?～一五四八）、明甫聖讃（?～一五五二）の長老が輩出され、また彼らは全員御受戒の戒師として参内した。

善叙と彼の意志を継ぐ者たちの働きにより、永正十七年（一五二〇）年には、泉涌寺違乱の首謀者であった賢等は、公武両家からの叱責を受け、後柏原天皇在世中には、ついに「見蓮上人門徒」の解散命令も出された。この時代の常で、決して天皇の命のとおりにはならなかったが、「見蓮上人門徒」には、本寺を違乱する悪僧集団のイメージが着実に定着していった。本来永享元年（一四二九）に室町幕府から安堵された長福寺の末寺についても、「泉涌寺末寺」を「見蓮上人門徒」が違乱している、と周囲に認識されるまでには、そう時間はかからなかったであろう。享禄二年（一五二九）には、泉涌寺には直接関係がなかった長福寺末寺の金台寺の移譲について、長福寺は泉涌寺に相談なしにこれを行おうとしたとして、天皇から叱責されている。

善叙と善叙の後継者たちは、全員御受戒に参仕していたから、天皇や女房たちに直接「見蓮上人門徒」の狼藉を訴えることができる環境にあった。すなわち世間のイメージを操作することができる立場にあったのである。泉涌寺内では厳しい状況にあった善叙とその後継者たちであるが、権力者に通じることで、少しずつ、外部から「見蓮上人門徒」を弱らせることに成功したのであった。

おそらくはその後、長福寺末寺は次々と泉涌寺の直末寺へと編入されていったのではないだろうか。寛永十年（一六三三）の末寺帳には、実に六カ院の長福寺末寺が、泉涌寺末寺として挙げられ、江戸期には永円寺や長福寺からも長老が輩出されることとなった。

『泉涌寺維那私記』（一八六〇年成立）には、毎年五月二十七日に「無人忌」が行われたことが示されている。

無人忌逮当、楞厳呪行道、回向文有之、通用歎仏偈等、悲永長観本五ケ寺廻リ勤之
寺院《ズイン》門今月《キンゲ》念七日《ニヤンシジ》
開山無人如道《ブジンジユダウ》大和尚(1)

「悲永長観本」とは、このとき泉涌寺末寺となっていた悲田院・永円寺・長福寺・東向観音寺・本願寺の五カ寺のことであろう。如導関連寺院の関係者のみが持ち回りで法要を行ったことがわかる。泉涌寺の直末寺となっても、「見蓮上人門徒」であることに矜持を持っていたことがうかがえる。

こうして「見蓮上人門徒」は、歴史上から消えた。彼らの存在を伝えるのは、現在のところ『視覃雑記』のみである。しかし「見蓮上人門徒」が泉涌寺を支えた痕跡は、たとえば俊芿筆の『造泉涌寺勧進疏』などに、みつけることが可能である。

作者長典（一四七五～一五三九）は、泉涌寺違乱の首謀者である賢等（?～一四九五～一五二〇～?）が監寺だった

ときの知客を担った人物で、「見蓮上人門徒」としての生き方を貫く賢等を、尊敬と憧れの眼で見ていた。賢等が責めを負い、門徒解散命令が出される中、『視覃雑記』は著述された。「見蓮上人門徒」として生き様の是非を後世に問うためであった。

註

（1）『泉涌寺維那私記』（『泉涌寺史』資料篇、二八一〜二八二頁）。

付録１　『視覃雑記』翻刻

【凡例】

一、『視覃雑記』は二五五条から構成されているため、本文にはないが、便宜上、条項の前にその条項数を【第〇〇条】と表示する。

一、本文にはないが、内容読解の便宜のために、読点を挿入した。

一、行頭に半葉での行番号を表示した。索引と対応する。

一、訓点についてはそのまま付した。ただし「ヿ」はコト、「〆」はシメ、「𪜈」はトモに開いた。合符は音合符は「-」（半角ハイフン）、訓合符は「-」（半角ハイフン左寄せ）にて表現した。合点は「＼」で表現した。

一、本文はほぼ墨書きされているが、一部朱書きされている箇所については、「カギ括弧」でその箇所を括り、右に（朱）と記した。

一、印がある箇所には、その箇所を二重四角で囲い、右上部にその印の形状を丸括弧で示した。

一、割り注はそのまま示した。

一、略字については、（傍注）で表した。【例】水丁《（灌頂）》・𦬇《（菩薩）》

一、漢字は基本的に通行の字体で統一した。ただし、「无」はそのまま表示し、「嶽」「岳」については資料表記のままに示した。

一、頁の区切りを閉じカギ括弧で表し、その下に丁数を丸括弧内に示した。また点線でその区切りを示した。

一、見せ消ち等の文字の修正については左に「ゝ」をルビ表示し、訂正後の文字を右にルビ表示した。【例】ゝ桶《筒》　ただし資料上、修正は文字の上から斜線が入れられていたり、上に字を重ねて修正されたりしているものもある。

一、文字の塗りつぶしは、■で示した。

一、虫喰い等のために判読不明の字は、□で示した。内容等から文字が推測できる場合には、これを□内に記した。

（朱）「理流」
視覃雑記不出門戸　　小比丘長典
」（表紙・一オ）

視覃雑記　（単郭朱方印）智山常磐寮蔵本　（単郭朱方印）隆宝蔵
夫レ以、五十二位之階‐級、三‐千八‐万之威‐儀、分二チ大小之異一ヲ、立二ツ
正‐像之時一ヲ、皆レ是約二シ情‐見之利‐鈍一ニ、由二ル必‐解之明‐昧一ニ者乎、
善見論ニ云ク、仏‐法住コトレ世ニ一万年、初メ五千年修ルレ道ヲ、得二三達ノ霊
智ヲ、後五千年修ルレ道ヲ、不レ獲二彼ノ智一ヲ、為然ルニ未タレ満二セ一千五百歳一ニ、
遺法廃滅、只此有十余年矣、若使二メハ錯翁一、知レ有二コト此視覃
雑記一、則必悔二ン前作一ヲ者也而已矣、
永正十六紀年八月廿四時正二日星宿土曜乙酉日書之」（二一オ）

【第一条】

1 一　今日召講ノ衆ノ中之為㆓ル一‐藹㆒者《ヒトハ》、重」衣、香合、座具、襪等、
2 取」調之、可㆓キ焼香之用意㆒ヲ也、老僧等語曰、其寺ノ前住忌日
3 等ニハ、必可㆑行㆓法事㆒ヲ、有㆓覚悟㆒、而可㆑被㆓相催㆒之、雖㆓若輩催申㆒ト、
4 不㆑入㆑聞老僧㆒、而无沙汰者、无念之事、

【第二条】

5 一　有㆓布施物等㆒之時ハ、不㆑得㆑習事ヲモ、文字点《テン》葉《ハ》片言交リ沙
6 汰、而不㆑ル懃㆓寺役巡番ノ所作㆒ヲ者《ヒト》、数多也、心中无道心相」像シタリ　矣、

【第三条】

7 一　雖トモ㆑非㆓持戒㆒ニ、食ハ㆑斎、置㆓キ鉄鉢㆒ヲ、可㆑用㆑食也矣、縦雖トモ㆑用㆓非時食㆒ヲ、
8 病僧養性　飯ノ上ニ菜汁物之内、取㆓テ一物㆒ヲ、少置㆓飯上㆒ニ、念㆓細抹磨食之
9 不正食㆒ト、可㆑用之、不正食之事、戒法ノ肝心也、是」等体ノ事ハ、安
10 間儀也、如此毎事懸ハ㆑心、可然僧ナルヘシ、粥代ニ用㆓ニモ小飯㆒ヲ、如此可㆑作之矣、」（二ウ）

【第四条】

1 一　用㆓ニモ良薬於酒㆒、或入塩、或入レハ食‐物一種㆒、失㆓ル酒味㆒ヲ故、薬力養

病命一ヲ之間、不正食用之、観念肝要也矣、

【第五条】

一　見レ食二汁、乍レ置レ下ニ、如二菜物一食レ之僧在之、比興之至也、又口音《ヲト》高一鳴者《モノ》、不レ読二教誡儀哉矣、

【第六条】

一　給-仕膳持一来レハ、指一出シ両手一ヲ、請コ取リ膳一ヲ、食一訖徹レハ、又以二両手一、持上膳一、渡二ス給仕人一ニ僧アリ、比興之儀也、咽喉犯戒トテ、一口々々ニ犯戒也矣、

【第七条】

一　老僧上首ハ不レ漬レ汁ニ飯一ヲ以前ニ、下衆漬レ汁レ飯事、同老僧ハ箸ヲ早ク置ニ、下臈遅一ク置キ、无レ何《イツトモ》、食事又湯茶同之事、

【第八条】

一　再進飯乍レ請、即食事、近年之沙汰也、吾請二テ飯再進一ヲ、次座之請レヲ飯待テ食スル也、」（三二オ）

【第九条】

一　給仕膳持来之時ハ、左右ノ膝ノ上ニ左右ノ手ヲ仰一ケ、垂コ下ル畳ノ上一ニ、即請ル意也矣、徹之時ハ、覆《ウツフスル》二左右手一ヲ、即辞意也、春嶽宗師、被レキ仰レ慥、

3 然近年、其直第等、无㆓左様㆒之由、雖レ被レ申レ之、不レ能許容事、

【第一〇条】

4 十一食ニレ斎、褊衫ノ肩脱テ、白ク帷小袖等、内衣露ー見、殊老ー僧悪也、

5 懸㆓食中心㆒、袈裟衣威儀、可㆓引繕㆒也、

【第一一条】

6 一茶礼ニ、最末一人、持レ茶而待レ礼、不レ及レ礼、服レ之者《ヒト》、是又近年儀也、

7 茶礼之手ハ、用㆓和南問《要》ー迅㆒ヲ、爰㆒元老ー若用㆓合ー掌㆒事、

【第一二条】

8 一上ー古ハ、椀析敷縁《フチ》黒《クロ》、中茶椀、是ハ八斎戒、中方、大ー工、侍士等ニ、用之、

9 下椀、下茶椀ハ、力者、中間、小者ニ、用レ之、近年依㆓零ー落㆒、上中下一ー物、於

10 用レ之儀、如レ无成㆒行事、口惜敷次第也、」（三ウ）

【第一三条】

1 一十仏名、朔日、二ー日、十五日、十六日、替句タモ、不レ知レ弁、浅㆒間敷為レ体也、

2 近年之作ー法ニ、不レ打㆓戒ー釈㆒ヲ、用コト十仏名㆒ヲ在之、時下衆ハ悉㆒以合ー

3 掌スルニ、老ー僧不㆓合掌㆒事、檀那等ノ外ー見不吉也、次打㆓戒釈㆒人、

4 左手不レ安レ腰、而合掌ノ半手指㆒揚コト不可也、中食偈ノ戒ー釈ハ、

5 惣人数三-分-一斗リ、上首仁備レ膳之程、打レ之吉也、戒-釈ノ役-者ハ、必ス最-
6 末ノ役也、数多衆之時者、一ツ二ツト読レ数、同シ拍-子ニ打」吉也、然」間、役者ハ
7 不レ打、以-前ニ唱ヘキ十仏名一ヲ也、但僧堂之時ハ、打レ推、十仏名役者一人高声也

【第一四条】

8 一　雖レモ引二布-施-物一ヲ、不レ用二呪願一ヲ、用二沐-浴一ヲ、不レ頌レ偈、洗レヒ手、着ニモ袈-
9 裟一、不レ及二一-向偈-頌一事、无念至也、

【第一五条】

10 一　或出-銭、或布-施等、不二コト褁レ紙一、不律儀也、必可レ褁」用事、
11 布施銭宝等、以紙ニ褁事、依制禁故也、直予仁不取之也、」（四オ）

【第一六条】

1 一　打二戒釈一半ニ、或ハ打」畢テ後ニ、令二メ着座一、食レ斎人アリ、元不レ見事、

【第一七条】

2 一　諸-衆着-座、而雑-談、无レキ元事、法-事ノ最-中ニモ、食」時ニモ、近-年如此之
3 人、在レ之事、但尊宿、被問者、竊可答之、自身左右三人耳、不レ聞ェ程ト也、

【第一八条】

4 一　形-同沙-弥、喝食等、比-丘衆ト同シ座-敷ニ着座、而斎」粥用レ之事、

愚-僧沙-喝之時-分迄、无レ之、近-年无二臈-次一事、

【第一九条】

一　僧衆暦々ノ座ル処、若-輩僧奥レ端ヱ、五-条衣ヲ脱レ々《搭々》。通-路スル儀、雅意之行-迹也、一-切可レ有二用心一事、

【第二〇条】

二十
一　対レ上座着レ襪一、剰ヘ不レ用二手洗水一、着二七条衣一者アリ、常-住内-々ノ行-儀相-像シタリ、先着レ襪、洗レ手、可搭袈裟後、脱袈裟、可レ脱レ襪也、

【第二一条】

一　着二用褊-衫一、不レ搭二五条衣一ヲ、行レ路ヲ人、在レ之、不-思-議第一也、或レ又通一レ（四ウ）

肩適《タマ〳〵》レ用ル人ハ、多之也、

【第二二条】

一　居二座敷一ニ、自二リ諸-衆一前《マヘ、》レ出テ、或後《ウシロヘ》レ引入テ、座スル僧、在レ之、畳ノ中程ニ可二着座一事也、何ソ不二一-面一乎、

【第二三条】

一　近年爰-元ニ、自レ吾、下座ヲ請コ上ル上座一ニ、然ニ自レ吾、下座着二コト上座一ニ、似二コト俗礼一曲事也、非レ乱二ノミ戒-臈一ヲ、死入二地-獄一ニ事、

【第二四条】

6 一　行クレ二路ヲ、自二老-僧一前レ二歩ミ、或一-列番-匠歩ニ、近年皆セリ、不レ及二鳫-行之

7 沙汰一儀、口惜事、

【第二五条】

8 一　着座スル時、乍二蹲-踞一、平ニ。坐故ニ、被レル出二尾籠物一ヲ、見苦敷事也、先

9 踏レ違ヘ足一、下レ右ヲ上レ二左ヲ、而着座吉也、凡半跏坐也、

【第二六条】

10 一　吾ハ有レ二座ニ、或上座、或下座来而座スル之時ハ、必合掌シテ揖、而為ナスレ二礼ヲ」（五オ）

---

1 必有二リ合掌礼一、各不レ作人アリ、不レ知否乎、

【第二七条】

2 一　此レ比見レ反、襌襪衣、袈裟、不レ裹レ之、入二ル、一帒一二人、在レ之、浄穢无差

3 別之観-念成-就迄者、不審也、

【第二八条】

4 一　着二袈裟一時、前-後之牌斗ヲ取、而不レス取二袈裟ノ端一ヲ、落レシ地ニ引キツル、不

5 レ依二老若一、見苦敷事、

【第二九条】

6 一　出世香衣ノ人、不レ着二重子衣一ヲ、慭《ナマシイニ》着レク襪、首尾不調之行-儀也、

7 袈裟ヲ座」シ付ク後ロニ皺《シハ》」已《ノミ》見苦哉、

【第三〇条】

8 一三十　或老僧、行ルニ二焼香礼拝一ヲ、自二一番一、取コ出香合一ヲ、置レ服、演二坐具一、三

9 礼畢テ、彼取二テ坐具一、後ニ蹲踞、而取二ル香合一、比-興也、

【第三一条】

10 一　或老僧、楞-厳-神-呪、後-啓-請、不二コト合掌一、毎-度也、禅家ニハ、段-上ニ

11 □ヲ合掌ス、金剛合掌サヘ、心不調之相ト、見二タリ北義抄一ニ矣」（五ウ）

【第三二条】

1 一　近年、白小袖等、取-持之、□着レ下、而上ニ着二コト染」物一ヲ、比-興至-極也、

2 同者　迚《トテモノコトニ》下二シ染」物一ヲ、上二セハ白□、可レ然也、古上」下共」以不レ用二染衣一ト、

3 先伯宗師、若僧之時、庸」合染」物着」初也ト、其」比嘲-哢云々、

4 温ツ子レ故ヲ知ルヲレ新ヲ者、明哲之所レ好《ヨシトスル》也、莫レ憚二過而改一、他宗ヲ見ニ東寺ニ

5 上」下一-向不レ用二染」物一、悉」皆白-色也、

【第三三条】

6 一　綿増-テ綿四-洲草」襌事、不レ用レ着ニ二褊衫一ヲ、又牛頭藁《ワラ》」沓《ツ》不

㆑用之㆒、用ル㆓紙藁沓㆒、无㆑之則《トキハ》、芽《ケ》藁沓ニ紙ヲ巻テ用㆑之ト也、

【第三四条】

一　无㆑被㆔着‐用㆓直綴㆒ヲ之時ハ、必被ル㆑用㆓塗」笠㆒ヲ、今ハ露㆑面独」歩、不㆑可
㆑然事、古ハ見‐物等ニ用ルト㆓葛ノ実徳笠㆒ヲ、其比ハ不㆑用㆓直綴㆒、応仁以来
毎事、用㆓直‐綴㆒、結句近年ハ用㆓禅衣㆒為」体也、」（六オ）

【第三五条】

一　着モ㆑裳、前ハ高ク後ヲ下テ着セシ、今時人ハ、後ロ高ク前ヘ下着」也、然敢
見苦敷也、律表袴着之、前六後四ト云、前高六寸後四寸ニ着也、

【第三六条】

一　被㆑用㆓楊枝露見㆒ニ尾籠、近年事、

【第三七条】

一　施餓鬼ニ前机ニ立㆓コト位牌㆒ヲ、元无㆑之、禅‐家ノ法則歟、然ハ茶湯ハ供ル㆓
六道衆」歟、供㆓位牌㆒歟、如何、六道ニ供㆑之上」者位‐牌无‐益也、鈴
打事モ、廻‐向ノ終ニ打ハ、永円寺法則也、此門ニハ不㆑打㆑之、諸‐廻‐向共」以
㆑打之。今限㆓テ施食㆒可㆑打㆑之、子細何事ソヤ。就㆓モ施食仏名㆒ニ、此」門与永円
寺異多」事、廿五三昧等无異也、

【第三八条】

9 一 鈴金《リンキン》、不レ習二一-向而打一レ之事、為ルコトノレ似不コトレ似也、中々不レハ打、可レ然事、恐ハ
10 文字ノ上ニ文字ノ下ニ打レ之事、在レ之間、不レ習、拍-子不レ可レ調者也、」（六ウ）

【第三九条】

1 一 廻向宋音ハ、上来也、上来ト用二唐音一事悪也、施-餓-鬼ニ南无
2 十方仏、南无十方法、南无十方僧ト、用二ル唐音一人、在之、不可也、宋
3 音ハ、十方也、

【第四〇条】

4 一四十 法事ノ座敷ニ多人数之時、挟ト云、止止《シシ》ト云ハ、近年事也、元ハ狭レハ
5 二-重三-重ニ、或立或座キ、不レ知二之重之外一ヲ而如レ此、止止ト云歟一矣、

【第四一条】

6 一 散-花ノ時立ニ、左右ノ足ヲ踏ミ広ケテ立コト、比-興第-一也、足ヲ踏揃《ソロヘテ》可レ立也、

【第四二条】

7 一 无二花-苔一之時、用二枝-花一ヲ、其花ヲ畳ノ上ニ直ニ置人在レ之、供用花ヲ
8 下ニ置コト不可也、元ハ皆開レ扇上ニ置レ之、今モ有心ノ人ハ咲事、

【第四三条】

9 一　法花講、大般若経転読等之時ハ、元ハ必ス被レ用二塗香一、不宛之、
10 前机ノ上ニ抹香少シ宛置キ訖、今略レ之、是モ无-心ノ故也、」（七オ）

【第四四条】
1 一　大小布薩ニ、開レ扇仕レ事、先-伯宗-師、慥ニ被レ仰キ、今ハ密散花之
2 時スラ、用レ開レ扇事、不レ知レ職故也、
【第四五条】
3 一　行道事、先ニ行ク人ノホンノクホニ喰ヒ付ク程ニ、重テ行人モアリ、吾カ前一人行
4 或先ニ行人ニ行レ重、或四五人□程、隙開ケ、或左右江曲、或行留ル、唐折行道ニ、不二入角円廻、又珠数行道ニ入角広□、
5 程間ヲ置ト也、是モ亦无人数時ハ、間レ遠ニ見レ繕《ツクリヒテ》見レ吉程ニスルト也、
6 不可然、凡行道様、先而行人ト予ト共、間一人立程、可レ有レ隙、次行留事、不可然、行道故也、叉手事、衣袖左右間、一寸斗程、広ハ不也、
【第四六条】
7 一　律-僧作-善霊供ニ尽、以-後ハ不レ備二供具一、茶湯斗也、葬祀等、同レ之、
8 然ニ備レ人在レ之、不律也、仏前スラ取レ置事、斎後徹之、明日早々又備之也、
【第四七条】
9 一　或老-僧芳林西堂、年-貢米収-納ノ時節、行レ会テ見二之、衣鉄《サン》（三衣）-鉢ニ入レ米満レ器、
10 供二備仏前一ニ、諒爽《サハヤカナル》レ物ト思レ哉様《タメシ》、少キ事、

【第四八条】

11 一 夏中不レ念レ明相一、自二夜半遊行スル事、為二シャ夏数一哉、為二シャ破夏哉、

12 不レ行二受日一、而他-宿之時、明-相以-前、帰-寺而為二夏-数上一者、可レ為二」（七ウ）

---

1 破-夏一者也、太不レ可レ然也、

【第四九条】

2 一 四節ノ礼、老-僧達、元」者着二シ七条一ヲ、必ス有二リ茶礼一、今ハ不レ着二五条一スラ、

3 茶礼モ无ハ、不ハレ被レ服ハ、入二テ引」茶□不レ入レ湯而礼アリ、近-年不二見反之、

4 如レ无成」行事、偏ニ不律ノ故也、

【第五〇条】

5 五十 一 雖レ開二面ノ門一、自二庫院一出-入僧-衆、是」又无レ元事、

【第五一条】

6 一 大乗梵網十重戒品、小乗四分戒本等、安居中、迫《セメテ》可レ誦レ之、

7 略-戒ハ、毎日可レ用二行事一、五十夏已-上、不ハレ誦戒、日-々犯レ盗文、

【第五二条】

8 一 先-師作-善トテ、孝-弟勤メ、以-後立レ座焼-香ス、併在-家法-則也、

9 幸供ニル霊-供一ヲ之時、懇ニ可二焼-香礼-拝一事、

【第五三条】

10 一　不レ頼二依師一事、結-夏作-法等、被レ用二如何一哉、泉涌当住、在レ之」（八オ）

1 時者、縦不レトモ経二案内一、可レ為二依師一歟、学律ノ輩ハ、又依二毘尼蔵一也、（不通利不可然也）

2 爰ニ元无二一向沙汰一事、（明律僧平僧□用也、）

【第五四条】

3 一　病-僧、前中後之安居日-限打レ過、其レ後平癒而不レコト及二結-夏一ニ、如

4 何、可レ為二无-夏一也、同病-僧、不レル行二自恣一事、如何、可二与欲一也、

5 自恣ノ日迄、他-宿而自恣ノ日帰-寺而其レ作-法、如何、可レ行レ之、如レ常也、

【第五五条】

6 一　前安居ニ結スル人、依二用事一破夏セハ、中後安居ニ可二又結夏一哉、

7 可レ為二破夏一事、（如レ此、雖二用来一、中後之間ニ、又結而モ不苦歟、）

【第五六条】

8 一　直-去ノ事、七-月十六-日ノ内ニ、不レ帰者、可レ為二夏数一事、（前中後ノ日、同前也、）

【第五七条】

9 一　六念ニ、夏数誦レ之、当今夏、不レ満レ日、不レ可レ為二夏数一、自恣ノ日、以-後

10 可レ為二一-夏-数一事、」（八ウ）

【第五八条】

一　同-安-居-僧、二-人他-行而日」迫ハ、於二他-所一、可レ用二受-日一哉、不レ可レ用レ之也、南都僧ト、結-夏受-日作-法用否、如何、不レ苦事、事-訖、受-日、霊-廟-前言者《イハ》、開山等歟、今日行二シテ受日一ヲ、不二他-行一而明-日ニ用二ルト昨日一ノ受日一ヲ云人、在レ之、如何、当日他行ニ、不二受日一者、不レ可レ用之、七-日受-日ハ七-夜歟、六-夜歟、可レ為二六-夜一事、十五日、卅-日、受-日ハ、引二ト羯磨一ヲ云有レ煩哉、四-人已-上ノ説也、七-日受ナリトモ、乍レ七-日同縁ハ、无二シ是非一、若初-日縁ト、別-縁ナラハ、七-日ノ内ナリトモ、又可レ行二受-日一ヲ哉、乍レ七-日、以二初-縁一為レ本也、受日七月十三日、十四日之間ニ行スル、共可レ受二七-日一ト哉、可レ用レ七-日也、

【第五九条】

一　前中後安居九-旬之間、令二遊-行一者、夏-数用-否、如何、可レ為无-夏一也、」（九オ）

【第六〇条】

一六十　結-夏作-法、必ス可レ為二晩気一、自-恣作-法、必ス可レ為レ朝一、

【第六一条】

2 一　減-日ノ文唱一事、用レ粥ニ、当-時粥略レ之、直用レ斎ニハ唱一儀、如何、不レ苦也、

【第六二条】

3 一　楞厳会、夏中ノ廻-向、結-夏已-後歟、明-日ヨリ可レ用レ之歟、結-夏已-後、

4 可レ用レ之也、

【第六三条】

5 一　居二シテ他-所一数日ニハ、六-念、乍レ居二他-所一ニ、施主食有-請-所ト可レ用レ之哉、又

6 自-食ナラハ、自-食有-請-所ト可レ用レ之哉、卅-日居スルトモ可レ為二无-請-所一也、

【第六四条】

7 一　当世ノ風儀ニ、早-旦ニ有レ請行二シテ六念一ヲ、後受-請食ハ六-念无体歟、

8 无-体ナルヘシ、晨-朝不-作止-犯六-吉文、釈レ之間、若早-旦ニ失-念セハ之、

9 不レ行二六念一哉、思-出ス程ニ何-時モ、可レ作レ之哉、思-出之時、行レ之、可レ然也、

【第六五条】

10 一　法-同沙弥モ、如二ク形-同沙-弥一、化-教六-念ヲ用レ之由、性-堂宗師ハ被レ仰トテ、」（九ウ）

---

1 見-祐、沙-弥戒已-後、被レ用二化-教六-念一、長典者、沙-弥-戒於受二春嶽

2 宗師一ニ、於二悲田院一、同-受-戒、長-継　長-荀、自二受沙弥戒一、制-教六-念之由、

3 被レ仰書一給、各如レ此也、化-教六-念ハ、形-同沙-弥、在-家等モ、用レ之事ナリ、具-足
4 戒ハ、長典受ニル性-堂宗師一者也、実-名モ、沙-弥戒之時、賜レ之矣、

【第六六条】

5 一 結-界ノ地ニ、在-家等、在-住セハ、結-夏作-法ニ、不レ可レ云ニ結界内一哉、
6 一-度大-結-界ノ所ニ、俗-家在-住セハ、結-界、可ニ狭《セハク》一少、其ノ在-家失レハ、
7 成ニル元ノ大-結-界ノ分量一ト也、

【第六七条】

8 一 結-夏之即其一夜、他-宿如何、不レ可レ用ニ他-宿一也、

【第六八条】

9 一 破夏、此一比之下座、可レ着ニ上座一哉、勿-論也、

【第六九条】

10 一 受-日ヲ受テ遊-行スルニ、日一迫帰-寺ニ、河水一出、又ハ依ニ俗-難一ニ、不レ得ニ帰寺一ヲ、
11 如何、可レ為ニ破夏一也、」（一〇オ）

【第七〇条】

1 一《七十》 一一重衣時ハ、不レ着レ襪ト云人アリ、不ニ重衣一トモ、敷キ坐-具一ヲ、赤脚ニテ可
2 レ座事、不-審也、南都僧ハ一一重衣ニ着レ襪、如何、可レ随レ時者也、

【第七一条】

3 一　入二テ座-敷一居スルニ、下衆自二上-座一前ニ入テ先-ツ座、入二テ上-臈後一ニ座ハ、如

4 何、凡上-座次第ニ入テ座ヘシ、然トモ不レ苦也、

【第七二条】

5 一　持-衣ニ平-僧用二コト香-衣一、不レ苦事、

【第七三条】

6 一　六-物ニ云、廿五条ニ、五-条二一-条、用コトレ之、縵衣与割-截-衣、用否、如何、子-細

7 在レ之、何モ為二従-衣一之間、不レ苦事、

【第七四条】

8 一　洗二濯袈裟一、受-衣ノ文、用レ之ト、如何、必ス捨-受之儀、可レ在レ之也、

【第七五条】

9 一　請-定、送二僧-名一ヲ、上古ハ月-日尅（上分、下分、中分、書レ之）、近年无二沙汰一也、同-年同-月-

10 日時在レ之、故ニ必ス可レ書也、近-年ハ略-定也、」（一〇ウ）

【第七六条】

1 一　粥ニモ僧-堂江鉄-鉢持-出歟、鉢-子斗持-出歟、持レ鉄出-也、但粥

2 請二ル鉢-子一ニ也、

【第七七条】

一　死-僧ニ略二上編-衫衣一ヲ、令レ着二一裳一ヲ、天-笠之行-迹也、但上-□着用モ、不レ苦也、比丘尼ハ用上下衣也、祇支覆肩、元来尼ノ衣之故也、

【第七八条】

一　死-僧夜中滅ハ、明-相以-前ハ、先-日ニ可レ取レ之也、限二ル律僧一事、

【第七九条】

一　死-僧牌-前ニ、置二三-衣一-鉢一事、用否、如何、可レ随二意-機一也、

【第八〇条】

八十
一　死-僧覆二フ棺ニ袈-裟一ヲ、火-葬ノ定也、土-葬ニハ、令レ着三袈二裟死僧一也、入-棺絹-糸ノ類ヒ、念珠緒スラ、不レ用レ律ニ、雖レ然、真言水丁(灌頂)之輩者、不レ苦也、極大乗宗之故ナリ、殊絹上糸用レ之儀、在レ之事、

【第八一条】

一　葬礼結縁諷経ノ事。雖二トモ五山十刹并諸宗ニ出会一ト、従二往古一、為二ル一番一之処、近-年号二シテ他-宗出世ノ人在レ之、用-捨シ為二其上次一不可也、」(一一オ)

【第八二条】

一　大衣ニ有二九-品一、随レ得可レ用レ之、大-衣也、不レ可レ成二各-別ノ思一事、

【第八三条】

2 一　鉢-ノ口切レテ、袈裟ノ縁切タルヲ、不レ用レ之事、

【第八四条】

3 一　律ノ法-事ニ、一-切本寺之出-頭ニ、役-者ノ外、不レ用ニ珠-数一、雖レ然、密ノ法-事ニハ、
4 用レ之也、

【第八五条】

5 一　教-誡儀ニ、着ニ七条一、当今横披ト云、聖-道-家等ニ用ル横披歟、如何、
6 当時无レ之事、

【第八六条】

7 一　西堂分ノ輩、不レ持ニ三-衣一-鉢一而令レ出ニ仕本寺一ニ、借-鉢曲事也、慭ニ開
8 レ鉢食レ斎而可キレ褁レ鉢時分モ不レ知、徹レ鉢時-節迄、置レ之、俄ニ其-物
9 褁レ之、諒-以平生之无-行-儀、顕-然也、

【第八七条】

10 一　食レ斎、成ニ腰於二重一、或ハ張レ口入レ飯、有テレ向見レ之、比-興也、飯-器ノ先ヲ
11 少-上テ、身-ノ前下リ、持レ之食セハ不レ見也、毎々可レ嗜事、」（一一ウ）

【第八八条】

一　於二寺中一着レ沓、寺外他行ニハ、古ハ板草履緒太金剛也、近年下劣成行、用二尻切一也、

【第八九条】

一　指笠頭首ハ用二朱柄ノ墨笠一ヲ、都寺ハ用ル二黒柄ノ墨笠一ト也、今頭首、知事、无二差別一、悉皆成レ劣ニ、会下笠ヲ為レ本体、无念也、

【第九〇条】

一（九十）　羅衣頭首用レ之知事、万ハ羅《ロ》草《サウ》衣《コロモ》トテ、以レ絹道具シ着ト也、是又无二近代一退転也、

【第九一条】

一　五条衣モ此比多見レ之、鼻紙程也、見苦之間、可キレ用二中程一事、

【第九二条】

一　沙弥、雖レ為二一所ノ院生一、比丘僧ニ相看之時、可キレ着二横座一事、无レ謂、可レ着二末座一事、

【第九三条】

一　法同形同二沙弥給仕、必可着五条事、八斎戒同五条事、」（一一オ）

【第九四条】

1 一　八斎戒ニハ、中方、承仕、中間、力者、下部、百姓等之子モ成也、

【第九五条】

2 一　中方ニハ足洗不レ用レ之事、

【第九六条】

3 一　沙弥之間ハ、請定ニ不書院号寺号事、

【第九七条】

4 一　沙弥法同形同共ニ行‐事終ハ、起座可ニ退‐出、喝食同之矣、

【第九八条】

5 一　供ルニ霊‐供一ヲ、取上菓子ノ縁高一ヲ、供レ之老‐僧在レ之、茶‐湯之外、

6 一‐切食‐物、持上触ルヽレ手事、律‐制也、取上レ之、莫レ供ニコト仏‐餉霊‐

7 供一ヲ、触スル故也、仏餉霊‐供、膳菓子ニ副レテ手供レ之也、

【第九九条】

8 一　仏霊前薬湯入レ湯《ユ》ヲ事、行者又沙弥又喝食持ニ湯瓶一而寄立ツ供スル

9 僧ノ右方ニ、僧先焼‐香而飯膳ニ膳、左右□□供具物、灯明」（一二ウ）

1 蠟燭花瓶等迄、懸レ心供之、次僧右方取上茶ノ瓦器一ヲ、□供以著攪立

2 而請レ湯《ユ》ヲ、薫ニ香煙一ニ、以ニ両手一、少シ捐シテ供之、置ク右茶ノ

台上ニ、此間ニ湯-瓶」持僧ノ通レ後、寄ヿ立ッ僧左方一ニ、僧取ヿ上湯ノ瓦器一ヲ、請レ湯《ユ》ヲ如前供之、湯瓶持退出ス、次ニ僧伸ニ坐具一礼拝也、左湯ノ方狭少ノ所ハ、居ニコトモ右茶ノ方一所ニ在之、随レ所依レ時事、

【第一〇〇条】

一百 仏前焼香事、先半間ハカリ経レ程而少揖シテ後立ヿ寄壇前一ニ、取ヿ出香合一、焼香シテ入レ袖ニ香合一、廻ニリ右方一ニ、一間ハカリ於レ前伸ニ坐具一、取ヿ出香合一、置ニ坐具ノ上ニ右方前隅一ニ、礼拝如常拝畢、入レ袖ニ香合一、取坐具一、不レ向ニ仏前一ニ、向ニ脇方一ニ、畳《ミ》レ之、懸ニ袈裟下一、向レ仏揖而帰レ座、祖-師、先-師、前-住等ノ前、焼香ハ如ニ仏前一也、其」外位-牌之前者、」（一三オ）

焼香斗也、无ニ礼拝一也、然或老-僧、伸テ坐具一、頭ヲ三-度上-下而不及礼拝一、取ヿ落香合一、袈裟ノ端ヲ長ク引レ地、帽子ヲ冠《カフリ》ニ片」首ニ、着ニキ踝《ハキ》ヿ高ニ裳ヲ、内-衣露」下《サカリ》、襪」ノ筒析」帰リ、胸大ニ開《アキ》、言語道断事、

【第一〇一条】

一 対馬三礼可レ在レ之、法-事ニハ不レ用ニ柄香-呂三-礼一ヲ、一礼也。、不レ弁之。、取ニ柄香呂一致ニ三礼一事、対馬三礼之時ハ、下礼槃、必三-礼也、然ヲ後ニハ作ニ一-礼一事矣

【第一〇二条】

一　請定奉事、先伯宗師曰、奉文字、真ニ書ハ、謹承ト云心也、草文字ハ、承ト云意也、自下﨟、来請定ニハ、草文字書之、従上首、請定ニハ、真ニ書也、名字ノ下、不レ書ニ真ヲ中一ニ、右ノ脇ニ寄テ可レ書也、知文字書ハ、无レ元狼藉也、仁甫宗師平僧之時、被レ書之、太不レ可然也、不参指合ト不レ書之、指合ノ」（一三ウ）

指合不レ示ト書事、今案出不出、知之条、雖為近代儀、難捨之、水丁（灌頂）マタラ（曼荼羅）供請定ニハ、一向如書コト、不可然也、人ハ、不レ書レ奉也、近年如此書ト也、灌頂、曼荼羅供、三々昧等、請定ニハ゜合点也ト（奉文字不用也）、被仰也、次自泉涌寺、廻文、恐々敬白ト書レ之、返事可レ書ニ恐惶一如何之由、尋申処曰、従本寺、賞翫末寺一而書之儀也、本寺ヨリ、末寺如賞翫一不レ替、等《ヒトシク》同賞翫ト云意ニテ、則恐々敬白ト、可書也ト、慥承訖、愚僧如此用来也、密ノ法事ノ外、請定ニ不レ書ニ実名一可レ書ニ仮名一也、人云実名犯事ハ、尾籠也ト、被レ仰キ矣、状札可レ書ニ仮名一、不レ書ニ実名一也ト、但尊宿江状、不レ苦ニ実名一也、於斎莚、請定者、自身已上、為ニハ宿老ノ請一、用真奉字一、自身已下、為ニハ若﨟請一、用草葉字、名字下右脇書之也、名字ノ下不レ可レ書ニ中通、

【第一〇三条】

一　呼二院号、寺号、道号一ハ者、尊敬儀也、不レ呼二実名一、呼仮」（一四オ）名一者、又賞翫儀也、

【第一〇四条】

一　近年泉涌寺監寺ヲ云二奉行一、云二役者一、云フ二納-所一、不思議之名-目也、本-職可レ云二監寺一事也、

【第一〇五条】

一　或寺、成二補任人一、其-状日-下ニ、実名肩ニ書二監寺一、加-判ニ、実名肩ニ書二納所一、弥-敷事、不レ書二住-持一而袖-判也、

【第一〇六条】

一　泉涌寺毎月朔朝、転読大般若経、无二開-白作-法一、一-番出-仕者、始経読-訖、結-願作-法在レ之、一-﨟役也、爰-元始レ此、可レ用二法則一也、

【第一〇七条】

一　沙-弥、无二レハ縵-衣一者、割-截-衣縫-綴トテ成二シテ縵-衣一ニ搭也、近-年猥用二コト割截衣一、不レ可二現当二世共一ニ事、

【第一〇八条】

11 一　着用直綴禅衣而入門従者、下」姿異体之由、不啓案」（一四ウ）

1 内而如二褊衫一打任理運之行-迹、無礼至也、

【第一〇九条】

2 一　僧衆来臨之時者、出ヿ向縁上二、召請之処、対上座、下臈ノ

3 衆モ、於二室内一出会事、又退出ニハ、於二縁上一一礼、着レ沓、於二

4 庭上ニ、一礼在之、近年無礼也、随分可レ懸レ心事、

【第一一〇条】

5 一百十　北野社参詣事、不二レ参上長床一、正面縁、或楼門廻廊之

6 東方倚《ヨリ》」副《ソヒ》縁、法施也、賀叟毎々此定也、子細語曰、当宗

7 東堂西堂、被三参入二拝殿東西正面ノ畳ノ上二、法施之故也、

8 其証拠、古ハ悲田院東堂、年始必参社為鎮守故、百疋被持

9 依レ為二御師一、松梅院参向在之也、

【第一一一条】

10 一　非二公武請一者、於二公界ノ堂社寺宮一、不レ行二法事一、関東調

11 伏之時、依二武家　普広院殿請一、於二男山八幡宮神前一、被」（一五オ）

レ執二行大乗布薩一、近年无之間、於二私ノ請者、不レ可レ然事、就レ之南都僧ハ、見レ及之、先-年太秦薬師堂広隆寺為二勧-進一、十日法-花千部-経、聚二閤-湖-僧一読之時、律-僧四-五-人在レ之、於二当律僧一者、未見之事、付永正十四年六月一日、千本炎广（閻魔）堂供養、真乗院大僧正宗一導師、雖レ被レ相レ語、職衆於当-宗一、以二此-儀一令故-障一之条、各同-心而不レ出也、但如レ此供-養等ハ導-師職-衆、不レ交二他-宗一、一-円為二当-宗一者、用否可レ随レ事《時》、

【第一一二条】

一　疏桶《筒》取事、以二右手一、乍二疏桶《筒》取之、而以二左手一、自レ下レ疏抜出シ、以二右手一、疏桶《筒》成二下於仏前一、成二上於人前一、臥竪置之也、」（一五ウ）

読終、而以二右手一、取二疏桶《筒》一、自レ下レ疏指レ入、以二右手一、取二疏桶《筒》ノ上一、竪置也、　泉涌寺修正元日疏、読二知客蔵主役一、然祝言取様在之、以二右手一、乍二疏桶《筒》一取レ之、而以二左手一、持二疏桶ノ下一、以二右手一、自レ上レ疏抜レ出、乍二左手一、成二疏-桶《筒》上於仏前一、

成下於人前、如常、竪二掛置レ之、読一訖、以二左手一、取二疏桶《筒》ノ下一ヲ、以二右手一、自レ上レ疏指一入、竪立置也、愚僧蔵主知客、二年修正疏読レ之、悉皆為二先伯宗師指南一、雖レ然、如常疏桶《筒》一御指南也、其時常住監寺賢等律師《維那》立也云、仏事荼毘等之時ト、祝言ト、疏桶《筒》取様在之、常式者、不吉之由、依レ被レ申、相尋処、賢等云、聖光律師口伝也、」（一六オ）

天下安全、寺家泰平、祈之間、就二口伝一、如二祝言一、愚僧沙汰之処、禅観◦《堂》坐禅之時、先伯宗師、此法則、未知之、如何之由尋承之間、具中処、不レ及二是非一也、同賢等口伝云、元日疏云、右金光明甚深妙典者○諸仏所証ノ秘蔵衆聖護

持ノ妙法ナリ、此廿一字ハ、不二ル読一切二一息一也、若読一切ハ、無祝言也トテ、従レ昔口伝相承仕来事也、切而不切口伝在之、則丸スル也、賢等維那ハ、為聖光房指南、先伯モ若キ比逢二玉フ土形一之間、少々儀者、失念モ候ニヤ、泉涌寺修正光明懺法再興モ、五十一代公文雄峯宗師、移二繁多寺ノ法則、執行以来、今如形在之、其以前ハ、不三再興二先伯宗師一、恐ハ聖光

房口伝、賢等相伝、長典之外无知之一、既先伯无二覚悟一也、」（一六ウ）

【第一一三条】

一 泉涌修懺、晨朝ノ時ニ、維那、知客、蔵主内、為二一人ノ役一、出二場外一ニ、施餓鬼供在之、賢等云、用二密施食作法一吉ト、同口伝也、可心得事、

【第一一四条】

一 勅諡大興正法国師号、応永十八年十月初日依■■《廿八代ノ虎庵》宗師奏、老僧等語云、毎月一両三五応勅請令二参内一、為二十善戒国師一、代々長老不。《及》蒙二国師号一而現前国師也、何事」新国師号、被レ奏哉、雖レ為二御停止一、准二興正芥（菩薩）一ヨリ、時々被レ奏者、争无ンレ勅一許菩薩号一ヲ乎、不レ及レ□レ勅代々ヲ可レ称国師一之処、无レニ紛現前ノ国師重而勅許事、■■《虎庵》和尚、无別レ分之奏也」歟云々、尤也、以レ一察レ万、如此思惟、分別在之者、毎事可レ然事、」（一七オ）

【第一一五条】

1 一　暖寮祝事、蔵主成之暖寮蔵主衆斗也、知客成之暖
2 寮ハ知客衆斗也、維那成之暖寮ハ維那衆斗也云々、近年
3 懃寺官之輩、依無之、不及片切云々矣、

【第一一六条】

4 一　授仮名実名事、云二当宗ニハ授名一ト、云二禅家ニハ安名一ト事、

【第一一七条】

5 一　喝食衆、上臈下臈事、授名喝食日、以二前レ成人一ヲ為上首、以二後成人一
6 為二下座一、同日同時為《ナラ》二喝食一ハ、以二年ノ兄一為二上臈一、同年族者、
7 初而以二入寺ノ日一為二上首一也、

【第一一八条】

8 一　形同沙弥、上下衆臈事、以二落髪日一為二上首一、同日同時出家ハ、
9 喝食之時上下座位也、若自他宗剃レツ立テ来者、以成二宗分一時
10 節座位也、不論年兄、前日落髪者也、

【第一一九条】

11 一　法同沙弥、以受沙弥戒日、為上臈、同日同時受戒上分中分下分、同之者」（一七ウ）

---

1 喝食形同沙弥ノ時座位也、受戒之一尅、上中下三分、用之事者、

2 凡受戒者、多人数之時ハ、分二二座三座一ニ、被レ授之日午首、受戒者上分、中、受戒者中分、尾、受戒者下分、以上分一為二ナリ上首一、以二中分一下臈也、以中分為二上臈一、以二下分一為下
3
4 臈也、

【第一二〇条】

5 一《百廿》比丘受具足戒事、不レ論二法同形同一、依年満一受戒故也、同年人同
6 日同時上中下三分同之者、喝食形同法同ノ如二座位一為上首也、

【第一二一条】

7 一 西堂臈次事、不レ論二西堂成立日一、西堂衆中戒臈次第座位也、
8 但初任ノ当日ハ、泉涌当住持ノ下、可レ着二座、或首座懺主、或
9 維那ノ上一、近年无首座懺主、但近年順桂任懺主、

【第一二二条】

10 一 東堂臈次事、不レ論二入院新命日一ヲ、長老中戒臈次第ノ座位也、
11 泉涌寺不レ論二初任再任異一、当住持為二一臈一者也、」（一八オ）

【第一二三条】

1 一 当住持寺官着座之右方ヲ云二■《主》位一、東堂西堂着座之
2 右方ヲ云二客位一ト也、此七ケ条人」以知」所也、雖レ不レ能レ記、近年猥乱臈

次、恣之間、記置者也、

【第一二四条】

一　諸宗各血脈在之事、於当宗、无血脈之由、申人在之、近代戒師、為レ本二廉草一、依二无沙汰一、如レ无成行之条、由来不知人、无之由申、又或人者、祖ｰ裔ノ器ヲ血脈ナリト申之、何以不可也、為二後者一列二一片一矣、

「●（朱、罫線も朱）」本師釈迦善逝―迦葉―阿難―末田地―商那和修

優婆毱多―曇無徳―曇摩訶羅―法聡律師

道覆々々―慧光々々―道雲々々―道供々々―智首々々

「●（朱）」南山澄照大師―周《シュ》律師―道恒々々―省躬々々―慧正々々

法宝々々―元表々々―守言々々―景霄々々―無外々々」

（一八ウ）

法栄々々―択悟々々―賛寧々々―処恒々々―允堪々々

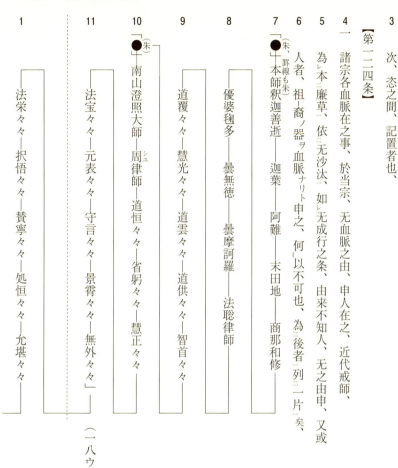

択其々々―●（朱）―元照律師―智交々々―惟一々々―法政々々

了宏々々―●（朱）―正法国師―定舜律師―月翁―无心

松山相加寺―月航―竹巌―玉庵―泰巌

性堂具足戒
長典四十六代
春嶽沙弥戒

【第一二五条】

一　泉涌寺開山一夜大事ト云ハ、山門穴《アナウ》流ノ灌頂内大事也、血脈在之、但近代、爰元相残伝受面々者、等本全源和尚伝也、此下、先伯宗師、報恩院西堂允翁聖叔和尚、寿命院芳林信英西堂、長典已上、四人聖叔西堂下ニ、順桂山崎法花寺、西堂、善恵安楽僧、教寅実名、信英方断絶也、」（一九オ）

本願寺梅宿全心下ニ、仁甫善拂宗師、全源等本和尚也、此西流、

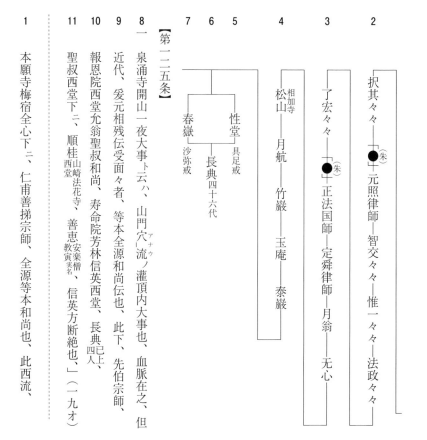

長典受之訖、雖レ然血脈ハ、開山下四五人迄続之、其下断絶也、歎存泉涌妙厳院慈眼和尚仁相尋申、悉血脈一流ハ、長典之相続ニ在之、其外流血脈、恐ハ不可在之也、依之、秘而不載之事、

【第一二六条】

一　墨色廿五条、本願寺在之、長典形同沙弥、若年之時分、如何之由、或僧順桂相尋処、難シテ□、不レ可在之比興之申事云々、則於悲田院、奉レ問二春嶽宗師一之処、勿論香衣ハ長老所用也、墨色ハ平僧所用也、近比曲事之由、或僧被二召出一被ニキ仰含一、如此異論輩在之条、記置之事、

【第一二七条】

一　綸旨、院宣等、被成、当宗宛所、為某上人、或寺号院号事、

【第一二八条】

一　当宗西堂者、必非　勅許、為泉涌寺許之、但依事申勅許事、寿命院芳林西堂等、非勅許也矣」（一九ウ）

【第一二九条】

一　泉涌寺ニハ、平僧影ニハ、不レ書二。香■袈裟、見蓮上人門徒、必書

香袈裟㆒事、開山以来代々此定也、為上人号故也、古ハ細々、依㆑応、
公請参内㆒、著㆓香衣㆒、近年ハ依㆓教行廃学㆒、公請退転也、平
僧、参内玉体无対面故也、但近年ハ、伏見殿連子飛耀万松
等、時々就㆓参内㆒、不被記之云々、

【第一三〇条】

一百卅 着用香袈裟、参内例事、後花園院、熊谷曼荼羅、可
被拝之由、依　勅定、持参内、本願寺前住、譚月見直和尚、着
香衣、依㆑為㆓老僧不合期㆒、奉懸本尊儀、不㆑叶、依之、侍者僧
見信梅宿、俄借㆓香袈裟㆒着用、令㆓同参内㆒、奉㆑懸㆓巻本尊㆒ヲ、
師匠与侍者僧、乍二人、着㆓用香衣㆒之由、梅宿和尚物語也、
号㆓上人㆒ト故、用香衣也、又灌頂曼荼羅職衆、用香衣儀、」（二〇オ）

是又非　勅許事、

【第一三一条】

一　長老ハ為泉涌寺住持㆒、故必被成綸旨勅請也、西堂首座
等不然、故非　勅許也、爰近年、於泉涌寺、未タ㆑用㆓開祝言㆒輩、
綸旨又ハ女房奉書給之歟、是ハ別事、先伯ノ西堂香衣ハ此

分歟、同未レ入院一、雲龍院開山竹巌宗師百年忌文亀元年酉年六月廿七日着二香衣袈裟一、被レ成二長老一、女房奉書云々、及半斎一、寺官等、不出仕一、及二恥辱一、於二維那出仕一者、可レ有レ疏之処、大衆モ少々不出之間、不及二疏沙汰、楞厳神呪、先伯新長老被レ始之、長典等不出之由、雖レ被相「催一、自前々奉レ頼二依師一、无二疎略一故ニ、不レ出見之訖、未入院輩、於二塔頭一成二長老一事、前代未聞事、」（二〇ウ）

【第一三二条】

一　不成長老輩事、

小野三宝広沢西院両流未灌頂輩也、自二諸国諸末寺一上来輩、可二求両流一之時、不レ授之一者、不可也云々、然近年、漸不レ窮二一流一人、長老口惜事、

【第一三三条】

一　不成西堂輩事、如前両流未灌頂人也、善福寺見隆房、金台寺統源被二相「催取」立一、相コ語一翁宗師一、可レ成二見隆長老一ニ旨、衆評訖、不レ遂二一流一スラ未灌頂之間、難レ叶之由、衆儀也、不及為、故一翁宗師。云、然者、可レ被レ成二西堂一旨、問レ衆之処、亦云、未灌頂難レ叶

答也、亦一翁問衆、然者、成二西堂一後、則可レ遂二灌頂一之間、以此
分、可レ被レ許一客之由、被レ定之衆議同心也、未灌頂輩、可レ遂二後
日灌頂一之旨、依二約束一、成二西堂一、初二見隆一之事、」（二一オ）

以此例、近年者、知久遠院高叟西堂後於高野水丁（灌頂）也、小松谷今
明叟聖鏡後於西西（醍醐）五智院小坊、今普賢院ナリ水丁（灌頂）、略作法権僧正宗典、平川之比　一翁宗師、以後者、
両流水丁（灌頂）人无之也、願此定可成レ長老事、

【第一三四条】

一　仁甫宗師永円寺呈徳庵也、催二入院之処一、雲龍院先伯西堂、可コト
レ被二超越難儀而相支、被二　奏問一、仁和寺見蓮門徒、出世長老
例无之、被二勅許一者无レ曲之由云々、泉涌当監寺賢等、執奏云、不レ成
長老一門徒ト云定、无之、彼見蓮上人卅三回忌、為二公文長老一、又為
見隆西堂、太无レ謂、先伯西堂、奏事、三由、依二執奏一成二長老一、往
安楽光院、其後隠二居東坂本ニ之処、　後土御門院崩御明応九庚申年
九月廿八日也、葬礼十一月十一日夜也可為引導之由、在レ之、被申引導訖、」（二一ウ）

先伯西堂、未レ成二長老一、龕前疏読レ之也、御位牌持之、

【第一三五条】

一　雲龍院、可為泉涌寺別院之由、後小松院真《宸》筆勅書也、三殿ト申ハ、後光厳院、後円融院、後小松院也、

【第一三六条】

一　戒光寺事、非㆓泉涌寺之末寺㆒旨相論、故令㆓戒光寺僧、悉追ハ出㆒、住㆓泉涌寺ノ僧㆒也、可㆑為㆓泉涌寺之末寺㆒之旨、後小松院宸筆被㆑成下之、而然者追出ノ僧等、可㆑令㆓還住㆒之、依㆓御口入㆒、如㆑元還住スル之事、（金台寺ニ修光房ト云老僧アリ、此時追出之戒光寺僧也、不立還戒光寺、於金台寺逝去ス、文明年中初比也、）

【第一三七条】

一　東寺大勧進事、○始願行上人也、西八条遍照心院ニ住ス、五代目也云々、然故古ハ本末之相論毎度云々、近年无之、結句新方丈領（開山以来知行也）、八条坊門大宮西頬五段、遍照心院令押領事、（法住院殿御代便給）

【第一三八条】

一　東寺学頭発始事、依㆓　宇多院勅請㆒（高雄与栂尾間）槙尾自性上人我宝」（一二一オ）

御影堂東向ニ被㆓談儀㆒、初番律宗也、然間長国寺前住《開山》亮印律師請㆓学頭㆒云々、西院流人也、観智院法流被㆑預之ト也、

【第一三九条】

一　理性院主宗済ハ、小松谷宗海宗師之捨弟也、就二弟ノ宗済僧正一、理性流受法云々、宗海ハ三宝流、西院流、理性流、被遂三流歟事、

【第一四〇条】

一百四十　清泰院、（西法院（峯）、今号妙観院近年斗也）知久遠院ハ泰巌宗師草剏事、

【第一四一条】

一　雲龍院、龍花院ハ、竹巌宗師草創事、

【第一四二条】

一　（西ノ峯法華堂引□ス　四条院御廟也）童真院ハ兀兀宗師開山也、依之、古ハ長福寺宿坊、毎事通達云々、近年（見過　見益　順見）東南院宿坊事、是又無人門徒也、可知之事、

【第一四三条】

一　泉涌開山廟所事、非二開山塔頭一矣、仏殿南岸、諦雲庵埋岸（坤カ）、可知事、開山臨終仏ハ、新方丈本尊、宝冠定印ノ阿弥陀仏也矣」（二二一ウ）

【第一四四条】

一　泉涌寺三谷ハ、光明峯寺谷、泉涌寺谷、観音寺谷也、此三谷、被レ住二弘法大師一云儀、相違也、五十五代文徳天皇斎衡

三丙子年、左大臣緒嗣公、建二仙遊寺一、今泉涌寺是也、自二弘法入定廿二年後也、従斎衡三年至承久元己卯年三百卅四年也、自承久元年至永正十六己卯年又三百一年也、已上六百卅四年也、

【第一四五条】

一　長福寺、被住弘法大師云、五十五代嵯峨天皇弘仁年中為御願、御再興也上宮太子◦草剏也、寺号政事、初坊城之寺、二ニ三学寺、三五辻之寺、四者長福寺、額書筆主、有口伝空海、菅丞相、道風、以二空海一為正、雖レ然、近年道風之由、世以称レ之間不レ諍也、天神毎日影向以来、又号松坊一、大松在之故、神移松上云々、年数七百余載之間、伝教大師、弘法大師、慈覚大師、何以居住之由、申伝之段、无異論者事、」（一三オ）号五辻長福寺、為二律宗一事、纔無人宗師以来二百卅余年之事、鎮守山王十禅師権現者、伝教大師之御勧請也、

【第一四六条】

一　北野観音寺、本尊十一面、一夜松御曾木、称天神御作口伝事、於二筑紫榎寺一薨。廟所、今之安楽寺也、延喜三癸亥年二月廿五日也、一夜松出生ハ、天暦元丁未年六月九日也、四十五年後也、託二宣日蔵上人一、以一

夜松一、吾本地十一面観音、造立之、建二□〔神〕神宮寺一、可三安置二之由、天神告新也、依レ之、以二一夜松一於神社前一、一刀三礼ニ、日蔵上人造立供養之故、天神御作ト習者也、無人宗師以来、呼二観音院一、近年称観音寺一事、付天神講式社頭本、異二序奥寺家本一、見蓮上人、被入賛句、於観音寺執行之用也、

【第一四七条】

一 禅光院ハ、徳大寺山庄也矣、俊芿開山也矣、無人宗師ハ、中興開山也、然故（入唐以前也）当院開山俊芿国師ト書来也、泉涌寺遐前ノ寺也、次筒嶽建正法寺一、泉涌寺三番目ノ建立事、然泉涌寺北京律」（一三ウ）

頭事ハ、入唐一紀故、被崇敬、泉涌寺ハ、為在唐勅願、而吾朝勅願ノ故ニ、為本寺事、本寺ト云名目近年儀也、本ハ云二惣寺一也、

【第一四八条】

一 見蓮上人門徒、好相本尊、必可レ為二阿弥陀仏一事、開山宗師之掟也、密宗ニモ、十八道本尊、必可レ為二如意輪一事、聖宝尊師之掟也、自ノ不レ可レ帰二信仏一事、

【第一四九条】

一 好相日数、必可レ為二三七日一、師資相伝ノ定也、梵網経云、若一七日若二三

七日乃至一年文、就此文、師資相承旨、向背之、永正七庚午年■十月十六日、於泉涌寺方丈、祈之、同十一月二日、受具足戒師雲龍院主西堂明叟、受者善福寺見寿、寿命院（信英ノ弟子也）僧聖訓同十四年ニ堕落、故成二禅僧一、是初二一七日受戒一也、於当門徒者、不可用之事、

【第一五〇条】

一（百五十）戒壇所々可知之事、」（二四オ）

如来成道十年、楼至芉（菩薩）請二築壇一、為比丘受戒一也、仏於二祇園ノ東南一二、築レ壇、是印度之広度也、元嘉十一（武帝第三子文帝）甲戌年、求那跋摩於南林寺一、建戒壇一、為二僧尼受戒一、是震旦ノ戒壇之始也、当二吾朝允恭廿三（廿代）甲戌年一也、代宗勅二大興善寺一、建二方等戒壇一、由レ此大乗戒壇起焉、穆宗置二キ泗州一、敬宗立二ツ両街一二、宣宗数二シテ上都、荊、揚、汴、益一築之、皆大乗戒壇也、宣師手築二戒壇一也、勝宝五年正月唐沙門鑑真来、同月薬師寺築二戒壇一、同月廿一日勅曰、東山道下野薬師寺、西海道築紫観世音寺ニ各立戒壇一、充二東西我葉一、招提寺戒壇一、勝宝五年四月、東大寺築二戒壇一、上皇登壇、芉（菩薩）受戒、霊福寺旧僧、重受八十人、各鑑真也、天台山門築戒壇者、

11 伝教大師也、」（二四ウ）

【第一五一条】

1 一 比丘受戒、祈好相事、十九才秋ハ、年満廿年道理[叶]｣也、十九才春ハ、
2 雖レ不レ叶二道理一、用来事、性堂宗師ノ資、桂輪律師十八才春、被
3 レ祈二好相一、愚僧等同日受戒也、年満十八才之受戒ニ相当也、此故歟、
4 早世畢、

【第一五二条】

5 一 祈二好相一可レ有二心｣宛一事、熊谷ノ直実《ナヲサ子》極悪之大-俗、欲レシ生二ト上品上生一、
6 来迎引接之体、祈レニ之、阿-弥-陀如-来、出-現玉フ、写二之法-然上人一、今之
7 本願寺迎接曼荼羅是｣也、不レ祈二心｣指一者、不-可也、愚僧ハ対二永円寺ノ
8 本尊阿-弥-陀-仏一ニ、来-迎之願-望成-就也、立二証人一見栄律師也、此｣時永円、
9 北-野福《外ノ》-部社ノ西｣南ノ頬博《ハク》雲領ノ地内、在レ之、同-道-場見-祐見-秀落堕ス見-順、好-相
10 大概祈レ之輩ハ、見｣及ニ各早｣死、又落-堕スル也、信-心堅-固、勇-猛清-浄ニ
11 可レ祈事、

【第一五三条】

12 一 雖二当時不律也一、三衣一鉢六物等、可畜持事、」（二五オ）

【第一五四条】

一　可レ持二大乗梵網戒本、四分小乗戒本一ヲ事、

【第一五五条】

一　掃二除仏前一而一切道具物、不レ曲《ユカメス》可置之、不二見苦外見一、肝要事、

【第一五六条】

一　袈裟、褊衫、内衣等、令二一-ツ桁ニ混-乱一、懸-置之、外見不如法一事、

【第一五七条】

一　於二僧衆召請斎莚日一ハ、戒-釈拭-立之座ノ傍ニ、可二兼-置一事、先懸二微塵一ヲ、入-置長柱《ナケシ》一ニ、俄取-出儀、諒-以不律至極ノ事、

【第一五八条】

一　真言修行事、不異戒体之威儀、而不レ乱身体、女犯、肉食、自然仁持戒也、僧之行儀、不過之、依之、従上古、兼学之間同ハ、事教二相、共ニ可為専一事、

【第一五九条】

一　従泉涌寺来廻文、返答之裏仁、僧名夏次書事、略儀也、必可別紙矣、但只一人之僧名別紙事□歟、戒光寺江」（二五ウ）

送廻文仁、反シテ僧名夏次書、返事在之、自古如此云々、戒光寺維那律師、安楽光院維那律師ト宛所也、自余寺号院号ハカリ也、開山忌ハ廿年以来執行也、賢等知事時ヨリ門徒皆請也、其以前ハ有レ志人ハ、十疋出銭而被出仕畢、寺中衆ハ十銭出銭也、今モ十銭也、正忌三月八日ニハ元ハ沙弥、喝食、行者、力者之役而風呂焼之也、舎利会ハ自レ昔皆請也、若狭国小丹生西□料所也、伶倫舞右方左方十番在之ト下行十三貫五百文七貫文ハ示人給、五貫文伶倫給、五百文ハ宿坊給之、地炭代ト云々、諸塔頭何モ宿坊仁五百文宛、油炭代下行ト云々、然モ名蔵出人茶曳一器必持乗云々、廻文持来力者ニ古ハ茶酒等被下事、

【第一六〇条】

一百六十於泉涌寺、出仕之時、宿飯衆、沙弥、喝食、行者、下部等、理」（二一六オ）

運在之、賢等知事之時、非時停止開山忌之間、米ヲ借用仕、愚僧与楽邦院信性一両人、而下部共ニ申付、被食之、向後、不可罷出之由、依申文、如元在之事、

【第一六一条】

一　泉涌寺入院布施物、僧衆ハ十疋、沙弥、喝食、行者ハ五疋宛事、西堂成同之事、

【第一六二条】

一　五夏以上ハ闍梨位ナリ、十夏以上ハ和上位ナリ文、闍梨位トハ阿闍梨也、翻云正行(云師範)一、此有五種、一出家闍梨、二羯磨闍梨、三教授闍梨、又ハ四□威儀、阿闍梨受経闍梨、五依止闍梨ナリ、聖道門有識之官、非阿闍梨ノ位ニ、五種ノ中当二羯磨阿闍梨一ニ、(大僧五夏以上、尼七夏以上、六夏已上也、)四分律云五夏不誦戒羯磨、尽形不得離依止文、説戒師故ニ戒法ノ師範ノ位也、次十夏已上ハ和尚ノ位ナリトハ」（二六ウ）

和尚ナリ、(云刀生、又云知有罪知无罪、新翻親教、即是得戒和上也)大僧十夏已上、尼十二夏已上和上也、五百問論云、若経十夏不誦戒者、飲水食飯坐臥離席日日犯盗文、和上闍梨二師、善見云、无罪見罪呵責是名我師云々、

【第一六三条】

一　未受具戒者、不レ見二四分戒本一事、如密経軌等矣、

【第一六四条】
一　魚肉鳥食之沙弥喝食、不レ読二セ理趣経礼懺等一、雖レ然当
宗依顕儀一、喝食之時、多読来也、用魚鳥肉食之日ハ、必
先師等ハ、不レ被レ読セ之一、読初之時、被レ伝ー受之一畢、近代爰元
見及仁不レ及二伝受ノ沙汰一、魚鳥肉食日、不レ読之儀、无之、勿
体矣、聖道真言門ニハ、落髪之後百日、本寺入堂必在也、
欲レ始加行時節伝受也、如二顕経一読之事不可然也、小真」（二七オ）

言等モ、先師悉以被二伝受一訖、如顕経只ハ不レ被読之事、
【第一六五条】
一　形同沙弥モ、用袈裟之間、不二魚肉鳥食一之由、先師依被申、
愚僧十三才十一月廿四日落髪ス、則不レ用二魚肉鳥食一、不着用
袈裟之間、用二魚肉鳥食一ト云儀、永円寺仁其時節在之、
无謂沙汰、賀叟、梅宿等被キ申事、
【第一六六条】
一　近年依人、着二座スル比丘尼ノ下一僧在之云々、不レ可然、既百夏ノ比丘尼、
礼二初夏ノ比丘ノ足一文、律ノ尼ヲ云二比丘尼一也、禅尼ヲ云二比丘尼一、律尼ヲ

8　云ニ御■（尼衆）一ト誤也、不受戒者不レ称比丘矣、尼ハ女ノ梵語也、必□アラス

【第一六七条】

9　一　禅宗浄土宗云比丘一ハ、受具戒者比丘、无余儀、不然輩称比丘者、

10　八種比丘内、名字比丘、相似比丘、自称比丘、此三種可レ当哉、然故

11　東堂西堂称比丘歟矣、不知位以事、」（二七ウ）

【第一六八条】

1　一　他宗ノ沙弥者、三種沙弥中、相ニ当名字沙弥一也、此沙弥ハ従廿

2　歳至ニ七十歳一也、

【第一六九条】

3　一　形同沙弥、三種沙弥中、相ニ当駈烏（喝食同之）沙弥一（従七歳至十三歳也）、法同沙弥ハ、三

4　種沙弥中、相ニ当応法沙弥一（従十四歳至十九歳也）也、然者、形同法同沙弥ハ、

5　他宗ノ沙弥遐上也、可被分別事、沙弥、南山云、此翻為息慈

6　謂息ニ世染之情一、以レ慈済ニ群生一也文、新翻云勤策一、

【第一七〇条】

7　一（百七十）　受飯、先取三把事、上献三宝、中奉四恩、下及三途ト也、

8　喰三口、先一口摂律儀（略頌云律儀戒謂断一切悪名ニ之律儀戒一）、一口摂善

法戒略頌云摂善戒謂修一切善一名二之摂善戒一、三口饒益有情戒又云摂衆生戒謂度一切有情也、□三聚浄戒、心可レ食飯、不然者信施也、或云人舎利礼文誦レハ、三聚浄戒ノ七仏通戒偈ニ配事、諸悪莫作摂律儀戒也、諸善奉行摂善法戒也、自浄其意饒益有情戒也、是諸仏教諸法本源也、」（二一八オ）不ニ信施一ト矣

【第一七一条】

一　右泉涌寺廊下寮居住輩、修ニ真言一、褁ニ鈴小一、不レ鳴様、沙汰□、専律学故也、以レ此知、碁囲、将碁、双六、笛、尺八、詠哥、連歌、算術、合薬、神道、兵術等、悉以禁制矣、依之、当宗銘師不入撰哥(歌)等也、猥近年ハ、哥(歌)連哥(歌)沙汰一スレトモ之、仮名実名不書之、連哥(歌)字トテ用ハ、別名不違禁制一意也、不書本名事、狼藉由、申人在之、此子細可理事、

【第一七二条】

一　同寺古茶湯禁制之事、雲龍院、知久遠院、清泰院、西法院、常住斗在モ、此外禁制之也、為学文作障故也、不入憚之用ナリ、此外於事哉矣、先師賀叟、住山居宝林院、依无茶湯、毎々手水飲之由、被キ申矣

【第一七三条】

11 一　悲田院、十仏名前、尊勝陀羅尼三反唱之、信施罪消滅之
12 功能在之故云々、一番仁僧食堂出仕人、初之誦也矣、」（二八ウ）

【第一七四条】

1 一　安楽光院者、永円寺二世、花翁和尚開山所也、持明院
2 皇居也、本堂九体堂トテ、九品教主矣、六人供僧、六時
3 礼讃所也、近代（請法明院）見用房（見意房ノ弟子也）、（荘厳院）見嘉房、両人迄、此定也、方丈ハ
4 新光院トテ、釈迦三尊、図師ニ（厨子）入、勅会、八講、御懺法、如
5 此法事之時、奉ラルヽ入本尊云々、鐘、晨朝不ㇾ突云々矣、

【第一七五条】

6 一　泉涌寺舎利会、由来者、湛海首座再入宋請来也、開山宗師
7 示寂之。後、四年目。入寺也、後堀河院寛喜二年　開山御入寺也、依之、海首座一向、予於泉涌寺、
8 无之者、舎利会則御仏事也矣、天王寺勝鬘院開山湛海首
9 座也、此寺本尊愛染明王也、寮額等、在之事、

【第一七六条】

10 一　□□□為《イ》祝《シユ》延《エン》聖《シン》寿《シユ》無《フ》疆《シヤウ》以《イ》此《ス》縁《エン》念《ニヤン》是則奉祈国土皇帝朔朝十五日略十方施主句唱□□」（二九オ）

1　祝献《シユケン》本寺《ホンス》伽藍《キヤラン》土地《ツチ》護法《ウハ》冥王《ミ□ヤウ》合堂《アタウ》真宰《シンサイ》所《ス》
2　□山門《□ンモン》鎮静《シンシン》檀信《タンシン》帰崇《キスウ》以此《イス》縁念《エンニヤン》二月十六日十方施主句前唱之也

【第一七七条】

3　一　請用随身具、五条、七条、香合、襪、念数、扇、内々可レ有二何之
4　法事一存者、随其具可持之事、

【第一七八条】

5　一　茶立ル事、招提寺ニハ以二右手一茶筅取レリ之振、同右手茶柄取之
6　茶筅持」具也、西大寺ハ以二左手一茶筅振レ之、以右手茶」杓一入湯也、
7　如此スラ両寺儀勢在之、北京律ニハ如招提寺用之也、

【第一七九条】

8　一　鹿丸薬用否事、可レ為二如何一之由、醍醐五智院権僧正宗典ニ奉問之
9　処、其」砌被二病気一曰、此間迄、雖レ用之、依二払底一、打置候、従二上古一、如レ此
10　薬用」来、无レ煩者也、一向不レ及二是非一、可二用服一事云々、不レ入二薬種一者、
11　難二服用一之由、被レキ仰矣、」（二九ウ）

【第一八〇条】

1　一百八十　於二寺中一魚物煮五辛煎事、不可然事、但病僧、為服

2 用、五辛ハ用否、可随時事、

【第一八一条】

3 一　梵網経十重禁戒諷経等ニハ、不ルレ用レ読様仁、爰」元ノ人、被ニ必得一太
4 不可也、泉涌寺代々前住忌霊供諷経ハ、於ニ新方丈一在之、悉諷
5 経十重禁也、殊南都律、法勝寺、元応寺、廬山寺、結句ハ
6 浄土宗等、出」会者、十重禁不レ読人ハ、无言也、口」惜次第也、

【第一八二条】

7 一　不可着菅笠、但速路物詣、於レ日経一者、沙汰限也、

【第一八三条】

8 一　不可レ着ニ死人於経書帷一、焼ニ失経法一故也、但於ニ土葬一者、不苦事、

【第一八四条】

9 一　死人ニ不可用土脱藁沓ハキ褌、流転之道具事、

【第一八五条】

10 一　見蓮上人門徒輩、不レ読ニ阿弥陀経一人在之、六道講執行之由、相
11 触之処、出来无言、「而布施ヲハ取之、檀方人外見口惜事、」（三〇オ）

1 為開山掟上者、常住勤行六時礼讃可行之、後夜ニ二時後夜晨朝日中

初夜ニ日没初夜、中夜　一日二度当時之間、被行者可然事、

【第一八六条】

一用草鞋、於堂上、由来事、高雄灌頂堂者、板敷也、板仁如瓦、四方仁形ヲ切付テ露地分也、依為露地分、用草鞋《カイ》訖、是以来、又堂上仁用ト草鞋来也、

【第一八七条】

一被補安楽光院住持者、則着香袈裟、為西堂者也、別香衣之不請　勅許者一也、為モ泉涌寺不相計一、為寺僧一計申之、住持相定所也、此寺洪鐘、不レ突二晨朝一、冑長一丈六尺余鬼神、晨朝来云々、无文字、无文鐘也、」（三〇ウ）

【第一八八条】

一鈴金《リンキン》ヲ打モ、先師賀叟等ハ、泉涌寺ニ久住直日懃故、少年之時申者、◦《当》宗ニハ鐘木ヲ上ヨリ下エ打ッ、禅家等ニハ唱門師ノ如レ打右ヨリ左エ鐘木ヲ打レ違様ニ鈴ヲ打トテ、被制禁、依法事打二鈴数一故実等在之トモ、不及其義、如唱門師打沙汰比興也、古者可レ始二大悲神呪一、鈴五レ打者、楞厳神呪始之、可ニレ始二楞厳神呪一、鈴

三打㆒者、大悲神呪始之、如㆑此口伝維那之故実也、近キ㆒比人人不㆑及㆓是非沙汰㆒、如㆑无成行コト、併仏一宗之零落為体歎者歟、

【第一八九条】

一　打㆓戒釈㆒、或左手成㆓合掌ノ半印㆒挙之人多之、或打覆《ウツツキ》テ頭ヲ掋《ウナタレ》テ火急ニ十仏名不㆑被㆑唱、心経モ観念モ難㆑成程ニ打人モ在之、又余ニ程㆒久モ在之、長短吉程可計事、」（三一オ）

【第一九〇条】

一《百九十》　随分頬ニ仏餉霊供ヲ持上供之事、太不可然、是等ハ不吉事ナレトモ、内心者、雖㆑為㆓不律㆒以外相㆒、建立一宗声聞宗、故大体可尋事、

【第一九一条】

一　着座スル事、或自上座引入奥㆒ニ座、屏風障子ニ寄㆒懸厳麗之絵共、強衣ニテ摺廻損之、或差《コ》出一尺二尺㆒座人モ在之、畳中程ニ可㆑座也、上座下座不一巡㆒、出㆒入座事比興也、

【第一九二条】

一　爰元会合、斎粥、打戒釈之後、座敷ニ入来僧在之、打戒

釈之後者、不着座事也、

【第一九三条】

一　飯食汁漬小椀分付用之、飯椀ェ直ニ汁打一懸食スル事、不律也、飯椀則観ニ鉄鉢一ト、故分付用之事、」（三一ウ）

【第一九四条】

一　賀叟和尚、梅宿和尚、全源等本和尚等曰、雖レ為ニ当寺開山見蓮宗師平僧一、被授受戒直弟、七十余人僧尼等在之、当寺門徒、同田舎末寺等、僧受戒之時者、従長福寺有縁長老常途悲田院長老云々、令啓案内、奉レ請当寺、為受戒一、当寺住持、相定而為闍梨師一、若差合之時者、誰律師可レ被レ請ニ闍梨師之由、為当寺住持令教云々、開山宗師、被レ授ニ受戒一、以其由緒一、為闍梨師一、受戒阿闍梨准之儀也、依此例一、見蓮門徒僧、欲授受戒一之時者、梅宿全心和尚之時代迄モ、何長老受戒儀、可申之由、乞レ教者也、近年如レ無成行、是モ只人心依為雅意一故也、」（三二オ）

【第一九五条】

一　当寺門徒衆、祈好相本尊、依開山見蓮宗師掟、為阿弥陀仏㆒、不用他尊也、沙弥受戒、或斎前、或斎後也、好相初日者、自初夜之時申尅七時㆒入道場㆒三七日目、受戒日、次不吉之時者、三七日余之日、用之、三七日目、以吉日受戒、用之事者、於其道場、為《スレハ》㆓受戒㆒用之、移他□、出道場、受戒儀、无之云々、梵網経云、若一七日、若二三七日、乃至一年文、在之、其別行三七日、古来ノ法則也、无好相輩者、乃至一年説、尤可然也、応仁乱前、紫野白毫院南都律僧、祈好相之処、至一年、无好相、于時長老、以一年好相功㆒可㆑授戒㆒、但長老入道場㆒替㆑僧、被祈好相、七ケ日内出来ス、依之、被受戒、然トモ、彼无好相僧、令還俗㆒无其曲云々、昔於泉涌寺、」（三二一ウ）

十六観堂祈好相㆒輩、壇上降㆓仏舎利㆒云々、

【第一九六条】

一　問、若年大僧等、位牌可書様、如何、答、五夏已上、闍梨位也、十夏以上、和上位也、被定置上者、今更无別儀、此定可書也、何妨」有哉、比丘ハ又禅家等ニ長老西堂和尚ト書之、以㆑何為㆑限被書之哉、恐釈尊以来二千四百余載、以戒徳用」来之処、恣

押而筆跡堕獄因縁也、莫憚改錯矣、

【第一九七条】

一 問、大徳ト下ッ方法体者、位牌書之、如何、答大徳僧者、比丘僧也、大ナル徳アル僧也、大僧ト比丘僧ヲ云モ大徳僧ヲ中略シテ云大僧也、小比丘ト書之事モ、対二シテ大徳僧一云、卑下之字也、故云小比丘一相対大文字一也、争下ッ方剃髪者ヲ大徳ト可書之哉、於当宗、可」（一二三オ）

書事太不可然、於他宗者、不及沙汰儀也、八斎戒以下ヲハ入道ト可書之歟、入道ト者入仏道一云故也、入仏道中略而云入道也、若又准聖道家之例者、上座ト可書用之哉、就上座儀一雖有子細等、只今者、可為最下分歟、

【第一九八条】

一 禅定門、禅定尼ト書之、定文字、禅家等ニハ随分輩可書之、不然、平民族、定文字、不可書之云々、入二禅定門一男、入禅定門一尼也、翻静慮二云禅定一、禅定ヲ下略而云レ禅也、禅定ト書之、定文字、更不可有貴賤之勝劣尊卑一者也、

【第一九九条】

一　居士事、有髪鬘一死輩ヲ、居士ト云、然出家剃髪族ヲ、居士ト書儀、不審也、禅宗之書位牌ニ、徳大寺殿上人、持明院入道、号西之院希音中観居士ト書之、」（三三ウ）

【第二〇〇条】

一　野宮殿位牌、野宮入道一品右相符聖有台霊ト書之、入道之文字、不レ見レ位牌一、弥敷儀也、西之院位牌書スル禅僧、被キ申、公家方儀者、依二其御家一、自上古、如此例、在之、今更◦禅僧家之説、不被用之事也、予転法輪、三条殿家位牌、見之、入道某甲ム《（私）》云、定家之父、俊成卿、千載集仁、入道之字、入之、摂政家、ナテテハ不入之処、此人入之儀云々在之、弥子細在之者哉、愚者之推量、无益也、

【第二〇一条】

一　問、仮名実名可用次第事、答、於自宗仮名云者、自喝食成日一、剃髪染衣形同沙弥迄、所用名字也、同雖二一期之間用之一、比丘ト書之時ハ、仮名不用書之、必実名之上ニ、比丘之字可書之、書札所用者、同等族ニハ用仮名一、長老西堂尊宿等ニハ、実名可書、惣犯二実名一儀者、狼藉儀也、然間公家方地下輩等ハ、名乗ヲ被

中某者也、常ニハ用仮名一儀、可レ然者也、凡実名可書之分際ノ」（三四オ）

事、斎会之座牌、受戒者請定、幷灌頂、万荼（曼）羅供、阿弥陀三昧、八名三昧、理趣三昧等之請定也、其外打任テハ可為仮名也、次道号所用如何、尊宿等ニ努々不可書之、以尊敬之儀、従他人一喚之也、近代依令公武輩参会一、歌連歌等ニ表徳号之二字、名乗書之事、各俗人実名書之処、作名、无謂之由申人在之、当宗者、歌道等禁制之条、古徳等モ如此用来者也、此由理可然事、

【第二〇二条】

一　問、僧家名字下用判形事、准二公家一真草之両名字重言重書之儀也、書名字者不可用判形一也、名字下用判形一者偏俗人行遮也、如何、答、名乗下不可用判形一也、判者称草名一而名字之字草形也、然間公家方者、用名字一不用判」（三四ウ）

形、用判形一不用名字一、書状上書ニモ名字之所ニ被書判形一、短冊等ニモ被用判形一、聖護院故准后モ短冊仁被書判

形、然者草名之段歴然也、上古者武家ニモ如此用者歟、其証拠旧文書見ㇾ二之、先代武蔵守平在判、武蔵守平朝臣泰時ト紙面ニ書之、而名字之通ニ裏ニ在判、上古者達二文道一故模公家如此歟、近代文道麁学之故、武家ニハ以料形為ㇾ印《シルシト》、不達文筆一而用他筆故也、名字判形各別之様用之、但名字之下判形寄左右儀在之、是者紙面ニ書名字一、紙裏ニ用判形ト同意也、僧徒名字之下用判形一者、必寄左右可書之、又略身ノ左方ェ寄之書也、」（三二五オ）

【第二〇三条】

一　問、講演莚惣衆座居而行遮如何、答、如明律文、半跏座而結法界定印可ㇾ護二其掌中一也、出仕雑談一切无益也、此比於講演ノ莚、或式本引帳、或伽陀以下本等、引一広於座席一、為随分行遮一、世外鄙之進退、外見无叢林之儀也、雖ㇾ相一似心一繫一、不致内稽古一而徒乍移光陰、連二衆座一、如此儀狼藉第一也、第二食時未終前後、種々雑談外聞実儀无叢林之至也、独住僧等見之、飯器ヲ持上頂戴之、如二キノ在家入道一行遮不律也、既仏

餉霊供スラ触故ニ、取レ上□不供之律制也、何飯可戴頂哉、又膳受之時者、両掌仰之、徹スル時者、辞ノ故両掌覆之、菜《サイ》食之ハ真中ナルヲ一番ニ食レ初之、但菓子等真中ニ橀甘之様ナル者在之者、」（三五ウ）見苦敷故、不食之、茶再辺之間ニ菓子不食之、用ニ楊枝一帳口露見ナルコト緩怠ニ見タリ、

【第二〇四条】

一　或若輩僧云、鈴金《リンキン》等者、行者ノ役也、然故不稽古云々、近比之无故実不知職也、直日トテ金光明懺法、盂蘭盆経等、鈴金百ヶ日稽古也、何限ニラン行者一哉、其心亙ニル万事一故、楞厳呪之鈴、大悲呪之鈴、打数スラ不知之、上代形木当世不入之由、目曳鼻曳集テ一所一、讃歎之、咲之、浅間敷次第也、

【第二〇五条】

一　式表白等、導師所作趣、惣礼在之者、如常其間、起到礼槃（盤カ）一、成一礼一、以柄香呂礼之也、対馬三礼用之様也、唄散花二箇、或四ヶ法用等在之者、以二柄香呂一、成三礼一、登礼槃（盤カ）一、然後五身」（三六オ）

法等所作、悉以成畢、諸衆声名終ト同程ニ、或又ハ表白等読也、逗留程在之者悪也、

【第二〇六条】

一　法華懺法、導師、取レ花、下礼槃（盤カ）一、向一﨟一、投レ花、敬礼常住ヲ唱ル、其間一﨟、立テ唱偈曰、

容顔甚奇妙　光明照十方　我適曾供養　今復還親近
迦陵頻迦声　哀愍衆生者　我等今敬礼　此文可唱之

導師敬礼常住之句終之時、一﨟持レ手散レ花着座スレハ、導師一心敬礼ト云、登礼槃（盤カ）一也、爰元人不習之一、予長典於原実光坊権大僧都能秀ニ、如此之故実口伝等、聞之者也、見増房モ、従長典口伝也、」（三六ウ）

【第二〇七条】

一　当律宗平僧仁、不レ可レ為レ遂二灌頂大阿闍梨職位一之由、泉涌寺衆中事、此水丁（灌頂）当徒再興也　永正十一甲戌年十二月十五日、於泉涌寺今方丈、執行灌頂、大阿闍梨小松谷聖鏡先香衣長老、入院規式、同十九日門徒召請在之、、受者善福寺見寿房、服受者知久遠院賢財房、職衆十二口、唄師信英西堂、散花

長継律師、讃頭長典律師、十弟子二人、承仕一人、内庫荘厳者酉酉（醍醐）五智院元中方玉照坊印弥山伏、雇之成弁畢、以此便場、明日十六日夜、受者聖賢明昌ノ弟子、大阿闍梨長仙明昌、可沙汰之旨、請二五智院権僧正御指南一、当住持聖鏡、幷監寺僧順長房、兼日ニ申談之処、可レ然之由、同心之間、无作法可執行一、但夜讃斗者四五人頼催、治定之処、十六日後朝斎後祝言之砌、暫住僧長継正印、平僧於方丈可レ遂大阿闍梨一儀、无覚悟之由、山崎」（三七オ）

法花寺長悦順桂房、居二スルヲ雲龍院一、正印房所出令内談一、同心而明昌大阿闍梨、於方丈一者、可被斟酌一之由、申之、長老モ順長モ乍无念一、略之訖、此新儀、正印房依相催順桂房一同心、如此也、无程因果道理極成、而同十三年冬、於雲龍院一、可レ遂二順桂房大阿闍梨一興行之処、平僧沙汰无謂之旨、先達各依レ及二異儀、明昌房不遂先途上者、今又難叶之由、順長房依相支一、可レ補西堂一之由、経叡辺之処、先年任西堂、可住持雲龍院一之旨、勅定之処、不応勅定之間曲事トテ、无勅許一還而順長房ヲ相頼、種々令苦労一執奏之間、漸有勅許一、補西堂一、後遂大阿闍梨位歟、一向新儀比興至也、平僧不苦証拠引之、春嶽宗師仁四度加行明昌長典中間ニ異例、終遊（逝カ）去、異例中、被レ教」（三七ウ）

等本房一、明昌房胎蔵界、長典両界古广（護摩）等、令伝受、无事結願畢、於授四度輩者、必遂二大阿闍梨一儀也、四度斗授之、不レ遂灌頂一者、失本意儀也、大師御遺号ニモ、年満五十之定也、何可限西堂東堂哉、雖レ為二西堂一、未灌頂輩、争可授之哉、未灌頂之人、成二西堂一後ニ、遂灌頂族、一番善福寺見隆、二番知久遠院高叟、三番小松谷明叟也、密法未伝、故如此及異儀者也、見レハ悪喜ヒ、見レ善妬ム、仏種断絶之因縁、无興隆之所行也、我慢、放逸、不可思議悪行也、就中十二月十五日灌頂、号理性院流一、以外相違事、先三昧耶戒、高座之脇札引二水曳一事、一、金屛風立事、是二、布高麗畳敷之事、是三、職衆无言行道之時、於正面各指事、是四、」（三八オ）

四方角ニ行道、入レ角事、是五、十弟子着五条、不重衫事、是六、持金剛杵、昔様用之、近代独古也、是七、後夜之時、三段五段讃略皆之事、是八、還列受者、二人同道事、是九、昔者着◦表袴、今広略之事、是十、誦経導師、広沢法則ニ諷誦无言、是十一、鎮守読経、於仏殿、理趣経、高声読之事、是十二、上列之時、大阿闍梨、道外◦□縁上立留事、道内入口立留也、不然事、是十三、十弟子一重衣、不重衫、着五条袈裟事、職衆不着衣袴、不用持杵、独古両端打懸、昔様持杵、持之事等、順桂房申破如此也、悪法則作法、昔雖レ在之、今度再興上者、外見可然様申談、可沙汰之処、結句悪様所行曲事也、不知法理故也、」（三八ウ）

【第二〇八条】

一　常徳院殿、於江州陣、御他界、奉入北山等持院一、葬礼執行用意日数、且在之、葬礼日ハ、寺内依闕少、諸家諷経、被レ停止之、仏殿内西方ニ、立廻屏風、僧衆結番、光明真言、誦之、就之、葬前兼日、諸家諷経、在之間、為泉涌寺、相二催此辺僧衆一、諷経執行、具備斎等者、代物不行、等持院行堂、請取之、調備之、爰西京寿命院芳林信英之弟子聖淳ト云僧（後成龍安寺僧、経沙弥死）、等持院仏殿外入口ニ、脱沓、入内堂一露地也、前代未聞次第也、或人語曰、後花園院御宇、於禁中、四ヶ大寺立会八講之時、入堂上者、下臈前也、然末最初下臈一人、脱草鞋、於縁上、入堂之間、二番目人モ脱之、三番目以上、悉以脱草鞋云々、不覚悟者、如此儀、可在之事、

此聖淳長塩、備中入道、於西法院、葬礼執行之時、於泉涌寺方丈、令装束、出仕之時、裳ノ上ニ、搭七条、一町余、外出之時、人見付之、是ハト申条、立帰、着上衣也、」（三九オ）

【第二〇九条】

一　善福寺見紹房、執行付法之段、見紹俗捨弟見喜房申立之、令退出見紹一、山城国市田端、相語国人中村一、見喜房知行之、然間、為門中二差定、住持本願寺全心和尚一、五六ヶ年、被号善福寺一、為門中一相計者也、全心退院之後、見紹房、門中江令侘言、見勝喝食、執立出門徒一、見勝房与相並、又見寿房、弟子ニ契切云々、見紹房、於大宮持地院ニ元応寺門徒死、門中与見紹房、雖為不和、葬礼等儀、長典執計執行スル者也、爰呼々中陰満散、召請衆、等本房禅光院、全堪和尚等、此辺衆葬礼結縁僧四五人、愚僧令引率之処、飯湯引之ニ、依二目悪一、等本房、思誤中酒一、全堪ニ蹔礼儀成之間、愚僧湯之由、申之、近比弥事也、縦雖二持来酒一、如飯

湯、可被請之事也、何如此行迹□□无嗜故歟、善福寺、　公方様ェ」（三九ウ）年始、歳暮、御礼、当寺住持同道也、不然者、令吹挙儀也、然故、正月御礼、今者他日也、吉田修理大夫息、見勝代迄者、愚僧相頼間、出吹挙、当寺住持参賀日、令出仕者也、

【第二一〇条】

一《二百十》中道之曼荼羅院者、開山見蓮宗師之墓所、門中評定所也、毎月十六日天神《観音寺》講莚評定在之、臨時評定者、於曼荼羅院在之、今本願寺熊谷曼荼羅モ、此寺本寸（尊）也、絵書付テ今在之、徳大寺殿御進退、无謂、土檀那建立所也、西岡両所十八石宛寺領モ、徳大寺殿非御寄進㆒、彼支証等、慈雲院全堪見仲房、令看坊時、応仁乱中ニ、賀茂仏光院ニ野宮殿御座之時、被預申立処、仏光院焼上、此時紛失畢之由、梅宿和尚、全源和尚、全堪和尚等、慥雖㆑被申置㆒、依㆑為无支証㆒、不申達者也、」（四〇オ）

【第二一一条】

一　東山東林寺曼荼羅堂欣浄庵事、長福寺末寺、越前

国佐野ノ保運寺ェ有テ二契約子細一支証等在之、当寺成敗之処也、

【第二一二条】

一　北野観音寺、天神御影、昔之者、天神御自筆、左遷勅使時、御怒形体也云々、今神影由来者、洞院満季卿、依二天神信仰一、可レ奉二書写一之由、就二懇望一領掌之砌、則一七ヶ日、被二精進潔斎、奉レ写ルレ、全体於自筆一、奉レ入二神御眼一、則満季卿、盲《シイスル》二御眼一、不シテレ久持コト一、奉レ納二当社御宝殿一訖、爰西京麴乱仁、観音寺焼失ス、此時奉取出一、去文明比頃、西松院、手錯出火、見増看坊神影、奉焼之、于時松梅院禅椿、従神殿奉出一、奉寄観音寺者也、往古者奉レ入□尊帳内一、鏁指門中評定」（四〇ウ）衆、為六人、緘判形一、六月十八日開帳□□拝見无之儀也、然近年者恐毎日モ開帳、私（秘カ）之斗也、

【第二一三条】

一　開山見蓮上人自筆御影一幅、永円寺与在之、寿命院在之也、

【第二一四条】

一　於北野観音院之阿弥陀号御堂小、此二間之処、開山見蓮宗師、御

入滅、延文二丁酉年五月廿七申尅、観音堂者、依為二北野神宮寺一、不被穢之、従小御堂一、葬礼金台寺仏殿前、両寺之間、曳列一、葬跡松、近年迄在之、見芳代ニ切失畢、西松院由来一者、於観音寺、死事不叶之故、病気輩出、西松院所用也、

【第二一五条】

一　西松院全敬見崇、俗称宮仕云々、松梅院禅能法印、被養子、為西松院僧也、非宮仕之真姓事、」（四一オ）

【第二一六条】

一　長福寺行者ハ、名字号中村一、自法橋一任法眼一公宣申出賜之云々、不スン居当寺一者、不トシテレ可二称中村一、契約深重也、押レ出僧衆、称二ル中村一ト者也、悲田院行者、井上、渡辺、中村三流也、先代執権城介入道被官也、名字ヲハ如二長福寺行者一押レ出僧衆呼之、雖レ然更不レ任二法橋一ニモ者也、泉涌寺行者ハ、雖レ被レ准二地下ノ三位一、不レ称二名字一ヲ国名斗也、准二ト三位一云事、就二ク御受形参内一ニ儀也、長老帳ニ興之時者、御縁迄寄レ輿、此時行者、登二ト御縁一寄ル輿舁一ヲ□、然故准二三位一、不レ相二定行者一人一ニ、為二レハ長老ノ行者一参之間、

惣次准二三位一之条、門中行者悉以准二三位一者也、」（四一ウ）

【第二一七条】

一　公方様御撫申出、長福寺次第事、
長日御祈禱不動護摩供座、毎月晦日御巻数御撫
参云々、当月中御撫参晦日相副巻数一、則晦日来月
中御撫申出付賜者也、此使当寺行者中村法眼申之、
裳付衣細、強五条、白布袴着足半也、不然者上下着
用之、或又白袴、直綴等、随レ時御番所迄、御撫巻数之請
取渡申之、然故当寺行者、不准二余寺一花職也、又長日
大般若経御巻数者、御代々御誕生日参儀也、近年古广（護摩）
供退転也、慈照院殿、末ッ方先師賀叟住持比迄、毎月御托
被出之不動供巻数進上之、其已後者断絶也、当
御代義稙幸廿九日御誕生日之間、以此巻数一兼之、長日」（四二オ）

令毎月晦日略巻数一者也、若令二再興一申二出ハ御撫一、当月
巻数御撫ヲ参二晦日一、即来月中御撫ヲ申出請取可レ帰レ寺、

如此時者、毎月巻数二本進上也、近年者長日巻数者歳□ニ
進上之、長日古广（護摩）断絶歎存、正五九七ヶ日執行、巻数進上申
古广（護摩）供不ㇾ定尊修也、

【第二一八条】

一　当宗往昔者、僧衆、法同形同沙弥、喝食、用ル茶椀、天目椀等、
八斎戒、中方、侍、俗人、不用之、中茶椀、椀器等、兄部、力者、小
者、下部等、不用之云々、小者等、座敷ェ召上、給仕以下召仕
儀、无之、先師時分迄モ、此分也、□□ト云モ、髪長下テ、小文紺上下、
着之、本願寺八斎戒全秀、小者時分迄、如此也、小者ハ、自□ェ
召コ上縁一ニ、至中間者、一向不ㇾ叶、縁上儀□令落故、上下無其差」（四二ウ）

別、成行事、
於モ僧中一、□行者所用茶椀等、不用猥、況中方・俗人等、不許之、

【第二一九条】

一　賀茂仏光院信充、楽邦院信性、明応年中、諸公事免除之綸
旨事、相ニ頼順長房一申之処、被成下綸旨、伝奏勧修寺、故
是仁順長房、得方ニ泉涌寺末寺ト載之、无謂、長福寺卅五ヶ

6 内也、為二之无文一、可称末寺儀、可心得者也、正敷後土御門院
7 崩御之時分也、

【第二二〇条】

8 一《百廿》中道寿覚院、称二永円寺教衆《交》ヲ懸一ト、為永円寺末寺之
9 由、申之事、无謂、既徳嶼和尚、此寺開基也、即当寺住持、為
10 再任上者、无異論事、此寺敷西ノ田二段、禅光院ニ混乱、而徳
11 大寺殿押領、曲事也、荘厳院敷地、寄二此寺一訖、
12 徳嶼見充、永享三年長福寺置文連判者、為禅光院見充、」(四三オ)

【第二二一条】

1 一 招提寺門流受戒之様、先下南都本寺、啓和尚案内探《サクリ》ト云事、在之、
2 教授師、紙鬮仁書可字一紙裏《褁》、開之、爰受者取之、以三广耶(三昧耶)形印、
3 �XX之、和尚前持参之時、和尚開見之、私案之可授ト云心歟、印ニ挿之者、又印可ト云意歟、
4 沙弥戒好相、帰吾寺祈之後、又下招提寺、沙弥受戒、又比丘受戒之
5 儀、(各二七日)祈好相、下南都比丘受戒云々、祈好相、経二モ年序一受戒云々、両受戒
6 祈好相、両度也、田舎等、為一寺衆僧等数多之処者、授戒危之所モ、自
7 然者□打任テ无之、又住持長老、不得勅許、補任之ト也、北嶺者比丘受

戒之時、一度祈好相、略沙弥受戒好相歟、

【第二二二条】

一　四分通大乗云、習山門戒壇院、本尊釈迦芹形（菩薩）、文殊、弥勒声聞形、釈迦芹形（菩薩）形者大乗、文歹（文殊）、弥勒声聞形者四分小乗也、以之、小乗通大乗証拠トスル也、北京律戒法者、面小乗、内大乗之故、一大事之宗義也、大乗宗モ面小乗声聞形、内心大乗示也、

【第二二三条】

一　大□師叡尊思円房、号興正菩薩、正安二年王（閏）七月三日、被下勅書、南都西大寺開山也、戒如上人弟子、後自誓受戒、於東大寺戒壇文、」（四三ウ）

【第二二四条】

一　空海弘法大師号贈法印大和尚位、延喜廿一十廿七勅高野奥院被開観賢僧正事、延喜廿一年十月廿七日勅使中納言扶閑《スケノリ》卿自承和二乙卯年至今年八十七年也、大師言薬詣族ヲハ橋本迄門送給、非下賤ノ人於送〻送仏性云々、

【第二二五条】

一　光明皇后淡海公女四十五代聖武天皇后也、四十七代淡路廃帝天平

宝字四（庚子）年六月崩（六十才）、四十六代孝謙女帝御母也、当寺大般若経養老年中也、元年（丁巳）ハ年也

【第二二六条】

一　泉涌寺仏牙舎利勅箴筆〔記〕、右、当寺仏牙舎利者、如来滅荼毘之砌、人鬼畜群集之捷疾羅刹、受多聞之勅、隠身形取仏牙、厥後南山大師、西明寺中夜行道、那吒太子献大師、々々授綱〔文〕律師、従爾以降、支那一天崇之、道俗四衆帰之、爰当寺湛海首座（号文陽坊、開山直弟）、企星宿、二度往還、日域安置[大]誓、速詣白蓮金刹、俄獲赤県霊宝、」（四四オ）

（私ム云後堀河院御宇也、開山和尚滅四年目後也）寛喜二年降臨当山、君臣尊崇絶倫、道俗帰敬伺隙、然間、国家貴重之余、至徳二年季春後九、（後小松院）上皇参致礼拝自下　勅箴止、聊爾出現仏牙威徳自門秀高也、非　勅命者、不可開封、与不見、是仏化、莫謂慳惜矣。

至徳二（癸丑）年六月　日住持沙門（聖皐）謹識

仏牙之入寺者、八十五代主後堀河院、寛喜二年也、百二代主後小松院、至徳二年三月廿九日勅箴也、

【第二二七条】

一　雲龍院住持、平僧例事、大願院主宗海、院家出令退院、其跡ニ童真院主（明淳懺主（一翁宗師））譲与之、享徳四乙亥年二月九日、雲龍江入院之処、竹巌門徒含憤、一山僧、等令同心、捧奏状、他門仁無住院之由□申、依之被斟酌、同十一日退院訖、宗海ハ被住安楽光院□□、閉籠衆、逐電之後、又明淳懺主、雲龍院江入院、其後□閉籠衆□申、有勅許後、清泰院聖安、雲龍院江入院訖、明淳懺主者、惣」（四四ウ）

寺江入院、号一翁宗師、松岳和尚、譲与先伯雲龍院、先伯譲明叟之後、无住持者也、

【第二二八条】

一　泉涌寺於本寺ト云事、此間之、随旧者、惣寺ト云、女房奉書等ヲ見反ニモ、惣寺ト在之、北京一宗之惣寺ト云心也云々、

【第二二九条】

一　泉涌寺、不レ用二入院ノ儀式一ヲ被二住持者、伊与繁多寺僧、雄峯宗師也、妙観院賢等房、寺家令監寺之時、五十疋功銭取之、旧儀等ヲ打破如此、其比老若之朝哢也、雄峯モ被後悔、不茶礼、申口惜敷之由在之云々、

【第二三〇条】

一百卌 五辻長福寺、於常住者、雖為住持、不令死去、況於其外□□、不触穢、不出入、甲乙丙人之儀、従往古、如此、葬礼モ、令結縁野葬ニ、於四壁葬礼、不出、況重服忌中在所出入、不叶一向者也、先師賀叟和尚住持、又文明十八丙午正月廿六日、今徳大寺殿御親父、号野宮一品亜相右府入道殿、逝去之、当寺方丈一心院ヲ、」（四五オ）

見悦房、依令沽□被売、得御寺住也、号禅光院、然者、於当寺内、被逝去之時、門閫ヲ取放、出入在之、御中陰、於当寺、可被執行之処、闕少、可為如何哉、然者徳大寺殿、女中以下、上下衆、可被住、又一台同可有御座之間、常住以下、至宝明院、可被借参之由、自徳大寺殿、以若当主任海修理亮、被仰之時、先師御返事申云、宝明院事、安間儀候、常住之事、 公方様□祈禱御壇所儀候条、為私計、可借進之事、不叶之由、返事被申之、然間、一台ト申者、徳大寺殿御師野宮殿息女也、 慈照院殿御妻愛無双人、 上意吉之間、如此子細、具被従 上載之条、以奉行斎藤遠江守、被立当寺、於御使□様、於御壇所、分境者、慥曳注連、不令出入穢人、而□□分寮以下、悉以可被借進之

由、奉書持来々間、依　上意無相違義、被借進之訖、此奉書、西松院見増房、自惣門徒、居宿坊之時、多支証等、見全」（四五ウ）

房、張障子、此時紛失歟、今無之、此時者、宝明院之南、有新善光寺、南北□間奥東西六間、在家造寺在之、聖慶住之、是者篭六人為休息所者也、□六人衆、先師賀叟和尚本願寺梅宿和尚、慈雲院忍叟和尚、正覚院仁甫和尚、新善光寺聖慶此年還俗、陰ニ顕形也乱行儀、此中、西松院見増房等也、勤行者六時礼讃、打太鼓曳時、初後夜、光明真言、随求广（摩）尼等、日中如当寺行事云々、

【第二三一条】

一　閏三月、文明十七乙巳年、永正元甲子年、大永三癸未年、

【第二三二条】

一　施餓鬼根本泉涌寺无之、施餓鬼ト云、仏名唱事、盂蘭盆経奥十方念仏也、但小施餓鬼作法者在之、修正光明懺法ニハ、施餓鬼密作法用之、春嶽宗師云、長福寺門徒施餓鬼、尤可然トテ、病気時度々被執行、其八月十六日逝去也、其以来、泉涌寺、如当門徒、用施

13 餓鬼作法畢、」（四六オ）

【第二三三条】

1 一 御影供、当宗本末之間再興事、永正十八辛巳七月廿七日、於長福
2 寺執行、酉酉（醍醐）五智院僧正弟子、奥坊普賢院公我大僧都法印、
3 召請之、指南祭文等、理性院家也、同八月廿二日、片壇公我法印、本壇
4 長典、大永三癸未七月迄、泉涌寺ニモ未行之、毎月僧斎、如形栄之、

【第二三四条】

5 一 大永三癸未九月廿五日軫宿金曜壬辰始、自子尅至巳尅、結願八千枚、伴僧
6 十八人、助衆五人、自十八日 公方様義晴御撫物被出、同廿六日、巻数撫物持□、此時
7 当寺住持、武家江出仕、准来内例、平僧モ着用香袈裟之旨、以寺奉行
8 諏（訪）方信濃守長俊申入、大舘伊与入道常興如本意出仕、対面以□以
9 細川右京大夫高国江、巻数持来、用墨袈裟畢、

【第二三五条】

10 一 大永四甲申年八月十五婁宿土曜丁未日、八万四千基率都婆供養、理趣三昧法、
11 用唄、散華、対揚、表白声明、諷誦等、有施主、用僧五人、唄幷調声見仰、散華対揚
12 見孝、讃見全、一﨟善恵、導師見順也、四面具四□四□熟仏供、小斎布施各吉

13　当日施主臨大炊河流之、

【第二三六条】

14　一　春嶽宗師、卅三回、当大永三癸未八月十六日也、

【第二三七条】

15　一　梅宿全心和尚、卅三回、当大永四甲申六月廿九日、」（四六ウ）

【第二三八条】

1　一　岩栖院殿、相当大永五乙酉十六日、百年忌、

【第二三九条】

2　一　達磨和尚、相当一千年忌、大永五乙酉十月五日、

【第二四〇条】

3　百卌一　上宮太子、相当九百年忌、大永二壬午二月廿二日、

【第二四一条】

4　一　不可棄法師、三百年忌、相当大永六丙戌年三月八柳宿金曜辛卯日、

【第二四二条】

5　一　雄峯宗師者、長典道号賜文光文「師匠也（永正十四丁丑六月六日、入滅）、先伯宗師、

6　長典為依師「、春嶽宗師者、沙弥戒師也、性堂宗師者、受具足戒師也、

【第二四三条】
7 一　閏十一月、　　永正二乙巳年在之、　大永五乙酉年□(朔月)之、
8 　丙戌金曜也
【第二四四条】
9 一　嵯峨宝輪寺本尊、虚空蔵開帳、百五代主、後土御門院、文正元丙戌六月廿五日、
10 　将軍慈照院御代也、永正十四丁丑三月十三軫宿日曜丁亥日、百六代主、　開帖、
11 　同四月五日鬼宿火曜庚戌日、北野真満院明祇同道詣、長典、
12 　将軍義稙御代、　大永六丙戌三月七鬼宿
13 　柳宿金曜辛卯月、長典詣、持右手劔、持左手宝珠、座像長二尺余、金色芹(菩薩)、
14 　同日、嵯峨釈迦堂於五大堂南、釈尊廿五条乾陵穀袈裟、拝見之、」（四七オ）

【第二四五条】
1 一　後書、永正十四丁丑六月十五女宿木曜己未日、始文殊五落叉、同晦日金曜甲戌結願畢、
2 　同六月十二尾宿月曜丙辰日、神砂大将一落叉、結願、長典執行、
【第二四六条】
3 一　永正十四丁丑六月一鬼宿水曜暗天乙巳日卯尅、勧進聖順阿弥、導師仁和寺真乗院
4 　大僧正宗一、彼順阿弥、子依下人、以其縁申入、千本焔魔堂供養也、以寿命院西堂聖

哲、雖レ被二相催職衆事一、長典申云、当宗如此霊験舎ニテ、法事執行之例、無之、殊
彼堂、三昧聖別当之在所也、又一献可申沙汰在之条、難来必依申、山内宝生坊、又ハ
六角堂、因幡堂衆、被相語執行也、導師ヲ申者、当宗モ可供養歟、

【第二四七条】

一　大永六丙戌正月九日始之、大般若経百部、正月中十三部、二月中七十部、三月七日結願十七部、
已上百部、一人而将読之、

【第二四八条】

一　宝明第二慈敬和尚、応永七年十二月十日滅、至大永六丙戌年当百廿七年、康蓮上人、
同第三、博聞和尚、永享十戊午年五月廿五日滅、至大永六丙戌年等八十九年、見僊和尚、
同第四、全性和尚、文明二庚丑年十二月八日滅、至大永六丙戌年当五十七年、見意和尚ノ弟子、見用和尚、
同第五、賀叟和尚、長享元丁未年十二月廿七日戌尅滅、至大永六丙戌年当四十年、見周和尚、

【第二四九条】

一　大永七丁亥稔八月十五婁宿水曜庚申日、八万四千基開眼供養、理[趣]三昧、表白、諷誦、」（四七ウ）

用僧五人、導師長典、調声教順、讃見徳院、□□小僧、駿河花
蔵院僧、浄円、如大永四甲申八月三五日、男願修、今日ハ女施主也、同□□日ソトワ桂河流也。
長典逆修ソトワ□□□同流也、法事□物者、

【第二五〇条】

一《百五十》平野神主息、神祇大輔兼内蔵頭兼隆、護身法懇望之間、今日授与之、加行非如法之条、金胎不二供養法、可在大金剛輪前引入道場、先塗香、次含香《丁子》灑水、次授五古《三ト》、次授護身法印明斗、後祝者、餅酒如形在之、三位兼永之息也、授五身法之時、如此供養無之、加行不如法之故、此分沙汰也、

【第二五一条】

一五辻《シン》山長福寺、律宗初開山、無人如導見蓮上人者、花山院幕賓、于自聖廟詣日畢、入東山知恩院、十九歳出家剃髪染衣、謁芸（ママ）州安養寺、廿一歳沙弥戒、拝泉涌七世兀兀和尚、廿七歳受具足戒、僧臈四十八夏、七十四才、延文二丁酉年五月廿七申時、於北野観音院小御堂二間、入滅、火葬所、北山金台寺本堂南面、葬跡植松樹、曼荼羅院、為開山塔墓所、号見蓮上人門徒、為長福寺本寺、凡諸末寺僧尼」（四八オ）

所、卅五ヶ院也、成長福寺住持末寺、永享三年置文連判衆之寺院、十三ヶ所也、自延文二丁酉年、当亨禄三庚寅年、百七十二年也、見蓮上人十九歳出家之年ヨリ、算用之、二百廿八年、当門徒寺出来也、弘安八年誕生也、浄土宗者、西谷法光明院相承、鎮西畝流也、真言者、三宝院流、悲田院

明月上人之掬瓶水、永享元己酉年十二月七日、普広院殿御判目録状云、
当寺中興開山見蓮上人末寺卅五ヶ院為本寺、互相成水魚、思
令毎事談合、可致三宝紹隆、伽藍相続之沙汰矣、上人遺誡曰、吾
門葉受戒者、可請当寺住持於戒師、猥不依余流戒師、伝法
灌頂、鎮西教等、同上但除吹挙云々、為門徒、寄事於左右、真俗共、以泉涌
寺一切、有其綺口入之儀矣、不抱惣寺交衆之睚、可専当
門一同御祈禱之由、所被仰下、勝定院殿也、当寺草創者、
上宮太子、平安城最初之御建立、嵯峨天皇御再興、小野」（四八ウ）

道風書、長福寺額云名詮安性、云古□慶賀□敬非一矣、
因茲、住持正月八日早旦参賀、諸家一番御対面、着用香色大
衣矣、修正大般若経光明皇后御一筆巻数直進之由、被仰出訖、
等持院殿以来御代々御吉例、黒衣僧、正月八日参賀、限当寺者也、
参今度令申沙汰、召具善福寺矣、長日護摩供、毎晦日、被出御
撫物、巻数進献之、長日大般若経、為御誕生日御祈、巻数進上、
所々御成、御祈禱、随被仰出、巻数上進之、就之、改所中方、称中村、
任法橋法眼致仕候、殿中、北京律宗、此例、限当寺之旨、為

勝定院殿上意、為亀鏡載之訖付近年、戒師召請之、為当寺住持闍梨師、至尼衆、当寺授戒事、
一　諸末寺、禅光院為開山俊芿国師自泉涌寺前寺也、」（四九オ）

【第二五二条】

観音院評定衆、五廻持也、付西松院、遍照院五廻持、評定衆両寺差定器用仁、
曼荼羅院開山塔、評定衆也門徒評定所、、已上門徒請住持也、
本願寺評定衆付尊福院、法明院評定衆頭、付満願寺、
後仏光院評定衆已、上六人也善福寺善家氏寺也、
金台寺、楽邦院、泉涌内東南院、已上相続所也、
新善光寺一条、大宮寿覚院、荘厳院、心蓮寺、勢至院、
九品寺、善来堂、清浄光院尼、欣浄庵尼、三時知恩院尼、
大慈院尼、浄楽寺尼、迎接院尼、称名寺□州秀曼荼永円当寺本末寺也、」（四九ウ）

迎接院安芸国、尼霊山寺丹波倉崎、春田寺越前新□、保運寺同国、佐野
泉福寺加州津波田、金剛宝寺越中永養、円光寺同国、宮川
已上当寺進止也、安楽光院、寿命院、此両寺永円寺之
末寺也、至退転所者、進止之由、常御成敗者也、

（私）ム云已上、永享元年十二月七日、（裏判右兵衛尉熈基也、再発歟）目録載之、御判等、細々依難取出、為自然
書出者也、

【第二五三条】

一　等持院殿、五十四歳、延文三戊戌年四月晦日御他界、至享禄三庚寅年当
百七十一年、

【第二五四条】

一　長福寺廻持衆、永享三年卯月廿一日置文連判衆、
楽邦院見然、観音寺蓮遵、曼荼羅院見慶、
法明院見僊、善福寺見隆、荘厳院見嘉、」（五〇オ）

禅光院見充、仏光院見祐、金台寺呈見、
本願寺見直、迎接院見密、遍照院見任、
心蓮寺蓮弘、　（私）ム云已上、此外門徒ハ、不レス任二住持一ニ、連判之
衆内守ニテ器用一ヲ、被レレ補二住持一ニ訖、他寺ノ僧、不レルノ成二住持一ニ之置」文也、此連判之
寺院主、令ル二当寺住持一之条、諸末寺ノ住持、不レル任二他寺ノ僧一之段、置文ニ
明鏡也、此不レ知二子細一ヲ新善光寺等、可レキ存二知寺家一ヲ之由云々、太無謂
者也、寿覚院、成ル二当寺住持徳嶼見充一事者、為シテ二禅光院住持一

故也、　見蓮上人門徒評定衆、観音寺、曼荼羅院《評定所》、遍照院、本願寺、仏光院、法明院《評定衆頭人》、頭人之外者五人、月行事廻テ相二触評定ノ日時一ヲ、集二会ス曼荼羅院一ニ。是」者臨時評定ノ事也、毎月定評定者、観音寺天神講後也、」（五〇ウ）

【第二五五条】

評定日時者、必規二評定頭人一ニ、月行事相解矣、

一　平僧受戒先蹤事、見蓮上人之直弟七十二人、在之、比丘尼百余人也、直弟者、剃髪染衣、得度、授両受戒、云直弟、見蓮上人直弟、法明第二世康蓮也、康蓮直弟、見僊也、三代授二両受戒一、見僊和尚以来、不授戒云々、近代泉涌寺長老、西堂衆ニモ受戒許不許ト云、新儀也、於為長老、西堂者、可授戒事、勿論也、」（五一オ）

付録2　『視覃雑記』人名・寺院名・年月日索引

人名

【あ】阿・足・淡

〔**阿難**〕
阿難【第一二四条】一八丁裏七行
〔**足利義尚**〕→**常徳院殿**
〔**足利義政**〕→**慈照院殿**
〔**足利義持**〕→**勝定院殿**
〔**足利義教**〕→**普広院殿**
〔**足利尊氏**〕→**等持院殿**
〔**足利義澄**〕→**法住院殿**
〔**足利義稙**〕
義稙【第二二七条】四二丁表一一行
将軍義稙【第二四四条】四七丁表一二行
〔**足利義晴**〕
公方様義晴【第二三四条】四六丁裏六行
〔**淡路廃帝**（**淳仁天皇**）〕
四十七代淡路廃帝【第二二五条】四四丁表五行

【い】井・一・允・印

〔**井上**〕
井上【第二二六条】四一丁裏三行
〔**一翁**〕
一翁【第一三三条】二一丁表九行
一翁宗師【第一三三条】二一丁表六行・八行、二一丁裏二行、【第二二七条】四五丁表一行
〔**允堪**〕
允堪律師【第一二四条】一九丁表一行
〔**允恭**〕
廿代允恭【第一五〇条】二四丁裏四行
〔**印弥**〕→**玉照**
醍醐五智院元中方玉照坊印弥【第二〇七条】三七丁表六行

【う】宇・優

〔**宇多院**〕
宇多院【第一三八条】二三丁表一一行
〔**優婆毱多**〕
優婆毱多【第一二四条】一八丁裏八行

【え】慧・叡

〔**慧光**〕
慧光律師【第一二四条】一八丁裏九行
〔**慧正**〕
慧正律師【第一二四条】一八丁裏一〇行

〔**叡尊**〕→**興正菩薩**
叡尊思円房号興正菩薩　【第二二三条】四三丁裏一三行
南都西大寺開山　【第二二三条】四三丁裏一四行

【お】小・淡・大・正親町

〔**小野道風**〕→**道風**
小野道風　【第二五一条】四八丁裏一二行～四九丁表一行
〔**淡海公女**〕→**光明皇后**
淡海公女　【第二二五条】四四丁表五行
〔**大舘常興**〕
大舘伊与入道常興　【第二三四条】四六丁裏八行
〔**正親町天皇**〕
百六代主　【第二四四条】四七丁表一〇行

【か】花・迦・賀・戒・月・菅・元・観・鑑・岩・願

〔**花翁和尚**〕
永円寺二世花翁和尚　【第一七四条】二九丁表一行
〔**迦葉**〕
迦葉　【第一二四条】一八丁裏七行
〔**賀叟**〕→**見周**
賀叟　【第一一〇条】一五丁表六行、【第一六五条】二七丁裏五行、【第一七二条】二八丁裏九行、【第一八八条】三一丁表一行、【第二一七条】四二丁表九行
賀叟和尚　【第一九四条】三二丁表一行、【第二三〇条】四五丁表一二行、四六丁表三行、【第二四八条】四七丁裏一三行
〔**戒如**〕
戒如上人　【第二二三条】四三丁裏一四行
〔**月翁**〕
月翁　【第一二四条】一九丁表三行
〔**月航**〕
月航　【第一二四条】一九丁表四行
〔**菅丞相**（**菅原道真**）〕→**天神**
菅丞相　【第一四五条】二三丁表八行
〔**元応寺門徒**〕
元応寺門徒　【第二〇九条】三九丁裏六行
〔**元照**〕
元照律師　【第一二四条】一九丁表二行
〔**元表**〕
元表律師　【第一二四条】一八丁裏一一行
〔**観賢**〕
観賢僧正　【第二二四条】四四丁表二行
〔**鑑真**〕
鑑真　【第一五〇条】二四丁裏一〇行
唐沙門鑑真　【第一五〇条】二四丁裏七行
〔**岩栖院**（**細川満元**）〕

岩栖院殿　【第二三八条】四七丁表一行
〔願行〕
願行上人　【第一三七条】二二丁表八行

【き】教・玉
〔教順〕
教順　【第二四九条】四八丁表一行
〔教寅〕→善恵
教寅　【第一二五条】一九丁表一一行
〔玉庵〕
玉庵　【第一二四条】一九丁表四行
〔玉照〕→印弥
醍醐五智院元中方玉照坊印弥　【第二〇七条】三七丁表六行

【く】公・求・空・熊
〔公我〕
公我法印　【第二三三条】四六丁裏三行
醍醐五智院僧正弟子奥坊普賢院公我大僧都法印　【第二三三条】四六丁裏二行
〔求那跋摩〕
求那跋摩　【第一五〇条】二四丁裏二行
〔空海〕→弘法大師
空海　【第一四五条】二三丁表八行、【第二二四条】四四丁表一行
〔熊谷直実〕
熊谷直実　【第一五二条】二五丁表五行

【け】景・桂・見・賢
〔景胥〕
景胥律師　【第一二四条】一八丁裏一一行
〔桂輪〕
桂輪律師　【第一五一条】二五丁表二行
〔見意〕
見意房　【第一七四条】二九丁表三行
見意和尚　【第二四八条】四七丁裏一二行
〔見栄〕
見栄律師　【第一五二条】二五丁表八行
〔見益〕
見益　【第一四二条】二二丁裏八行
〔見悦〕
見悦房　【第二三〇条】四五丁裏一行
〔見嘉〕
荘厳院見嘉房　【第一七四条】二九丁表三行
荘厳院見嘉　【第二五四条】五〇丁表一一行
〔見過〕
見過　【第一四二条】二二丁裏八行

〔見喜〕
見喜房　【第二〇九条】三九丁裏一行・二行
〔見慶〕
曼荼羅院見慶　【第二五四条】五〇丁表一〇行
〔見仰〕
見仰　【第二三五条】四六丁裏一一行
〔見孝〕
見孝　【第二三五条】四六丁裏一二行
〔見寿〕
見寿房　【第二〇九条】三九丁裏五行
善福寺見寿　【第一四九条】二四丁表九行
善福寺見寿房　【第二〇七条】三七丁表三行
〔見周〕→賀叟
見周和尚　【第二四八条】四七丁裏一三行
〔見秀〕
見秀　【第一五二条】二五丁表九行
〔見充〕→徳嶼
禅光院見充　【第二二〇条】四三丁表一二行、【第二五四条】五〇丁裏一行
徳嶼見充　【第二二〇条】四三丁表一二行、【第二五四条】五〇丁裏七行
〔見順〕
見順　【第一五二条】二五丁表九行、【第二三五条】四六丁裏一二行
〔見紹〕
見紹　【第二〇九条】三九丁裏一行・二行
見紹房　【第二〇九条】三九丁裏四行・六行
善福寺見紹房　【第二〇九条】三九丁裏一行
〔見勝〕
見勝喝食　【第二〇九条】三九丁裏五行
見勝房　【第二〇九条】三九丁裏五行
吉田修理大夫息見勝　【第二〇九条】四〇丁表二行
〔見信〕→梅宿
見信梅宿　【第一三〇条】二〇丁表九行
〔見崇〕→全敬
西松院全敬見崇　【第二一五条】四一丁表九行
〔見遷〕→博聞
見遷和尚　【第二四八条】四七丁裏一一行
〔見僊〕
康蓮直弟見僊和尚　【第二五五条】五一丁表四行
法明院見僊　【第二五四条】五〇丁表一一行
〔見全〕
見全　【第二三五条】四六丁裏一二行
見全房　【第二三〇条】四五丁裏一三行
〔見然〕
楽邦院見然　【第二五四条】五〇丁表一〇行

〔見増〕
見増　【第二一二条】四〇丁裏八行
見増房　【第二〇六条】三六丁裏九行
西松院見増房　【第二三〇条】四五丁裏一三行、四六丁表五行
〔見仲〕→全堪
慈雲院全堪見仲房　【第二一〇条】四〇丁表八行
〔見直〕→譚月
本願寺見直　【第二五四条】五〇丁裏二行
本願寺前住譚月見直和尚　【第一三〇条】二〇丁表七行
〔見徳〕
見徳院　【第二四九条】四八丁表一行
〔見任〕
遍照院見任　【第二五四条】五〇丁裏二行
〔見芳〕
見芳　【第二一四条】四一丁表七行
〔見密〕
迎接院見密　【第二五四条】五〇丁裏二行
〔見祐〕
見祐　【第六五条】一〇丁表一行、【第一五二条】二五丁表九行
仏光院見祐　【第二五四条】五〇丁裏一行
〔見用〕→全性
見用房　【第一七四条】二九丁表三行
見用和尚　【第二四八条】四七丁裏一二行
〔見隆〕
見隆西堂　【第一三四条】二一丁裏八行
見隆長老　【第一三三条】二一丁表六行
善福寺見隆房　【第一三三条】二一丁表五行
善福寺見隆　【第二〇七条】三八丁表六行、【第二五四条】五〇丁表一一行
〔見蓮〕→如導・無人
見蓮上人　【第一三四条】二一丁裏七行、【第一四六条】二三丁裏九行、【第二五一条】四八丁裏二行、【第二五五条】五一丁表二行・三行
開山見蓮上人　【第二一三条】四一丁表三行
開山見蓮宗師　【第一九四条】三三丁表一～二行、【第一九五条】三三丁裏一行、【第二一〇条】四〇丁表四行、【第二一四条】四一丁表四行
開山無人如導見蓮上人　【第二五一条】四八丁表八行
開山宗師（如導）【第一四八条】二四丁表三行、【第一七五条】二九丁表六行、【第一九四条】三三丁表六行
当寺（長福寺）中興開山見蓮上人　【第二五一条】四八丁裏六行
〔見蓮上人門徒〕
見蓮上人門徒　【第一二九条】二〇丁表一行、【第一四八

条】二四丁表三行、【第二五一条】四八丁表一三行、【第
二五四条】五〇丁裏八行
見蓮上人門徒輩【第一八五条】三〇丁表一〇行
見蓮門徒僧【第一九四条】三三丁表七行
仁和寺見蓮門徒【第一三四条】二一丁裏五行
当門徒【第一四九条】二四丁表一〇行、【第二三二条】四
六丁表一二行、【第二五一条】四八丁裏三行
〔賢等〕
賢等【第一一二条】一六丁表一〇行、一六丁裏三行・一
一行、【第一一三条】一七丁表二行
賢等維那【第一一二条】一六丁裏七行
賢等知事【第一五九条】二六丁表三行、【第一六〇条】二
六丁裏一行
賢等律師【第一一二条】一六丁表八行
泉涌当監寺賢等【第一三四条】二一丁裏六行
妙観院賢等房【第二二九条】四五丁表六行
〔賢財〕
知久遠院賢財房【第二〇七条】三七丁表四行

【こ】虎・後・光・康・弘・興・高・孝・兀

〔虎庵〕
虎庵宗師【第一一四条】一七丁表四行
虎庵和尚【第一一四条】一七丁表九～一〇行
〔後円融院〕
後円融院【第一三五条】二二丁表三行
〔後光厳院〕
後光厳院【第一三五条】二二丁表三行
〔後小松院〕
後小松院【第一三五条】二二丁表二行・三行、【第一三六
条】二二丁表五行
百二代主後小松院【第二二六条】四四丁裏六行
〔後土御門院〕
後土御門院【第一三四条】二一丁裏九行、【第二一九条】
四三丁表六行、【第二四四条】四七丁表九行
〔後花園院〕
後花園院【第一三〇条】二〇丁表六行、【第二〇八条】三
九丁表七～八行
〔後堀河院〕
八十五代主後堀河院【第二二六条】四四丁裏六行
〔光文〕→長典
光文【第二四二条】四七丁表五行
〔光明皇后〕
光明皇后【第二二五条】四四丁表五行、【第二五一条】四
九丁表三行
〔康蓮〕→慈敬
康蓮【第二五五条】五一丁表四行

康蓮上人　【第二四八条】四七丁裏一〇行
見蓮上人直弟法明第二世康蓮　【第二五五条】五一丁表四行

〔弘法大師〕→空海
弘法　【第一四四条】二三丁表三行
弘法大師　【第一四四条】二三丁表二行、【第一四五条】二三丁表六行・一一行、【第二二四条】四四丁表一行

〔興正菩薩〕→叡尊
興正菩薩　【第一一四条】一七丁表七行
叡尊思円房号興正菩薩　【第二二三条】四三丁裏一三行

〔高叟〕
知久遠院高叟　【第二〇七条】三八丁表六行
知久遠院高叟西堂　【第一三三条】二一丁裏一行

〔孝謙女帝御母〕→光明皇后・淡路公女・聖武天皇后
四十六代孝謙女帝御母　【第二二五条】四四丁表六行

〔兀兀〕
兀兀宗師　【第一四二条】二二丁裏七行
泉涌七世兀兀和尚　【第二五一条】四八丁表一〇行

【さ】嵯・斎・賛

〔嵯峨天皇〕
嵯峨天皇　【第二五一条】四八丁裏一二行
五十五代嵯峨天皇　【第一四五条】二三丁表六行

〔斎藤宗基〕
奉行斎藤遠江守　【第二三〇条】四五丁裏九～一〇行

〔賛寧〕
賛寧律師　【第一二四条】一九丁表一行

【し】慈・自・実・釈・守・周・修・宗・俊・春・淳・順・処・性・正・聖・勝・商・招・捷・松・省・上・常・浄・信

〔慈覚大師〕
慈覚大師　【第一四五条】二三丁表一一行

〔慈敬〕→康蓮
慈敬和尚　【第二四八条】四七丁裏一〇行

〔慈眼〕
泉涌妙厳院慈眼和尚　【第一二五条】一九丁裏三行

〔慈照院殿〕（足利義政）→足利義政
慈照院殿　【第二一七条】四二丁表九行
将軍慈照院　【第二四四条】四七丁表一〇行

〔慈照院殿御妻〕（日野富子）
慈照院殿御妻　【第二三〇条】四五丁裏八行

〔自性〕→我宝
自性上人我宝　【第一三八条】二二丁表一一行

〔実光坊〕→能秀
原実光坊権大僧都能秀　【第二〇六条】三六丁裏八～九行

〔**釈迦**〕
本師釈迦善逝　【第一二四条】 一八丁裏七行
〔**守言**〕
守言律師　【第一二四条】 一八丁裏一一行
〔**周律師**〕
周律師　【第一二四条】 一八丁裏一〇行
〔**修光**〕
修光房　【第一三六条】 二二丁表七行
〔**宗一**〕
真乗院大僧正宗一　【第一一一条】 一五丁裏五行
仁和寺真乗院大僧正宗一　【第二四六条】 四七丁裏四行
〔**宗海**〕
宗海　【第一三九条】 二二丁裏四行、【第二二七条】 四四丁裏一〇行
小松谷宗海宗師　【第一三九条】 二二丁裏三行
大願院主宗海院家　【第二二七条】 四四丁裏八行
〔**宗済**〕
宗済僧正　【第一三九条】 二二丁裏三行
理性院主宗済　【第一三九条】 二二丁裏三行
〔**宗典**〕
権僧正宗典　【第一三三条】 二一丁裏二行
醍醐五智院権僧正宗典　【第一七九条】 二九丁裏八行
五智院権僧正（宗典）　【第二〇七条】 三七丁表八行
〔**俊成**（**藤原俊成**）〕
俊成　【第二〇〇条】 三四丁表五行
〔**俊芿**〕→**大興正法国師**
俊芿　【第一四七条】 二三丁裏一〇行
開山俊芿国師　【第二五二条】 四九丁表一〇行
当院開山俊芿国師　【第一四七条】 二三丁裏一一行
開山宗師（俊芿）　【第一七五条】 二九丁表六行
泉涌寺開山（俊芿）　【第一二五条】 一九丁表八行、【第一四三条】 二二丁裏九行
〔**春嶽**〕
春嶽　【第一二四条】 一九丁表七行
春嶽宗師　【第九条】 三丁裏二行、【第六五条】 一〇丁表一〜二行、【第一二六条】 一九丁裏七行、【第二〇七条】 三七丁裏一〇〜一一行、【第二三三条】 四六丁表一一行、【第二三六条】 四六丁裏一四行、【第二四二条】 四七丁表六行
〔**淳仁天皇**〕→**淡路廃帝**
〔**順阿弥**〕
勧進聖順阿弥　【第二四六条】 四七丁裏三行
〔**順桂**〕→**長悦**
順桂　【第一二一条】 一八丁表九行、【第一二五条】 一九丁表一一行、【第一二六条】 一九丁裏六行
順桂房　【第二〇七条】 三七丁裏三行、三八丁裏八行

順桂房大阿闍梨　【第二〇七条】三七丁裏四行
山崎法花寺長悦順桂房　【第二〇七条】三七丁裏一行
〔**順見**〕
順見　【第一四二条】二二丁裏八行
〔**順長**〕
順長　【第二〇七条】三七丁裏二行
順長房　【第二〇七条】三七丁裏六行・八行、【第二一九条】四三丁表四行・五行
監寺僧順長房　【第二〇七条】三七丁表八行
〔**処恒**〕
処恒律師　【第一二四条】一九丁表一行
〔**性堂**〕
性堂　【第一二四条】一九丁表五行
性堂宗師　【第六五条】九丁裏一〇行、【第一五一条】二五丁表二行、【第二四二条】四七丁表六行
〔**正印**〕→**長継**
正印　【第二〇七条】三七丁表一一行
正印房　【第二〇七条】三七丁裏一行
〔**正法国師**〕→**俊芿・大興正法国師**
正法国師　【第一二四条】一九丁表三行
〔**聖安**〕
清泰院聖安　【第二二七条】四四丁裏一二行
〔**聖慶**〕
聖慶　【第二三〇条】四六丁表二行
新善光寺聖慶　【第二三〇条】四六丁表五行
〔**聖賢**〕
聖賢　【第二〇七条】三七丁表七行
〔**聖護院故准后**〕
聖護院故准后　【第二〇二条】三五丁表二行
〔**聖光房**〕
聖光房　【第一一二条】一六丁裏七行・一〇〜一一行
聖光律師　【第一一二条】一六丁表一〇行
〔**聖叔**〕→**允翁**
聖叔西堂　【第一二五条】一九丁表一一行
報恩院西堂允翁聖叔和尚　【第一二五条】一九丁表一〇行
〔**聖淳**〕→**長塩**
西京寿命院芳林信英之弟子聖淳　【第二〇八条】三九丁表六行
聖淳長塩　【第二〇八条】三九丁表一一行
〔**聖宝**〕
聖宝尊師　【第一四八条】二四丁表四行
〔**聖鏡**〕→**明叟**
聖鏡　【第二〇七条】三七丁表八行
小松谷今明叟聖鏡　【第一三三条】二一丁裏二行
灌頂大阿闍梨小松谷聖鏡　【第二〇七条】三七丁表二〜三行
〔**聖訓**〕

信英ノ弟子寿命院僧聖訓　【第一四九条】二四丁表九行
〔**聖哲**〕
寿命院西堂聖哲　【第二四六条】四七丁裏四～五行
〔**聖徳太子**〕→**上宮太子**
〔**聖武天皇**〕
四十五代聖武天皇　【第二三五条】四四丁表五行
上皇（聖武）【第一五〇条】二四丁裏九行
〔**勝定院殿**（**足利義持**）〕→**足利義持**
勝定院殿　【第二五一条】四八丁裏一一行、【第二五一条】
四九丁表九行
〔**商那和修**〕
商那和修　【第一二四条】一八丁裏七行
〔**招提寺門流**〕
招提寺門流　【第二二一条】四三丁裏一行
〔**捷疾羅刹**〕
捷疾羅刹　【第二二六条】四四丁表九行
〔**松岳和尚**〕
松岳和尚　【第二二七条】四五丁表一行
〔**松山**〕
松山　【第一二四条】一九丁表四行
〔**省躬**〕
省躬律師　【第一二四条】一八丁裏一〇行
〔**上宮太子**（**聖徳太子**）〕
上宮太子　【第一四五条】二三丁表七行、【第二四〇条】四
七丁表三行、【第二五一条】四八丁裏一二行
〔**常徳院殿**（**足利義尚**）〕
常徳院殿　【第二〇八条】三九丁表一行
〔**浄円**〕
駿河花蔵院僧浄円　【第二四九条】四八丁表一～二行
〔**信英**〕→**芳林**
信英　【第一四九条】二四丁表九行
信英西堂　【第二〇七条】三七丁表四行
寿命院芳林信英西堂　【第一二五条】一九丁表一〇行
西京寿命院芳林信英之弟子　【第二〇八条】三九丁表六行
〔**信充**〕
賀茂仏光院信充　【第二一九条】四三丁表三行
〔**信性**〕
楽邦院信性　【第一六〇条】二六丁裏二行、【第二一九条】
四三丁表三行、

【す】諏・菅

〔**諏訪長俊**〕
寺奉行諏訪信濃守長俊　【第二三四条】四六丁裏八行
〔**菅原道真**〕→**菅丞相・天神**

【せ】先・宣・全・善・禅

〔**先伯**〕
先伯　【第一一二条】一六丁裏七行・一一行、【第二二七条】四五丁表一行
先伯宗師　【第三二条】六丁表三行、【第四四条】七丁裏一行、【第一〇二条】一三丁裏七行、【第一一二条】一六丁表七行、一六丁裏二行・一〇行、【第一二五条】一九丁表九行、【第二四二条】四七丁表五行
先伯新長老　【第一三一条】二〇丁裏八行
先伯西堂　【第一三一条】二〇丁裏四行、【第一三四条】二一丁裏八行、二二丁表一行
雲龍院先伯西堂　【第一三四条】二一丁裏四行
〔**宣宗**〕
宣宗　【第一五〇条】二四丁裏五行
〔**全敬**〕→**見崇**
西松院全敬見崇　【第二一五条】四一丁表九行
〔**全源**〕→**等本**
全源等本和尚　【第一二五条】一九丁裏一行、【第一九四条】三二丁表一行
全源和尚　【第二一〇条】四〇丁表一〇行
等本全源和尚　【第一二五条】一九丁表九行
〔**全性**〕→**見用**
全性和尚　【第二四八条】四七丁裏一二行
〔**全心**〕→**梅宿**
全心　【第二〇九条】三九丁裏四行
本願寺全心和尚　【第二〇九条】三九丁裏三行
本願寺梅宿全心　【第一二五条】一九丁裏一行
梅宿全心和尚　【第一九四条】三二丁表八行、【第二三七条】四六丁裏一五行
〔**全堪**〕→**見仲**
全堪　【第二〇九条】三九丁裏九行
全堪和尚　【第二〇九条】三九丁裏七～八行、【第二一〇条】四〇丁表一〇行
慈雲院全堪見仲房　【第二一〇条】四〇丁表八行
〔**善挮**〕→**仁甫**
仁甫善挮宗師　【第一二五条】一九丁裏一行
〔**善恵**〕
善恵　【第一二五条】一九丁表一一行、【第二三五条】四六丁裏一二行
〔**禅椿**〕
松梅院禅椿　【第二一二条】四〇丁裏九行
〔**禅能**〕
松梅院禅能法印　【第二一五条】四一丁表九行

【そ】増

〔**増看坊**〕
増看坊　【第二一二条】四〇丁裏八～九行

【た】泰・平・大・代・達・湛

〔**泰巌**〕
泰巌　【第一二四条】一九丁表四行
泰巌宗師　【第一四〇条】二二丁裏五行
〔**平泰時**〕**→北条泰時**
武蔵守平　【第二〇二条】三五丁表四行
武蔵守平朝臣泰時　【第二〇二条】三五丁表四～五行
〔**大興正法国師**〕**→俊芿・正法国師**
大興正法国師　【第一一四条】一七丁表四行
〔**代宗**〕
代宗　【第一五〇条】二四丁裏四行
〔**達磨**〕
達磨和尚　【第二三九条】四七丁表二行
〔**湛海**〕
湛海首座　【第一七五条】二九丁表六行・八～九行、【第二二六条】四四丁表一一行
海首座（湛海）【第一七五条】二九丁表七行

【ち】智・竹・択・長

〔**智交**〕
智交律師　【第一二四条】一九丁表二行
〔**智首**〕
智首律師　【第一二四条】一八丁裏九行
〔**竹巌**〕
竹巌　【第一二四条】一九丁表四行
竹巌宗師　【第一四一条】二二丁裏六行
雲龍院開山竹巌宗師　【第一三一条】二〇丁裏五行
〔**竹巌門徒**〕
竹巌門徒　【第二二七条】四四丁裏九行
〔**択悟**〕
択悟律師　【第一二四条】一九丁表一行
〔**択其**〕
択其律師　【第一二四条】一九丁表二行
〔**長継**〕**→正印**
長継　【第六五条】一〇丁表二行
長継正印　【第二〇七条】三七丁表一〇～一一行
長継律師　【第二〇七条】三七丁表五行
〔**長荀**〕
長荀　【第六五条】一〇丁表二行
〔**長仙**〕**→明昌**
大阿闍梨長仙明昌　【第二〇七条】三七丁表七行
〔**長典**〕**→光文**
長典　表紙、【第六五条】一〇丁表一行・四行、【第一一二条】一六丁裏一一行、【第一二四条】一九丁表六行、【第一二五条】一九丁表一〇行、一九丁裏二行・三行、【第一二六条】一九丁裏五行、【第一三一条】二〇丁裏八行、

【第二〇六条】三六丁裏八行・九行、【第二〇七条】三七丁裏一一行、三八丁表一行、【第二〇九条】三九丁裏七行、【第二三三条】四六丁裏四行、【第二四二条】四七丁表五行・六行、【第二四四条】四七丁表一二行・一三行、【第二四五条】四七丁裏二行、【第二四六条】四七丁裏五行、【第二四九条】四八丁表一行・三行
長典律師 【第二〇七条】三七丁表五行
愚僧（長典）【第一〇二条】一四丁表七行、【第一一二条】一六丁表六行、一六丁裏一行、【第一五一条】二五丁表三行、【第一五二条】二五丁表七行、【第一六〇条】二六丁裏一～二行、【第一六五条】二七丁裏三行、【第二〇九条】三九丁裏八行、三九丁裏一〇行
〔**長福寺門徒**〕
当寺（長福寺）門徒衆 【第一九五条】三三丁裏一行

【て】定・呈・天・転・伝

〔**定家**（**藤原定家**）〕
定家 【第二〇〇条】三四丁表五行
〔**定舜**〕
定舜律師 【第一二四条】一九丁表三行
〔**呈見**〕
金台寺呈見 【第二五四条】五〇丁裏一行
〔**天神**（**菅原道真**）〕→**菅丞相**
天神 【第一四五条】二三丁表九行、【第一四六条】二三丁裏三行
〔**転法輪三条殿**〕
転法輪三条殿 【第二〇〇条】三四丁表四行
〔**伝教大師**〕
伝教大師 【第一四五条】二三丁表一〇行、二三丁裏二行、【第一五〇条】二四丁裏一一行

【と】等・統・道・徳・曇

〔**等持院殿**（**足利尊氏**）〕
等持院殿 【第二五一条】四九丁表四行、【第二五三条】五〇丁表七行
〔**等本**〕→**全源**
等本房 【第二〇七条】三八丁表一行、【第二〇九条】三九丁裏九行
等本全源和尚 【第一二五条】一九丁表九行
全源等本和尚 【第一二五条】一九丁裏一行、【第一九四条】三二丁表一行
〔**統源**〕
金台寺統源 【第一三三条】二一丁表六行
〔**道雲**〕
道雲律師 【第一二四条】一八丁裏九行
〔**道供**〕

道供律師【第一二四条】一八丁裏九行
〔**道恒**〕
道恒律師【第一二四条】一八丁裏一〇行
〔**道風**〕
道風【第一四五条】一三丁表八行・九行
小野道風【第二五一条】四八丁裏一二行
〔**道宣**〕→**南山大師**
宣師【第一五〇条】二四丁裏六行
〔**道覆**〕
道覆律師【第一二四条】一八丁裏九行
〔**徳大寺殿**〕
徳大寺【第一四七条】一三丁裏一〇行
徳大寺殿【第二一〇条】四〇丁表七行・八行、【第二三〇条】四三丁表一〇〜一一行、【第二三〇条】四五丁裏三行・五行
徳大寺殿御師野宮殿息女【第二三〇条】四五丁裏八行
徳大寺殿上人持明院入道号西之院希音中観居士【第一九九条】三三丁裏一〇行
今徳大寺殿御親父号野宮一品亜相右府入道殿【第二三〇条】四五丁表一二行
〔**徳嶼**〕→**見充**
徳嶼和尚【第二三〇条】四三丁表九行
徳嶼見充【第二三〇条】四三丁表一二行、【第二五四条】五〇丁裏七行
〔**曇摩訶羅**〕
曇摩訶羅【第一二四条】一八丁裏八行
〔**曇無徳**〕
曇無徳【第一二四条】一八丁裏八行

【な】那・中・南

〔**那吒太子**〕
那吒太子【第二三六条】四四丁表一〇行
〔**中村**〕
中村【第二一六条】四一丁裏一行・二行・三行、【第二五一条】四九丁表七行
当寺行者中村法眼【第二一七条】四二丁表四行
〔**南山大師**〕→**道宣**
南山【第一六九条】二八丁表五行
南山澄照大師【第一二四条】一八丁裏一〇行
南山大師【第二三六条】四四丁表九行

【に】仁・日・如・任・忍

〔**仁甫**〕→**善挮**
仁甫宗師【第一〇二条】一三丁裏一〇行、【第一三四条】二一丁裏四行
仁甫善挮宗師【第一二五条】一九丁裏一行

正覚院仁甫和尚　【第二三〇条】四六丁表四行

〔日蔵〕
日蔵上人　【第一四六条】二三丁裏五行・七行

〔如導〕→見蓮・無人
開山無人如導見蓮上人　【第二五一条】四八丁表八行

〔任海〕
任海修理亮　【第二三〇条】四五丁裏五行

〔忍叟〕
慈雲院忍叟和尚　【第二三〇条】四六丁表四行

【の】野・能

〔野宮殿〕
野宮殿　【第二〇〇条】三四丁表一行、【第二一〇条】四〇丁表九行

〔能秀〕→実光坊
原実光坊権大僧都能秀　【第二〇六条】三六丁裏八〜九行

【は】梅・博・花

〔梅宿〕→全心・見信
梅宿　【第一六五条】二七丁裏五行
梅宿全心和尚　【第一九四条】三二丁表八行、【第二三七条】四六丁裏一五行
梅宿和尚　【第一三〇条】二〇丁表一〇行、【第一九四条】三二丁表一行、【第二一〇条】四〇丁表一〇行
本願寺梅宿全心　【第一一五条】一九丁裏一行
本願寺梅宿和尚　【第二三〇条】四六丁表四行
見信梅宿　【第一三〇条】二〇丁表九行

〔博聞〕→見遷
博聞和尚　【第二四八条】四七丁裏一一行

〔花山院〕
花山院　【第二五一条】四八丁表八行

【ひ】飛・備・濰

〔飛耀〕
飛耀　【第一二九条】二〇丁表四行

〔備中入道〕→聖淳・長塩
備中入道　【第二〇八条】三九丁表一一行

〔濰基〕
右兵衛尉濰基　【第二五二条】五〇丁表五行

【ふ】不・普・藤・伏・武

〔不可棄法師〕→俊芿
不可棄法師　【第二四一条】四七丁表四行

〔普広院殿〕（足利義教）
普広院殿　【第一一一条】一五丁表一一行、【第二五一条】四八丁裏五行

〔**藤原緒嗣**〕
左大臣緒嗣公　【第一四四条】二三丁表三行
〔**藤原俊成**〕→**俊成**
〔**藤原扶閑**〕
勅使中納言扶閑　【第二二四条】四四丁表三行
〔**伏見殿**（**貞常親王**）〕
伏見殿　【第一二九条】二〇丁表四行
〔**武帝**〕
武帝　【第一五〇条】二四丁裏二行

【へ】平
〔**平氏**〕
平氏　【第一九八条】三三丁裏六行

【ほ】北・法・芳・穆・細
〔**北条泰時**〕→**平泰時**
〔**法栄**〕
法栄律師　【第一二四条】一九丁表一行
〔**法住院殿**（**足利義澄**）〕
法住院殿　【第一三七条】二二丁表一〇行
〔**法政**〕
法政律師　【第一二四条】一九丁表二行
〔**法然**〕
法然上人　【第一五二条】二五丁表六行
〔**法聡**〕
法聡律師　【第一二四条】一八丁裏八行
〔**法宝**〕
法宝律師　【第一二四条】一八丁裏一一行
〔**芳林**〕→**信英**
芳林西堂　【第四七条】七丁裏九行
寿命院芳林西堂　【第一二八条】一九丁裏一二行
寿命院芳林信英西堂　【第一二五条】一九丁表一〇行
西京寿命院芳林信英之弟子　【第二〇八条】三九丁表六行
〔**穆宗**〕
穆宗　【第一五〇条】二四丁裏五行
〔**細川高国**〕
細川右京大夫高国　【第二三四条】四六丁裏九行
〔**細川満元**〕→**岩栖院**

【ま】末・万
〔**末田地**〕
末田地　【第一二四条】一八丁裏七行
〔**万松**〕
万松　【第一二九条】二〇丁表四行

【み】明

〔**明月**〕
悲田院明月上人　【第二五一条】四八丁裏四～五行
〔**明昌**〕→**長仙**
大阿闍梨長仙明昌　【第二〇七条】三七丁表七行
明昌　【第二〇七条】三七丁表七行、三七丁裏一一行
明昌大阿闍梨　【第二〇七条】三七丁裏二行
明昌房　【第二〇七条】三七丁裏六行、三八丁表一行
〔**明叟**〕→**聖鏡**
明叟　【第二二七条】四五丁表一行
小松谷明叟　【第二〇七条】三八丁表六行
小松谷今明叟聖鏡　【第一三三条】二一丁裏二行
雲龍院主西堂明叟　【第一四九条】二四丁表九行
〔**明淳**〕
童真院主明淳懺主　【第二二七条】四四丁裏八～九行
明淳懺主　【第二二七条】四四丁裏一一行・一二行

【む】無
〔**無外**〕
無外律師　【第一二四条】一八丁裏一一行
〔**無心**〕
無心　【第一二四条】一九丁表三行
〔**無人**〕→**如導・見蓮**
無人宗師　【第一四五条】二三丁裏一行、【第一四六条】二三丁裏八行、【第一四七条】二三丁裏一〇行
無人如導見蓮上人　【第二五一条】四八丁表八行
〔**無人門徒**〕
無人門徒　【第一四二条】二二丁裏八行

【も】文
〔**文徳天皇**〕
五十五代文徳天皇　【第一四四条】二三丁表二行
〔**文帝**〕
武帝第三子文帝　【第一五〇条】二四丁裏二行
〔**文綱**〕
文綱律師　【第二二六条】四四丁表一〇行
〔**文陽**〕→**湛海**
文陽坊　【第二二六条】四四丁表一一行

【ゆ】惟・雄
〔**惟一**〕
惟一律師　【第一二四条】一九丁表二行
〔**雄峯**〕
雄峯　【第二二九条】四五丁表七行
雄峯宗師　【第一一二条】一六丁裏九行、【第二四二条】四七丁表五行
伊与繁多寺僧雄峯宗師　【第二二九条】四五丁表五行

【よ】吉
〔吉田兼隆〕
平野神主息神祇大輔兼内蔵頭兼隆　【第二五〇条】四八丁表四行
〔吉田修理〕
吉田修理　【第二〇九条】四〇丁表二行
〔吉田兼永〕
三位兼永　【第二五〇条】四八丁表六行
【り】了・亮
〔了宏〕
了宏律師　【第一二四条】一九丁表三行
〔亮印〕
長国寺開山亮印律師　【第一三八条】二二丁裏二行
【れ】蓮
〔蓮弘〕
心蓮寺蓮弘　【第二五四条】五〇丁裏三行
〔蓮遵〕
観音寺蓮遵　【第二五四条】五〇丁表一〇行
【わ】渡
〔渡邊〕
渡邊　【第二一六条】四一丁裏三行

寺院名・地名

【あ】安
〔安養寺〕
芸州安養寺　【第二五一条】四八丁表九～一〇行
〔安楽光院〕
安楽光院　【第一三四条】二二丁裏九行、【第一五九条】二六丁表二行、【第一七四条】二九丁表一行、【第一八七条】三〇丁裏六行、【第二二七条】四四丁裏一一行、【第二五二条】五〇丁表三行
〔安楽寺〕
安楽寺　【第一四六条】二三丁裏四行
【い】五辻・因幡・石清水
〔五辻之寺〕→長福寺
〔因幡堂〕
因幡堂　【第二四六条】四七丁裏七行
〔石清水八幡宮〕→男山八幡宮

【う】太秦・雲

〔太秦薬師堂広隆寺〕→広隆寺
〔雲龍院〕
雲龍　【第二二七条】四四丁裏九行
雲龍院　【第一三一条】二〇丁裏五行、【第一三四条】二一丁裏四行、【第一三五条】二二丁表二行、【第一四一条】二三丁裏六行、【第一四九条】二四丁表八行、【第一七二条】二八丁裏七行、【第二〇七条】三七丁裏一行・四行・七行、【第二二七条】四四丁裏八行・一一行・一二行、【第二二七条】四五丁表一行

【え】永・榎・円

〔永円寺〕
永円　【第一五二条】二五丁表八行、【第二五二条】四九丁裏八行
永円寺　【第三七条】六丁裏六行、【第一五二条】二五丁表七行、【第一六五条】二七丁裏四行、【第一七四条】二九丁表一行、【第二一三条】四一丁表三行、【第二二〇条】四三丁表八行、【第二五二条】五〇丁表三行、
〔永円寺呈徳庵〕→呈徳庵
〔榎寺〕
筑紫榎寺　【第一四六条】二三丁裏四行
〔円光寺〕
円光寺越中宮川　【第二五二条】五〇丁表二行

【お】大・男

〔大宮持地院〕→持地院
〔男山八幡宮（石清水八幡宮）〕
男山八幡宮　【第一一一条】一五丁表一一行

【か】戒・勧・観・元

〔戒光寺〕
戒光寺　【第一三六条】二二丁表四行・七行、【第一五九条】二五丁裏一〇行、二六丁表二行
〔勧修寺〕
勧修寺　【第二一九条】四三丁表四行
〔観音寺〕
観音院　【第一四六条】二三丁裏八行、【第二五二条】四九丁裏一行
観音寺　【第一四六条】二三丁裏九行、【第二一〇条】四〇丁表五行、【第二一二条】四〇丁裏七行・一〇行、【第二一四条】四一丁表八行、【第二五四条】五〇丁表一〇行、五〇丁裏九行・一一行
観音堂　【第二一四条】四一丁表五行
北野観音院　【第二一四条】四一丁表四行
北野観音院小御堂　【第二五一条】四八丁表一一行

北野観音寺　【第一四六条】二三丁裏三行、【第二一二条】
四〇丁裏三行
北野神宮寺　【第二一四条】四一丁表五行
〔観音寺谷〕
観音寺谷　【第一四四条】二三丁表一行
〔観世音寺〕
西海道筑紫観世音寺　【第一五〇条】二四丁裏八行
〔観智院〕
観智院　【第一三八条】二二丁裏二行
〔元応寺〕
元応寺　【第一八一条】三〇丁表五行、【第二〇九条】三九
丁裏六行

【き】祇・北

〔祇園〕
祇園　【第一五〇条】二四丁裏一行
〔北野社〕
北野社　【第一一〇条】一五丁表五行
当社（北野社）御宝殿　【第二一二条】四〇丁裏七行
〔北野観音寺〕→観音寺
〔北野真満院〕→真満院
〔北野福部社〕→福部社
〔北山金台寺〕→金台寺
〔北山等持院〕→等持院

【く】九

〔九品寺〕
九品寺　【第二五二条】四九丁裏七行

【け】花

〔駿河花蔵院〕
駿河花蔵院　【第二四九条】四八丁表一～二行

【こ】小・五・後・広・光・高・迎・金・欣

〔小松谷〕
小松谷　【第一三三条】二一丁裏一行、【第一三九条】二二
丁裏三行、【第二〇七条】三七丁表三行、三八丁表六行
〔五大堂〕
五大堂　【第二四四条】四七丁表一四行
〔五智院〕→醍醐五智院
〔後仏光院〕→仏光院
後仏光院　【第二五二条】四九丁裏四行
〔広隆寺〕
太秦薬師堂広隆寺　【第一一一条】一五丁裏二行
〔光明峯寺谷〕
光明峯寺谷　【第一四四条】二三丁表一行

〔**高野山**〕
高野　【第一三三条】二一丁裏一行
高野奥院　【第二二四条】四四丁表二行
〔**迎接院**〕
迎接院　【第二五二条】四九丁裏八行、【第二五四条】五〇丁裏二行
〔**迎接院安芸国**〕
迎接院安芸国　【第二五二条】五〇丁表一行
〔**金剛宝寺**〕
金剛宝寺越中永養　【第二五二条】五〇丁表二行
〔**金台寺**〕
金台寺　【第一三三条】二一丁表六行、【第一三六条】二二丁表七行、【第二五二条】四九丁裏五行、【第二五四条】五〇丁裏一行
金台寺仏殿　【第二一四条】四一丁表六行
北山金台寺　【第二五一条】四八丁表一二行
〔**欣浄庵**〕
欣浄庵　【第二五二条】四九丁裏七行
東山東林寺曼荼羅堂欣浄庵　【第二一一条】四〇丁裏一行

【さ】嵯・西・三・山

〔**嵯峨釈迦堂**〕→**釈迦堂**
〔**嵯峨宝輪寺**〕→**宝輪寺**
〔**西海道筑紫観世音寺**〕→**観世音寺**
〔**西京寿命院**〕→**寿命院**
〔**西松院**〕
西松院　【第二一二条】四〇丁裏八行、【第二一四条】四一丁表七行・八行、【第二一五条】四一丁表九行・一〇行、【第二三〇条】四五丁裏一三行、四六丁表五行、【第二五二条】四九丁裏一行
〔**西大寺**〕
西大寺　【第一七八条】二九丁裏六行
南都西大寺　【第二二三条】四三丁裏一四行
〔**西法院**〕
西法院　【第一七二条】二八丁裏七行、【第二〇八条】三九丁表一一行
西法院（西峯院）【第一四〇条】二三丁裏五行
〔**西明寺**〕
西明寺　【第二二六条】四四丁表一〇行
〔**三学寺**〕→**長福寺**
三学寺　【第一四五条】二三丁表七行
〔**三宝院**〕
三宝院流　【第一三九条】二三丁裏四行、【第二五一条】四八丁裏四行
三宝　【第一三二条】二一丁表二行
〔**山門戒壇院**〕

山門戒壇院【第二三二条】四三丁裏九行

【し】四・慈・持・下・釈・寿・春・正・招・荘・松・称・清・聖・勝・請・心・新・真

〔四条院御廟〕
四条院御廟【第一四二条】二二丁裏七行

〔慈雲院〕
慈雲院【第二一〇条】四〇丁表八行、【第二三〇条】四六丁表四行

〔持地院〕
大宮持地院【第二〇九条】三九丁裏六行

〔持明院〕
持明院皇居【第一七四条】二九丁表一〜二行

〔下野薬師寺〕→薬師寺

〔釈迦堂〕
嵯峨釈迦堂【第二四四条】四七丁表一四行

〔寿覚院〕
寿覚院【第二五二条】四九丁裏六行、【第二五四条】五〇丁裏七行
中道寿覚院【第二二〇条】四三丁表八行

〔寿命院〕
寿命院【第一二五条】一九丁表一〇行、【第一二八条】一九丁裏一二行、【第一四九条】二四丁表九行、【第二一三条】四一丁表三行、【第二四六条】四七丁裏四行、【第二五二条】五〇丁表三行
西京寿命院【第二〇八条】三九丁表六行

〔春田寺〕
春田寺越前新□【第二五二条】五〇丁表一行

〔正覚院〕
正覚院【第二三〇条】四六丁表四行

〔正法寺〕
正法寺【第一四七条】二三丁裏一二行

〔招提寺〕
招提寺【第一七八条】二九丁裏五行・七行、【第二二一条】四三丁裏一行・四行
招提寺戒壇【第一五〇条】二四丁裏九行

〔荘厳院〕
荘厳院【第一七四条】二九丁表三行、【第二三〇条】四三丁表一一行、【第二五二条】四九丁裏六行、【第二五四条】五〇丁表一一行

〔松梅院〕
松梅院【第一一〇条】一五丁表九行、【第二一二条】四〇丁裏九行、【第二一五条】四一丁表九行

〔称名寺〕
称名寺【第二五二条】四九丁裏八行

〔清浄光院〕

清浄光院　【第二五二条】四九丁裏七行
〔**清泰院**〕
清泰院　【第一四〇条】二二丁裏五行、【第一七二条】二八丁裏七行、【第二二七条】四四丁裏一二行
〔**聖護院**〕
聖護院　【第二〇二条】三五丁表二行
〔**勝鬘院**〕
天王寺勝鬘院　【第一七五条】二九丁表八行
〔**請法明院**〕
請法明院　【第一七四条】二九丁表三行
〔**心蓮寺**〕
心蓮寺　【第二五二条】四九丁裏六行、【第二五四条】五〇丁裏三行
〔**新善光寺**〕
新善光寺　【第二三〇条】四六丁表五行、【第二五四条】五〇丁裏六行
新善光寺一条大宮　【第二五二条】四九丁裏六行
〔**真乗院**〕
仁和寺真乗院　【第二四六条】四七丁裏三行
〔**真満院**〕
北野真満院　【第二四四条】四七丁表一一行

【す】駿河

〔**駿河花蔵院**〕→**花蔵院**

【せ】勢・千・仙・泉・善・禅

〔**勢至院**〕
勢至院　【第二五二条】四九丁裏六行
〔**千本焔魔堂**〕
千本焔魔堂　【第一一一条】一五丁裏四行、【第二四六条】四七丁裏四行
〔**仙遊寺**〕→**泉涌寺**
仙遊寺　【第一四四条】二三丁表三行
〔**泉福寺**〕
泉福寺加州津波田　【第二五二条】五〇丁表二行
〔**泉涌寺**〕
泉涌　【第五三条】八丁表一〇行、【第一一三条】一七丁表一行、【第一二一条】一八丁表八行、【第一三四条】二一丁裏六行、【第二五一条】四八丁表一〇行
泉涌寺　【第一〇二条】一四丁表三行、【第一〇四条】一四丁裏二行、【第一〇六条】一四丁裏六行、【第一一二条】一六丁表二行、一六丁裏八行、【第一二一条】一八丁表一一行、【第一二五条】一九丁表八行、【第一二八条】一九丁裏一一行、【第一二九条】二〇丁表一行、【第一三一条】二〇丁裏二行・三行、【第一三六条】二二丁表五行、【第一四四条】二三丁表三行、【第一四七条】二三丁裏一

一行・一二行、二四丁表一行、【第一五九条】二五丁裏九行、【第一六〇条】二六丁表一一行、【第一六一条】二六丁裏四行、【第一七一条】二八丁裏一行、【第一七五条】二九丁表六行・七行、【第一八一条】三〇丁表四行、【第一八七条】三〇丁裏七行、【第一八八条】三一丁表一行、【第二〇七条】三七丁表一行、【第二〇八条】三九丁表四行、【第二一六条】四一丁裏五行、【第二二六条】四四丁表八行、【第二二八条】四五丁表三行、【第二二九条】四五丁表五行、【第二三二条】四六丁表九行・一二行、【第二三三条】四六丁裏四行、【第二五一条】四八丁裏九～一〇行、【第二五二条】四九丁表一〇行、【第二五五条】五一丁表五行
泉涌寺北京律　【第一四七条】二三丁裏一二行

〔**泉涌寺方丈**〕
泉涌寺方丈　【第一四九条】二四丁表八行、【第二〇八条】三九丁表一一行
泉涌寺今方丈　【第二〇七条】三七丁表二行
新方丈（泉涌寺）【第一四三条】二二丁裏一〇行

〔**泉涌寺十六観堂**〕
泉涌寺十六観堂　【第一九五条】三三丁裏一〇行

〔**泉涌妙厳院**〕→**妙厳院**

〔**泉涌開山廟所**〕
泉涌開山廟所　【第一四三条】二二丁裏九行

〔**泉涌寺末寺**〕
泉涌寺之末寺　【第一三六条】二二丁表四行・五行
泉涌寺末寺　【第二一九条】四三丁表五行

〔**泉涌寺別院**〕
泉涌寺別院　【第一三五条】二二丁表二行

〔**泉涌寺三谷**〕
泉涌寺三谷　【第一四四条】二三丁表一行

〔**泉涌寺谷**〕
泉涌寺谷　【第一四四条】二三丁表一行

〔**泉涌内東南院**〕→**東南院**

〔**善家氏寺**〕→**善福寺**
善家氏寺　【第二五二条】四九丁裏四行

〔**善福寺**〕
善福寺　【第一三三条】二一丁表五行、【第一四九条】二四丁表九行、【第二〇七条】三七丁表三行、三八丁表五行、【第二〇九条】三九丁裏一行・四行・一一行、【第二五一条】四九丁表五行、【第二五二条】四九丁裏四行、【第二五四条】五〇丁表一一行

〔**善来堂**〕
善来堂　【第二五二条】四九丁裏七行

〔**禅観堂**〕
禅観堂　【第一一二条】一六丁裏二行

〔**禅光院**〕

禅光院　【第一四七条】二三丁裏一〇行、【第二〇九条】三九丁裏八行、【第二二〇条】四三丁表一〇行・一二行、【第二三〇条】四五丁裏一行、【第二五二条】四九丁表一〇行、【第二五四条】五〇丁裏一行・七行

【そ】相・尊

〔**相加寺**〕
相加寺　【第一二四条】一九丁表四行

〔**尊福院**〕
尊福院　【第二五二条】四九丁裏三行

【た】諦・大・醍・高

〔**諦雲庵**〕
（泉涌寺）仏殿南岸諦雲庵　【第一四三条】二三丁裏九行

〔**大願院**〕
大願院　【第二二七条】四四丁裏八行

〔**大興善寺**〕
大興善寺　【第一五〇条】二四丁裏四行

〔**醍醐五智院**〕
醍醐五智院　【第一三三条】二一丁裏二行、【第一七九条】二九丁裏八行、【第二〇七条】三七丁表六行

〔**高雄**〕
高雄　【第一三八条】二二丁表一一行
高雄灌頂堂　【第一八六条】三〇丁裏三行

【ち】知・長

〔**知恩院**〕
東山知恩院　【第二五一条】四八丁表九行

〔**知久遠院**〕
知久遠院　【第一三三条】二一丁裏一行、【第一四〇条】二二丁裏五行、【第一七二条】二八丁裏七行、【第二〇七条】三七丁表四行、【第二〇七条】三八丁表六行

〔**長国寺**〕
長国寺　【第一三八条】二二丁裏一行

〔**長福寺**〕
長福寺　【第一四五条】二三丁表六行・八行、【第一九四条】三二丁表三行、【第二一六条】四一丁裏一行・四行、【第二一七条】四二丁表一行、【第二一九条】四三丁表五行、【第二二〇条】四三丁表一二行、【第二三三条】四六丁表一一行、【第二三三条】四六丁裏一～二行、【第二五一条】四八丁表一三行、四九丁表一行、【第二五四条】五〇丁表九行
当寺（長福寺）【第一九四条】三二丁表一行・四行・六行、【第二〇九条】四〇丁表一行・三行、【第二一一条】四〇丁裏二行、【第二一六条】四一丁裏二行、【第二一七条】四二丁表四行、【第二二〇条】四三丁表九行、【第二二五

条】四四丁表六行、【第二二六条】四四丁表八行・一一行、【第二三〇条】四五丁裏二行・一〇行、四六丁表七行、【第二三四条】四六丁裏七行、【第二五一条】四八丁裏六行・八行・一一行、四九丁表四行・八行・九行、【第二五二条】四九丁裏八行、五〇丁表三行、【第二五四条】五〇丁裏五行・七行
五辻山長福寺　【第二五一条】四八丁表八行
五辻長福寺　【第一四五条】二三丁裏一行、【第二三〇条】四五丁表九行
五辻之寺　【第一四五条】二三丁表七行
長福寺宿坊　【第一四二条】二二丁裏七行
当寺（長福寺）方丈一心院　【第二三〇条】四五丁表一三行
長福寺末寺　【第二一一条】四〇丁裏一行
当寺（長福寺）門徒　【第一九四条】三二丁表二行、【第一九五条】三三丁裏一行

【つ】筑紫・筒

〔**筑紫観世音寺**〕→**観世音寺**
〔**筑紫榎寺**〕→**榎寺**
〔**筒嶽**〕
筒嶽　【第一四七条】二三丁裏一一～一二行

【て】呈・天

〔**呈徳庵**〕
永円寺呈徳庵　【第一三四条】二一丁裏四行
〔**天王寺勝鬘院**〕→**勝鬘院**
〔**天台山門**〕
天台山門　【第一五〇条】二四丁裏一〇行

【と】東・等・童・栂尾

〔**東寺**〕
東寺　【第三二条】六丁表四行、【第一三七条】二二丁表八行、【第一三八条】二二丁表一一行
〔**東大寺**〕
東大寺　【第一五〇条】二四丁裏九行
東大寺戒壇　【第二二三条】四三丁裏一四行
〔**東南院**〕
泉涌内東南院　【第二五二条】四九丁裏五行
東南院宿坊　【第一四二条】二二丁裏八行
〔**東林寺**〕→**欣浄庵**
〔**東山道下野薬師寺**〕→**薬師寺**
〔**等持院**〕
北山等持院　【第二〇八条】三九丁表一行
等持院仏殿　【第二〇八条】三九丁表六行
〔**童真院**〕
童真院　【第一四二条】二二丁裏七行、【第二二七条】四四

丁裏八～九行
〔栂尾〕
栂尾　【第一三八条】二二丁表一一行

【な】中・南
〔中道寿覚院〕→寿覚院
〔中道之曼荼羅院〕→曼荼羅院
〔南都〕
南都　【第五八条】九丁表二行、【第七〇条】一〇丁裏二行、【第一一一条】一五丁裏二行、【第二二一条】四三丁裏一行・五行
南都律　【第一八一条】三〇丁表五行、【第一九五条】三二丁裏八行
〔南林寺〕
南林寺　【第一五〇条】二四丁裏三行

【に】西・仁
〔西院〕
西院　【第一三二条】二一丁表二行、【第一三九条】二二丁裏四行
〔西谷法光明院〕→法光明院
〔西ノ峯法華堂〕→法華堂
〔西八条遍照心院〕→遍照心院
〔仁和寺〕
仁和寺　【第一三四条】二一丁裏五行
仁和寺真乗院→真乗院

【は】繁
〔繁多寺〕
繁多寺　【第一一二条】一六丁裏九行
伊与繁多寺　【第二二九条】四五丁表五行

【ひ】悲・東・白・平
〔悲田院〕
悲田院　【第六五条】一〇丁表二行、【第一一〇条】一五丁表八行、【第一二六条】一九丁裏六～七行、【第一七三条】二八丁裏一一行、【第一九四条】三三丁表四行、【第二一六条】四一丁裏三行、【第二五一条】四八丁裏四行
〔東山知恩院〕→知恩院
〔東山東林寺曼荼羅堂欣浄庵〕→欣浄庵
〔白毫院〕
紫野白毫院　【第一九五条】三三丁裏七～八行
〔平野神社〕
平野神　【第二五〇条】四八丁表四行

【ふ】普・福・仏

〔**普賢院**〕
普賢院【第一三三条】二二丁裏二行

〔**福部社**〕
北野福部社西南頬博雲領地【第一五二条】二五丁表九行

〔**仏光院**〕**→後仏光院**
仏光院【第二一〇条】四〇丁表一〇行、【第二五四条】五〇丁裏一行、五〇丁裏九行
賀茂仏光院【第二一〇条】四〇丁表九行、【第二一九条】四三丁表三行

【へ】遍

〔**遍照院**〕
遍照院【第二五二条】四九丁裏一行、【第二五四条】五〇丁裏二行・九行

〔**遍照心院**〕
西八条遍照心院【第一三七条】二二丁表八行
八条坊門大宮西頬五段遍昭心院【第一三七条】二二丁表九～一〇行

【ほ】保・法・報・宝・坊・北・本

〔**保運寺**〕
保運寺【第二五二条】五〇丁表一行
越前国佐野保運寺【第二一一条】四〇丁裏二行

〔**法花寺**〕
山崎法花寺【第一二五条】一九丁表一一行、【第二〇七条】三七丁表一一～三七丁裏一行

〔**法華堂**〕
西ノ峯法華堂【第一四二条】二三丁裏七行

〔**法勝寺**〕
法勝寺【第一八一条】三〇丁表五行

〔**法光明院**〕
西谷法光明院【第二五一条】四八丁裏四行

〔**法明院**〕
法明【第二五五条】五一丁表四行
法明院【第二五二条】四九丁裏三行、【第二五四条】五〇丁表一一行、五〇丁裏九行

〔**報恩院**〕
報恩院【第一二五条】一九丁表一〇行

〔**宝生坊**〕
山内宝生坊【第二四六条】四七丁裏六行

〔**宝明院**〕
宝明院【第二三〇条】四五丁裏四行・六行、四六丁表一行
宝明【第二四八条】四七丁裏一〇行

〔**宝林院**〕
宝林院【第一七二条】二八丁裏九行

〔**宝輪寺**〕
嵯峨宝輪寺　【第二四四条】四七丁表九行
〔**坊城之寺**〕→**長福寺**
坊城之寺　【第一四五条】二三丁表七行
〔**北嶺**〕
北嶺　【第二二一条】四三丁裏七行
〔**北京**〕
北京律　【第一四七条】二三丁裏一二行、【第一七八条】二九丁裏七行、【第二二二条】四三丁裏一一行
北京律宗　【第二五一条】四九丁表八行
北京一宗　【第二二八条】四五丁表四行
〔**本願寺**〕
本願寺　【第一二五条】一九丁裏一行、【第一二六条】一九丁裏五行、【第一三〇条】二〇丁表七行、【第一五二条】二五丁表七行、【第二〇九条】三九丁裏三行、【第二一〇条】四〇丁表六行、【第二一八条】四二丁裏一〇行、【第二三〇条】四六丁表四行、【第二五二条】四九丁裏三行、【第二五四条】五〇丁裏二行・九行

【ま】槙・松・曼・満

〔**槙尾自性上人我宝御影堂**〕
槙尾自性上人我宝御影堂　【第一三八条】二二丁表一一行～二二丁裏一行
〔**松坊**〕→**長福寺**
松坊　【第一四五条】二三丁表一〇行
〔**曼荼羅院**〕
曼荼羅院　【第二一〇条】四〇丁表五～六行、【第二五一条】四八丁表一二行、【第二五二条】四九丁裏二行、【第二五四条】五〇丁表一〇行、五〇丁裏九行・一〇行
曼荼　【第二五二条】四九丁裏八行
中道之曼荼羅院　【第二一〇条】四〇丁表四行
〔**曼荼羅堂**〕→**欣浄庵**
〔**満願寺**〕
満願寺　【第二五二条】四九丁裏三行

【み】妙

〔**妙観院**〕
妙観院　【第一四〇条】二二丁裏五行、【第二一九条】四五丁表六行
〔**妙厳院**〕
泉涌妙厳院　【第一二五条】一九丁裏三行

【む】紫

〔**紫野白毫院**〕→**白毫院**

【や】薬・山
〔**薬師寺**〕
薬師寺　【第一五〇条】二四丁裏七行
東山道下野薬師寺　【第一五〇条】二四丁裏七〜八行
〔**山崎法花寺**〕→**法花寺**
〔**山城国市田**〕
山城国市田　【第二〇九条】三九丁裏二行
〔**山内宝生坊**〕→**宝生坊**

【ら】楽
〔**楽邦院**〕
楽邦院　【第一六〇条】二六丁裏二行、【第二一九条】四三丁表三行、【第二五二条】四九丁裏五行、【第二五四条】五〇丁表一〇行

【り】理・龍・霊
〔**理性院**〕
理性院　【第一三九条】二二丁裏三行、【第二三三条】四六丁裏三行
理性院流　【第二〇七条】三八丁表九行
理性流　【第一三九条】二二丁裏四行
〔**龍安寺**〕
龍安寺　【第二〇八条】三九丁表六行
〔**龍花院**〕
龍花院　【第一四一条】二二丁裏六行
〔**霊山寺**〕
霊山寺丹波倉崎　【第二五二条】五〇丁表一行
〔**霊福寺**〕
霊福寺　【第一五〇条】二四丁裏一〇行

【ろ】六・廬
〔**六角堂**〕
六角堂　【第二四六条】四七丁裏七行
〔**廬山寺**〕
廬山寺　【第一八一条】三〇丁表五行

【わ】若
〔**若狭国小丹生**〕
若狭国小丹生　【第一五九条】二六丁表六行

年月日

元嘉十一年（四三四）【第一五〇条】二四丁裏二行
允恭二十三年（四三四）【第一五〇条】二四丁裏四行
養老年中（七一七〜七二四）【第二二五条】四四丁表七行
天平勝宝五年（七五三）一月【第一五〇条】二四丁裏六行
天平勝宝五年（七五三）四月【第一五〇条】二四丁裏九行
天平宝字四年（七六〇）六月【第二二五条】四四丁表五〜六行
承和二年（八三五）【第二三四条】四四丁表三行
斉衡三年（八五六）【第一四四条】二三丁表二〜三行・四行
延喜三年（九〇三）二月二十五日【第一四六条】二三丁裏四行
延喜二十一年（九二一）十月二十七日【第二二四条】四四丁表一行・二行
天暦一年（九四七）六月九日【第一四六条】二三丁裏五行
承久一年（一二一九）【第一四四条】二三丁表四行
寛喜二年（一二三〇）【第二二六条】四四丁裏一行
弘仁年中（一二七八〜一二八八）【第一四五条】二三丁表六行
弘安八年（一二八五）【第二五一条】四八丁裏三行
正安二年（一三〇〇）閏七月三日【第二二三条】四三丁裏一三行
延文二年（一三五七）【第二五一条】四八丁裏二行
延文二年（一三五七）五月二十七日、【第二一四条】四一丁表五行、【第二五一条】四八丁表一一行
延文三年（一三五八）四月晦日【第二五三条】五〇丁表七行
至徳二年（一三八五）三月二十九日【第二二六条】四四丁裏二行・七行
至徳二年（一三八五）六月【第二二六条】四四丁裏五行
応永七年（一四〇〇）十二月十日【第二四八条】四七丁裏一〇行
応永十八年（一四一一）十月初日【第一一四条】一七丁表四行
永享一年（一四二九）十二月七日【第二五一条】四八丁裏五行、【第二五二条】五〇丁表五行
永享三年（一四三一）【第二二〇条】四三丁表一二行、【第二五一条】四八丁裏一行
永享三年（一四三一）四月二十一日【第二五四条】五〇丁表九行
永享十年（一四三八）五月二十五日【第二四八条】四七丁裏一一行
享徳四年（一四五五）二月九日【第二二七条】四四丁裏

九行
文正一年（一四六六）六月二十五日【第二四四条】四七丁表九行
応仁（一四六七～一四六九）【第三四条】六丁表九行
応仁乱前【第一九五条】三三丁裏七行
応仁乱中（一四六七～一四七七）【第二一〇条】四〇丁表九行
文明比頃（一四六九～一四八七）【第二一二条】四〇丁裏八行
文明年中（一四六九～一四八七）【第一三六条】二三丁表七行
文明二年（一四七〇）十二月八日【第二四八条】四七丁裏一二行
文明十七年（一四八五）【第二三一条】四六丁表八行
文明十八年（一四八六）一月二十六日【第二三〇条】四五丁表一二行
長享一年（一四八七）十二月二十七日【第二四八条】四七丁裏一三行
□応年中（明応　一四九二～一五〇一ヵ?）【第二一九条】四三丁表三行
明応九年（一五〇〇）九月二十八日【第一三四条】二一丁裏九～一〇行
明応九年（一五〇〇）十一月十一日【第一三四条】二一丁裏一〇行
文亀一年（一五〇一）六月二十七日【第一三一条】二〇丁裏五行
永正一年（一五〇四）【第二三一条】四六丁表八行
永正二年（一五〇五）【第二四三条】四七丁表七行
永正七年（一五一〇）十月十六日【第一四九条】二四丁表七行
永正十一年（一五一四）十二月十五日【第二〇七条】三七丁表二行
永正十四年（一五一七）三月十三日【第二四四条】四七丁表一〇行
永正十四年（一五一七）四月五日【第二四四条】四七丁表一一行
永正十四年（一五一七）六月一日【第一一一条】一五丁裏四行、【第二四六条】四七丁裏三行
永正十四年（一五一七）六月六日【第二四二条】四七丁表五行
永正十四年（一五一七）六月十二日【第二四五条】四七丁裏二行
永正十四年（一五一七）六月十五日【第二四五条】四七丁裏一行
永正十六年（一五一九）【第一四四条】二三丁表五行
永正十六年（一五一九）八月二十四日　二丁表八行

初出一覧

第一章　智積院新文庫蔵『視覃雑記』と著者長典

［資料紹介］智積院新文庫所蔵『視覃雑記』について（『智山学報』六〇、二〇一一年）を増補改稿

第二章　五辻山長福寺と「見蓮上人門徒」

［資料紹介］智積院新文庫所蔵『視覃雑記』について（『智山学報』六〇、二〇一一年）・五辻山長福寺と「見蓮上人門徒」について――浄土教団としての泉涌寺末寺の動向――（『東洋の慈悲と智慧　多田孝文先生古稀記念論集』、山喜房佛書林、二〇一三年）を増補改稿

第三章　寺宝・儀式の保持

第一節　清涼寺蔵「迎接曼荼羅図」の流転

知られざる浄土教団「見蓮上人門徒」と清涼寺蔵「迎接曼荼羅図」（『医療と検査機器・試薬』三六―一、二〇一三年）を改稿

第二節　悲田院蔵「宝冠阿弥陀如来坐像」の流転

書き下ろし

第三節　泉涌寺仏牙舎利の勅封

泉涌寺仏牙舎利と請来者湛海について（『印度学仏教学研究』五九―二、二〇一四年）を増補改稿

第四節　泉涌寺修正会金光明懺法の再興と変容

書き下ろし

第四章　本願寺八世蓮如周辺と「見蓮上人門徒」

蓮如上人周辺と泉涌寺系浄土教団「見蓮上人門徒」について（『真宗研究』五八、二〇一四年）を増補改稿

第五章　「見蓮上人門徒」による泉涌寺再興と違乱

書き下ろし

第六章　先白善叙と「見蓮上人門徒」の攻防

書き下ろし

付録1　『視覃雑記』翻刻

宇都宮啓吾研究代表『根来寺聖教の基礎的研究――智積院聖教を中心として――』（科研報告書、課題番号二一三三二〇〇九七）を一部訂正

付録2　『視覃雑記』人名・寺院名・年月日索引

宇都宮啓吾研究代表『根来寺聖教の基礎的研究――智積院聖教を中心として――』（科研報告書、課題番号二一三三二〇〇九七）

なお、第五章・第六章については、平成二十六年十一月二十九日に仏教大学で行われた第六五回仏教史学会学術大会にて報告したものを論文化したものである。

図版一覧

第二章　五辻山長福寺と「見蓮上人門徒」

図1　無人如導像（悲田院蔵）

第三章　寺宝・儀式の保持

図1　迎接曼荼羅図・副本（清凉寺蔵）
図2　宝冠阿弥陀如来坐像（悲田院蔵）
図3　開山塔／開山堂（泉涌寺蔵）
図4　仏牙舎利・厨子（泉涌寺蔵）
図5　泉涌寺舎利殿内陣
図6　『金光明懺法』（象耳泉奘写本）（泉涌寺蔵）
図7　草座釈迦像（泉涌寺蔵）
図8　『泉涌寺維那私記』掲載、修正会道場荘厳図（『泉涌寺史』資料篇所収）

第六章　先白善叙と「見蓮上人門徒」の攻防

図1　後円融天皇尊像（雲龍院蔵）
図2　開山自筆造泉涌寺勧進疏・部分（泉涌寺蔵）

あとがき

本書が公刊される平成二十九年は、泉涌寺開山俊芿の七九〇回忌にあたり、本書で紹介した「見蓮上人門徒」の派祖ともいえる見蓮房如導の六〇〇回忌にあたる。また翌平成三十年は、俊芿が宇都宮信房から寄進を受けて京都東山に泉涌寺が誕生してから、ちょうど八〇〇年の節目の年である。まずは、こうした時期に関係書籍を発刊できる不思議なご縁に心から感謝し、その時代を必死に生きて現代に仏教を伝えて下さった先輩方を顕彰できることを喜びたい。

私の専門分野は仏教学で、日本仏教における教学の変遷を、僧侶の著作物から読み解くのが自身の仕事であると自負している。

私はもともと仏教学に興味があって研究を志したわけではない。実家が真宗興正派の寺院だったので、他の大学とともに龍谷大学の仏教学科を受験したら、そこしか合格しなかった。浪人しようと思ったけれど、祖母に「あなたが合格したということは、誰かが泣いたということなのだから、ともかく入学して、それからのことはその後に考えなさい」と説得されて入学したら、思いの外、居心地がよくて、居着いてしまった。

私は仏教学科の学生であったけれども、教学の講義には興味が持てず、ほとんど履修しなかった。教学は難しくてよくわからなかったし、仏教史や仏教文化の方が身近で理解しやすかった。仏教文化コースのゼミを志望したけれども、人気が集中していて入れず、どういうわけか、倶舎学を専門とされる武田宏道先生のゼミに所属することになった。武田ゼミに在籍しながら、倶舎については全く知識が定着せず、武田先生が倶舎学の権威であったことは、失礼ながら卒業して初めて知った。それほど教学というものに興味がなかったのである。実にもったいないことをした。

卒業論文では興福寺維摩会をテーマとした。ゼミの内容があまりに関心とかけはなれていたので、仏教文化コースの入澤崇先生のゼミにも参加させていただいた。歴史学の講義にも出るようになった。この頃に歴史学的な研究手法を教えてくださったのが、当時龍谷大学で非常勤講師をされていた岡森福彦先生だった。当時博士課程に所属されていた生田敦司先生らとともに、『続日本紀』の輪読会を開催されていて、それに参加させていただいた。

武田先生は、ゼミや学科を超えて好きなことしかしない私を、常に温かい目で見守り、一度も叱らず、むしろそれを喜んでくださった。退職されてからも現在に至るまで、折に触れて優しい励ましの言葉をかけてくださっている。本当に感謝している。

卒業論文を作成する過程がとても楽しかったので、大学院を受験するかどうか悩んでいることを岡森先生に相談した時、先生は間髪を入れずに進学を勧めてくださった。分野が違うからこそそのことであろうが、輪読会での私の発言が新鮮だったと褒めてくださり、「きっと資質があるから、歴史学か仏教学の大学院へ進んでほしい」と仰った。岡森先生の言葉がなければ、おそらく私は進学しなかったと思う。

歴史学の大学院に移るか、仏教学の大学院にこのまま進学するか迷ったが、それまできちんと向き合ってこなかったがために「仏教学」の王道とはどういうものかを今ひとつ理解していなかった私は、仏教の研究をしたいのだから仏教学に所属していれば問題ないだろう、という安易な考えで、仏教学の大学院に進学した。インドから日本に至るまで、紀元前五世紀から現代までの大きなスパンで物事を考えられる仏教というジャンルは、移り気な私にはとても魅力的だったし、入澤ゼミで知り合った西谷功君や野呂靖君、武田ゼミで一緒だった松島央龍君らはとても優秀で、共に語り、切磋琢磨することが楽しかった。彼らがそのまま仏教学の大学院に進学することを知って、他の学科に移ることは考えられなくなった。

はたして、仏教学の大学院は教学一色で、日本仏教の文化や歴史を研究することは許されなかった。このことは私にとって良くも悪くも大きな誤算だった。

大学院では、日本天台を専門とされる淺田正博先生のゼミに所属した。淺田先生は私が入学する一年前に大学院ゼミを持たれたばかりで、教育者としての使命に燃えておられ、とても厳しかった。私はついに教学という苦い薬を飲まなくてはならなくなった。教学について書かれたものは、入門書・概説書と謳うものであっても難しくて理解できなかったし、専門用語が多くてとても苦労した。修士課程は二年間で論文を書かなければならない。学部で全く教学を学んでこなかった私にとって、それはとても高いハードルだった。何度も辞書を引きながら、入門書・概説書を読んだ。歴史学や文化学へ関心を向ける余裕は全くなくなった。

淺田ゼミでは多くのすばらしい同期に恵まれた。なかでも、青木龍也君、大谷欣裕君、久保田千城君、下野了爾君、山口陽二君、入澤ゼミから一緒だった野呂君らとは、研究生活を共にすることはもちろんのこと、時々は研究を離れて、海に行ったり、温泉に行ったり、焼き肉の食べ放題にもよく行った。特に大谷君と山口君は淺田ゼミの生え抜きで教学に精通していたから、よく相談に乗ってもらった。学部の頃からいっしょだった西谷君、松島君を含め、同期に彼らがいたからこそがんばってこられたと思う。現在それぞれの分野で活躍している彼らを誇りに思うし、彼らにとって誇れる自分でありたいと、常に思っている。彼らに支えられ、夏休みには髪の毛を金髪にしたりして淺田先生には見えない反抗をしながら、仏教における戒律解釈の要である「無表色」の理論を扱い、日本における変遷について修士論文を書き上げた。書き上げる頃には、自身の専門は仏教学だ、という帰属意識が出来上がっていた。

苦い薬だった教学ではあるが、一度そこに没頭してしまうと面白さも理解できた。しかし同時に、他分野の研究成果との接続が難しいとも感じていた。修士論文では、「無表色」について、誰もしていなかった研究だったので、とても興奮した。しかしそれが日本仏教全体において何の意味を持つのかはわからなかったし、当時歴史学で注目を集めていた叡尊門侶集団の活躍などにどう結びつくのかもわからなかった。そこが明らかにならない限り、私の研究は、他分野の人には永遠に理解してもらえないだろうと思ったし、学部生だった頃の私が、私の修士論文を見かけても、少しも興味を持たないだろうと思った。二年間の修養によって仏教学に愛着を持った私は、なんとか学部時代の私に紹介できる仏教学の論文を書きたくて、結局、博士課程にも進学した。

博士課程では、楠淳證先生が大学院の講読を受け持たれ、私は初めて「くずし字」で書かれた聖教に触れることになった。楠先生は法相教学を専門としておられ、当時誰も研究していなかった論義資料に着目して研究を進めておられた。くずし字辞典を片手に、ああでもない、こうでもないと、文字を当てはめ、そこに書かれている内容を読み解いていく作業はとても新鮮で、楽しかった。自分自身も先生のように、誰も読んだことのない資料を読み解いて、新しいことを明らかにしてみたいと夢を描いた。

折よく、当時図書館長だった淺田先生を通じて、滋賀県教育委員会が滋賀県下の寺院にある聖教の一斉調査を行うことを知り、参加する機会を得た。教育委員会文化財保護課の井上優氏、琵琶湖文化館学芸員の井上ひろ美氏からは、調査の仕方を丁寧に教えていただいた。生の写本や版本を初めて扱う私は、とても危なっかしい存在だったのではないかと思う。根気よくお声がけいただき、完遂までの長きにわたって調査に参加できた経験は、私にとって宝となった。

またこの時の調査団長だった高橋正隆先生からは、さまざまのご教示を得た。専門とされる書誌学はもとより、高橋先生が調査の休憩時間にしてくださる四方山話は、私の中で封印されていた歴史や文化への興味を再び引き出し、自分の中で分断されていた歴史や文化への興味と仏教学の関心とが、どのように結びつくのか、多くの示唆を与えていただいた。

調査に参加されていた宇都宮啓吾先生には、その後、西教寺や京都国立博物館、智積院での調査に同行させていただいた。なかでも智積院調査では、仏教学の苫米地誠一先生をはじめとして、多くの研究者と知り合うことができた。実は、本書で取り扱った『視覃雑記』を最初に発見されたのは苫米地先生である。私が戒律の問題に興味を持っていることを知って、「泉涌寺のことが書かれているようだから、翻刻してみてはどうか」と勧めてくださった。智積院の石川隆教氏、田口秀明氏、当時学芸員だった三好英樹氏は、おいしいお店をよくご存知で、調査終了後には宴会を開いて調査団の親睦を深め、また智積院御当局との橋渡しをしてくださった。調査員の一人として、安心して調査に臨め、またこうして本を出させていただけたのは、そうした方々のご尽力によるところが大きい。

三年間の博士課程在籍の後、いったん退学した私は、淺田先生のご推薦をいただき、浄土真宗本願寺派教学伝道研究センター（現総合研究所）の研究生として、後には研究助手として、受け入れていただいた。それぞれに専門を別とする研究者が、それぞれの立場から現代の浄土真宗のことを考える環境にあって、自分の研究をどのように説明すべきか、またどのようにすれば他の研究に寄与できるのかを、深く考える機会を得ることができた。上司であった藤丸智雄先生、葛野洋明先生、西義人先生には、本当によくしていただいた。妊娠出産の時も、病弱な子どもの看病のために休みが続いた時も、陰に陽にサポートしていただいた。そこまでしていただきながらも、自身の研究に専念したくて日本学術振興会の特別研究員に応募した時には、職場をあげて応援してくださり、皆で送り出してくださった。

特別研究員として受け入れてくださったのは、宇都宮先生である。本書に収録された多くの論文は、その期間中に書いた。古訓点を専門とされる先生との出会いによって、それまで全く知らなかった世界に触れることができた。宇都宮先生が赤尾栄慶先生との共著で坂東本『教行信証』の角筆についての本を出される時には、そのお手伝いをさせていただき、親鸞肉筆の坂東本を実際に見せていただいた。眼前にすると、まさに親鸞がその本を通じて語りかけてくるような力強さを感じた。親鸞の弟子や門徒たちが、この文字にどれだけ励まされたのだろうか、そしてそれが七百五十年以上の間、大切に守られ、今、末弟である私の目の前にあることに、感動を禁じ得なかった。

また高橋慎一朗先生のご尽力により、藤井雅子先生を代表とする共同研究「醍醐寺文書聖教における泉涌寺関係史料の基礎的研究」のメンバーに加えていただけたことは、得がたい経験であった。東京大学史料編纂所に蓄積された史料を閲覧させていただき、東京大学史料編纂所の醍醐寺調査にも随行させていただいた。多くの史料を得、歴史研究者と研究を進める経験を経ることで、さまざまの示唆を得ることができた。本書にはその成果の一部を反映させることができたと思う。

このように私は、仏教学を専門にしながら、多くの他分野の先生方に育てていただいた。流されるままにふらふらとここまできた私が、仏教学という核を持ち、分野を超えて多面的に研究する方法論を得ることができたのは、それぞれに導いてくださった先生方のお力に寄るものである。お世話になりながらも、紙幅の都合でここに名前を紹介できなかった先生方も多い。お陰様で、こうして著作を上梓させていただく運びとなった。

本書は智積院所蔵の『視覃雑記』の内容を中心とし、特に「見蓮上人門徒」の動向に着目して、応仁の乱から復興する泉涌寺の姿を明らかにしようとしたものである。内容は多分に歴史寄りで、仏教学の要素は少ない。にもかかわらず、政治社会史を中心とする歴史学の積み重ねを充分に反映できていない点は、私の力量不足によるところである。謹んで反省したい。

仏教学を専門とする私が、こうして仏教寺院史の本を出版する意義は、政治社会の側から仏教を論じるのではなく、仏教教団側が、変化する政治社会を利用しながら、どのように生き残ったのかを論じる点にこそあるのではないかと感じている。「見蓮上人門徒」とそれに対抗する勢力は、互いに信じる「仏教」の姿を後世に伝えるため、政治権力や社会情勢を強かに利用し、勢力を争った。そうした衝突の中から、教学の変遷というものが生まれてくるように思うのである。中世後期における仏教学研究は、資料も少なく、現時点ではほとんど進んでいない。本書が今後、仏教学者の一助になることを期待したい。

『視覃雑記』の翻刻を公開するにあたって、智積院御当局から快くご許可いただけたことは、本当に有難いことであった。本書は『視覃雑記』の翻刻を付すことによって、多分野への寄与が期待できるものへと昇華させていただいた。衷心より感謝申し上げる次第である。

また挿図等の掲載にあたっては、泉涌寺御当局、悲田院御当局、雲龍院御当局、東向観音寺御当局から、それぞれに格別のご高配を得た。寛大なご許可をいただけたことに、心から御礼申し上げる。仲介の労を取ってくれたのは、入澤ゼミの同期で、修士修了時から泉涌寺宝物館心照殿で学芸員を務める西谷功君だった。

大学院へ進んで研究者への道を歩き始めてから、十五年の月日が流れた。その間に浄土真宗への思慕が深まり、得度して浄土真宗本願寺派の僧籍を得た。寺族として生まれながら全く仏教に馴染みのなかった私を育ててくださったのは、まさに龍谷大学の環境であったと思う。得度の時には、祖母が本当に喜んで、京都まで出てきて装束をそろえてくれた。法衣店の店先で嬉しそうに私のことを店員に自慢するものだから、私はとても照れくさかった。祖母はその翌年に亡くなった。祖母に買ってもらった衣を着て、初めて僧侶として葬儀に出た。

衆徒として受け入れてくださった郷里坂出市の教専寺住職・今里晃玄氏は、龍谷大学の大先輩で、大学院では唯識を研究されていたとうかがっている。大学在学時から五十年以上にわたって、毎週日曜学校を開催して子どもたちに居場所を提供しつづけ、その功績が認められて、二〇一三年には正力松太郎賞を受賞された。衆徒として、大学の後輩として、こんなに誇らしいことはない。お忙しい日々を送られているであろうに、私が京都で育児と研究に専念できるように常に配慮してくださっている。申し訳なく、ただただ有難い。

また二人の子どもに恵まれたことは、私にとって大きな喜びであった。現在に至るまで、子どもを持ちながら研究を続けることができているのは、本当に幸運であったとしかいいようがない。壬生寺保育園の保育士さんをはじめとして多くの助けを得ながら、綱渡りでなんとかやってきた。

十五年の間に、私よりもはるかに優秀な先輩、同期、後輩が、さまざまな理由によって、研究の場を去っていった。何も持たなかった私に自信を与え、大学院へ進むことを勧めてくださった岡森先生は、平成二十年、三十七歳の若さで亡くなられた。私は今年、先生の歳を追い越して、三十八歳になった。経済的・精神的・家庭状況的な危機を迎えるたびに、不思議に誰かが助け船を出してくださり、なんとか今まで研究を続けられたことを奇跡のように思う。無念のまま研究の場を去らざるを得なかった多くの人々の山の上に、私の研究生活があり、そして私もいつかその山の一部になるだろう。研究者として生きることができている以上、彼らに恥じない日々を重ねたい。

私にとって論文は、私を支えてくれる全ての人へのラブレターである。いつもこれが最後かもしれないと思いながら書いている。最近は、学部時代の私が興味を持つような仏教学の論文が残せるような予感もしている。できるだけたくさんの論文を残して、後世の研究者にバトンをつなぎたいと思う。

平成二十八年十二月十八日

於壬生亭　大谷由香

索　引

あ行――

愛染明王　118, 123
赤松俊秀　148
安芸国迎接院　29, 31, 63, 106
　迎接院　41, 103, 161, 162, 189
浅井成海　102, 147
淺田千雄　100
淺田守正　100
朝日寺　55
足利氏　67, 74, 156
足利尊氏　34, 37, 46, 164
　等持院殿　36
足利義昭　116
足利義輝
　光源院義輝　72
足利義植
　恵林院義植　72
　義稙　223
足利義教　69, 188
　普広院殿　31, 88, 189
　普広院義教　70, 72
　義教　5, 38, 71, 164
足利義尚　52
　常徳院義尚　70
足利義政　92
　慈照院義政　70, 72
　義政　167
足利義満　5, 69, 71
　義満　44, 74, 130
　鹿苑院義満　70, 71
足利義持　37
　勝定院義持　70, 72
　義持　5, 37, 164
熱田公　150, 235
阿難　13
穴太流　14, 52, 231
　山門穴流　12, 14, 21, 85
天野山金剛寺　123
阿弥陀経　231
阿弥陀三尊像　34, 63, 115
阿弥陀如来　17, 67, 105, 169
　阿弥陀仏　16, 30, 47, 51, 57, 63, 79, 80, 84, 106, 114, 115, 147, 158, 245
粟津尼　166
安居　81
行者　38, 218
安堵　68, 113, 164, 165, 172, 188, 199, 220, 221, 245, 247
安養寺　25, 29, 105, 158, 160
安楽光院　31, 35, 41, 45～51, 62, 68, 94, 109, 163, 178, 185, 186, 189, 203, 207～209, 211, 212, 214, 221, 222, 228～231, 247
安楽光院行事　48, 49
安楽寺　25, 55, 105, 158
安楽寿院　199
飯尾為清　65
飯室慈忍→尋禅
池田敬正　235
石田充之　23, 152
石山寺　111
伊勢貞陸　223
韋駄天　125
韋駄天像　121
一条兼良
　一条後成恩寺兼良　72
一翁信韶　228
　一翁　202, 203
　明淳　202, 203
一条派　28, 90, 110, 157, 158, 160, 162, 165, 168, 170～173
逸巌理秀　73
一心院　66, 91, 201
維那　15, 135, 136, 138～145, 182, 216
位牌　200, 213, 231
違乱　65, 113, 115, 145, 146, 198, 230, 234, 246, 247
入江殿由らい之事　74
岩田茂樹　147
允翁聖叔　14, 231
印可　29, 82, 90, 106, 161, 162
院宣　64
允堪　13
上杉定実　67
上村貞郎　149, 174
宇治禅仁　19
宇都宮啓吾　9, 21
宇都宮信房　114
優婆毱多　13
盂蘭盆経　88
裏松資康　71
雲嶽真高　71
雲林院　84
雲龍院　78, 86, 129, 179, 185, 198～211, 214～216, 218～221, 224～229, 232, 247
雲龍院開山忌　216
恵威
　東陽恵威　19
永円寺　16, 17, 21, 29, 31, 35, 43～49, 51, 52, 60～62, 94, 109, 161, 163, 178, 189, 200, 248
永円寺呈徳庵　47, 185
叡空
　黒谷叡空　19
叡山　20, 27, 28, 81, 95, 159, 160, 170
栄山聖芳
　栄山　71
　聖芳　71
栄山聖久　44, 71, 74
叡尊　125, 130

恵顗　20
　素月　20
懐感　154, 155
恵観→公尊恵観
懐空　19
恵空　161
慧光　13
慧正　13
恵思
　南岳恵思　19
恵尋　20
　求道　20
恵鎮　20
　慈威　20
悦岩宣沢　187, 197, 208〜210
恵篤→善空
榎寺　55
榎本渉　7
家原寺　123
恵彭→悟中恵彭
恵林院→足利義植
円覚寺　128
円覚寺正続院　130
円覚智　69
延慶寺　121
延空理然　161
　延空　26
　理然　27, 160
円兼→存如
円光寺　31, 41, 45, 163, 189
円慈→善空
円珠　123
円照　123, 156
延昌　19
　平等慈念　19
円照上人行状　123
園太暦目録　30
円鎮有倖　233
円頓戒　19〜21, 27〜29, 90, 95, 106, 157, 160, 162, 172, 245
円仁　19, 36
　慈覚　19
　慈覚大師　35
延暦寺自在坊　67
応玄　166
応仁の乱　5, 15, 36, 60, 67, 84, 86, 89, 113, 130〜133, 146, 165, 177, 178, 184, 190, 192, 197, 218, 234
　応仁大乱　184, 234
　応仁・文明の乱　109
　応仁乱　59, 83
青梅の像　34
押領　53, 59, 177, 179〜181, 194, 207, 219
大石雅章　73, 101
大炊御門冬氏　69
正親町三条公治　199
正親町三条実豊　199
正親町天皇　58, 116
　正親町院　70
大島武好　45
大田壮一郎　97, 98
大谷本願寺通紀　109
大谷由香　9, 22, 102, 150
大塚実忠　70, 73, 100, 101
大塚紀弘　7, 25, 26, 45, 46, 50, 52, 96, 97, 99, 100, 130, 150, 152, 175
大原嘉豊　147
大森順雄　150
緒方又三郎　65
岡佳子　45, 74, 101
小川宮　46
荻須純道　100
奥院　34
御受戒　186, 201, 208〜213, 223, 227, 229, 231〜233, 247, 248
織田信長　116
小野道風　36
　道風　35
小野流　29, 161
お湯殿の上の日記　74, 191, 207, 208, 231

か行——

海会堂　52, 116, 117, 131
晦嵓法照　121
　法照　123
開基　48, 53, 54, 61, 63, 71, 74, 84, 89, 115, 129, 132, 199, 201, 202, 204
戒光寺　178
開山　41, 53, 54, 59, 64, 67, 69, 74, 77, 79, 85, 90, 92, 94, 104, 111〜113, 118, 122, 123, 166, 184, 189, 193, 205, 214, 216, 230, 233, 234, 246, 248
開山忌　188
開山見蓮上人自筆御影一幅　47, 52
開山正法国師尊像　232
開山塔　112, 162
開山塔墓所　42
開山無人和尚行業記　45
　行業記　30, 106, 107
戒師　12, 19〜21, 30, 32, 52, 64, 72〜78, 81, 83, 157, 164, 186, 208〜211, 213, 215, 216, 219, 223, 227, 229, 231, 233, 247
　受戒阿闍梨　77
　受戒師範　202
戒壇院　156
戒度　4
戒如　4
戒蓮　27, 160
覚音　72
覚園寺　178
覚盛　81
覚窓性山　44, 69
　覚窓　70
　性山　70
　聖仙　60, 70
覚如　95
勧修寺　189〜191
勧修寺顕郷
　顕郷　72
勧修寺経熙
　経熙　190
勧修寺教秀　72
勧修寺前大納言　204, 206
迦葉　13
賀叟見周
　賀叟　42, 67, 91, 92, 193

見周　67
月翁智鏡　13
月翁　13, 67
智鏡　26, 123, 154, 155
月蓋長者像　121
月鏡軒　73
月航全皎　13
喝食　215, 218, 219, 224, 225
甲冑観音像　33
金子拓　98
嘉楽門院　207, 211
狩谷棭斎　15
川上孤山　100
河原由雄　147
元日疏　15, 142～146, 182, 187, 246
灌頂　14, 15, 29, 32, 52, 85～87, 89, 90, 106, 113, 161, 164, 181, 193, 227, 228, 231, 245
元照　13, 26, 141, 155
霊芝元照　154, 155
勧進　130
巻数　36, 74, 164, 193
監寺　15, 143, 144, 181～186, 190, 193, 194, 206, 218, 233, 234, 247, 248
龕前疏　213, 214
願得寺　166
元応寺　157, 233
観音寺（観音院）
観音院　162, 163, 189
観音寺　18, 30, 31, 38～40, 43, 51, 54～59, 61, 107, 110, 161, 178
元表　13
観無量寿経　103
看聞御記　74
甘露呪　131, 138, 139, 141, 142, 145, 146, 183
甘露陀羅尼呪　138, 139
喜渓長悦　229, 231, 232, 247
順桂　14, 64, 225, 229, 231
長悦　229～233
義山理忠
義山　73
高徳院　73
理忠　73
義浄　138
北野社　25, 30, 51, 54～57, 59, 105, 107, 158, 161
北山院　71
祈禱　29, 37, 38, 74, 85, 92, 116
樹下文隆　125, 151
朽川尼　166
教顗　108
慶雅　67
教誡新学比丘行護律儀　77
教行寺　166, 170
富田教行寺　167
教見→性堂教見
慶山　72
教秀　166
慶秀　20
教授師　82, 83
慶寿寺　178
景霄　13
行道　216, 217
京都御所東山御文庫記録 229
京都坊目誌　33, 36, 51, 52
凝然　26, 123, 155, 156
京羽二重　34, 91
京羽二重織留　33
敬蓮社　28, 159
玉庵聖瑩　13
玉山理光
玉山　73
理光　73
玉泉院　178
空海　35, 36, 87, 133
空覚　166
光崇　166
空寂　155, 156
久翁聖永　197
久岳理昌
久岳　73
理昌　73
久山昌隆
久山　70
昌隆　70
九条兼実　62
九条殿　62, 63
九条道家　62
具足戒　11～13, 18, 20, 21, 30, 39, 52, 66, 78, 79, 83, 161, 245
求道→恵尋
弘道→臨空中統
紅頗梨秘法　115
久保智康　115, 150
九品阿弥陀如来像　48, 49
九品寺　31, 41, 44, 162, 189
九品寺流　155, 156
熊谷氏　103, 106, 110
熊谷直家
直家　103
熊谷直実　16, 17, 30, 60, 63, 79, 80, 93, 103, 105
熊谷蓮生　63
直実　60, 61, 103, 106, 109
蓮生　80, 103
鳩摩羅什
羅什三蔵　19
黒川眞道　151
黒谷　20, 21, 28, 157, 159, 245, 157
黒戸御所　215, 216
華庵　72
夏安居　29, 77, 161
荊渓湛然　19
湛然　19, 137
渓山　72
桂昌院　110
境法　27, 160
桂輪　12, 13
花翁　43, 45, 49, 50
誠蓮房秀俊　48～50
誠蓮　27, 49, 160
藤原俊経　48, 49
快翁　134
華開院　70, 165, 166
華空　67, 220
快慶　111
桂明→広橋仲子
結界　91, 92, 135
顕意　155

見意房　49
見意　50, 67
見栄　17
兼縁　166, 167
見嘉　38, 44, 49, 50
見過　44, 186
見月房曇浄　50
源空→法然房源空
見興　46
見慶　38, 43, 60
見旭　46
見玉　165, 167〜169, 171, 172
見玉尼　166, 170, 173
見玉房　168
賽　166
見玉尼章　168, 170〜173
兼継　166
兼孝　166
兼興→実教
賢斎　216
見直　38
見子内親王　44, 69, 74
入江殿　69
見寿　78, 79
玄寿→蓮綱
見聚　46
兼琇　166
見秀　165〜167, 170
見周→賀叟見周
見周信如　164
見充→徳嶼見充
見充房　108, 109
兼俊→実悟
見俊　46
見順房如一　50
見昭→明甫聖讃
兼照　166
兼性　166
見昌　46
見紹　43, 92
顕証　161
良円　161
見貞　46
見定　20
顕証寺　166
顕浄土真実教行証文類　153
見直→譚月見直
見信→梅宿全心
玄心　27, 160
源信　62, 63
慧信　62
恵心僧都源信　62
源心
西明源心　19
見瑞　165〜168, 170
藤島尼　165, 166
如祐　166
見僊　38, 39, 42, 43, 66, 67
博聞　43, 66
見増　15, 56, 57
兼智　166
玄智　109
見仲房全堪
見仲房　59
全堪　59
兼鎮　166
見通　46
賢等　15, 89, 113, 143〜147, 179〜188, 190, 193, 194, 197, 206, 207, 218, 219, 224, 230, 233, 234, 247〜249
堅等　182
建内記　93, 157, 164
見任　38, 43
見然　38, 44
見密　38, 44
見益→友雲聖憺
兼祐→蓮綱
見祐　38, 43
見用房全性
見用　50, 67
見用房　49, 50
全性　50, 67
兼誉　166
玄誉　165, 166
玄誉房俊弘　50
見隆　38, 43, 185, 186, 228
見陵　46
見蓮→如導
見蓮上人門徒　6, 16, 18, 21, 79, 106〜110, 113〜117, 145, 147, 245〜249
仁和寺見蓮上人門徒　213
仁和寺見蓮門徒　185
無人門徒　186, 207
元禄覚書　34
虚庵聖序　199
向阿　27, 28, 90, 156〜160, 162, 172, 245
是心　28, 159
光恵　166
興円　20
伝信　20
公我　87
高岳→公尊恵観
光格太上天皇　73
校割帳　225
光教寺　167
康空→示導康空
香袈裟　50, 51, 63, 64, 75, 92〜94, 223, 247
香衣　157, 164, 172, 215, 216, 219, 227
香衣袈裟　216
香色大衣　36, 37
光崇→空覚
光兼→実如
康兼　167
光源院→足利義輝
光厳天皇
光厳院　69
香西元長　222
光山聖俊
光山　72
聖俊　44, 72
麹騒動　57
光子内親王　69
入江宮一品　69
光助→順如
迎接院　31, 38, 41, 44, 162, 189
迎接曼荼羅図　16, 17, 30, 61, 63, 65, 79, 80, 93, 95, 103〜110, 161, 162
熊谷曼荼羅　59〜61, 63, 104, 105
迎接曼荼羅　60

弥陀迎接図　109
迎接曼荼羅由来　103, 105
弘心　27, 160
好相　12, 13, 16, 21, 78～80, 82～84, 114, 115
好相行　12, 17, 47, 81, 113, 116, 117, 145, 180
高叟　228
公尊恵観　199
高岳　199
公尊　220
高徳院→義山理忠
巧如　166
玄康　166
興福寺　156
公文　185, 186
弘法大師　35
光明皇后　36, 37, 164
光明寺　28, 159
高野山　228
高野山一心院　201
康蓮　39, 66
古雲元粋　121, 122
後円融天皇　129, 206, 214
後円融院　71, 205, 215
後円融天皇御影　215
後柏原天皇　68, 113, 178, 179, 192, 211, 214, 215, 223, 230～232, 247
後柏原院　72
黒衣僧　74
国師号　93, 157, 172
国上寺　229
極楽浄土　25, 105, 115
五夏　76, 77
後光厳天皇　214
後光厳院　129, 205
後光厳帝　69
後小松天皇　129, 133, 201, 214
後小松院　71, 118, 119, 129, 205, 223
後小松上皇　46
後小松法皇　157
後西天皇
後西院　73
後嵯峨天皇　67
悟真寺　28, 159
後崇光天皇
後崇光院　70, 72, 74
御懺法　49, 50
悟中恵彭
悟中　70
恵彭　70
兀兀知元　25, 105, 158
後土御門天皇　74, 184, 186, 189, 205～209, 211, 213, 215
後土御門院　72, 185
後奈良院宸記　231
後奈良天皇　191, 230, 232
近衛前久
近衛東求院前久　70
虚白全信　124
後花園天皇　64, 93, 207, 211
後花園院　63
後深草皇女　69
後伏見天皇
後伏見院　30, 77
五部大乗経　200
後仏光院　31, 40, 43, 162, 189
仏光院　38, 39, 43, 59, 60, 163, 189, 190, 192
仏光寺　43
御文章　173
後堀河天皇　54
後堀河　48, 121
後堀河院　118, 119
小松谷本願寺　212, 223, 225
小松谷　65, 85, 212, 223, 227～229
小松道円　150
後水尾天皇　73, 116
後水尾院　73
後陽成天皇
後陽成院　116
吾蓮　46
金戒光明寺　157
金剛宝寺　31, 41, 45, 163, 189
金光明経　136, 141
金光明最勝王経　138
金光明懺法　131, 134
金光明懺法補助儀　131
補助儀　131, 133, 134, 137, 138, 140～142, 145, 146
欣浄庵　31, 41, 44, 162, 189
金台寺　29～31, 38, 40, 43, 57～59, 107, 161, 162, 189, 191, 192, 194, 228, 230, 247
池上寺　58
国泰寺　58
鳳台院　58
羯磨阿闍梨　76～78

さ行——

西園寺　33
西園寺相子
准三宮相子　69
西園寺公相　69
西園寺寧子
広義門院藤原寧子　48
西教寺　122, 125, 129
再興　206, 229, 230
在先希譲　25, 45
西大寺叡尊伝記集成　125
在中→中淹
最澄　19, 36
叡山伝教　19
伝教大師　35
最鎮　55
西堂　14, 50～52, 78, 86, 136, 185, 186, 193, 213, 216, 218, 228, 231
再任　209, 210
再住　232
西法院　52
西方極楽浄土　80, 245
西明寺　118, 124～127
嵯峨真浄院　71
嵯峨天皇　35, 36, 125
左溪玄朗　19
佐々木丞平　148
佐藤哲英　131, 152
実隆公記　68, 74, 107, 134, 183, 186, 198, 199, 203, 209, 214, 219, 221, 225, 227, 229, 230, 232

三摩地院　73
参賀　206
賛語　206
三国仏法伝通縁起　26
参仕　233, 248
三時知恩院　31, 41, 44, 69, 74, 162, 164, 165, 167, 172, 189, 222
三時知恩寺文書　74
散灑　136, 140, 146
山州名跡志　32〜34, 36
三聚浄戒　81
三条公忠　71
三条厳子
　厳子　71
三条尹子
　瑞春院尹子　72
三条西公保
　公保　199
三条西公條
　公條　221
三条西家　200, 207, 224
三条西実隆　82, 193, 198, 200, 234, 247,
　実隆　68, 182, 184, 198, 199〜207, 211, 212, 214, 215, 219〜227, 229〜232
参内　204, 211, 216, 219, 223
賛寧　13
三宝院流　18, 29, 84〜86, 193, 228,
山門戒壇院　80
慈雲院　59
慈雲遵式　155
　慈雲　154
　遵式　131, 132, 134, 142, 146
慈威→恵鎮
知客　15, 21, 142〜145, 182, 194, 249
持戒　25, 29, 94, 105, 106, 158
直日　136, 137, 140, 141
思恭　201
示鏡　19
　弁空　19
示鏡→承空
思空　27, 28, 90, 159〜161
　良然　28, 159
慈敬　66
慈眼　14, 15
慈眼→鎮増
思順　123
慈照院→足利義政
四条天皇　4, 91, 213
　四条　121
慈照院　73
四条禅尼　166
慈心　28, 159
紫宸殿　116
辞世頌　184, 233, 234
　開山国師辞世頌　232
　律師最後妙談辞世　5, 184, 233
自誓受戒　20, 81
自誓受戒〈大乗〉　20
寺地　34〜36, 46, 48, 52, 68
七夏　76
十巻抄　11, 17
実教　167
　兼興　167
実悟　167
　兼俊　166, 167
実光坊能秀
　実光坊　15
　能秀　15
実叉難陀　138, 139
実導仁空
　実導　19
　仁空　19
実如　167
　光兼　167
十方念仏　88
慈伝　20
　心空　20
示導康空　19
　康恵　19
　康空　19
慈念→延冒
四分律　80〜82
四壁葬礼　91
清水谷実業　73
持明院　45, 48, 49
持明院統　48, 50, 51
下天竺寺　121
釈迦　13, 19, 80, 81, 124, 125, 127
　本師釈迦善逝　13
釈迦院　11
釈迦三尊　50
沙弥　47, 64, 82, 218, 225
沙弥戒　12, 13, 21, 25, 30, 39, 66, 82, 105, 158
舎利会　118, 119, 122, 222
入院　206, 217〜219, 225〜230, 234, 247
思融　123
　相意　123
十夏　76, 77
十一面観音　54, 55, 59
拾遺都名所図会　33
宗海明範
　宗海　85, 202, 203
　明範　203
秀憲　200, 201, 227
修光房　43
宗済　18, 85,
秀俊→花翁
宗典　18, 21, 85〜87
秀汎　204
周律師　13
十六羅漢画像　201
受戒　12, 13, 16, 19, 30, 32, 39, 47, 66, 67, 75〜84, 114, 115, 129, 164, 216
受戒儀　78, 81
寿覚院　31, 41, 42, 44, 47, 48, 53, 59, 60, 162, 189
受具足戒　81, 83, 113, 161, 173, 186, 209
珠光　167
守言　13
受斎戒　161
受沙弥戒　83, 187, 209
授手印　90, 157
修正会　74
首座　118, 136, 161, 216
寿尊　165, 167, 170
授仏性戒儀　20

受菩薩戒　81
受菩薩戒儀　81
寿命院　14, 31, 35, 41, 45, 47, 51〜53, 68, 78, 79, 94, 116, 163, 178, 189, 228
須梨耶蘓摩　19
春屋妙葩　128, 129
春嶽全長　12, 13, 21, 64, 88, 187, 203, 208〜210
　春嶽　12, 13, 64, 88
　全長　12, 208
順桂→喜渓長悦
順慶　225, 226
順見　44, 186
俊弘→玄誉房俊弘
順興寺　166
遵式→慈雲遵式
俊芿　3〜5, 12〜16, 21, 26, 28, 43, 53, 54, 62, 64, 74, 81, 94, 112〜117, 120, 131, 132, 146, 153, 155, 160, 162, 184, 193, 230, 233, 234, 246, 248
　開山国師　233
　開山和尚　118
　国師　116
　正法国師　13
順乗　27, 28, 159〜161
舜禘→松岳舜禘
順長房　181, 189, 190, 227, 230
春田寺　31, 41, 45, 162, 189
俊道　27, 160
淳和天皇
　淳和帝　84
順如　166
　光助　166
聖安　202, 203
章安灌頂　19
性恵　70, 74
聖英→雄峯聖英
聖永→久翁聖永
浄音　159
松岳舜禘　197, 201, 203, 208, 209
　聖秀　208
省躬　13
聖鏡→明叟聖鏡
聖慶　44
常行三昧　115, 116
常行堂　115, 116
聖久→栄山聖久
証空　159
承空　19
　示鏡　19
成空→専空
聖訓　45, 52, 78, 79
聖冏　156
貞慶　4
清浄華院
　浄花院　28, 159
　浄華院　93, 156, 157, 162, 166〜168
浄華院流　165, 166, 168, 172
性賢→伝山性賢
照見　46
祥見　46
定玄　157
聖皐→竹岩聖皐
聖光　15, 143〜146, 182
称光天皇
　称光院　157
松岡寺　166
松盍寺　18
聖光房弁長　188
　聖光　27, 28, 159, 160
　聖光房　144, 183, 187
　筑紫上人　28, 159
　弁阿　27, 28, 159, 160
　弁長　27, 28, 89, 90, 106, 156, 157, 160
浄光明寺　178
相国寺　43, 46
荘厳院　31, 38, 41, 44, 49, 50, 53, 59, 61, 62, 162, 189,
聖讃→明甫聖讃
松山　13, 14
松山聖槃
　松山　70
　松山春性　44
　聖槃　70
象耳泉奘　131, 134
捷疾鬼　125, 129
　捷疾　126
　捷疾羅刹　118, 124, 128
摂受庵　165〜167, 170
浄住寺　125, 130
清衆規式　114
清衆規式追録　114
聖秀→松岳舜禘
聖叔→允翁聖叔
聖俊→光山聖俊
聖淳　52
定舜　4, 13
勝定院→足利義持
清浄華院　90, 156, 165
清浄華院文書　156
清浄光院　31, 41, 44, 162, 189
小乗布薩　81
浄照明院　73
証真　27, 28, 159, 160
聖深→先白善叙
正信→湛空
小施餓鬼作法　88, 89, 141, 146
性山(聖仙)→覚窓性山
盛全　20
正続院仏牙舎利略記　122, 125, 129
聖諦　180, 181
清泰院　202, 203
聖儋→友雲聖儋
聖哲　45, 53
上天竺寺　121
聖智→了山聖智
浄土　30, 32, 105, 158, 169
性堂教見　12, 13, 21, 186, 208〜210, 212, 219
　教見　186, 210
　性堂　12, 13
聖道門　89, 94
浄土教　4, 21, 25〜27, 29, 63, 90, 94, 95, 106, 110, 153〜156, 159, 161, 171, 173
常徳院→足利義尚
称徳寺　166
聖徳太子　35, 87, 122
　上宮太子　35, 87

浄土三部経　200
浄土宗　4, 25～27, 49, 75, 90, 94, 165, 170
浄土宗西山派　19
浄土宗鎮西派　110
浄土真宗　25, 28, 29, 105, 106, 153, 154, 157, 158, 162, 165, 168, 170～173
浄土惣系図(西谷本)　161
浄土典籍　153, 155
浄土法門源流章　155
　源流章　155, 156, 159
浄土門　27, 28, 89, 94, 159, 160
商那和修　13
松梅院　56, 57
聖槃→松山聖槃
聖芳→栄山聖芳
證法　27, 160
正法寺
　堺南庄正法寺　18, 20
　筒嶽正法寺　53, 54
上品上生　16, 21, 60, 79, 103, 105, 116
上品上生印　114, 115
勝鬘院　70, 123, 122
　四天王寺勝鬘院　122
　天王寺勝鬘院　118, 123
勝鬘経　122
称名　29, 58, 161
称名寺　31, 41, 44, 162, 189
浄楽寺　31, 41, 44, 162, 189
正暦寺　127
昌隆→久山昌隆
勝林房勝恵
　勝恵　166
貞蓮　46
青蓮院　165, 204
誠蓮房秀俊→花翁
諸行兼修　162, 170, 171, 173
　兼修　115, 153, 173
諸行本願義　26
処恒　13
諸行兼学　246
白旗派　90
白川資氏王　166
持律　4, 89, 94, 160
寺領　34, 46, 52, 59, 60, 62, 65, 67, 68, 94, 113, 177, 179, 191, 194, 199, 201, 206, 220～222
慈蓮　46
信英　14, 52, 53, 78
真栄　72
心空→慈伝
信空(法蓮)　20, 26
神宮寺　178
新碧→一翁新碧
新光院　49, 50
真言　11, 18, 29, 32, 84, 94, 115, 246
真言宗　35, 87
進子内親王　30, 77
信充　43, 189, 190
信性　44, 183, 189, 190
真照　19
信瑞　26
信聖　161
真盛　20, 95
尋禅　19
新善光寺　31, 38, 41, 44, 67, 68, 162, 189, 190, 220～222, 224, 232, 247
新善光寺領　68
尋尊　127
信如→見周信如
真如寺　73
新方丈領　113
親鸞　95, 153～155
心蓮寺　31, 38, 41, 44, 162, 189
瑞泉院山名氏ヤチ　70
宗師　13, 14, 16, 30, 35, 53, 55, 59, 64, 77, 79, 85, 88, 104, 118, 133, 143, 154, 182, 183, 202, 203, 213, 216, 218
崇聖寺　124, 126, 127
菅原和長　206
菅原道真　33, 34, 36, 54, 55, 59
　菅丞相　35
　道真　34, 55～57
崇賢門院→広橋仲子
崇光天皇　69
　崇光院　69, 70
墨袈裟　64
棲霞寺　109
清閑寺共綱　73
栖空　19
　遊観　19
証空　19
　西山証空　19
　善恵　19
尋禅　19
勢至院　31, 41, 44, 162, 189
西松院　15, 31, 43, 56～58, 61, 162, 189
西証寺　166
誠心院　178
清凉寺　17, 45, 61, 80, 95, 103, 105, 109, 110, 131, 161
清凉寺文書　108
施餓鬼　15, 47, 88, 89, 131, 140, 141, 145, 146, 183, 187, 246
施食　47, 89, 140, 145, 146
摂取光院　46
　仁和寺摂取光院　46
施薬院　122
禅　21, 29, 90, 94, 162, 245
然阿→良忠然阿
全安→泰嵓全安
禅院　3
善恵　14
　教寅　14
善恵→証空
宣沢→悦岩宣沢
禅観堂　182
禅教律(の)三学　3, 4, 115, 153, 246
専空　28, 156, 159
　成空　28, 159
善空　19
　恵篤　19
　円慈　19
　善空恵篤　19
全源→等本房全源

全皎→月航全皎
禅光院　12, 31, 38, 40, 42～44, 48, 52～54, 56, 59, 60, 66, 91, 94, 162, 189
泉興寺　179, 180
善光寺　29, 67, 161
善財童子像　121
仙寿院　73
禅宗　4, 50, 166, 168, 228, 246
専修念仏院　28, 156, 159
善叙→先日善叙
泉奘→象耳泉奘
全性→見用房全性
善照　166
全心→梅宿全心
禅僧　52, 78
全堪→見仲房全堪
全長→春嶽全長
禅椿　56, 57
全通　227
善悌→仁甫善悌
善導　25, 29, 58, 74, 154, 155, 158, 161
善導寺　27, 160
　肥後善導寺　28, 159
泉涌寺維那私記　65, 85, 135, 186, 197, 248
　維那私記　136～146, 203, 208～210, 212, 216, 218, 224, 227, 229
泉涌寺今方丈　86
　今方丈　15, 181, 227, 228
泉涌寺開山一夜大事　52, 231
泉涌寺開山忌　183, 188
泉涌寺再興勧進疏　116
泉涌寺史　4, 67, 197～199, 208, 209, 226
泉涌寺修正会　181～183, 187
泉涌寺修正会金光明懺法　15, 134, 146
　修正会金光明懺法　89, 181, 193, 218, 246
　修正光明懺法　88
　泉涌寺金光明懺法　131, 135, 141, 142
　泉涌寺修正光明懺法　133
泉涌寺新方丈　178, 180
　新方丈　111～117, 145, 179, 180, 193
泉涌寺新方丈領　112
泉涌寺懺法　146
泉涌寺懺文　131, 132, 134, 135, 137～142, 146, 183
泉涌寺派寺院本末改帳写　30, 32, 34, 46, 48, 51, 52, 61, 67, 220
泉涌寺不可棄法師伝　114, 201
泉涌寺諷誦類　131
泉涌寺仏牙舎利相伝　122
泉涌寺仏牙舎利勅箴記　118, 124
　勅箴記　124, 127～130
泉涌寺別院　199, 201
泉涌寺末寺　190, 192, 194, 247, 248
泉涌寺末寺領　194, 198
泉涌寺文書　186
泉涌寺要集　116
泉涌寺領　177, 194, 230
善能寺　222, 233
先白善叙　13, 14, 74, 133, 144, 182, 190, 247
　聖深　68, 199, 204, 207, 210, 220
　善叙　68, 72, 182～187, 190, 193, 203, 231, 234, 247, 248
　先伯　13, 14, 133, 143, 185, 213,
泉福寺　31, 41, 45, 163, 189
善福寺　31, 37, 38, 40, 43, 78, 79, 92, 162, 189, 228
懺法　132
千本引接寺　84
千本焔魔堂　53
仙遊寺　114
善来堂　31, 41, 44, 162, 189
宋　3, 115, 156, 167
相意→思融
宋音　88, 131, 132, 245
相加寺　13, 14
葬儀　4, 52, 70, 73, 74, 91, 92, 169, 213
　葬送　169
　葬礼　91, 185, 199, 213, 231
　葬列　57
　荼毘　30, 46, 57, 58, 71, 74, 107, 118, 124, 144, 169, 182, 192
　荼毘処　126, 128
　野葬　91
宋高僧伝　124
宋国　246
僧斎　87
草座の釈迦　136
宗師　12
総持院　72
葬所　169
蔵主　15, 142, 144, 145, 182
　蔵司　15, 135, 136, 138～141, 143, 216
造泉涌寺勧進疏　184, 233, 234, 248
　勧進帳　234
宋代　3, 4, 6, 26, 95, 145, 153, 155, 246
　南宋　121, 131, 133, 146, 153
　北宋　130
宋代浄土教　95, 153
宋代仏教　246
宋風　5, 132, 177, 183, 188, 198, 246
素月→恵顗
続史愚抄　74
速成院　229
続仏祖統紀　123
疏筒　139, 142～144, 246
曾根原理　99
尊観　161
　良弁　161
存如　166
　円兼　166
尊卑分脈　49
尊福院　31, 40, 43, 162, 189

た行――

第三七条　47, 99
第三九条　88
第四四条　81
第五一条　81
第六五条　11, 12
第九九条　99
第一一二条　15, 143, 144, 182, 195
第一一三条　15, 145, 183
第一二四条　13
第一二五条　14, 52, 65, 85, 231
第一二六条　64
第一二七条　64
第一二八条　52
第一二九条　92, 93, 193
第一三〇条　64, 93
第一三一条　217
第一三二条　86, 193, 228
第一三三条　86, 193, 228
第一三四条　47, 185, 195, 213, 236
第一三七条　113
第一四二条　186, 207
第一四三条　111
第一四五条　35, 87
第一四六条　56
第一四七条　53, 54, 59
第一四八条　16, 79, 149
第一四九条　52, 78, 113
第一五一条　12, 13, 16
第一五二条　17, 47, 60, 79, 80, 105, 149
第一五四条　81
第一五九条　99, 188
第一六〇条　99, 183
第一六一条　99, 218
第一六二条　76
第一六五条　11
第一六五条　47
第一七四条　49, 50
第一七五条　118, 119, 122, 123
第一七九条　18
第一八一条　113
第一八七条　50
第一九四条　30, 76, 77
第一九五条　79, 83
第二〇六条　15
第二〇七条　12, 15, 86, 113, 149, 181, 190, 227, 229
第二〇八条　53
第二〇九条　23, 92
第二一〇条　17, 40, 56, 59～61, 104, 105, 107
第二一二条　57, 58
第二一三条　47, 52
第二一四条　30, 57
第二一六条　38
第二一七条　42, 194
第二一九条　190
第二二〇条　53, 59
第二二一条　83
第二二二条　81
第二二六条　118, 119, 122, 123, 223
第二二七条　203, 227
第二二八条　16
第二二九条　181, 218
第二三〇条　66, 68, 91, 220
第二三三条　87
第二三六条　12, 237
第二四〇条　87
第二四二条　13, 152, 219
第二四六条　53
第二四八条　42, 50, 66, 67, 195
第二四九条　15
第二五一条　10, 16, 27, 29～32, 36～38, 41, 75, 76, 84, 90, 107, 164, 189
第二五二条　17, 31, 40, 47, 53, 58, 69, 163, 186, 189
第二五四条　38, 40～42, 50, 58, 66, 107, 163, 190
第二五五条　30, 42, 66, 67
退院　210, 211, 213, 219, 225, 226, 231, 232
　退任　213, 227
諦雲庵　111, 112
大円→良海
泰嵓全安　13
　泰巖　13
大願院　202, 203
醍醐寺　6, 9, 11, 17～19, 21, 86, 87, 89, 111
醍醐寺五智院　21, 85, 87, 228
　醍醐五智院　87
　酉酉五智院　86
醍醐寺三宝院　29, 85, 178
　三宝院　29, 85, 178
醍醐寺釈迦院　21
醍醐寺文書記録聖教目録　17
　目録　17, 18
大慈院　31, 41, 44, 71, 74, 162, 164, 189, 215, 219
帝釈天　124
大乗院寺社雑事記　127
大乗院日記目録　113
大乗戒　81
大聖歓喜寺　33
大乗布薩　81
大徳寺　84
大日如来坐像　111
大日如来像　200
大般涅槃経後分　124
大般若経　164, 193
太平記　125
太平広記　128
大楽寺　178
高雄義堅　7
高雄義堅　96, 174
高楠順次郎　149
鷹司孝子
　本理院　73
鷹司信房
　鷹司後法音院信房　73
高橋秀榮　151
高橋慎一朗　9, 24
高橋敏子　24
竹居明男　100
太宰府天満宮　158
多治比文子　55
塔頭　58, 59, 193, 203, 217, 218
田中澄江　150

谷口耕生　131, 152
玉山成元　96, 102, 175, 176
田村隆照　22
多聞天　124, 127, 129
湛海　117～124
　聞陽房　118
譚月見直　43, 63, 64, 93
湛空　20
　正信　20
湛然→荊渓湛然
智威　19
　縉雲智威　19
知恩院　25, 89, 158
智恩寺　91
値願念西　67
智顗　19
　天台大師　20
　天台智者　19
智鏡→月翁智鏡
知行　177, 178, 192, 194, 206
知久遠院　200, 228
竹岩聖皐　13, 123, 129, 201, 203～205, 214～216
　聖皐　119, 129, 202～204, 214～217
　竹巌　13, 216
竹林寺　155, 156
智交　13
知事　181, 188
智積院　6, 158
智首　13
択悟　13
択其　13
中淹　46
　在中　46
中興開山　123
中悼　73
中統→臨空中統
長意
　露地長意　19
長悦→喜渓長悦
長継　12
長西　26, 155, 156
長日護摩供　37, 74
長日大般若経　37, 74
長荀　12
張即之　116
張瓊　128
長典　38, 41, 42, 47, 52～54, 64, 76, 77, 79, 80, 83, 85～87, 89, 92, 94, 129, 144, 178, 182～184, 186, 187, 190, 194, 209, 216, 217, 233, 234, 248
長泊寺　18
長福寺　16～18, 21, 34, 50, 51, 53, 54, 56, 60, 104, 162～164, 172, 177, 178, 186～192, 194, 209, 212, 220, 222, 230, 234, 245, 247, 248
　五辻の寺　36
　三学寺　35, 36
　坊城の寺　35, 36
　松坊　35, 36
長福寺末寺　198, 207, 247, 248
勅
　勅会　49, 50
　勅願　53, 54
　勅願寺　54, 191, 192, 222
　勅裁　199, 215, 221, 222
　勅賛　206, 215
　勅旨　54, 63
　勅定　203～207, 211, 214, 217, 218, 222, 226
　勅箴　119
　勅請　216
　勅封　129, 130, 223
　勅命　67, 116, 119, 124, 201, 202, 205
　勅許　50～52, 64, 75, 82, 83, 93, 94, 172, 185, 191, 202, 203, 216, 217, 220, 222, 223, 225, 227, 232, 247
鎮海　233
椿性→了山聖智
鎮西　28, 159
鎮西義　25～28, 32, 49, 75, 94, 95, 105, 106, 109, 110, 160～162, 164, 172
鎮西流　21, 89, 90, 95, 110, 155～157, 162, 172, 188
鎮西流一条派　153, 158, 165, 167, 172, 173, 177, 245
鎮増　20
　慈眼　20
追善　207
追善供養　50
通玄寺　72
通受　81, 84
塚本善隆　148, 150
常康親王　84
呈見　38, 43, 58
寺島典人　148
天宮寺　126
伝山性賢
　性賢　72
　伝山　72
天正三年記　165
伝信→興円
天神　26, 34～36, 54～57, 92, 105, 245
天神講　39, 40, 56, 59
天神講式　55, 56
天神御影　56～58
天台　115, 116
天台円頓大戒　161
天台宗　81, 84
天台浄土教学　153, 167
天沢宏潤　129
伝通記糅鈔　156
天龍寺　29, 46, 106, 161
天龍宗派　29
道安　127
洞院公定　46
洞院満季　56, 57, 70
　満季　56, 57
道雲　13
等凞　93, 157, 164, 172
東京大学史料編纂所　9, 17, 19
道供　13
等空　19
統源　43, 228
道玄　123
道恒　13
東寺　18

等持院　46, 52
等持院→足利尊氏
東寺五智院　18
道綽　154, 155
唐招提寺　82, 83
　招提寺　82, 83
童真院　202, 203
道宣　25, 77, 124, 125, 127～129
　南山大師　13
　南山澄照　13
道宣伝　124, 127, 129
東大寺戒壇院　156
道邃
　瑯琊道邃　19
東南院　31, 40, 44, 162, 186, 189, 207～209
道覆　13
東福寺　3, 25
等本房全源　43
　等本全源　12, 14, 15, 52, 231,
　等本房　12
　全源　59
常盤寮　10
徳海教信　197
徳川家光　73
徳巌理豊
　徳巌　73
　本覚院　73
　理豊　73
徳嶼見充　42～44, 48
　徳嶼　47
　見充　38, 48
徳大寺　53, 59
徳大寺公有　66, 91
　公有　66, 91, 92
徳大寺当知行目録　60
土佐光信　205, 206
渡宋　119, 120
冨島義幸　150
富小路貞直　73
冨谷至　23
智徳院　72
豊臣秀吉　156
曇摩訶羅　13
曇無徳　13
曇鸞　154, 155

な行――

中井真孝　45, 70, 101, 147, 175, 176
中野玄三　147
中御門天皇
　中御門院　73
中御門宣胤
　禅実房宣胤　127
中村　38
中山宣親
　宣親　166
那吒　124
那吒太子　118, 124
南山宗　124
南山澄照大師尊像　232
南山律　29, 158
南山律宗　28
南禅寺　166
南都　4, 81～84
南都律　83, 84
西流　12, 14, 15, 21, 64, 85
西谷功　4, 7, 9, 11, 17, 22, 23, 120, 121, 149～151, 174
西院流　85, 86, 193, 228
西山美香　150
二尊院　199, 200
日蔵　55
入宋　3, 4, 53, 54, 118, 120, 121, 131, 153, 154
入宋僧　3, 246
女房奉書　68, 204, 215～219, 221, 226, 230, 232
如一→見順房如一
如秀尼　166
如乗　166
　宣祐　166
如導　17, 21, 25～27, 29, 30～32, 36, 38～46, 49～51, 54, 56～61, 63, 66, 75, 77, 79, 84, 89, 90, 92, 93, 95, 103～107, 109, 110, 158, 160～164, 172, 178, 187, 192, 207, 245, 246, 248
　見蓮　16, 27, 30, 31, 39, 46, 49, 55, 59, 66, 104, 160, 167, 185, 186, 189
　見蓮房如導　17, 21, 25, 158
　無人　35, 53, 55, 61
　無人如導　245
　無人如導見蓮　16
　無人如道大和尚　248
如法写経　205
庭田朝子　211
仁空→実導仁空
仁和寺　31, 43, 44, 46, 48, 59～61, 107, 109, 185～187
仁和寺西谷　27, 28, 104, 106, 156, 159, 161
仁和寺西谷法光明院
　法光明院　159
仁和寺本願寺　63, 65, 107
仁甫善悌　14, 15, 43, 47, 134, 184, 185, 187, 188, 210, 211, 213, 219, 222, 247
　善悌　134, 184～186, 213, 214, 222, 247
　仁甫　185, 213
仁明天皇　84
沼本克明　152
寧福院光厳　71
涅槃経　128
涅槃経後分　124, 127, 129
然円　161
然空礼阿
　然空　27, 28, 89, 89, 90, 156, 159, 172
　礼阿　27, 28, 90, 156, 157, 159～162, 164, 172, 173
念仏　25, 29, 89, 90, 105, 106, 158, 169, 173, 192
念仏修禅　67
念仏道場　58
念仏本願　173
鮎瀧坊　166
能秀→実光坊能秀
濃州鶉田郷　200, 201
能美潤史　176
野宮家　92

野宮殿　59
宜胤　127
野村恒道　96, 175, 176

は行——

梅宿全心　14, 15, 43, 64, 65, 77, 78, 93, 108,
　見信　63, 64, 108
　全心　93,
　梅宿　59, 63, 108
博聞→見僊
波佐谷松岡寺　166
畠山次郎　65
波多野氏　65
八万四千基開眼供養　15
パトリシア・フィスター　101
濱島正士　149
浜田隆　147
葉室浄住寺　125
葉室山浄住寺仏牙舎利相伝次第　125, 127
晴富宿禰記　208
繁多寺　133, 134, 146, 181, 193, 218, 219, 246
　槃多寺　180, 181
東向観音寺　18, 30, 85, 107, 161, 248
比丘戒　105, 158
比丘受戒　82
比丘尼御所　69, 71, 74
非時食　183, 187, 188
毘沙門　128
毘沙門天　124, 125, 127, 129
備中入道　52
悲田院　12, 29, 31, 52, 64, 76, 84, 106, 111, 114～117, 161, 178, 187, 203, 204, 207～211, 214, 230, 248
悲田院宝冠阿弥陀　112～117
日野一流系図　165, 172
日野勝光
　左大臣勝光　167
日野重子
　勝智院重子　72
日野富子　74
　富子　72
　妙善院　72
　妙善院富子　70
白毫院　84
白蓮寺　121
　白蓮教寺　120
評定　39, 40, 42, 43, 45, 56, 58～60, 62, 107, 162, 163
評定所　59, 60, 107
平等房→延昌
平田智子　150
広橋兼顕
　兼顕　167
広橋兼綱　71
広橋兼宣　71
広橋仲子　71
　梅町殿　71
　桂明　71
　崇賢門院　44, 71, 74
　崇賢門院仲子　44, 71
不可棄法師伝　54
福田行慈　96, 175, 176
福部社　47
武家御封　223
普賢院　86, 87
普広院→足利義教
布薩　81
藤井雅子　9, 11, 22
藤井学　235
藤田俊教　149
伏見殿連子飛耀万松　93
伏見宮邦輔親王
　伏見後安養院親王邦輔　70
伏見宮貞成親王　46, 69
諷誦　214
藤原明子
　小侍従局明子　73
藤原石子
　民部卿典侍石子　73
藤原俊経→花翁
藤原共子
　三条局共子　73
藤原房子
　従三位房子　72
藤原通基　48
藤原基頼　48
藤原師輔　62
布施　218
敷政門院　70
扶桑京華志　84
仏牙舎利　117, 118, 120, 122, 124, 125, 129, 130, 136, 222, 223
　牙舎利　124, 125, 127, 128
　仏牙　117～122, 124～130
　舎利　121, 127, 136, 141, 222, 223
仏牙舎利縁起　124
仏牙舎利記　128
仏法　123
附弟　72
不動供　193
不動明王　34, 111
補任　82, 134, 184, 214, 217, 219, 225, 227, 229
附法状　233
普門庵　31
平家物語　80
平僧　30, 64, 77, 86, 92, 93, 202
別授菩薩戒略作法　19, 20
弁空→示鏡
遍照　84
遍照院　31, 38～40, 43, 58, 162, 163, 189
弁長→聖光房弁長
法栄　13
報恩院　14, 228, 231
法音院　31, 208, 227
報恩寺　125
報恩寺牙舎利縁起　130
宝冠阿弥陀如来　52, 111, 115～117
宝鏡寺　71～74
宝光院　70
法光明院　27, 28, 89, 90, 106, 159～161, 172
逢春門院　73
奉書　65, 179, 204
方丈　49, 50, 52, 66, 79, 91, 112～116, 135, 186, 187, 207, 219, 246
法照→晦嵓法照

法照伝　123
法政　13
法聡　13
防弟　71, 72
鳳台院→金台寺
法然房源空
　源空　19, 20, 26, 28, 80, 103, 159
　法然　4, 17, 21, 26～29, 60, 62, 63, 79, 80, 90, 94, 95, 103, 107, 110, 153, 155, 157, 159, 161, 162, 167, 172, 173, 188, 245
法宝　13
法明院　31, 38～40, 42, 43, 49, 50, 65～68, 92, 162, 163, 189, 220
　法明　39, 66
　宝明院　66, 68, 220
宝林院　68, 198～201, 220, 224, 226, 234
芳林信英　14, 45, 52
保運寺　31, 41, 45, 163, 189
北嶺　82
法華経　115, 121
保寿庵　67
細川澄元　221
細川武稔　97, 176
細川晴元　191
細川政元　222
菩提山正暦寺　127
菩提山中尾舎利伝　127
菩提寺　178
北京　25, 29, 82, 84, 105, 106, 158, 160
北京東山泉涌寺本末帳　34, 46, 94, 109
北京律　16, 37, 49, 53, 54, 80, 81, 84
法華三大部読教記　121
法華三昧行事運想補助儀　137
法華懺法　15
法華八講　50
　八講　49, 50
法勝寺　157, 233
法水分流記　28, 159, 160
本覚院→徳巖理豊
本願寺
　仁和寺本願寺　14～17, 29～31, 38～40, 43, 59～65, 79, 93, 94, 103～110, 161～163, 178, 189, 248
　小松谷本願寺　65, 85, 95, 212, 213, 225
　本願寺（浄土真宗）　95, 165, 167, 168, 170, 172
本願寺末寺　61
本願寺領　108
本光院　72
本泉寺　166
本善寺　166
本朝高僧伝　119, 120
本朝度量権衡攷　15
梵網戒　81, 82
梵網経　20, 78, 79, 82, 84, 113
梵網経菩薩戒本経　121

ま行——

牧哲義　96, 99, 175
牧野和夫　123, 151
末田地　13
万里小路時房
　万里小路時房　93, 157, 164
　時房　157
万里公路秀房　230
廻持衆　58
万年山正続院仏牙舎利略記　129
満願寺　31, 40, 43, 162, 189
満済　29
曼荼羅院　30, 31, 38～40, 43, 58～61, 63, 104, 107, 110, 161～163, 189
曼荼羅供　50
御影　92
御影供　87
右田出　97
右兵衛尉凞基　163
水野恭一郎　147, 175
弥陀三尊像　114
密教　16, 18～21, 29, 52, 86, 87, 89, 90, 106, 123, 140, 145, 146, 161, 162, 183, 187, 193, 245
密教事相　245
密作法　146
密施食作法　15, 145, 146, 183
密施食法　89
光森正士　115, 149
南御所　71
南御方　72
壬生寺　18
宮崎円遵　149
妙海王　19
妙観院　180, 181, 218
明空志玉　157
明玄　29, 84, 106, 161
妙厳院　14, 15, 180, 193, 219
明山　72
妙宗　165, 167, 172
明昌房　12
妙心寺　58, 59
妙心寺誌　58
妙善院→日野富子
明叟聖鏡　52, 65, 86, 203, 212, 226, 228, 247
　聖鏡　212, 225～229
　明叟　78, 202, 212, 223, 224, 226,
明範→宗海明範
明甫聖讃　224, 232, 247
　見昭　224～226, 231, 232
　聖讃　232～234
弥勒　80, 81
神良種　55
　良種　55
無外　13
无心　13
無心覚阿　13
夢窓疎石　29, 106, 161
　正覚国師　161
武藤資頼
　藤資頼　159
無人→如導
無人和尚行業記　25, 45, 61, 158
無人忌　248

紫式部　84
紫野白毫院　83, 84
無量寿院　179, 180
室町院　130
室町幕府　29, 31, 37, 38, 75, 85, 94, 130, 164, 172, 177, 179, 193, 245, 247
明応凶事記　213
目録状　31, 38, 69, 74, 164, 188, 189
文光　13
文綱　118, 124, 126, 127
文殊　80, 81
門跡　29, 41, 75, 85, 94, 164, 165, 178, 212
門徒評定所　43, 162
門徒流松橋方　18
聞陽房→湛海

や行――

康親卿記　227
康富記　63, 107
柳本若狭守　65
山崎法花寺　228～231
　法花寺　14, 230
山城名勝志　30, 61
山城名勝誌　45
山城名跡巡行志　32, 46, 84
惟一　13
遺誡　32, 41, 42, 75, 164
遺言　199
友雲聖憺　186, 204, 207～211, 231
　見益　44, 186
　賢益房　207, 209
　聖憺　186, 187, 207, 209～211
遊観→栖空
有侍→円鎮有侍
融舜　161
祐心　166
雄峯聖英　13, 133, 134, 181, 187, 193, 210, 218, 219, 246
　公文雄峯　133
　聖英　134, 218, 219
　雄峯　13, 218
有蓮　46
湯之上隆　45, 74, 101
与逸多菩薩　19
謡曲韋駄天　125
謡曲舎利　117
耀山　72
雍州府志　33, 46, 51, 52, 62, 68
陽徳門院　69
楊柳観音像　120
楊柳観音像　121
欣子内親王
　新清和院　73
懽子内親王
　宣政門院　69
吉田兼倶　204
吉田清　175
吉田家日次記　46
吉田摂受庵　165, 166
吉水法流記　27, 28, 49, 160
吉村稔子　45, 103, 105, 147, 176
頼定　159

ら行――

礼阿→然空礼阿
楽邦院　31, 38, 40, 44, 162, 183, 189, 190, 192
理栄　72
理光→玉山理光
理欣　73
理秀→逸巌理秀
理昌→久岳理昌
理性院　85, 87
理性院血脈　18, 85
理性院流　18, 21, 85, 86, 89
理忠→義山理忠
律苑僧宝伝　119
律宗　4, 10, 16, 34～36, 74, 83, 84, 125
律僧　28, 160, 161
理然→延空理然
理豊→徳巌理豊
隆寛　26
龍華院　129, 205
龍樹寺　200
龍安寺　46, 52
良円→顕証
良恩　18, 85
良海　26, 161
　大円　161
霊巌　73
良暁　90
了空　27, 160
了宏　13
良光　27, 160, 161
楞厳呪　216, 217
了山聖智
　聖智　70
　椿性　70, 167
　了山　44, 70
良識　18, 85
霊山寺　31, 41, 44, 162, 189
良智　27, 28, 89, 90, 106, 159, 160, 161
良忠然阿　89
　然阿　27, 28, 159, 160
　良忠　27, 28, 90, 155～157, 159, 161
了如尼　167
良忍
　大原良忍　19
良然→思空
良遍　156
良弁→尊観
臨空中統　19
　弘導　19
　中統　19
臨済宗　84
臨済禅　74
綸旨　58, 64, 68, 113, 178～181, 184, 189～192, 206, 209, 214～218, 226, 227, 229, 230, 232
臨時評定　39, 40, 59
林鳴宇　131, 134, 138, 152
盧舎那仏　19
蓮欽　166
蓮悟　167
蓮康　166
蓮康→蓮綱

蓮弘　38, 44
蓮綱　166
　玄寿　166
　兼祐　165, 166
　蓮康　165, 166
　蓮秀　166
蓮秀→蓮綱
蓮遵　38, 43
蓮生→熊谷直実
蓮照　166
蓮乗　166
蓮性　46
蓮超　166
蓮哲　46
蓮如　95
　兼寿　166
連判状　50
蓮穆　46
廊御方　69
鹿苑院→足利義満
六時礼讃　49, 50
廬山慧遠　155
廬山寺　157
六夏　76

【著者略歴】

大谷由香（おおたに　ゆか）

1978年、香川県に生まれる。

2001年3月龍谷大学卒業、2006年3月同大学大学院文学研究科博士後期課程単位取得退学後、2009年9月博士学位（文学）取得。2007年4月より現在に至るまで龍谷大学・花園大学にて非常勤講師、2010年4月から2012年3月まで浄土真宗本願寺派教学伝道研究センターにて非常勤研究助手、2012年4月から2014年3月まで日本学術振興会特別研究員RPD、2015年4月より現在に至るまで東京大学史料編纂所共同研究員。

2014年度真宗連合学会木辺派門主奨励賞受賞。

主な論文に、「南都の受戒と安然の「共受」「別受」」（『智山学報』第64輯、2015年）「入宋僧俊芿を発端とした日宋間「円宗戒体」論争」（『日本仏教綜合研究』14号、2016年）などがある。

中世後期　泉涌寺の研究

二〇一七年二月二八日　初版第一刷発行

著　者　大谷由香
発行者　西村明高
発行所　株式会社法藏館
　京都市下京区正面通烏丸東入
　郵便番号　六〇〇―八一五三
　電話　〇七五―三四三―〇〇三〇（編集）
　　　　〇七五―三四三―五六五六（営業）

装幀者　高麗隆彦
印刷・製本　亜細亜印刷株式会社

©Yuka Otani 2017 *Printed in Japan*

ISBN 978-4-8318-6244-0 C3021

乱丁・落丁本の場合はお取り替え致します

本朝高僧伝総索引　納冨常天編　二五、〇〇〇円

中世初期　南都戒律復興の研究　蓑輪顕量著　一六、〇〇〇円

神仏と儀礼の中世　船田淳一著　七、五〇〇円

中世叡尊教団の全国的展開　松尾剛次著　一二、〇〇〇円

唐代天台法華思想の研究　荊渓湛然における天台法華経疏の注釈をめぐる諸問題　松森秀幸著　一〇、〇〇〇円

天台円頓戒思想の成立と展開　寺井良宣著　一二、〇〇〇円

霊芝元照の研究　宋代律僧の浄土教　吉水岳彦著　一二、〇〇〇円

中国浄土教儀礼の研究　善導と法照の讃偈の律動を中心として　齊藤隆信著　一五、〇〇〇円

仏教史研究ハンドブック　佛教史学会編　二、八〇〇円

法　藏　館　　価格税別